Günther Feuerstein

Biomorphic Architecture

Menschen- und Tiergestalten in der Architektur
Human and Animal Forms in Architecture

Edition Axel Menges

Veröffentlicht mit Unterstützung des Österreichischen Bundesministeriums für Bildung, Wissenschaft und Kultur, Wien.

Published with support from the Österreichisches Bundesministerium für Bildung, Wissenschaft und Kultur, Vienna.

ISBN 3-930698-87-0

Reproduktionen / Reproductions: Gábor Mocsonoky, Budapest
Druck / Printing: Druckhaus Münster, Kornwestheim
Bindearbeiten / Binding: Josef Spinner Großbuchbinderei GmbH, Ottersweier

Mitarbeiterinnen des Autors / Collaborators of the author: Johanna Krenn, Elisabeth Engel
Lektorat / Editing: Dorothea Duwe, Nora Krehl-von Mühlendahl
Übersetzung ins Englische / Translation into English: Michael Robinson, London
Design: Axel Menges
Layout: Helga Danz

Umschlagphoto / Jacket photo: Nox (Lars Spuybroek), *SoftSite*, 1996

Inhalt

Contents

Einleitung

Der Mensch hat offenbar das Verlangen, auch mit der unbelebten Materie in eine wie auch immer geartete Beziehung zu treten. Der Animismus, archaische Religionen, aber in Rudimenten auch die großen Weltreligionen geben nicht nur der Flora und Fauna, sondern auch der mineralischen »Natur« jene Bedeutungsebene, die eine Kommunkation ermöglichen soll. Magische Steine, heilige Berge, wunderbare Seen, segensreiche Flüsse sind typische Indikatoren des Bedürfnisses, die »tote« Welt zu verlebendigen, ihr Wirkungen, Kräfte, Emanationen, zuzuschreiben.

Gebäude zählen als Artefakte in gleicher Weise zu jener anorganischen Welt, mit der wir den Kontakt, ja mehr, den Dialog aufnehmen wollen.

Es ist selbstverständlich, daß der Begriff des »Anthropos« nicht allein in seiner Körperlichkeit verstanden werden darf. Zwar wird es notwendig sein, im Vergleich mit der Realität der gebauten oder gezeichneten Architektur als Metapher immer wieder das physische Erscheinungsbild des Menschen heranzuziehen, aber es darf dabei nicht übersehen werden, daß die »Architektur« des menschlichen Geistes, der Seele, der Psyche, der Empfindung, wie immer es auch bezeichnet sein mag, ebenso zum Vergleich mit dem Bauwerk heranzuziehen wäre, was uns allerdings schwerer fällt, als den metaphorischen Vergleich zwischen menschlichem Körper und gebauter Architektur zu ziehen.

In gültiger Weise hat 1886 **Heinrich Wölfflin** (1864–1945) seine Dissertation *Prolegomena zu einer Psychologie der Architektur* mit einer schönen Formulierung eingeleitet: »Wie ist es möglich, daß architektonische Formen Ausdruck eines Seelischen, einer Stimmung sein können? Die Formen werden uns bedeutend dadurch allein, daß wir in ihnen den Ausdruck einer fühlenden Seele erkennen.« Und gleichsam programmatisch für die These einer anthropomorphen Architektur fügt er hinzu: »Unwillkürlich beseelen wir jedes Ding ... Das Bild unseres Selbst schieben wir allen Erscheinungen unter ..., der Stimmungseindruck der Architektur beruht allein darin, daß wir unwillkürlich mit unserer Organisation die fremden Formen nachzubilden versuchen, mit anderen Worten, daß wir die Daseinsgefühle architektonischer Bildung nach der körperlichen Verfassung beurteilen, in die wir geraten.« (Wölfflin, 1886, 1923.)

Der Gedanke der »Beseelung« der toten Materie hängt eng mit der Anthropomorphisierung der Gegenstände zusammen und hat immer wieder die Künstler als Quelle von Inspirationen beschäftigt. So läßt **Jean Paul** (1763–1825) seinen Quintus Fixlein sprechen: »Durch Physiognomik[1] beseelen wir erstlich alle Leiber – später alle unorganisierten Körper. Dem Baum, dem Kirchturme, dem Milchtopfe teilen wir eine ferne Menschenbildung zu und mit dieser den Geist.« (Jean Paul 1795.)

Die Physiognomierung der toten Umwelt findet auch bei **Wassily Kandinsky** (1866–1944) verbalen Ausdruck: »... ein im Aschenbecher liegender Stummel, ein auf der Straße aus der Pfütze blickender, geduldiger weißer Hosenknopf, ein fügsames Stückchen Baumrinde ..., alles zeigte mir sein Gesicht.« (nach Werner 1953.)

Im Vorfeld einer anthropomorphen Architektur können wir den gebauten Körper und Raum generalisierend als anthropomorphe Kategorie postulieren. Jeder Bau-Körper, Architektur-Körper ist in seiner Dreidimensionalität, in seiner haptischen Qualität, in seiner sinnenhaften Erfahrbarkeit a priori eine Analogie zum menschlichen Körper und umgekehrt kann der Körper als Metapher zum Bauwerk gelten. Wenn wir davon ausgehen, daß jede qualitätvolle Architektur[2] auf die Dreidimensionalität, auf plastisch-räumliche Artikulation nicht verzichten kann, dann könnten wir ex definitione in jeder Architektur zumindest eine wesentliche Analogie zwischen dem Menschen und dem Bauwerk feststellen, nämlich die Körperhaftigkeit. Besonders deutlich wird die Affinität zum physischen und biologischen Körper bei jenen Bauten, die von einer vereinfachenden Terminologie als »organisch« charakterisiert werden. (Vgl. Kap 7.)

In seiner Arbeit über »Das optische Formengefühl« ist für **Robert Vischer** der »Aufbau« das verbindende Element zwischen Körper und Kunst: »So wird die Art, wie die Erscheinung sich aufbaut, zu einer Analogie meines eigenen Aufbaus ..., ich hülle mich in die Grenzen derselben wie in ein Kleid.« (R. Vischer 1872.)

Ähnliches gilt für den Raum, der mit dem Begriff der Architektur untrennbar verbunden ist. Der Raum kann durch die Bezugssyteme zum Menschen definiert werden. Die Orientierungsbegriffe, die schon Aristoteles zitierte, das Oben und Unten, Vorn und Hinten, Rechts und Links sind nur durch die Beziehung zum aufrecht stehenden menschlichen Körper brauchbar. Aus diesen Orientierungsparametern bezieht der menschliche Körper sein Koordinatensystem, das sich in jenem der Architektur wiederfindet.

Introduction

Man clearly has a need to enter into some sort of relationship with inanimate matter. Animism, ancient religions, but at a rudimentary level the great world religions as well place not just flora and fauna, but also mineral »nature« on a plane of communication that is intended to make communication possible. Magic stones, sacred mountains, miraculous lakes, beneficent rivers are typical indicators of the need to breathe life into the »dead« world, and to ascribe effects, powers, emanations to it.

In the same way, buildings are allotted as artefacts to that same inorganic world with which we want to make contact, or rather, with which we want to enter into a dialogue.

Of course the concept of »anthropos« cannot be understood simply at a corporeal level. It will certainly be necessary when making comparisons with the reality of built or drawn architecture to bring in the physical appearance of man as a metaphor, but here we cannot overlook the fact that the »architecture« of the human spirit, the soul, the psyche, human sensibility, whatever we may call it, should also be drawn upon in comparison with the building. However, this is more difficult for us that the metaphorical comparison between the human body and built architecture.

Heinrich Wölfflin (1864–1945) was right to introduce his dissertation *Prologomena zu einer Psychologie der Architektur* with this elegant formulation: »How is it possible for architectural forms to express something relating to the soul, a mood? These forms become significant to us simply because we see in them an expression of a feeling soul.« And he adds, as it were programmatically for the thesis of anthropomorphic architecture: »We involuntarily furnish every thing with a soul … We attribute the image ourselves to all phenomena …, the atmospheric impression made by architecture of organization, in other words, that we judge the existential feelings of architectural form rests only in the fact that we involuntarily try to copy alien forms with our according to the bodily state into which we are transported.« (Wölfflin 1886, 1923.)

The idea of »furnishing« inanimate matter with »a soul« is closely linked with the anthropomorphization of objects and has constantly occupied artists as a source of inspiration. Thus **Jean Paul** (1763–1825) has his Quintus Fixlein say: »We first of all breathe souls into all bodies with physignomics[1] – later all unorganized bodies. We ascribe a distant human form to the tree, the church tower, the milk-jug, and with this the spirit.« (Jean Paul, 1795.)

Giving a physiognomy to the dead environment is a phenomenon that is also expressed verbally in the work of **Wassily Kandinsky** (1866–1944): »… a stub in the ashtray, a patient white trouser-button looking out of a puddle in the street, an obedient piece of bark ... everything showed me its face.« (after Werner 1953.)

In advanco of anthropomorphic architecture we can generalize and postulate built body and built space as an anthropomorphic category. The body of every building or piece of architecture is a priori an analogy with the human body in its three-dimensional and tactile quality, in the way it can be experienced sensually, and conversely the body can be seen as a metaphor of the building. If we assume that any quality architecture[2] cannot do without three dimensions and sculptural and spatial articulation, then by definition we could at least find an analogy in any architecture between man and the building, and that would be found in its corporeality. The affinity with the physical and biological body is particularly clear in those buildings that are classified as »organic«, using a simplifying terminology. (Cf. chapter 7.)

In his work »Das optische Formengefühl« (About a visual feeling for form), **Robert Vischer** »construction« is the combining element between body and art: »Thus the way in which the phenomenon constructs itself become an analogy with the way in which I am constructed …, I cover myself in the borders of this like a garment.« (R. Vischer 1872.)

The same is true of space, which is inextricably linked with the concept of architecture. Space can be defined by systems of reference to man. The orientation concepts that were cited as early as Aristotle, top and bottom, front and back, right and left, can only be used in relation to the upright human body. The human body draws its system of co-ordinates from these orientation parameters, and this is also to be found in the architectural system.

Adolf von Hildebrand (1847–1921) put it very clearly: »It is because of our vertical position in relation to the ground, and on the other hand to the horizontal position of our two eyes, that the vertical and horizontal directions are innate in us as the basic direction for all others. We understand all the others, judge and measure them in relation to horizontal and vertical. If a natural image contains these two main directions, e.g. a vertical tree, a horizontal water sur-

Adolf von Hildebrand (1847–1921) hat es klar formuliert: »Es liegt an unserer senkrechten Stellung zur Erde, andererseits an der horizontalen Lage unserer beiden Augen, daß die senkrechte und waagerechte Richtung als Grundrichtung aller anderen uns eingeboren sind. Wir verstehen alle anderen, beurteilen und messen sie erst im Verhältnis zur Waage- und Senkrechten. Enthält das Bild der Natur diese zwei Hauptrichtungen, z. B. einen senkrechten Baum, einen horizontalen Wasserspiegel, so haben wir sofort das beruhigende Gefühl eines klaren räumlichen Verhältnisses zur Bilderscheinung.« (Esche-Braunfels 1993.)

Das insbesondere für die westliche Welt weitgehend unumstößliche Prinzip der Vertikalität als dominierendes Strukturelement der Architektur resultiert jedoch auch aus den physischen Bedingungen der Umwelt, vor allem aus der Anziehungskraft der Erde. Die Horizontale der Erdoberfläche und des Wassers und die strikte Vertikalität des freien Falls bilden sonach das Achsenkreuz, dem nahezu die gesamte historische Architektur unterworfen ist.

Wenn wir davon ausgehen, daß wir von einer Anthropomorphie schon dann sprechen können, wenn wir wenigstens ein Merkmal unseres Körpers in der Architektur wiederfinden, dann könnte zunächst jede rektanguläre Architektur im weitesten Sinne als anthropomorph angesehen werden.

Dagegen spricht allerdings die Tatsache, daß lebende Wesen in ihrer vitalen Existenz, in den alltäglichen Bewegungsabläufen, in den physischen und psychischen Notwendigkeiten kaum einem rektangulären System unterworfen sind. Und schließlich wird sich eine anthropomorphe Architektur auch mit der »organischen« Struktur des Körpers auseinanderzusetzen haben. Die äußeren und inneren menschlichen Organe weisen jedoch kaum rektanguläre Systeme auf, sondern sind dem reichen Baukasten einer biologisch-organischen »Architektur« verpflichtet.

So wird sich also auch eine anthropomorphe und zoomorphe Architektur in der spannungsreichen Dialektik zwischen strenger, rektangulärer Systematik und der »freien« Formentfaltung einer dynamischen Architektur zu orientieren haben.

face, then we immediately have the comforting feeling of a clear spatial relationship with the pictorial phenomenon.« (Esche-Braunfels 1993.)

But the principle of verticality as a dominant structural element in architecture, which is largely irreversible for the Western world, in fact also results from the physical conditions of the world around us, and above all from the pull of the earth. So the horizontal nature of the surface of the earth and of water, and the strictly vertical quality of free fall, form the axial cross to which almost all historical architecture is subject.

If we assume that we can use the work anthropomorphic as soon as we see at least one characteristic of our bodies in architecture, the we can first of all count that rectangular architecture as anthropomorphic in the broadest sense.

But there is one fact that speaks against this: living creatures are scarcely subject to a rectangular system in their vital existence, in their everyday movements, in their physical and psychological needs. And finally anthropomorphic architecture will also have to address the »organic« structure of the body. But the internal and external human organs scarcely have rectangular systems either, but are committed to the rich assembly kit of biological and organic »architecture«.

And so anthropomorphic and zoomorphic architecture will also have to find its place in the tense dialectic of rigid, rectangular systems and the »free« formal development of dynamic architecture.

1. Sprache. Kommunikation

Das Bedürfnis, mich mit dem Bauwerk zu identifizieren oder mit ihm in einen Kommunikationsprozeß einzutreten, wird erleichtert, wenn ich im Gebäude, wie im Vorstehenden erläutert, wenigstens eine, möglichst aber eine größere Anzahl von Analogien zwischen meinem Körper und dem »Baukörper« finden kann.

Zwei fundamentale Analogien, die wir in nahezu allen Gebäuden vorfinden, wurden bereits zitiert: die Körperhaftigkeit und das Koordinatensystem des Menschen.

Dabei wollen wir es aber nicht bewenden lassen.

Ähnlich wie bei jedem Kommunikationsprozeß ist gleichsam ein möglichst umfangreiches »Repertoire« erforderlich.[3] Zahlreiche Merkmale beim Bauwerk und beim Benützer oder Betrachter, bei der »persona« oder der Sozietät sind Voraussetzung für einen gelungenen Dialog. Die Semiotik war uns dabei behilflich, Architektur »als Sprache« zu definieren, und damit wurde eine entscheidende Basis für die dialogische Auseinandersetzung gegeben.

Die Feststellung einer »Ikonizität« zwischen Bauwerk und Betrachter verlangt unter gewissen rezeptorischen Voraussetzungen häufig eine nur geringe Übereinstimmung zwischen Wirklichkeit und Vorstellung. Damit wäre auch das Spektrum einer anthropomorphen Architektur wesentlich weiter gespannt und ginge auch über den Begriff einer »abbildenden Architektur« im Sinn Sedlmayrs hinaus.[4]

Über die Anzahl und Intensität der Übereinstimmungsfaktoren lassen sich freilich keine Regeln aufstellen. Als ein Beispiel eines minimalen Zeichenrepertoires könnte das in Kapitel 5 dargestellte Phänomen der Gesichtswahrnehmung beim Kleinkind gelten.

Im Gegensatz dazu wird es bei der Anthropomorphie im engeren Sinn – und davon vor allem handelt diese Studie – eine Fülle von Analogie-Zeichen geben, und es wird sich ein differenziertes Zeichenrepertoire feststellen lassen.

Ein weiteres, umfangreiches Bezugsfeld ist noch zu zitieren, nämlich jenes der verbalen Sprache, die eine Unmenge von gleichen, ähnlichen oder abgeleiteten Begriffen für den Körper und das Bauwerk aufweist, wobei der wiederholt zitierte Begriff »Körper« der deutlichste Verweis ist.

Der griechische Wortstamm, das »tektèin«, und der lateinische Begriff des »textus«, der Text, geben uns einen weiteren sprachlichen Hinweis: das Fügen, Verbinden, Flechten hat mit der Archi-tek-tur zu tun, es ist dem Textilen verwandt, und verbale Texte sind gleicherweise das Ergebnis des Fügens, wobei das aus den Elementen gefügte mehr ist als die bloß additive Summe der Einzelelemente.

Zahlreiche Homonyme sind uns allen geläufig: der Baukörper, die Bauglieder, die Fassade, das Profil, das Kapitell, der Fuß, die Sohle, einhüftig und mehrhüftig; aber auch der Flügel, die Kralle, die Stirnseite sind Begriffe, die den Lebewesen entlehnt sind und denen wir täglich in der Bausprache begegnen.

Das »Gelenk« ist uns im Bauwesen nicht nur von der Statik, vom Ingenieurbauwesen her geläufig, wir verwenden den Begriff auch im Zusammenhang mit funktionellen Darlegungen in Architektur und Städtebau. Die »Finger« kennen wir von den neueren Systemen der Flughafenanlagen, als »Hals« bezeichnen wir Engstellen in einer baulichen Konzeption. Bisweilen begegnen wir diesen Analogien in ihrer wörtlichen Ausprägung.

Würden wir weitere Termini der Bausprache etymologisch zurückverfolgen, so könnten wir eine Unmenge von Analogien entdecken. »So stammt ›Giebel‹ aus mhd. ›gebel‹ – Schädel, Kopf. Im ›First‹ verbirgt sich ein vorgermanisches ›persti‹, verwandt mit sanskrit ›prsthá‹, ›Rücken‹ ... ›Wölbung‹ geht auf die germanische Wurzel ›hwelp‹ zurück, während das griechische ›kolpos‹ dem Wort ›Busen‹ entspricht.« (Pieper 1992.) Die Liste der Begriffsverwandtschaften ließe sich beliebig fortsetzen.

Geläufige Redensarten in der Alltagssprache und in der Dichtung lassen die Körper-Bau-Teile durchaus aktiv werden: Das Fenster »blickt« auf die Straße, der Turm »schaut« auf die Landschaft, das Tor »geht« zum Hof, die Villa »liegt« am Hang und vieles mehr.[5]

Architektur kann aber nicht nur als »Sprache«, sondern auch als »sprechende Person« verstanden werden, die sich ihrerseits mitteilt, die einen Dialog beginnt und somit den Identifikationsprozeß fördert.

Der Begriff einer »architecture parlante«, einer »sprechenden« Architektur, ist vorwiegend an den Phänomenen der sogenannten »Revolutionsarchitektur« um 1800 festgemacht worden. Von den »Revolutions«-Architekten selbst, zu denen **Etienne-Louis Boullée** (1728–1799), **Jean-Jacques Lequeu** (1757–1825), vor allem aber **Claude-Nicolas Ledoux** (1736–1806)

1. Language. Communication

My need to identify with a building or to enter into a process of communication with it is made easier of I can find, as described above, at least one, but ideally a large number of analogies between my body and the »body of the building«.

Two fundamental analogies that we find in almost all buildings have already been mentioned: corporeality and the human system of co-ordinates.

But we don't want to leave it there.

As is the case with any communication process, the repertoire available should range as widely as possible.[3] Numerous characteristics of building and user or viewer, of the »persona« or society, are required if there is to be a successful dialogue. Semiotics helped us to define architecture »as a language«, and this provided a crucial basis for the approach through dialogue.

Establishing »iconicity« between building and viewer frequently only requires, if certain requirements are met in terms of reception, a very slight agreement between reality and idea. Thus the spectrum of anthropomorphic architecture would be considerably expanded, and would go beyond the concept of »illustrative architecture« in Sedlmayr's sense.[4]

Admittedly it is impossible to establish rules about the number and intensity of agreement factors. The phenomenon presented in chapter 5 of a small child's ability to perceive faces can serve as an example of a minimal sign repertory.

In contrast with this, in the case of anthropomorphy in the stricter sense – and that is what this study is largely about – there will be an abundance of analogy-signs, and it will be possible to discern a sophisticated sign repertory.

Another, extensive field of connections should also be mentioned, that of verbal language, which has a large number of identical, similar of derived concepts for the body and the building, and here the repeatedly quoted concept of »body« is the clearest reference.

The Greek stem, the »tektèin« and the Latin concept of »textus«, the text, give us an additional linguistic hint: fitting, combining, weaving has to do with archi-tect-ture, it is related to textile, and in the same way verbal texts are the result of a fitting process, where what is fitted together from the various elements is greater than the mere additive sum of the individual elements.

Numerous homonyms are familiar to all of us: the body of the building, the façade, the capital, the foot, the sole as well as the claw; concepts like wing are also borrowed from living creatures, and we come across this every day in the language of buildings.

The notion of the »joint« crops up quite generally in building, not just in the context of carpentry, we also use it in the context of functional explanations in architecture and urban development. We are familiar with »fingers« in some new airport designs, and we talk about »(bottle)necks« in a construction process. We sometimes come across these analogies in their literal form.

If we look at the etymology of other building terms, a number of analogies are to be found in German that are perhaps of interest to the English reader: »›Giebel‹ (gable) comes from the Middle High German ›gebel‹ (skull, head). The ›First‹ (ridge) conceals the pre-German ›persti‹, related to the Sanskrit ›prsthá‹, ›back‹ ... ›Wölbung‹ (arch, vault) goes back to the German root ›hwelp‹, while the Greek ›kolpos‹ corresponds with the word ›Busen‹ (bosom).« (Pieper 1992) The list of related topics could be continued at will.

Common usages in everyday language and poetry make the parts of the building-body into active protagonists: the window »looks« on to the street, the tower »broods« over the countryside, the gate »leads« to the courtyard, the village »lies« in the valley, and many others.[5]

But architecture can be understood as a »speaking person« as well as a »language«. It describes itself, starts a dialogue and thus promotes the identification process.

The concept of »architecture parlante«, »talking« architecture, is largely linked the phenomenon of so-called »revolutionary architecture« around 1800. This concept was hardly used by the »revolutionary« architects themselves – they include **Etienne-Louis Boullée** (1728–1799), **Jean-Jacques Lequeu** (1757–1825), but above all **Claude-Nicolas Ledoux** (1736–1806) – it does not seem to have emerged until the mid 19th century. Ledoux's work in particular was used to lend plausibility to the expression. It would even be attractive to move away from »architecture parlante« and talk about »architecture narrative«.

Let us choose a typical example: one of the delightful small solitaire buildings by Ledoux that were planned (but not drawn until long after the building went up) around the Saline in

gehören, ist der Begriff wohl kaum gebraucht worden, vielmehr dürfte er erst in der Mitte des 19. Jahrhunderts entstanden sein. Vor allem am Werk von Ledoux versuchte man, den Ausdruck plausibel zu machen. Es wäre sogar verlockend, über die »architecture parlante« hinausgehend von einer »architecture narrative«, einer erzählenden Architektur, zu sprechen.

Wählen wir aus den reizvollen kleinen Solitärbauten Ledouxs, die rund um die tatsächlich realisierte Saline von Chaux geplant waren (aber erst lange nach dem Bau aufgezeichnet wurden), ein charakteristisches Beispiel aus. Dem Wärter der Quelle des Flusses Loue widmet Ledoux ein einfaches geometrisches Haus. Es hat die Gestalt eines großen Kreisrings. Es erzählt uns, daß das Wasser der Quelle unmittelbar durch das Haus hindurch geleitet wird, um eine gewissenhafte Kontrolle zu ermöglichen. Es erzählt uns, daß das »reine« Wasser durch die »reine« geometrische Form durchgeschleust wird, und es erzählt uns weiter, daß alle das glasklare Wasser, das sich in einem kleinen Wasserfall in das Flußbett ergießt, beobachten und genießen können. Ähnliche Reflexionen könnten wir auch bei den anderen Entwürfen Ledouxs anbringen.

Als Paradebeispiel für eine »architecture parlante« wurde allerdings der Kuhstall von Jean-Jacques Lequeu ins Treffen geführt (Abb. 118). Auf dieses Beispiel soll im Kapitel einer zoomorphen Architektur näher eingegangen werden.

Chaux, which was actually realized. Ledoux allots a simple, geometrical building to the keeper of the source of the river Loue. It is in the form of a large circle. It tells us that the water from the spring is taken directly through the building, so that it can be conscientiously checked. It tells us that the »pure« water is routed through the »pure« geometrical form, and it also tells us that everyone can look at and enjoy this crystal clear water that pours down a little waterfall into the river bed. We could apply similar reflections to Ledoux's other designs.

However, Jean-Jacques Lequeu's cowshed has been cited as a perfect example of »architecture parlante« (ill. 118). But we will look a this in detail in the chapter on zoomorphic architecture.

2. Wahrnehmung. Projektion. Interpretation

Architektur als anthropomorphe oder auch zoomorphe Kategorie aufzufassen, ist zweifellos ein Thema der Wahrnehmungspsychologie. Aus den umfangreichen Theorien und Studien zum Thema der Wahrnehmung können nur einige Aspekte herausgegriffen werden, die für diese Studie von Interesse sind.

Im späten 19. Jahrhundert wurden bereits einige grundlegende Thesen formuliert. »Einfühlung« und »Beseelung« waren zunächst die Ausgangspunkte zu einer Assoziationstheorie. Der Begriff der »Assoziationspsychologie« geht vor allem auf **Wilhelm Wundt** (1832–1920) zurück. »Den Eintritt einer Vorstellung in das innere Blickfeld wollen wir Perzeption, ihren Eintritt in den Blickpunkt oder das Aufmerksamkeitsfeld die Apperzeption nennen.« (Wundt 1911, Band II.) Alles psychische Geschehen ist aus »Elementen« zusammengesetzt. Das Erleben wird durch »Assoziation« – eine Verknüpfung in Raum und Zeit – gefiltert. »Das Band zwischen dem erinnerten und dem betrachteten Objekt ist die Assoziation.« (Stern 1898.) Der Begriff der »Gestalt« wird zunehmend zu einem bedeutenden Thema der Psychologie.

„Gestalt ... bezeichnet in der Psychologie die im weitesten Sinn figuralen oder figurartigen Gegebenheiten, das heißt, übersummative, mehr oder minder konstruierte und gegliederte Erlebnisinhalte, wie sie sich musterhaft im Bereich der Sinneswahrnehmung ... aufweisen lassen.« (*Meyer-Lexikon* 1979.)

Für den Gestaltbegriff ist es entscheidend, daß sich die einzelnen Elemente zu einem komplexen Gebilde der Wahrnehmung summieren, welches sich auch dem Erkennen und Deuten aufschließt. »Gestalten sind von der Umgebung abgehobene, transportierbare Wahrnehmungsinhalte, deren Einzelheiten als zusammengehörig aufgefaßt werden.« (Rohracher 1953.)

Der Begriff der »Gestaltqualität« wurde von **Christian von Ehrenfels** (1859–1932) geprägt. Dies ist eine Eigenschaft, die nur am Gesamtkomplex einer jeweiligen Gestalt und nicht an deren einzelnen Teilen erkennbar ist. Gestalt ist durch die »Übersummenhaftigkeit« charakterisiert. Das bedeutet, daß die Gesamtgestalt wesentlich mehr ist als die bloße Summe der Einzelelemente. Diese These ähnelt den Theorien Vitruvs und jenen der Renaissance-Theoretiker. (Vgl. Kap. 3.)

Die Gestaltpsychologie hat sich in den zwanziger Jahren des 20. Jahrhunderts aufgrund der Untersuchungen von **Wolfgang Köhler** (1887–1967) in Berlin artikuliert. Im Unterschied zur Ganzheitspsychologie ist sie mehr naturwissenschaftlich orientiert und versucht die Erforschung objektiver, gestalthafter Gegebenheiten, wie etwa der Gliederungsverhältnisse von Gestalten.

Unbeschadet der Tatsache, daß sich die einzelnen Theorien stellenweise widersprechen, können doch für das Phänomen der Anthropomorphie, und hier besonders für eine »interpretative« oder »projektive Anthropomorphie«, wertvolle Hinweise gewonnen werden.

Alle Wahrnehmungsgegenstände unterliegen der spontanen Tendenz zu einer gestalthaften Organisation. So werden etwa geometrische Elemente in einer bestimmten Anordnung bei der bloßen Perzeption spontan zu übergeordneten Elementen zusammengefaßt, geordnet, strukturiert oder vereinfacht. »Jedes Reizmuster strebt danach, so gesehen zu werden, daß die sich ergebende Struktur so einfach ist, wie es die gegebenen Umstände zulassen.« (Arnheim 1969.) Unvollständige Formen oder Figuren werden gedanklich ergänzt, ja mehr noch: Formdispositionen, die entweder aleatorischen Charakter haben, oder Sachverhalte und Gegenstände, die keinerlei Intentionen zu bestimmten biologischen Figurationen aufweisen, werden von uns als »Wesen« interpretiert. Als eine »interpretative Anthropomorphie« wäre jene zu bezeichnen, bei der überhaupt keine schöpferische Intention vorliegt und die nur aufgrund unserer Fähigkeit zum »Gestalt«-Sehen entsteht.

Zu diesem Prinzip gibt **Rudolf Arnheim** (geb. 1904) aus einer sehr ähnlichen Sicht weitere Argumente. Er kommt zu der Erkenntnis, daß »jedem deutlich geformten Objekt oder Vorgang ein Wahrnehmungsausdruck innewohnt. Ein steiler Felsen, eine Trauerweide, die Farben eines Sonnenuntergangs, die Risse in einer Wand, fallendes Laub, eine sprudelnde Quelle, ja schon eine blasse Linie oder Farbe ..., sie alle haben so viel Ausdruck wie der menschliche Körper ...« (Arnheim 1978.) Arnheim sieht den in der Natur vom Menschen wahrgenommenen Ausdruck als das Ergebnis der »Vermenschlichung der Natur«. Er vermutet, daß dieser Gedanke von **John Ruskin** (1819–1900) eingeführt wurde, der die »Traurigkeit« von Trauerweiden »als Produkt einer Einfühlung, eines Anthropomorphismus, eines primitiven Animismus beschreiben soll«. Dieser Gedanke verweist wieder auf Wundts Assoziationspsychologie: Der Gestus der menschlichen Körperhaltung in der Trauer hat Ähnlichkeit mit den herabhängenden Zweigen der Weide.

2. Perception. Projection. Interpretation

Seeing architecture as a anthropomorphic or even a zoomorphic category is undoubtedly a subject for perceptual psychology. But we can only look at some aspects of the wide-ranging work on the theme of perception that are of interest to this study.

Some fundamental theses had already been formulated in the late 19th century. »Empathy« and »inspiration« were early starting-points for an association theory. The concept of »association psychology« goes back to **Wilhelm Wundt** (1832–1920) in particular. »We want to call the entry of a concept into the inner field of vision perception, and its entry into the viewpoint or the field of attention apperception.« (Wundt 1911, vol. II.) All psychological events are made up of »elements«. Experience is filtered through »association« – a linking of space and time. »The bond between the remembered and the observed object is association.« (Stern 1898.) The concept of the »gestalt« is increasingly become an important theme in psychology.

»Gestalt« … in psychology defines states of affairs that are in the broadest sense figural or figure-like, i. e. super-summative, more or less constructed and articulated experience-content, as can be seen … in an exemplary fashion in the field of sensual perception.« (*Meyer-Lexikon* 1979.)

It is crucial for the concept of gestalt that the individual elements add up to complex perceptual structure that always provides access to cognition and interpretation in every case. »Gestalt forms are transportable perceptions removed from their context, whose details are seen as belonging together.« (Rohracher 1953.)

Christian von Ehrenfels (1859–1932) coined the notion of »gestalt quality«. This is a quality that is recognizable only from the total complex of a particular gestalt and not from its individual parts. Gestalt is characterized by a »super-sum quality«. This means that the overall gestalt is considerably more than the mere sum of the individual elements. This thesis resembles the theories of Vitruvius and those of the Renaissance theoreticians. (Cf. chapter 3.)

Gestalt psychology was articulated in the 1920s on the basis of the research in Berlin by **Wolfgang Köhler** (1887–1967). It differs from holistic psychology in that it is more scientifically ordered and tries to explore objective, gestalt-like conditions, like for example the articulation of gestalt forms.

Despite the fact that the individual theories contradict each other in places, they do give important pointers towards the phenomenon of anthropomorphy, and here in particular for an »interpretative« or »projective anthropomorphy«.

All perceived objects are subject to a spontaneous tendency to organization along gestalt lines. So for example geometrical elements are spontaneously brought together, ordered, structured or simplified into a specific arrangement as higher elements, immediately at the moment of perception. »Every pattern of stimuli strives to be seen in such a way that the resultant structure is as simple as the given circumstances allow.« (Arnheim 1969.) Incomplete forms or figures are completed in the mind, and more: formal dispositions that are aleatory in character, or states of affairs and objects that do not show any tendency to particular biological figurations are interpreted by us as »beings«. Something could be described as »interpretative anthropomorphy« if it shows no creative intentions whatsoever and emerges only because of our ability to see »gestalt«.

Rudolf Arnheim (b. 1904) provides further arguments on this principle from a very similar point of view. He comes to the conclusion that there is »an expression of perception inherent in every clearly formed object or process. A steep cliff, a weeping willow, the colours of a sunset, the cracks in a wall, falling leaves, a bubbling spring, indeed even a pale line or colour …, all of them are as expressive as the human body …« (Arnheim 1978.) Arnheim sees the expression perceived by man in nature as the result of a »humanization of nature«. He suggests that this idea was introduced by **John Ruskin** (1819–1900), who »is said to have described the sadness« of weeping willows »as the product of empathy, of anthropomorphism, of a primitive animism.« This thought again takes us back to Wundt's association psychology: the gesture made by a human body when mourning is similar to the willow's hanging branches.

»Projective anthropomorphy« is related to the »interpretative« form. Here we project our wishes and ideas, drawn from own world of experience, from certain individual psychological dispositions, on to gestalt phenomena that were not intended in this sense. »The influence of memory becomes even greater when a strong personal need within the observer triggers a wish to see objects with certain perceptual qualities in sharp focus … The greater the biological significance of an object for us is, the more we are committed to recognition – and therefore

Verwandt mit der »interpretativen« ist eine »projektive Anthropomorphie«, bei der wir aus unserer eigenen Erlebniswelt, aus bestimmten individuellen psychischen Dispositionen unsere Wünsche und Vorstellungen auf Gestaltphänomene projizieren, die nicht in diesem Sinn intendiert waren. »Der Einfluß der Erinnerung wird noch größer, wenn ein starkes persönliches Bedürfnis im Betrachter den Wunsch auslöst, Gegenstände mit bestimmten Wahrnehmungseigenschaften scharf zu sehen ... Je größer die biologische Bedeutung eines Objektes für uns ist, desto mehr sind wir auf das Erkennen eingestellt – und desto anspruchsvoller sind wir daher in bezug auf formale Übereinstimmung.« (Gombrich 1978.) Die neueren Theorien verstehen Wahrnehmung als einen aktiven Prozeß der Organisation und Interpretation von Informationen. Dabei handelt es sich nicht um einen mechanischen psycho-physischen Prozeß, vielmehr wird die Wahrnehmung durch das Interesse und die Aufmerksamkei, durch das Gedächtnis und die Emotionen des Individuums wesentlich mitbestimmt.

Über die rein visuell-abstrakte Strukturierung hinaus werden also Gestalten häufig als bedeutungsvoll erlebt und mit menschlichen oder tierischen Figurationen verglichen. Drei charakteristische Beispiele sollen erwähnt werden:

Am nächtlichen Sternhimmel konnten zweifellos auch unsere Vorfahren keinerlei Mensch- oder Tiergestalten bemerken. Die mythologische Bereicherung von Himmel und Kosmos war jedoch Grund genug, um einzelne Sterne ziemlich willkürlich miteinander zu verbinden und solcherweise die Sternbilder zu schaffen. Damit wurde der Himmel – und das bedeutete der Kosmos – in ein System der Anthropomorphie und Zoomorphie einbezogen.

»Was läßt uns die sieben Sterne im Großen Bären ausgerechnet in der fortlaufenden Reihe verbinden, an die wir gewöhnt sind? Wir könnten sie doch als isolierte leuchtende Punkte sehen oder sie in irgendeiner anderen Reihenfolge aneinanderketten ... Eine Gestalt wird also nie ausschließlich als die Form eines einzigen, ganz bestimmten Dinges wahrgenommen, sondern immer als die Form eines ganzen Dingtypus. Gestalt ist ein Begriff mit doppelter Bedeutung: zum einen, weil wir jede Gestalt als Gestalttyp sehen, zum anderen, weil jeder Gestalttyp als die Form ganzer Objekttypen gesehen wird.« (Arnheim 1978.)

Die Deutung des nächtlichen Sternhimmels in Verbindung mit den Tierkreiszeichen ist der erstaunliche Versuch, gleichsam die Zeit, den Jahresablauf, in ein visuelles und darüber hinaus in ein kosmisches Prinzip zu transferieren. Viele unserer Deutungen und Bedeutungen reichen oft bis in die Antike zurück, es ist uns aber bewußt, daß es historisch punktuelle, individuelle oder kulturhistorisch bedingte Interpretationen sind. Einen verbindlichen Kodex kann es nicht geben. Wenn allerdings einmal eine Festlegung stattfindet und sich diese in einem Kulturkreis verfestigt, gewinnt sie eine Verbindlichkeit: Wir können dann nicht umhin, immer den Großen Bären zu sehen, zum Unterschied von den Wolken, die ständig und individuell neu interpretiert werden.

Wie unterschiedlich Deutungen sein können, macht **Ludwig Wittgenstein** (1889–1951) klar: »Um ein Beispiel Wittgensteins zu verwenden: ein mit drei Strichen gezeichnetes Dreieck kann als ein dreieckiges Loch, als Körper oder als geometrische Figur gesehen werden, als Dreieck, das auf seiner Grundlinie ruht, oder als Dreieck, das an seiner Spitze aufgehängt ist, als ein Berg, ein Keil, ein Pfeil, ein Zeiger, und so weiter.« (Wittgenstein / Arnheim 1978.)

Das einfachste Beispiel einer anthropomorphen und zoomorphen Projektion ist uns allen geläufig: Wir liegen im Sommer auf der Wiese und schauen den ziehenden und sich ständig verändernden Wolken nach. Mit einem Mal bildet sich ein bärtiger Kopf, und gleich darauf zieht ein Drache vorbei, der sich in wenigen Sekunden in einen Raubfisch verwandelt. Wir wissen natürlich, wie subjektiv die Auslegung der Wolkengebilde sein kann, sie ist von unserer Psyche, unserer Stimmung, unseren Emotionen bestimmt, und unsere Freundinnen auf der Wiese neben uns werden ganz andere Auslegungen vorschlagen – aber jeder Streit darüber wäre müßig.

Die poetische Fassung und gleichzeitig die Relativität der Interpretation erläutert Shakespeare im *Hamlet*. Im 3. Akt entfaltet sich ein seltsames Gespräch zwischen Hamlet und Polonius:

»Hamlet: Seht ihr die Wolke dort, beinah in Gestalt eines Kamels?
Polonius: Beim Himmel, sie sieht auch wirklich aus wie ein Kamel.
Hamlet: Mich dünkt, sie sieht aus wie ein Wiesel.
Polonius: Sie hat einen Rücken wie ein Wiesel.
Hamlet: Oder wie ein Walfisch?
Polonius: Ganz wie ein Walfisch.«[6]

Ganz ähnlich geht es uns bei der Interpretation von vermeintlichen Figuren und Köpfen in geologischen Formationen in der Landschaft. Es kommt aber auf den richtigen Blickpunkt an,

we become all the more demanding in relation to formal agreement.« (Gombrich 1978.) More recent theories see perception as an active process for organizing and interpreting information. This does not involve a mechanical, psycho-physical process: perception is largely co-determined by interest and attention, by the individual's memory and emotions.

Thus beyond the merely visual and abstract structuring, gestalt figures are often experienced as significant and compared with human or animal figurations. I will mention three typical examples:

There is no doubt that our ancestors could not see any human or animal figures in the night sky. But the mythological enrichment of sky and cosmos was reason enough to link individual stars together in a fairly arbitrary way, and so to create the constellations. This meant that the sky – and that means the cosmos – was drawn into an anthropomorphic and zoomorphic system.

»What makes us link the seven stars of the Great Bear in the continuous series that we have become accustomed to? We could see them as isolated glowing points, or attach them to each other in some other sequence … And so a gestalt is never seen exclusively as the form of a single, quite specific thing, but always as the form of a whole thing-type. Gestalt is a concept with a double meaning: one the one hand because we see every gestalt as a gestalt type, and on the other because every gestalt type is seen as the form of whole object-types.« (Arnheim 1978.)

Interpreting the night sky in combination with the signs of the zodiac is an astonishing attempt to transfer time, the progression of the year, into a visual and beyond that into a cosmic principle. Many of our interpretations and meanings go back to ancient times, but we are aware that these are historically particular, individual interpretations, or interpretations that are conditioned by cultural history. There can be no binding code. But once something is fixed, and attached to a cultural circle, then it acquires a binding quality: we can not avoid seeing the Great Bear, unlike the clouds, which are constantly and individually reinterpreted.

Ludwig Wittgenstein (1889–1951) makes it clear how interpretations can differ: »To use one of Wittgenstein's examples: a triangle drawn with three lines can be seen as a triangular hole, as a body or as a geometrical figure, as a triangle resting on its base line, or as a triangle suspended by its point, as a mountain, a wedge, an arrow, a pointer, and so on.« (Wittgenstein/Arnheim 1978.)

We are all familiar with the simplest example of an anthropomorphic and zoomorphic projection: we are lying in a field in the summer and watching the clouds as they move and constantly change. Suddenly a face with a beard forms, and immediately afterwards a dragon goes past, and in a few seconds this turns into a predatory fish. Of course we know how subjective the interpretation of the cloud formations can be, it depends on our psyche, our mood, our emotions, and our girlfriends lying next to us in the field will suggest quite different interpretations – but it would be idle to quarrel about it.

Shakespeare addresses the poetic version and at the same time the relativity of interpretation in *Hamlet*. A strange conversation between Hamlet and Polonius develops in Act 3:

»Hamlet: Do you see yonder cloud that's almost in the shape of a camel?
Polonius: By the mass, and 'tis like a camel, indeed.
Hamlet: Methinks it is like a weasel.
Polonius: It is backed like a weasel.
Hamlet: Or like a whale?
Polonius: Very like a whale.«[6]

Something very similar happens to us when interpreting things that look like figures and head in geological formations in the landscape. But you have to be at the right angle to recognize the shape. In the case of the »Turk's Head« at Unterlaussa in Austria you have to be in the right position to make out the head and torso. The »Sleeping Greek Woman» by the Attersee in Upper Austria can be seen over a very long stretch of the other side of the lake. In Tamsweg near Salzburg there is a »Sleeping Giant« – to name but a few examples.[7]

One psychological method, albeit a controversial one, has made use of the human ability to interpret non-figurative elements. The Rorschach test was seen as a psycho-diagnostic method at first. It is based mainly on the thesis that feelings as well as memories and associations are bound up in the process of perception. That is necessary above all when a perception is intended to lead to an interpretation.[8]

The Rohrschach method is well known.[9] The test tables show grey or coloured symmetrical figurations, essentially non-objective or object-alienated; in principle they were created by fold-

um die Gestalt zu erkennen. Beim »Türkenkopf« von Unterlaussa in Österreich ist der Standpunkt richtig zu wählen, um Haupt- und Oberkörper zu erkennen. Die »Schlafende Griechin« am Attersee in Oberösterreich ist auf eine sehr lange Strecke vom gegenüberliegenden Seeufer aus wahrzunehmen. In Tamsweg bei Salzburg liegt ein »Schlafender Riese« – um nur einige Beispiele zu nennen.[7]

Die menschliche Fähigkeit zur Interpretation nicht-figurativer Elemente hat sich eine, wenngleich nicht unumstrittene psychologische Methode zunutze gemacht. Der Rorschach-Test wurde zunächst als psychodiagnostische Methode angesehen. Er geht vor allem von der These aus, daß am Wahrnehmungsprozeß sowohl Empfindungen als auch Erinnerungen und Assoziationen beteiligt sind. Das ist vor allem dann notwendig, wenn eine Wahrnehmung zu einer Deutung, einer Interpretation führen soll.[8]

Die Rorschach-Methode[9] ist bekannt. Auf den Testtafeln befinden sich graue oder farbige, symmetrische Figurationen, im Grunde gegenstandslos oder gegenstandsfremd, die im Prinzip durch Falten eines Papiers mit einem Tintenklecks entstanden sind. Die Versuchsperson hat nun die Aufgabe, diesen Gebilden eine Deutung in einem Begriff oder in einem Satz, einer Empfindung, zu geben. Das Aufschlußreiche im Sinne dieser Studie liegt darin, daß die Deutungen nach Mensch und Tier, teilweise auch nach Pflanze, deutlich überwiegen: Menschlicher Körper, Kopf, Skelett, Fisch, Hund, Krebs, Schmetterling, Vogel u. a. m. werden in die Gebilde hineingesehen.

Im Sinne der Assoziationspsychologie wird ein Gebilde »als etwas« gesehen, das es tatsächlich nicht ist und auch nicht als Abbild davon intendiert wurde. Der Vergleich mit einer projektiven Anthropomorphie ist offenkundig: Aufgrund der Erinnerungs- und Assoziationsfähigkeit beim Wahrnehmungsprozeß sind vielfältige Deutungen möglich.

Die folgenden Darstellungen zeigen, daß wir es auch in der Architektur immer wieder mit interpretativen und projektiven Anthropomorphien zu tun haben, und dies insbesonders im Zusammenhang mit Physiognomien.

Werfen wir noch einen kurzen Blick auf das Begriffsfeld des Anthropomorphismus jenseits der Architektur.

Beim Kleinkind ist der Unterschied zwischen der belebten und der unbelebten Umwelt noch nicht ausgeprägt. Das Kleinkind »schließt immer von sich aus, und da es selbst fühlen, wollen, bewirken kann, glaubt es, daß alle Dinge seiner Umwelt die gleichen Fähigkeiten besitzen. Man nennt diese Einstellung Anthropomorphismus. Ebenso wie der Primitive, ist das Kind nicht in der Lage, sich Naturerscheinungen und physikalische Phänomene zu erklären.« (Karl Bühler 1967.)

Für das Phänomen der Anthropomorphisierung beim Kinde verwendet Piaget (Petter 1966) sinngemäß einen Begriff aus der Religionswissenschaft beziehungsweise der Ethnologie: Als Animismus wird der kindliche Hang bezeichnet, »den unbelebten Dingen Leben und Bewußtheit zuzuschreiben«. Allerdings wird von Kindern ein »Leben« für unbelebte Dinge dann leichter zugeordnet, wenn sich diese bewegen, wie etwa die Sonne, ein Fluß oder die Wolken. (Petter 1966.)

Ähnliches wie beim Kind begegnet uns bei den Naturvölkern. »Jede sinnlich faßbare Eigenschaft der Dinge ist nichts Statisches, sondern etwas Wirksames, jedes Objekt ein Aktionswesen. Die Dinge existieren in Form und Fülle nur, soweit sie ›Kräfte‹ besitzen. Es hängt von der religiösen Höhenlage der Naturmenschheit ab, ob diese Kräfte naturhaft-magisch, seelisch-dämonisch oder göttlich gedacht sind.« (Werner 1959.)

Der Begriff des Anthropomorphismus ist von großer Bedeutung für viele Weltreligionen. Es wäre ein ungeheuer schwieriger Akt der Abstraktion, sich Gott oder die Götter als spirituelle Wesen – und damit eben nicht vorstellbar – zu denken. Viele Religionen verzichten daher auf dieses Verlangen, und Gott und die Götter erscheinen daher immer wieder in Menschen- oder Tiergestalt, in einer Kombination aus Mensch und Tier oder als Menschen mit besonderen körperlichen Merkmalen.

Im Alten Testament wird zwar Jahwe nicht genau beschrieben, aber in den verschiedenen Manifestationen ist er mit vielen menschlichen Eigenschaften durchaus präsent.[10]

Im Christus des Neuen Testaments ist die Menschwerdung Gottes nun tatsächlich vollzogen, und unbeschadet der jahrhundertelangen theologischen Dispute ist die Einheit von Gott und Mensch, wie auch immer definiert, geschaffen.

ing a piece of paper with an ink-blot on it. The subject now has to interpret these shapes in a concept or a sentence, a feeling. The revealing feature for this study is that interpretations as a person or an animal, or sometimes as a plant, or clearly predominant: human body, head, skeleton, fish, dog, crab, butterfly, bird etc. are read into the shape.

In the spirit of association psychology, a shape is seen »as something« that it is not, and that it is also not intended to represent. There is an obvious parallel with projective anthropomorphy: many interpretations are possible because of the ability to remember and associate during the perception process.

The following presentations show that in architecture as well we are constantly concerned with interpretative and projective anthropomorphy, and this is particularly true of faces.

Let us just glance at the conceptual field of anthropomorphy beyond architecture.

In the case of small children, the difference between animate and inanimate surroundings is still not discernible. The small child »always draws conclusions from itself, and as it can feel, want and bring things about itself, it believes that everything around it has the same abilities. This view is called anthropomorphism. Just like primitive man, the small child is not in a position to explain natural occurrences and physical phenomena for itself.« (Karl Bühler1967.)

When describing the phenomenon of anthropomorphization of the child, Piaget (Petter 1966) logically uses a concept drawn from theology or ethnology: the child's inclination to »ascribe life and consciousness to inanimate objects»is defined as animism. But children are more likely to ascribe »life« to inanimate objects if they move, like for example the sun, a river or the clouds.« (Petter 1966.)

We find something similar to these children's responses in primitive peoples. »Every quality of things that can be apprehended by the sense is not static, but something effective, every object is an active creature. Things exist in form and abundance only to the extent that they have ›powers‹. Whether these powers are seen as natural-magical, psychological-demonic or divine depends on the religious level of the primitive people.« (Werner 1959.)

The concept of anthropomorphism is of great importance for many world religions. It would be an enormously difficult act of abstraction to think of god or the gods as spiritual beings – and thus unimaginable. Therefore many religions renounce this need, and God and the gods thus increasingly appear in human or animal form, as a combination of human and animal or as humans with particular physical characteristics.

Jehovah is not precisely described in the Old Testament, but he has a large number of human qualities in his various manifestations.[10]

God does indeed become man in Christ in the New Testament, and despite centuries of theological argument, the unity of God and man is created, however it may be defined.

3. Geometrie. Figur. Maß

Die vorstehenden generalisierenden Kapitel verweisen auf die allgemeinen Gemeinsamkeiten von Mensch und Architektur. Die Körperlichkeit, das Koordinatensystem und die postulierten Möglichkeiten einer projektiven und interpretativen Anthropomorphie zählen zu den wichtigsten Grundlagen.

In den folgenden Kapiteln sollen nun die konkreten Phänomene einer Architektur als »Wesen« aufgezeigt werden.

Die entdeckten, analysierten oder projizierten Analogien in Maß, Zahl, Geometrie und Proportion zwischen dem menschlichen Körper und der Architektur sind ein erster konkreter Schritt zur Anthropomorphie, der allerdings am Bauwerk konkret kaum ablesbar ist.

Die fundamentale Grundlage liefert uns **Vitruv** (Marcus Vitruvius Pollio, geb. ca. 84 v. Chr.) dessen *De Architectura – libri decem* weniger die römische Antike als vielmehr gut ein Jahrhundert lang die italienische Renaissance prägt.

Im ersten Kapitel des dritten Buches beschreibt Vitruv die Bedingungen für das Ebenmaß der Tempel und geht auf den Vergleich mit dem Menschen ein: »Kein Gebäude kann ohne Ebenmaß und gutes Verhältniß gut eingerichtet seyn, noch wofern es sich nicht genau wie der Körper eines wohl gebildeten Menschen, zu seinen Gliedern verhält.« (Vitruv 1796, 1987.)[11]

Im folgenden Absatz beschreibt nun Vitruv genau die Proportionen eben jenes (»wohl gebildeten«) Menschen und geht sogleich auf die Geometrisierung des Körpers ein:

»Desgleichen ist des Körpers natürlicher Mittelpunkt der Nabel, denn wenn ein Mensch sich rückwärts mit aus einander gestreckten Händen und Füßen hinlegt, und man ihm den spitzen Schenkel des Zirkels in den Nabel stellt, so werden bey Beschreibung des Kreises die Spitzen so wohl der Finger beyder Hände, als der Zehen beyder Füße von der Zirkellinie berührt werden.

Gleichwie aber die Figur eines Zirkels im Körper zu bilden ist, so ist darin nicht minder die eines Vierecks anzutreffen; denn wenn man dessen Maß von der Fußsohle bis zum Wirbel nimmt, und dies mit dem von Einer ausgestreckten Hand zur Andern vergleicht, so wird sich ergeben, daß dessen Breite der Länge völlig, so wie in einem nach dem Winkelmaaße abgemessenen Quadrate, gleich sey.«

Die entscheidende Aussage, nämlich der Gedanke der Übertragung dieser Harmonieverhältnisse auf das Gebäude, geht aus dem folgenden Absatz hervor:

»Da nun die Natur den menschlichen Körper also eingerichtet hat, daß dessen Glieder sich zum Ganzen verhältnismäßig verhalten; so haben die Alten auch mit Grunde festgesetzt: Daß bey Aufführung der Gebäude ebenfalls das gehörige Verhältniß der einzelnen Theile zum Ganzen genau beobachtet werden müsse. Sie haben daher, so wie überhaupt zu jeder Art der Gebäude, also zu den Tempeln der Götter hauptsächlich, – weil Vollkommenheit und Unvollkommenheit der Arbeit daran ewig zur Schau bleibt – eigene Vorschriften gegeben; ja, sie haben allgemein die Glieder des Körpers bey allen Gebäuden zum Maaßstabe gewählt, z. B. Zoll, Querhand, Fuß und Elle; und diese nach der vollkommenen Zahl, welche die Griechen ›teleion‹ nennen, eingetheilt. Zur vollkommenen Zahl aber haben die Alten die Zahl Zehn angenommen, wegen der zehn Finger an den Händen: und in Zolle ist die Querhand, in Querhände der Fuß abgetheilt.«

Die Antike geht selbstverständlich davon aus, daß der Mensch, im Idealfall zumindest, wohlgestalt, harmonisch, schön gebildet ist. Wenn ich nun bestimmte Qualitäten oder Phänomene des Menschen, auch wenn sie nur latent vorhanden sind, auf die Architektur übertrage, dann muß es mir gelingen, eine wohlgestaltete, harmonische, schöne Baukunst zu realisieren. Die vitruvianische Figur, die den menschlichen Körper mit Kreis und Quadrat überlagert, ist selbstverständlich eine Idealisierung, die anthropometrisch kaum standhält.

Die Konfrontation der geometrischen Figur mit dem menschlichen Körper stellt einen Vorgang von weittragender Bedeutung dar, der uns bis in die Gegenwart verfolgen wird.

An unserem Körper selbst können wir kaum Elemente der euklidischen Geometrie vorfinden, er ist sozusagen ein »plastisches« Element von eher expressiver Durchformung. Im Gegensatz dazu ist die Architektur, insbesonders die klassische und die abendländische, weitgehend durch die euklidische Geometrie geprägt. Wenn ich also ein Verbindungselement zur Architektur schaffen will, das die Affinität zwischen Architektur und Körper aufzeigt, muß ich den menschlichen Körper in ein geometrisches Feld einbringen. Solche Felder sind berechenbar, sind also auch durch die Zahl bestimmbar.

3. Geometry. Figure. Dimension

The previous general chapters indicate what man and architecture can have in common. Corporeality, the system of co-ordinates and the postulated possibilities of projective and interpretative anthropomorphy are among the most important fundamentals.

In the following chapters the concrete phenomena of architecture as a »being« will be indicated.

The analogies that have been discovered, analysed or projected in terms of dimension, number, geometry and proportion between the human body and architecture are the first concrete step towards anthropomorphy, though this can scarcely be read off from the building in a concrete way.

The fundamental basis is provided by **Vitruvius** (Marcus Vitruvius Pollio, b. c. 84 BC), whose *De Architectura – libri decem*, shaped not so much Roman antiquity as a good century of the Italian Renaissance.

In the first chapter of the third book Vitruvius describes the conditions for the symmetry of the temple and makes a comparison with man: »No building can be well built without symmetry and good proportion, nor if it does not relate precisely to its members, like the body of a well-formed human being.« (Vitruvius 1786.)[11]

Then in the following paragraph Vitruvius describes the proportions of that very (»well-formed«) human being, and immediately goes into the imposition of geometry on the body:

»In the same way the natural middle point of the body is the navel, for if a man lies down on his back with outstretched hand and feet, and the pointed arm of the compass is placed in his navel, then when describing the circle the tips of the fingers of both hands and of the toes of both feet will be touched by the compass line.

But just as the figure of a circle can be formed in the body, that of a square is also to be found there; for if one takes the body's measurements from the sole to the top of the head, and compare this with the distance from one extended hand to the other, then it will be seen that the width is completely equal to the length, as in a square calculated according to the measure of its angles.«

The crucial statement, and that is the notion of the transference of this harmonious ratio to the building, comes from the following paragraph:

»And so now that nature has so furnished the human body that its limbs relate in proportion to the whole; so the Ancients also established with reason: that when constructing the building the proper proportion of the individual parts of the whole must be precisely observed. They have therefore given their own prescription, for all kinds of buildings and the temples of the gods in the main – because perfection and imperfection of work on these remains on show for all eternity; indeed, they have generally taken the limbs of the body as a scale for all buildings, i. e. inch, span, foot and ell, and divided these according to the perfect number that the Greeks call ›teleion‹. But the ancients took ten to be the perfect number, because of the ten fingers on the hands: and the span is divided into inches and the foot into spans.«

Of course the ancients assumed that man, in ideal cases at least, is well-proportioned, harmonious, beautiful in form. And if I now transfer certain human qualities or phenomena to architecture, even if they are only a latent presence, then I must succeed in realizing well-proportioned, harmonious, beautiful architecture. The Vitruvian figure superimposing a circle and a square on the human figure is of course idealized, and will scarcely stand up anthropometrically.

The confrontation between the geometrical figure and the human body is in fact an event of far-reaching significance, which will follow us down into the present.

We can scarcely find elements of Euclidian geometry in our own bodies, they are a »plastic« element as it were, expressively developed. In contrast with this, architecture, and especially classical and occidental architecture, is largely shaped by Euclidian geometry. And so if I want to create a linking element with architecture, showing the affinity between architecture and the body, I have to place the human body in a geometrical field. Fields of this kind are calculable, i. e. open to determination through figures.

And so an extended field of reference was created: number, geometry, body and building can be shown in the way they all relate to each other. Vitruvius did not leave us any drawings, at least none have survived. And so the Renaissance, in its enthusiasm for Vitruvius saw itself faced with an open field for speculation, for visualization.

We can see how wide-ranging interpretation can be from attempts to illustrate Vitruvius in the 15th and 16th centuries, running on into the 18th century.

Somit wurde ein erweitertes Bezugsfeld geschaffen: Zahl, Geometrie, Körper und Bauwerk können in ihren jeweiligen Relationen aufgezeigt werden. Vitruv hat uns keine Zeichnungen hinterlassen, zumindest sind keine vorhanden. So hat die Renaissance in ihrer Begeisterung für Vitruv ein offenes Feld der Spekulation, der Visualisierung vor sich gesehen.

Wie vielfältig die Deutungen sein können, zeigen uns die Illustrationsversuche zu Vitruv im 15. und 16. Jahrhundert mit den Ausläufern bis ins 18. Jahrhundert.

Francesco di Giorgio Martini (1439–1501) stellt seine Figur tänzerisch-lässig in einen Kreis, den ein Rechteck, aber kein Quadrat überschneidet (Abb. 3). Die Figur scheint quasi unentschlossen darüber zu sein, ob sie den Kreis oder das Rechteck ausfüllen soll.

Fra Giocondo (1433–1515) teilt die Darstellung in zwei Bilder und zeigt den »homo ad circulum« im Kreis, von einem Quadrat gerahmt, und den »homo ad quadratum« mit straff ausgestreckten Armen im Quadrat (Abb. 1, 2).

Cesare Cesariano (1483–1543) verdichtet die Geometrie: dem Kreis ist ein Quadrat umschrieben und eingeschrieben, die Kreuzung der Diagonalen und somit der Mittelpunkt der geometrischen Figuren liegt am Nabel des Mannes bei schräg ausgestreckten Armen und Beinen (Abb. 6). Diese Darstellung illustriert besonders deutlich das grundlegende Problem aller Proportionsstudien auf der Basis des menschlichen Körpers: Die Hände und Füße der Figur sind offenkundig unproportioniert groß gezeichnet. Vierhundert Jahre später wird Le Corbusier ähnliche Probleme haben. Cesariano variiert in einer anderen Zeichnung die geometrischen Zuordnungen. Bei waagrechten Armen und senkrechten Beinen entwickelt er die Geometrie des Quadrates nicht vom Nabel, sondern vom Penis aus (Abb. 5). Ungeachtet dieser deutlichen Verzerrungen behauptet Cesariano, daß man »mit der vitruvianischen Figur alles in der Welt proportionieren könne – er sagte ›commensurare‹ und meinte damit das gemeingültige Maß, die Harmonie des Weltganzen.« (Wittkower 1969.)

Die bekannteste und gleichsam zu einer Ikone stilisierte Darstellung des »geometrischen« Menschen ist jene von **Leonardo da Vinci** (1452–1519). Er wählt als Mittelpunkt des Kreises den Nabel, während der Penis-Ansatz genau in der Mitte des Quadrates liegt. Kreis und Quadrat können solcherart nicht überzeugend zur Deckung gebracht werden (Abb. 4). Wie bei den meisten Illustrationen ist die Figur in zwei Phasen dargestellt: Für das Quadrat steht der Mann mit senkrechten Beinen und horizontalen Armen, der Kreis hingegen wird ausgefüllt von den gespreizten Beinen und den leicht angehobenen Armen.

Es scheint also nicht zu gelingen, die »normale«, die statistisch durchschnittliche menschliche Figur mit den Geometrie-, Proportions- und Harmonie-Schemata in einer einzigen Position zur Deckung zu bringen.

Die Zeichnung **Sebastiano Serlios** (1475–1554) ergänzt die geometrischen Grundfiguren beim Quadrat durch eine modulare Unterteilung: Jede Seitenlänge wird in sieben Teile geteilt, jeder dieser Teile ist wiederum dreifach unterteilt. Der Mittelpunkt sowohl vom Kreis als auch vom Quadrat liegt etwas unterhalb des Nabels der Figur. Die Darstellung ist ein Kompromiß: Die rechte Körperhälfte ist mit einem Bein und einem Arm der Diagonale angepaßt, während die linken Gliedmaßen waagerecht und senkrecht dargestellt sind.

Die Auseinandersetzung mit der Geometrisierung des menschlichen Körpers als Grundlage für die Proportionsstudien beherrscht über Vitruv hinaus die gesamte Architekturtheorie der Renaissance. Neben den schon erwähnten Theoretikern und Illustratoren waren es auch die Praktiker wie **Leon Battista Alberti** (1404–1472), **Lorenzo Ghiberti** (1378–1455) und **Pomponius Gauricus** (1476–1558), die versuchten, dem Geheimnis der körperhaften Schönheit – die vor allem im Ebenmaß liegt – auf die Spur zu kommen.

Alberti drückt die Beziehung äußerst lapidar aus, wenn er postuliert: »Wir nehmen ein Gebäude wie einen Körper wahr.« Und er beruft sich dabei auf die Antike: »Die Alten haben uns darüber belehrt ..., daß ein Gebäude wie ein Lebewesen ist.« Die Schlußfolgerungen daraus sind freilich nicht zwingend, verdienen aber unser Interesse, so etwa die Forderung nach einer geraden Zahl von Säulen, weil die Beine des Menschen geradzahlig sind. Hingegen soll es eine ungerade Zahl von Öffnungen in Analogie zur Ungradzahligkeit der Körperöffnungen geben.

Auch im theoretischen Werk von **Antonio Averlino**, genannt **Filarete** (ca. 1400–1469) hat die Proportionslehre einen wichtigen Stellenwert. Für Filarete, wie für alle anderen Renaissance-Theoretiker, bildet die Lehre Vitruvs den Ausgangspunkt, und die These, daß der am vollkommensten proportionierte Organismus der menschliche Körper sei, schien unumstößlich. Offenkundig können aber nicht alle existierenden Körper als schön und wohlproportioniert angesehen werden, und die Frage, wann wir uns einem harmonischen Körper gegenübersehen, ist letztlich nicht schlüssig zu beantworten. Filarete schließt zunächst die Extreme, die ganz gro-

1, 2. Fra Giocondo, Figuren zu Vitruv, (M. Vitruvius per Iucundum), Venedig 1511.
3. Francesco di Giorgio Martini, Figur zu Vitruv, um 1480.
4. Leonardo da Vinci, Proportionsschema der menschlichen Gestalt, *Uomo Vitruviano*, um 1500.
5, 6. Cesare Cesariano, Figur zu Vitruv, 1521.

1, 2. Fra Giocondo, figures relating to Vitruvius, (M. Vitruvius per Iucundum), Venice 1511.
3. Francesco di Giorgio Martini, figure relating to Vitruvius, c. 1480.
4. Leonardo da Vinci, proportional scheme for the human figure, *Uomo Vitruviano*, c. 1500.
5, 6. Cesare Cesariano, figure relating to Vitruvius, 1521.

1 2
3 4
5 6

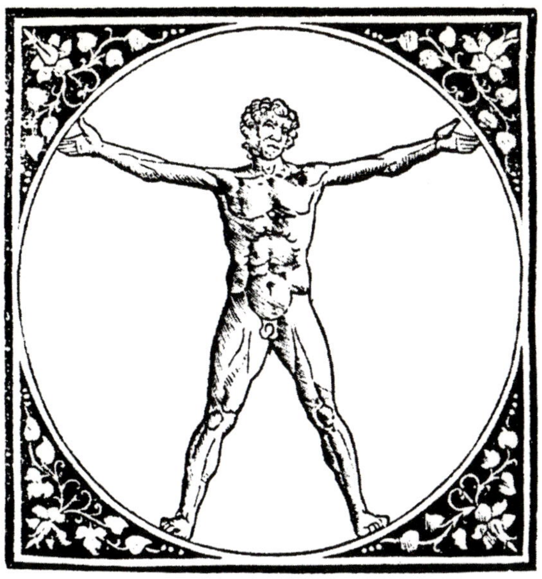

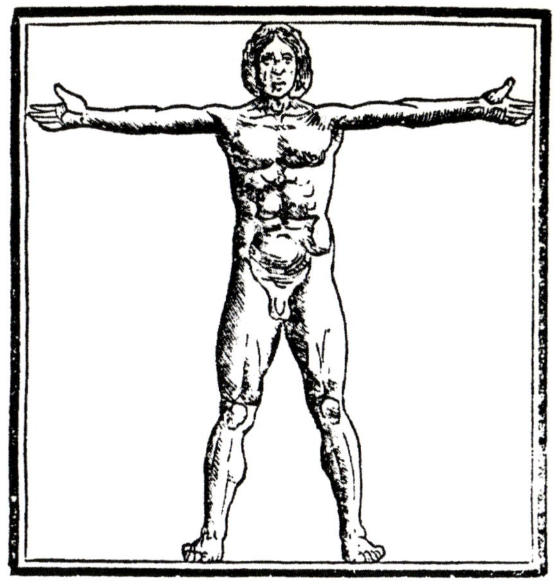

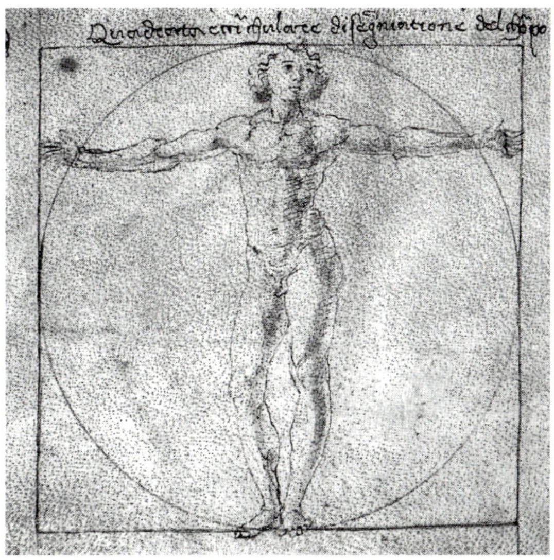

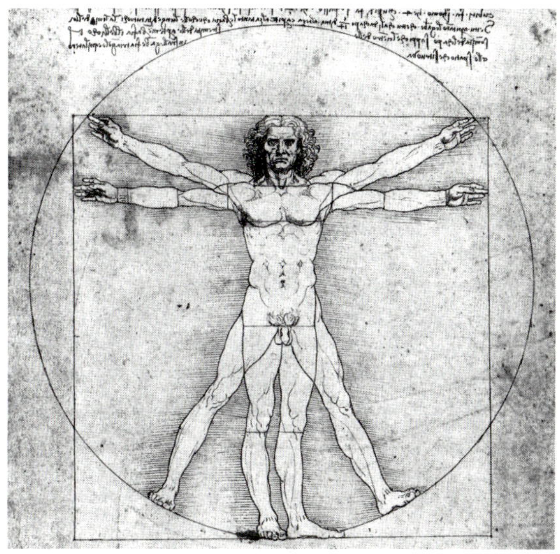

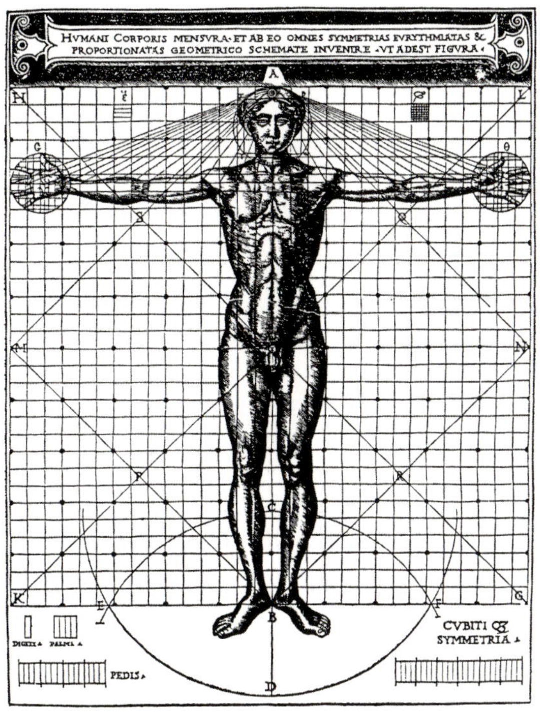
HVMANI CORPORIS MENSVRA · ET AB EO OMNES SYMMETRIAS EVRYTHMIATAS &
PROPORTIONATAS GEOMETRICO SCHEMATE INVENIRE · VT ADEST FIGVRA ·
CVBITI QZ
SYMMETRIA ·
PEDIS ·

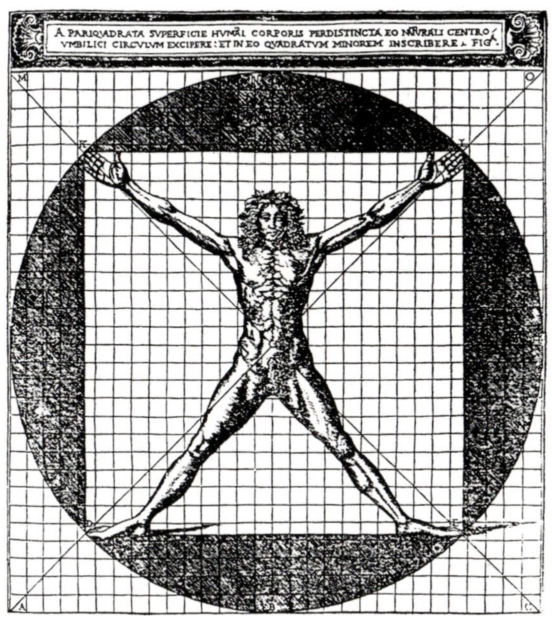
A PARIQVADRATA SVPERFICIE HVMĀI CORPORIS PERDISTINCTA EO NĀVRALI CENTRO Á
VMBILICI CIRCVLVM EXCIPERE : ET IN EO QVADRATVM MINOREM INSCRIBERE · FIG ·

ßen und ganz kleinen Körper aus, um so zu den »wohlgebildeten« zu kommen. So nennt er drei akzeptable Typen, die er als groß, mittelgroß und klein bezeichnet, und charakterisiert sie als dorisch, korinthisch und ionisch. Den Körper dorischer Ordnung setzt Filarete mit jenem Adams, des Urmodells des Menschen, gleich und geht von einer Größe von neun Kopflängen aus. (Tigler 1963.)

Ähnlich wie bei Francesco di Giorgio Martini enden die Überlegungen Filaretes wieder beim Quadrat: »Il quadro e ogni altra misura è dirivata dall'uomo.«. Somit ist auch für Filarete, wie bei allen anderen Vitruv-Interpreten bis Leonardo, die einfache geometrische Figuration das einzige konkrete Verbindungselement zwischen Mensch und Bauwerk.

Ungeachtet der Geometrisierung oder gerade derentwegen artikuliert Filarete sehr deutlich die Prinzipien einer anthropomorphen Architektur. Nach Tigler (1963) sind es elf Prinzipien, die eine anthropomorphe Architektur motivieren:

1. Das Verhältnis der »Glieder« in bezug auf die »faccia«, also das Gesicht bzw. die Fassade.
2. Die Analogie im Hinblick auf Mannigfaltigkeit, Proportionalität der Glieder und Lebensbedingungen.
3. Die Gleichheit der Gliederungsverhältnisse im Gebäude und im menschlichen Körper.
4. Der Mensch benötigt Nahrung und ärztliche Hilfe, das Bauwerk braucht Unterhalt und Pflege.
5. Körper und Bauwerk hängen vom Material und vom Planetenstand ab.
6. Der Ruhm bedeutender Bauwerke ist ähnlich dauerhaft wie jener von Helden.
7. Ein Bauwerk entsteht aus der Zusammenarbeit von Bauherr und Architekt, ersterer entspricht dem Vater, letzterer der Mutter bei der Entstehung von Leben.
8. Die Kategorien »Dauerhaftigkeit, Schönheit, Zweckmäßigkeit« sind grundlegend für den Menschen und für die Architektur.
9. Der antike Tempel hatte die verschiedensten Formen entsprechend dem Charakter der Gottheit, der christliche Kirchenbau ist kreuzförmig in Erinnerung an Christus.
10. Der ständischen Ordnung der Gesellschaft entspricht die Rangordnung der Gebäude.
11. Die Ableitung des Bauwerks vom Menschen erstreckt sich auch auf die Bauformenlehre, die Klassifizierung der Gebäudegattungen und der Gesteinssorten.

Der Glaube an die Schönheit und Vollkommenheit des menschlichen Körpers hat auch in der Renaissance noch eine durchaus metaphysische Dimension. Der Mathematiker **Luca Pacioli** (1445–1514) bringt dies in der *Divina Proportione* deutlich zum Ausdruck: »... weil vom menschlichen Körper sich alle Maße und ihre Beziehungen ableiten und in ihm alle Zahlenverhältnisse und Maßbeziehungen zu finden sind, durch welche Gott die tiefsten Geheimnisse der Natur enthüllt«. (Wittkower 1969.) Pacioli geht deutlich auf die archetypischen geometrischen Figuren ein. »Nachdem die Alten das rechte Maß des menschlichen Leibes studiert hatten, proportionierten sie alle ihre Werke, besonders die Tempel, im Einklang damit. Denn im Menschenleib fanden sie die beiden Hauptfiguren, ohne welche kein Kunstwerk gelingen kann, nämlich den vollkommenen Kreis und das Quadrat.« (Wittkower 1969.)

Unbeschadet einer vorsichtigen Distanzierung von den Harmoniegesetzen der Renaissance, bleibt auch in der weiteren Entwicklung der Barock-Architektur das Interesse an Vitruvs Theorien lange Zeit lebendig.

In der *Idea dell'Architettura universale* des **Vincenzo Scamozzi** (1552–1616) finden wir die Übernahme der Zeichnung Sebastiano Serlios, die Figur im Kreis und Quadrat, im Zentrum eines Blattes, das mit zahlreichen geometrischen Figuren und Berechnungshinweisen ausgestattet ist.

In der Übersetzung Vitruvs von **Claude Perrault** (1613–1688) aus dem Jahre 1684 finden wir zwei schöne Zeichnungen: den Mann im Quadrat, bei dem wiederum der Penisansatz den Mittelpunkt bildet, und den Mann im Kreis mit dem Nabel als Zentrum. Perrault fügt den Zeichnungen Proportionsmaßstäbe bei, die seiner Meinung nach dem griechischen, dem römischen und dem königlichem Maßsystem entsprechen.

Weit über Vitruv und seine frühen graphischen Interpreten hinausreichend, zeichnet 1692 **Cristóstomo de Martinex** (Chrisostomus Martínez) (1628–1694) »Nouvelles figures des proportions du corps humain«. Wieder wählt er die Peniswurzel als Mittelpunkt seiner Kreise, doch verzichtet er darauf, Arm/Hand in den Kreis hineinzuzwängen, sondern operiert mit differenzierten Proportionssystemen.

Mit der »Entdeckung« des Goldenen Schnittes glaubte man, sich dem Geheimnis des »Schönen« angenähert zu haben, dies um so mehr, als man dieses arithmetisch-geometrische Verhältnis auch in der menschlichen Figur zu erkennen vermeinte. Die Übertragung auf das

Francesco di Giorgio Martini (1439–1501) places his figure casually and like a dancer, in a circle with a rectangle, but not a square superimposed upon it (ill. 3). The figure seems as though it is not sure whether it is supposed to fill the circle or the rectangle.

Fra Giocondo (1433–1515) divides the figure into two images and shows the »homo ad circulum« in a circle, framed by a square, and the »homo ad quadratum« in a square, with his arms fully extended (ill. 2, 3).

Cesare Cesarioano (1485–1543) makes the geometry more complex: the circles has a square drawn round it, the intersection point of the diagonals and thus the centre of the geometrical figures is at the man's navel, with the arms and legs stretched out diagonally (ill. 6). This version illustrates the fundamental problem of all proportional studies based on the human body particularly clearly: the figure's hands and feet are obviously drawn disproportionately large. Le Corbusier will have similar problems four hundred years later. Cesariano varies the geometrical dispositions in another drawing. The figure has horizontal arms and vertical legs, and the artist develops the geometry of the square from the penis rather than the navel (ill. 5). Despite these clear distortions, Cesariano insists that one »can apply proportion to anything in the world with the Vitruvian figure – he said ›commensurare‹ and meant the generally valid dimension, the harmony of the world as a whole.« (Wittkower 1969.)

The best-known representation of the »geometrical« human being, and one that has become stylized almost to the point of being an icon, is the one by **Leonardo da Vinci** (1452 to 1519). He chooses the navel as the centre of the circle, while the root of the penis is precisely at the centre of the square. Circle and square cannot be convincingly reconciled in this way (ill. 4). As in most illustrations, the figure is presented in two phases: for the square the man is standing with vertical legs and horizontal arms, but the circle is filled in with parted legs and slightly raised arms.

And so it does not seem possible to reconcile the »normal«, the statistically average human figure with geometrical, proportional and harmonic schemes in a single position.

The drawing by **Sebastiano Serlio** (1475–1554) complements the basic geometrical figures in the square with a modular subdivision: each side is divided into seven sections, and each of these sections is divided into three in its turn. The centre of both the square and the circle is just below the navel of the figure. This version is a compromise: the right-hand half of the body relates to the diagonal with one arm and one leg, while the limbs on the left-hand side are presented horizontally and vertically.

The issue of applying geometry to the human body as a basis for proportion studies dominates the whole of Renaissance architectural theory, beyond Vitrivius. As well as the theoreticians and illustrators who have already been mentioned, practitioners like **Leon Battista Alberti** (1414–1472), **Lorenzo Ghiberti** (1378–1455) and **Pomponius Gauricus** (1476–1558) tried to unlock the secret of physical beauty – which lies above all in symmetry.

Alberti expresses the link extremely succinctly when he postulates that »we perceive a building like a body.« And here he refers back to antiquity: »The ancients taught us … that a building is like a living creature.« Admittedly the final conclusions from this are not compelling, but they deserve our interest, in the requirement that there should be an even number of columns, for example, because people have an even number of legs. On the other hand, there should be an odd number of apertures, by analogy with the uneven number of apertures in the human body.

Proportional theory also plays an important part in the theoretical work of **Antionio Averlino**, called **Filarete** (c. 1400–1469). Vitruvius's theory is the starting-point for Filarete, as for all other Renaissance theoreticians, and the proposition that the human body is the most perfectly proportioned organism seemed irrefutable. But obviously not all the bodies that are in existence can be seen as beautiful and well-proportioned, and the question of when we come across a harmonious body can ultimately not be answered conclusively. Filarate first of all rules out the extremes, the very large and the very small bodies, so that he can arrive at bodies that are »well-formed«. So he names three acceptable types, which he defines as large, medium and small, and characterizes them as Doric, Corinthian and Ionic. Filarete equates the Doric order body with that of Adam, the original model for man, and works on a size of nine head-lengths. (Tigler 1963.)

Rather like Francesco di Giorgio Martini, Filarete's thoughts end up a the square again: »Il quadro e ogni altra misura è dirivata dall'uomo.« Thus for Filarete as well, like all other Vitrivius interpreters including Leonardo, the simple geometrical figuration is the only concrete link between man and building.

Bauwerk war nicht nur ein Garant für die ästhetische Qualität, sondern auch eine weitere Artikulation des Bezugsfeldes Körper-Zahl-Geometrie-Architektur. Obgleich der Goldene Schnitt in unserem Jahrhundert keine statistische Präferenz in den Perzeptionsvorgängen aufweist,[12] ist seine Faszination auf weite Strecken erhalten geblieben.

Die Fragwürdigkeit dieses wohl eher erträumten als nachgewiesenen harmonischen Bezugsfeldes zwischen Körper und Bauwerk wird von **Edmund Burke** (1729–1797) sehr drastisch kritisiert: »Ich weiß, es ist vor langem behauptet und tausendmal von einem Schriftsteller an den anderen weitergegeben worden, daß die Maßverhältnisse in der Baukunst von denen des menschlichen Körpers entlehnt sind. Um diesen gezwungenen Vergleich vollständig zu machen, zeichnen sie einen Mann mit erhobenen und weit ausgestreckten Armen und umschreiben dann die äußeren Punkte dieser seltsamen Gestalt mit einem Quadrat. Für mich aber steht es außer Zweifel, daß die menschliche Figur dem Architekten niemals eine seiner Ideen geliefert hat. Denn zunächst: Man sieht sehr selten einen Menschen in dieser angespannten Haltung ... Und sicherlich könnte es für einen Architekten keine tollere Narrheit geben, als seine Gebilde nach der menschlichen Gestalt zu formen, denn nichts kann sich weniger gleichen oder auch nur ähneln, als ein Mensch und ein Haus oder Tempel.«

In den vorstehenden Ausführungen wurde der große Bogen von der Antike – repräsentiert in Vitruvs Schriften – zur Renaissance und deren Theoretiker und Interpreten gespannt. Das **Mittelalter** wurde bisher übersprungen, um die unmittelbare Verbindung zwischen Antike und Renaissance aufzuzeigen.

In der Heiligen Schrift findet sich eine Reihe von Andeutungen, aus denen die Bedeutung von Maß und Zahl abgelesen werden kann.

Im Alten Testament, im Buch der Weisheit Salomonis, steht ein kurzer, für die Architektur bedeutsamer Satz. Im XI. Kapitel werden Israels Wüstenzüge beschrieben, die Verse 10–19 schildern die Weisheit als Gottes Vorsehung und das schreckliche Ende der Gottesfeinde, der Ägypter und der Kanaaniter. Im Vers 20 heißt es »... sie konnten schon durch einen einzigen Hauch zu Boden sinken, verfolgt von Deiner Rache, vom Hauch Deiner Allmacht weggefegt.« Und unmittelbar darauf der wichtigste Satz »omnia in mensura et numero et pondere disposuisti« – »Allein nach Maß und Zahl und Gewicht hast Du alles geordnet.« Von dieser Dreiheit von Maß, Zahl und Gewicht, von den beiden ersten vor allem, ist auch die Architekturtheorie des Mittelalters weitgehend geprägt.

»Aufbauend auf dem Spruch der Weisheit Salomonis XI 22 vermittelte Augustinus die Lehre von der Sphärenharmonie dem Mittelalter. Maß, Ordnung und Zahl bilden für ihn das Wesen der Schönheit. Gott ist der Ursprung der Schönheit. So weist alles, was schön ist, auf Gott hin. Besonders Musik und Architektur geben einen Abglanz von der ewigen Harmonie. Die Architektur wird für Augustinus zur Wissenschaft durch die Anwendung geometrischer Gesetze.« (Günther 1988.)

Eine großartige Verbindung von Maß, Zahl und Ordnung stellt die Beschreibung der heiligen Stadt, des himmlischen Jerusalem, im 21. Kapitel der Apokalypse des Johannes dar.

»Sie hatte eine große, hohe Mauer, zwölf Tore und auf den zwölf Toren zwölf Engel und Namen darauf geschrieben: die Namen der zwölf Stämme Israels ... Die Stadtmauern hatten zwölf Grundsteine, auf denen die zwölf Namen der zwölf Apostel des Stammes geschrieben standen ... Die Stadt ist in einem Viereck angelegt, so lang wie breit ... zwölftausend Stadien.«
Mit dem biblischen Gedanken einer gleichsam göttlichen Ordnung der Architektur ist die Gegenposition zum »Homo-mensura-Satz« der Antike formuliert: Nun ist nicht mehr allein der Mensch das Maß aller Dinge, sondern es ist Gott selbst, der rational ordnend die Kriterien vorgibt. Diese Formulierung ist eine wichtige Motivation für den Künstler des Mittelalters dahingehend, daß er in den lebenden Wesen die göttlichen Qualitäten aufzusuchen bemüht ist.

Betrachten wir die Arche Noah als ein Bauwerk, dann ist ein Hinweis von **Aurelius Augustinus** (354–430) für unsere Überlegungen von Interesse. »Er sieht einen alttestamentlichen Hinweis auf Christus als Erretter der Menschheit und ein Urbild der Kirche in der Arche, die Noah und die Seinen vor der Sintflut gerettet hatte. Die Maßverhältnisse der Arche (300 x 50 x 30 Ellen) versinnbildlichen den Menschenleib, in dessen Gestalt Christus die Welt erlöst hat. ›Die Länge des menschlichen Leibes vom Scheitel bis zur Sohle beträgt nämlich das Sechsfache der Breite von einer Seite zur anderen und das Zehnfache der Tiefe, vom Rücken zum Bauch‹«. (Augustinus, *De civitate Dei* / Naredi-Rainer 1992.)

Das Mittelalter kennt ein äußerst umfangreiches, vielfach verschlüsseltes geometrisches System, das dem Bau der Kathedrale in Grund- und Aufriß zugrunde gelegt wurde. Die vitruvianischen Thesen waren wenig bekannt und für die Maßsysteme der Architektur nicht tauglich.

Despite the application of geometrical order, or precisely because of it, Filarete articulates the principles of anthropomorphic architecture very clearly. According to Tigler, there are eleven principles that motivate anthropomorphic architecture:

1. The ratio of the »members« to the »faccia«, in other words the face or the façade.

2. The analogy in terms of multiplicity, proportionality of limbs and life conditions.

3. The equality of articulation ratios in the building and the human body.

4. Man needs food and medical help, buildings need maintenance and care.

5. Body and building depend on material and planetary dispositions.

6. The fame of important buildings is similarly durable to that of heroes.

7. A building is the result of co-operation between client and architect, and so the former is the equivalent of the father, the latter of the mother in the creation of life.

8. The categories »durability, beauty, functionality« are fundamental to man and to architecture.

9. The ancient temple had a whole variety of forms appropriate to the character of the deity, Christian churches are cruciform in memory of Christ.

10. The ordering of society in estates corresponds with the rank order of buildings.

11. The derivation of the building from an extends to the theory of building forms, the classification of building genres and mineral types.

Belief in the beauty and perfection of the human body still has an entirely metaphysical dimension in the Renaissance. The mathematician **Luca Pacioli** (1445–1514) expresses this clearly in the *Divina Proprtione*: »... because all measures and their relations derive from the human body, and all numerical rations and dimensional relationships are to be found within it through which God reveals the profoundest mysteries of nature«. (Wittkower 1969) Pacioli addresses archetypal geometrical figures very clearly. »After the ancients had studied the right dimension of the human body, they proportioned all their works, especially the temples, in harmony with this. For in the human body they found the two main figures without which no work of art can succeed, and they are the perfect circle and the square.« (Wittkower 1969.)

Although there was some careful distancing from the Renaissance laws of harmony, interest in Vitruvius's theories remained alive for a long time within the further development of Baroque architecture.

We find Sebastiano Serliano's drawing adopted in *Idea dell'Architettura universale* by **Vincenzo Scamozzi** (1552–1616), the figure in a circle and a square, in the centre of a sheet including numerous geometrical figures and notes of calculations.

There are two very fine drawings in the translation of Vitruvius by **Claude Perrault** (1613 to 1688): the man in the square, again with the root of the penis as the central point, and the man in the circle, centred on the navel. Perrault adds proportional scales to the drawings. In his view these correspond with the Greek, Roman and Royal measurement systems.

Cristóstomo de Martinex (Chrisostomus Martínez) (1628–1694) went well beyond Vitruvius and his early graphical interpreters when he drew his »Nouvelles figures des proportions du corps humain«. Once again he chooses the root of the penis as the centre of his circles, but he does not try to force the arm / hand into the circle, but operates with differentiated proportion systems.

The »discovery« of the Golden Section meant that everyone believed they had come close to the mystery of the »beautiful«, and this all the more when people thought they had found this arithmetical-geometrical ratio in the human figure as well. Applying this to buildings was not just a guarantee of aesthetic quality, but also a further articulation of the body-number-geometry-architecture field of reference. Although the Golden Section does not show any statistical preferences in the perceptual procedures of our century,[12] it has continued to fascinate in a number of areas.

The questionable nature of this harmonious field of reference, which was a dream rather than a proven fact, is criticized very severely by **Edmund Burke** (1729–1797: »I know that it has been said long since, and echoed backward and forward from one writer to another a thousand times, that the proportions of building have been taken from those of the human body. To make this forced analogy complete, they represent a man with the arms raised and extended at full length, and then describe a sort of square, as it is formed by passing lines along the human figure never supplied the architect with any of his ideas. For in the first place, men are very rarely seen in this strained posture; ... And certainly nothing could be more unaccountably whimsical than for an architect to model his performance by the human figure, since no two things can have less resemblance or analogy, than a man, and an house or temple.«

Diese wurden zwar aus den menschlichen Körperteilen abgeleitet (und bis zum metrischen Maßsystem des 19. Jahrhunderts verbindlich verwendet), aber die physische Erscheinung des menschlichen Körpers hatte wenig Bedeutung. Die Ansätze zu einer Anthropomorphie des Kirchenbaus werden im Kapitel 8 erörtert.

Im Mittelalter gibt es zahlreiche Erweiterungen der geometrischen Formen über Kreis und Quadrat hinaus. Insbesonders das Dreieck erscheint immer wieder als maßgebendes Element in der Architektur.

Einen interessanten Hinweis gibt uns das Skizzenbuch des **Villard de Honnecourt** (um 1230). Das geometrische Vokabular ist durch Dreiecke und Pentagramme erweitert, und in Mensch und Tier spürt Villard diesen vermeintlichen Gesetzmäßigkeiten nach, um sie auf die Architektur zu übertragen (Abb. 7).

Ähnlich wie bei Villard ist auch bei **Giordano Bruno** (1548–1600) das Fünfeck oder richtiger das Pentagramm die Grundlage für die Verknüpfung der Geometrie mit dem menschlichen Körper. Giordano Bruno zeigt uns das Götterbild des Veiovis als Bild des Unglücks. Wir sehen ihn von hinten, Kopf, Hände und Fuß durch Pfeile an das Pentagram fixiert. Das Bild des Diovis hingegen sehen wir von vorne: Die charakteristischen Punkte sind mit Zahlen bezeichnet. »Es wird gesagt, daß die Fünfzahl von Prometheus, der den Menschen aus Lehm geformt hat, in das Bild des Menschen eingedrückt worden sei, weshalb auch der Archetyp des Menschen in der Fünfheit betrachtet, abgelöst, ausgesandt, privilegiert und bestätigt wird.« (Bruno 1991.)

Das mittelalterliche Pentagramm mit seinen vielfachen magischen Deutungsprogrammen wird in der Renaissance durch das rationale Quadrat, bisweilen durch das Sechseck verdrängt.

Wenngleich wir wenige konkrete Beispiele aufzeigen können, ist auch das 19. Jahrhundert, in der Nachfolge der Renaissance-Theoretiker, von der Idee einer Anthropomorphie geprägt. Heinrich Wölfflin vergleicht sehr drastisch das Tragen von Mensch und Säule: »Wir haben Lasten getragen und erfahren, was Druck und Gegendruck ist, wir sind am Boden zusammengesunken, wenn wir der niederziehenden Schwere des eigenen Körpers keine Kraft mehr entgegensetzen konnten, und darum wissen wir das stolze Glück einer Säule zu schätzen und begreifen den Drang allen Stoffes am Boden, sich formlos auszubreiten.« (Wölfflin 1923.)

Werfen wir einen Blick über die Grenzen Europas hinaus, dann finden wir eine faszinierende Verknüpfung von Körper und Bauwerk im japanischen Haus. Der Umweg geht dabei über die Tatami-Matten. Sie entsprechen selbstverständlich der Größe des (japanischen) Menschen, legen sich aber nicht präzise fest, sondern lassen einen beachtlichen Spielraum. Die Matte mit den Grundmaßen von 90 x 180 cm ist vorzüglich geeignet, als modulares Grundsystem für das Zimmer, für das Haus zu dienen. Damit wird das japanische Haus als eine eminent anthropomorphe Architektur im weitesten Sinn deklariert.

Die Auseinandersetzung mit Maß, Zahl, Körper und Proportion dauert bis in die Gegenwart.

Der bedeutendste Versuch einer Renaissance der menschlichen Proportion als Basis für die Architektur stammt von **Le Corbusier** (1887–1965). Es bleibt erstaunlich, daß der revolutionärste Architekt unseres Jahrhunderts sich schon sehr früh mit dem Problem der traditionellen Harmonie auseinandersetzt. Dies wird besonders deutlich bei der Fassade der Villa in Vaucresson. Le Corbusier überlagert die Zeichnung mit einem Proportionsschema, das eindeutig vom klassischen Goldenen Schnitt abgeleitet ist.

In einem wesentlich konsequenteren Prozeß entwickelt Le Corbusier dreißig Jahre später, also in seiner zweiten großen Schaffensperiode, ein zunächst verblüffendes Maßsystem: *Le Modulor* (Abb. 8). Le Corbusier geht von der menschlichen Figur aus. Aber um mit seinen Proportionskunststücken zu Rande zu kommen, muß er eine Körpergröße von 1,83 Metern wählen. Hier setzt die erste Kritik an, denn es handelt sich dabei keineswegs um eine statistisch ermittelte durchschnittliche Körpergröße, nicht einmal die des europäischen Mannes. Sie liegt für Frankreich (und dort sind die Modulor-Bauten entstanden) für Männer bei 1,75 Metern, für Frauen bei 1,62 Metern. Im EU-Durchschnitt messen Männer um fünfzig Jahre 1,76 Meter, Frauen 1,64 Meter. Somit bleibt also schon der Ausgangspunkt fraglich: Er ist nicht das »menschliche« Maß, sondern eine Fiktion. Die ausgestreckte Hand der Maßfigur Le Corbusiers reicht auf 2,26 Meter, und das soll auch die Raumhöhe sein. Le Corbusier hat sie, allerdings unter bestimmten Voraussetzungen, etwa bei der Unité d'habitation in Marseille realisiert. Bei der Unité in Berlin ist er daran gescheitert, und tatsächlich ist diese Raumhöhe im üblichen Wohnungsbau nicht zu vertreten.

Unbeschadet dieser Probleme bleibt aber Le Corbusiers *Modulor* ein eminent wichtiger Beitrag, weil er neuerdings versucht, Maß und Zahl des menschlichen Körpers auf das Bauwerk zu übertragen.

7. Villard de Honnecourt, Blatt aus dem Skizzenbuch, 1230–35.

7. Villard de Honnecourt, page from the sketchbook, 1230–35.

The above expositions show the arc of ideas from antiquity – represented by Vitruvius's writing – to the Renaissance and its theoreticians and interpreters. The **Middle Ages** have tended to be omitted, so that a direct connection between antiquity and the Renaissance can be shown.

The Bible contains a whole number of references from which it is possible to establish the importance of dimension and number.

In the Old Testament, in the book of the Wisdom of Solomon, there is a short sentence that is very significant for architecture. Chapter XI describes the Israelites wanderings in the desert, verses 10–19 portray wisdom as God's Providence and the terrible fate that awaits the enemies of God, the Egyptians and the Canaanites. In verse 20 it says: »… people could fall at a single breath when pursued by justice and scattered by the breath of your power.« And immediately after this comes the important sentence »omnia in mensura et numero et pondere disposuisti« – »But you have arranged all things by measure and number and weight.« The architectural theory of the Middle Ages is largely shaped by this trinity of measure, number and weight, and above all by the first two.

»Building on the saying in the Wisdom of Solomon XI [22], St. Augustine passed on the doctrine of the harmony of the spheres to the Middle Ages. For him measure, order and number are the essence of beauty. God is the origin of beauty. Thus everything that is beautiful points to God. Music and architecture in particular reflect eternal harmony. For St. Augustine, architecture becomes a science through the application of geometrical laws. (Günther 1988.)

The description of the Holy City, the heavenly Jerusalem, in the 21st chapter of the Revelation of St. John the Divine makes a magnificent connection between dimension, number and order.

»It had a great, high wall, with twelve gates, and at the gates twelve angels, and on the gates the names of the twelve tribes of the sons of Israel were inscribed … The city lies four-square, its length the same as its breadth … twelve thousand stadia.« The biblical idea of something like a divine order for architecture formulates a counter-position to the ancient »homo mensura« statement: now it is not just man who is the measure of all things, but it is God himself who prescribes the criteria as he imposes rational order. This formulation is an important motivation for the artist of the Middle Ages, in that he is concerned to seek for diving qualities in living beings.

If we consider Noah's Ark as a building, then a reference by **Aurelius Augustinus** (354–430) is of interest to our considerations. »He sees an Old Testament reference to Christ as the saviour of mankind and a prototype of the church in the ark that rescued Noah and his household from the Flood. The proportions of the ark (300 x 50 x 30 ells) symbolize the human body that Christ adopted to redeem the world. ›The length of the human body from the top of the head to the sole of the foot is in fact six times the width from one site to the other and ten times the depth, from the back to the belly‹«. (St. Augustine, *De Civiate Dei* / Naredi-Rainer 1992.)

The Middle Ages knew an extremely extensive and much encoded geometrical system that was made the basis for cathedral building in plan and elevation. The Vitruvian theories were little known, and did not apply to the measuring systems of architecture. These were certainly derived from the parts of the human body (and definitely applied until the 19th-century metric system of measurements), but the physical appearance of the body had little significance. Approaches to an anthropomorphy of church architecture are discussed in chapter 8.

The Middle Ages saw numerous extensions of geometrical forms beyond the circle and the square. The triangle in particular appears as a dimensioning tool in architecture.

The sketchbook by **Villard de Honnecourt** (c. 1230) provides us with an interesting insight. The geometrical vocabulary expands to include triangles and pentagrams, and Villard follows up these assumed inherent orders in man and animals, so that he can apply them to architecture (ill. 7).

Similarly to Villard, **Giordano Bruno** (1548–1600) also takes the pentagon or more correctly the pentagram as his basis for linking geometry with the human body. Giordano Bruno shows us the Veiovis image of God as an image of ill fortune. We see him from behind, with his head, hands and feet fastened to the pentagram with arrows. But we see the Diovis image from the front: the characteristic points are identified by numbers. »It is said that the number five of Prometheus, who made man from clay, was imprinted upon the image of man, which is also why the archetype of man in considered, detached, dispatched, privileged and confirmed in the quality of the figure five.« (Bruno 1991.)

The medieval pentagram with its many magical interpretation programmes was ousted in the Renaissance by the rational square, though sometimes by the hexagon.

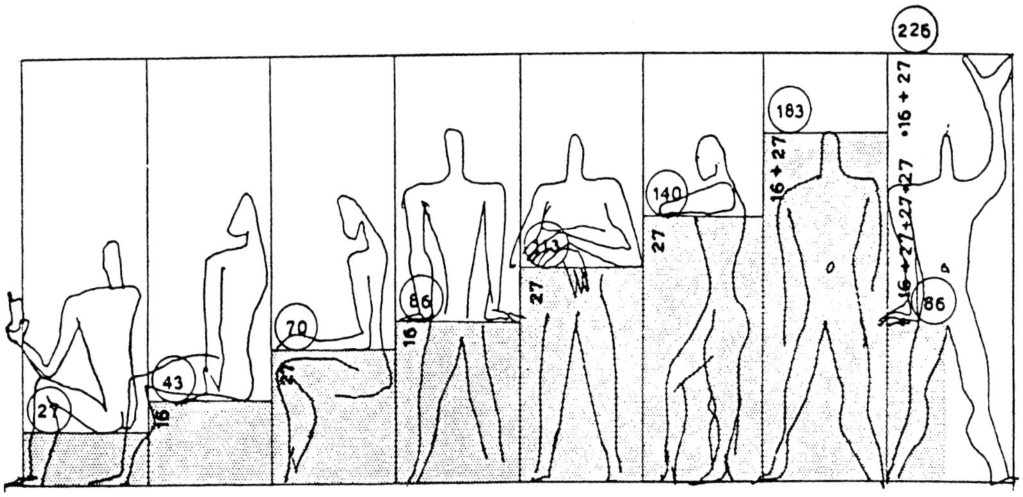

8. Le Corbusier, *Modulor*, 1945.

Die vielfältigen geometrischen Bezugsfelder können keineswegs für die gesamte Architekturgeschichte postuliert werden, immer wieder wird versucht, sich von der Rationalität von Zahl und Geometrie zu distanzieren zugunsten einer »freien«, einer expressiven, plastischen, organischen Formensprache.

Es besteht kein Zweifel darüber, daß zu allen Zeiten die einfache Geometrie als Archetypus eine wesentliche Basis für viele Bauwerke darstellt, insbesonders im Grundriß: Kreis und Quadrat sind bis in unsere Gegenwart faszinierende Grundvokabeln der Architektur geblieben. Geometrie, Zahl und Bauwerk erscheinen somit sinnvoll miteinander verknüpft. (Feuerstein 1966.) Die Einbeziehung des menschlichen Körpers ist jedoch bis heute ein ungelöstes Problem geblieben.

Zum meistzitierten Stichwort in der Architektur-Diskussion zählt noch immer der »Homomensura«-Satz, wonach der Mensch das Maß aller Dinge ist. Der Sophist **Protagoras** (ca. 480 bis 421 v. Chr.) hat ihn schon im 5. Jahrhundert vor Christus geprägt,[13] heute wird er oft genug zum Schlagwort, mit dem konservative, provinzielle, retardierende Tendenzen in der Architektur motiviert werden sollen. Die Forderung nach einer »humanen«, nach einer menschlichen Architektur bedient sich oft des gleichen Mißverständnisses, daß nämlich der Bezug auf den menschlichen Körper sich unbedingt in Kleinteiligkeit, Überschaubarkeit, Biederkeit manifestieren müsse.

Die folgenden Ausführungen zu einer anthropomorphen Architektur werden sich in erster Linie mit den nicht-geometrischen Tendenzen der Baukunst befassen.

Even though we cannot provide many concrete examples, the 19th century is also shaped by the idea of anthropomorphy, in succession to the Renaissance theoreticians. Heinrich Wölfflin makes a very graphic comparison between the load-bearing qualities of man and column: »We have carried loads and discovered what pressure and counter-pressure are, we have sunk to the ground when we were no longer able to set any strength against the weight of our own body as it drags us down, and for this reason we appreciate the proud happiness of a column and understand that all material feels the urge to spread out in a formless mass.« (Wölfflin 1923.)

Let us glance beyond the boundaries of Europe, where we will find a fascinating link between bodies and buildings in the Japanese house. Here we take a detour via Tatami mats. These of course relate to the size of (Japanese) people, but do not within unduly precise boundaries, they leave themselves considerable scope. The mat with the basic measurements 90 x 180 cm is excellently suited to serve as a basic modular system for the room, and for the house. Thus the Japanese house can be identified as eminently anthropomorphic architecture in the broadest sense.

The most important attempt at resurrecting human proportions as a basis for architecture came from **Le Corbusier** (1887–1965). It is still astonishing that the most revolutionary architect of our century addressed the problem of traditional harmony at a very early stage. This is particularly clear in the façade of the Villa in Vaucresson. Le Corbusier superimposes a proportional scheme that is unambiguously derived from the classical Golden Section on the drawing.

Thirty years later, in other words in his second great creative period, Le Corbusier used a considerably more logical process to develop a system of measurement that is amazing at first sight: *Le Modulor* (ill. 8). Le Corbusier starts with the human figure. But in order to be able to bring off his tricks, he has to choose a body 1.83 metres high. This is where the first criticism can be voiced, as we are not dealing here with an average height determined by statistics, not even taking European men as the basis. In France (and that is where the Modulor buildings were erected) the average height for men is 1.75 metres, for women 1.62 metres. The average EU measurement for men is 1.76 metres, 164 metres for women. Thus even the starting-point is questionable: it is not a »human« measurement, but a fiction. Le Corbusier's standard figure's raised hand extends to 2.26 metres, and that is intended to be the room height as well. Le Corbusier realized this, admittedly to specific requirements, in the Unité d'habitation in Marseilles. It was his downfall in the Berlin Unité, and this room height is in fact not acceptable in normal housing projects.

But despite these problems, Le Corbusier's *Modulor* remains an eminently important contribution because it represents a recent attempt to apply the scale and number of the human body to buildings.

The whole range of geometrical reference fields can definitely not be postulated for the whole of architecture, attempts are constantly made to distance oneself from the rational nature of number and geometry in favour of a »free«, an expressive, plastic, organic formal language.

There is no doubt that simple geometry as an archetype provides an essential basis at all time for many buildings, especially in relation to the ground plan: circle and square have remained fascinating basic items of architectural vocabulary right down to our day. Geometry, number and building thus seem to be meaningfully linked with each other. (Feuerstein 1966.) But including the human body has remained an unsolved problem down to the present day.

One of the most-quoted catchwords in architectural discussion is still the concept of »homo mensura«, according to which man is the measure of all things. The Sophist **Protagoras** (c. 480–421 BC) coined the phrase as early as the 5th century BC,[13] and today it is often enough used as a slogan intended to motivate conservative, provincial, reactionary tendencies in architecture. The demand for »humane« architecture often trades on the same misunderstanding: the idea that a relationship with the human body must of necessity be expressed in smallness of scale, manageability and conventionality.

The following observations about anthropomorphic architecture will be mainly concerned with non-geometrical tendencies in building.

4. Säule

Die Säule ist seit der Antike jenes Bauelement, dem am deutlichsten eine Anthropomorphisierung zugeordnet wurde.

Die Verbindung von Naturelementen, von denen in der Einleitung die Rede war, mit der anthropomorphen Säule hat Günther Bandmann überzeugend artikuliert: »Die Anfänge der Eigenbedeutung der Säule als anthropomorph gedachtes Wesen reichen in Schichten animistischer Religiosität, als Stein und Baum an sich als Gottheit verehrt wurden.« (Bandmann 1951.)

Die antike Säule allgemein ist einem strengen Proportionskanon unterworfen, der seine Parallele im Proportions-Maßstab des Menschen finden soll. Wir haben es hier mit einem weiteren System der Verbindung Mensch-Architektur zu tun. Nicht allein Vitruvs und seiner Interpreten geometrische Figuren von Kreis und Quadrat stellen die Vermittlung zwischen Körper und Bauwerk her, sondern die Säule wird direkt als menschliche Figur interpretiert. Der Bezug zum Menschen kann auch aus der Abstraktion der Proportion herausgelöst und sprachlich sinnfällig werden: Fuß, Schaft und »Caput« der Säule verweisen unmittelbar auf den Menschen.

Die Griechen präzisieren den anthropomorphen Charakter der Säule: Die dorische Säule ist männlich, die ionische weiblich, die korinthische jungfräulich.

»In den Schriften des Vitruv finden wir keine Hinweise auf musikalische Harmonien. Statt dessen erfahren wir die Idee, daß die Harmonie die Wiederholung eines Moduls voraussetzt, und zwar in der Weise, daß alle Teile eines Gebäudes zueinander in einfache numerische Relationen gebracht werden können. Diese Idee ist von der Organisation des menschlichen Körpers abgeleitet. Die dorische Säule wiederholt die männlichen Proportionen mit einer Höhe, die sechsmal dem Durchmesser der Basis entspricht, während die ionische Säule das weibliche Maß von 1:9 aufweist. Die korinthische Säule schließlich wiederholt die schlanke Figur eines jungen Mädchens. Wir sehen daraus, daß die Antike versuchte, die formalen Qualitäten der Architektur mit Hilfe der Zahlen zu definieren. Die Wiederholung von Größen, die mit gleichem Maße meßbar sind, war die Vorbedingung der architektonischen Ordnung. Aber man muß die Tatsache unterstreichen, daß die Zahlen nicht an und für sich als wichtig betrachtet wurden. Die numerischen Relationen wurden bedeutend als Offenbarung der inhärenten Ordnung in der Natur, wie sie aus dem Studium der menschlichen Figur und der Himmelskörper bekannt waren. Auf dieser Basis konnten die Säulen auch durch Karyatiden und Atlanten ersetzt werden.« (Norberg-Schulz 1963.)

Bei Vitruv, schon im ersten Buch, finden wir, über Säulenordnungen hinausgehend, eine schöne Zuordnung von Bauformen zu den Göttern: »... Die Tempel des donnernden Jupiter, des Cölus, des Sonnengottes und der Luna müssen unbedeckt, ohne Dach seyn. Die Tempel der Minerva, des Mars und Herkules müssen Dorisch seyn, weil der Tapferkeit dieser Gottheiten keine zierliche Bauart anständig ist. Für Venus, Flora, Proserpina und die Quell-Nymphen schickt sich nur die Korinthische Bauart; weil schlanke, blumichte, mit Blättern und Schnörkeln geschmückte Gebäude der Weichlichkeit dieser Göttinnen angemessen ... scheinen. Der Juno, der Diana, dem Bacchus ... sind ionische Tempel zu errichten ...« (Vitruv / Rode 1795/1985.)

Die Anthropomorphisierung der Säule beschränkt sich keineswegs auf die Antike. Aus dem Bereich der ägyptischen Architektur soll nur ein Beispiel zitiert werden. Das Verständnis des oberen Säulenabschlusses als »Caput« wird uns bei den Säulen des Hathortempels in Dendera, Ägypten, erleichtert (Abb. 9). Ganz deutlich artikuliert, blicken vier Frauenköpfe mit üppiger Haartracht von der Höhe der Säule.[14]

Es ist verständlich, daß sich die Renaissance neuerdings für die anthropomorphen Interpretationen interessiert. Einen anschaulichen Hinweis liefert uns **Francesco di Giorgio Martini** (1439–1501). Neben seinen Proportionsstudien über die klassische Säule finden wir eine Zeichnung (Abb. 10), bei der eine armlose Frauenfigur in eine Säule gleichsam hineingepreßt erscheint. Das Nebeneinander von Frauenfigur und Säule erleichtert das Verständnis der Analogien: Der Fuß entspricht der Basis, der Körper dem Säulenschaft, Haupt und Kapitell sind gleicherweise elegant geschwungen. Das Haar der Frau, von einem Haarreif gebändigt, kräuselt sich anmutig: Das ist der Hinweis auf die Voluten der Säule. Selbst die Kreuzlagen der Faszien finden eine Entsprechung. Das Kapitell könnte korinthisch sein, die Säule ist äußerst schlank, also wäre die Figur eine Jungfrau.[15]

Noch deutlicher wird Francesco in den Skizzen, die sich mit dem Kapitell, und zwar korinthischer Ordnung, auseinandersetzen (Abb. 11). In zwei Zeichnungen überlagert er dieses dominierende Bauelement mit dem männlichen Kopf im Profil und en face. Die Schwierigkeit, beides auf einen Dreier- oder Viererkanon hin zu interpretieren ist nicht zu übersehen. Immerhin wird

4. Column

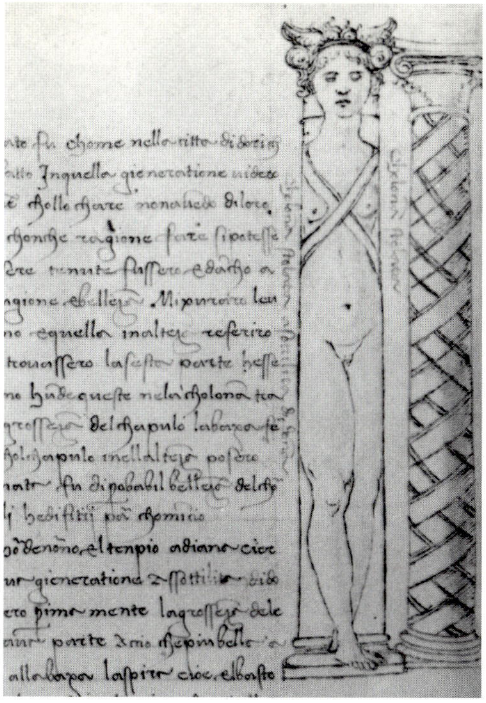

Since ancient times the column has been the building element most clearly subject to anthropomorphic treatment.

Combining natural elements of the kind discussed in the introduction with the anthropomorphic column convincingly articulated by Günther Bandmann: »The beginnings of the acquisition of significance as an anthropomorphically intended being in its own right for the column go back into strata of animistic religiosity, when stone and tree were worshipped as deities in themselves.« (Bandmann 1951.)

The ancient column is generally subject to a strict proportional canon that is intended to find a parallel in the proportional scale of human beings. Here we are looking at a different system in the combination of man and architecture. It is not just Vitruvius's and his interpreters' geometrical figures of the square and the circle that mediate between body and building: the column itself is directly interpreted as a human figure. The relationship to man can also be detached from the abstractions of proportion and start to carry linguistic meanings: the column's foot, shaft and »caput« refer directly to man.

The Greeks analyse the anthropomorphic character of the column precisely: the Doric column is male, the Ionic column female and the Corinthian column virginal.

»We find no references to musical harmony in Vitruvius. Instead of this we discover the idea that harmony requires the repetition of a module, and this is done by relating the parts of a building in simple numerical terms. This idea is derived from the organization of the human body. The Doric column repeats male proportions with a height that is six times the diameter of the base, while the Ionic column has the female ratio of 1:9. Finally, the Corinthian column repeats the slender figure of a young girl. We see from this that antiquity tried to define the formal qualities of architecture in numbers. The repetition of quantities that can be measured on the same scale was the precondition for architectural order. But one has to underline the fact that the figures were not seen as important as such. The numerical relations became important as a revelation of the order inherent in nature, and they were known from they study of the human figure and the heavenly bodies. On this basis the columns could be replaced by caryatids and atlantes.« (Norbert-Schulz 1963.)

Vitruvius, even in his first book, goes beyond the column orders to show us an elegant ascription of building forms to the gods: »... The temple of thunderous Jupier, of Coelus, the God of the Sun and the Moon must be uncovered, and without a roof. The temples of Minerva, of Mars and of Hercules must be Doric, because no delicate building type is befitting to the courage of these deities. For Venus, Flora, Proserpina and the Nymphs of the Sources only the Corinthian style is fitting; because the slender, flowery, building, adorned with leaves and curlicues, ... seem appropriate to the softness of these goddesses. Ionic temples should be built ... to Juno, Diana, to Bacchus ... (Vitruvius / Rode 1795 / 1985.)

It was not just antiquity that ascribed anthropomorphic qualities to the column. I should now like to cite one example from the field of Egyptian architecture. It is easier to understand the upper conclusion of the column as a »caput« when viewing the columns of the Temple of Hathor in Dendera, Egypt (ill. 9). Four women's heads, quite clearly structured, and with luxuriant hairstyles, look down from the top of the column.[14]

It is understandable that the Renaissance has recently become an interesting field or anthropomorphic interpretations. **Francesco di Giorgio Martini** (1439–1501) gives us a vivid reference point here. Alongside his proportional studies of the classical column we find a drawing (ill. 10) in which a figure of a woman without arms seems to have been forced inside a column. The juxtaposition of the female figure and the column makes it easier to understand the analogies: the foot corresponds with the base, the body with the shaft of the column, and the head and the capital each have the same elegant curves. The woman's hair, held in place by a circlet, curls gracefully: this is a reference to the column's volutes. Even the lateral layers of the fillets have a corresponding feature. The capital could be Corinthian, as though the figure were a maiden.[15]

Francesco becomes even clearer in the sketches that address the capital, and in fact a Corinthian capital (ill. 11). In two drawings he superimposes a male head in profile and in front view on this dominant building element. The difficulty of interpreting both in terms of a canon of three of four cannot be overlooked, Even so the affinity of »profile« and »caput« in building is made clear.

As late as the 18th century, **Jacques-François Blondel** (1705–1774) in his *Cours d'Architecture* fitted a human »profile« into Palladio's and Vignola's architectural profiles, in order to make their ostensible origin clear (ill. 12).

9. Hathortempel (Hathorsäule), Dendera, Ägypten, 2. Jahrtausend v. Chr. Zeichnung aus *Monuments of Egypt.*
10. Francesco di Giorgio Martini, Proportionsstudie, um 1480.

9. Temple of Hathor (Hathor column), Dendera, Egyt, 2nd millennium BC, drawing from *Monuments of Egypt*.
10. Francesco di Giorgio Martini, proportional study, c. 1480.

einmal mehr die Affinität von »Profil« und »Caput« bei Mensch und Bauwerk deutlich gemacht. Noch im 18. Jahrhundert hat **Jacques-Francois Blondel** (1705–1774) in seinem *Cours d'Architecture* ein menschliches »Profil« in die Architekturprofile Palladios und Vignolas eingetragen, um dessen vermeintliche Herkunft zu verdeutlichen (Abb. 12).

Mit diesen Beispielen wird bereits auf die »physiognomische« Architektur des Kapitels 5 verwiesen.

Bei den Karyatiden und Atlanten wird der anthropomorphe Charakter vollends überzeugend. Es sind menschliche Figuren, die stellvertretend für die Kraft des Tragens stehen, wenngleich, etwa bei der Korenhalle auf der Akropolis in Athen (Abb. 13), dieses Tragen mit einer unerhörten Anmut und Würde gezeigt wird, vergleichbar mit jenen Völkern Afrikas und Asiens, deren Frauen mit einer scheinbaren Leichtigkeit schwere Lasten auf dem Kopf balancieren.

Schon in seinem ersten Buch erwähnt Vitruv die Karyatiden, seine Deutung als Sklavinnen aus der Stadt Karya ist wohl der Legende zuzurechnen. **August Rode** (1751–1837), der Übersetzer Vitruvs ins Deutsche, deutet sie als Tänzerinnen. In der Illustration des Jocundus von 1511 (Abb. 14) erscheinen sie als wenig anmutige Frauen mit langen, glatten Gewändern. Eine Art Krone ist als Kapitell zwischen Kopf und Architrav eingeschoben.

Auch am Pandros-Tempel in Athen (Abb. 15) tragen die Frauen auf ihrem Haupt mühelos ein modifiziertes dorisches Kapitell, auf dem das mächtige ionische Gebälk aufliegt. Das gelockte Haar der gelassen stehenden Frau ist gleichsam eine Ergänzung zum Eierstab des Echinus.

Es mag überraschen, daß wir in der Architektur der Gegenwart dem Motiv der Karyatide begegnen (Abb. 16). Das neue Theater-Quartier in Zürich der Architekten **Laurids** und **Manfred Ortner** (geb. 1941 und 1943), der Neubau des sogenannten Hofgebäudes, ist durch die strenge Fassadengliederung durch Beton-Lisenen charakterisiert. Aber wir entdecken, verstreut über die Fassade, merkwürdige Gewänder und Faltenwürfe: Es sind Rudimente von Karyatiden, verfremdet, beschnitten, ironisiert, die letzte Erinnerung an das klassische Theater, nicht ohne kritischen Seitenblick.[16]

Die Atlanten präsentieren sich im Laufe der Architekturgeschichte mit sehr unterschiedlichen Temperamenten. Sie tragen zwar nicht das Himmelsgewölbe, aber immerhin gewaltige Bauteile auf Kopf oder Schultern.

Ein weiterer Illustrationsversuch von Jocundus zu Vitruv zeigt uns, ähnlich wie bei den Karyatiden, einfache, statische bärtige Figuren in schlichten Gewändern, das Kapitell wird wieder zu einer Art Krone. Es scheint wenig glaubwürdig, daß es, nach Vitruv, die Symbole der unterjochten Feinde sein könnten.

11. Francesco di Giorgio Martini, Proportionsstudie, um 1480.
12. Jacques-François Blondel, Profilstudie zu Palladio, *Cours d'Architecture*, Bd. I, Taf. XI, XII, 1771–77.
13. Korenhalle des Erechtheion, Akropolis, Athen, um 420–405 v. Chr.
14. Fra Giocondo (Jocundus), Darstellung der Karyatiden zu Vitruv, 1511.
15. Karyatide am Pandros-Tempel, Athen.

11. Francesco di Giorgio Martini, proportional study, c. 1480.
12. Jacques-François Blondel, profile study relating to Palladio, *Cours d'Architecture*, vol. I, plates. XI, XII, 1771–77.
13. The Caryatid Porch, Acropolis, Athens, c. 420–405 BC.
14. Fra Giocondo (Jocundus), depiction of the Caryatids relating to Vitruvius, 1511.
15. Caryatid on the Temple of Pandros, Athens.

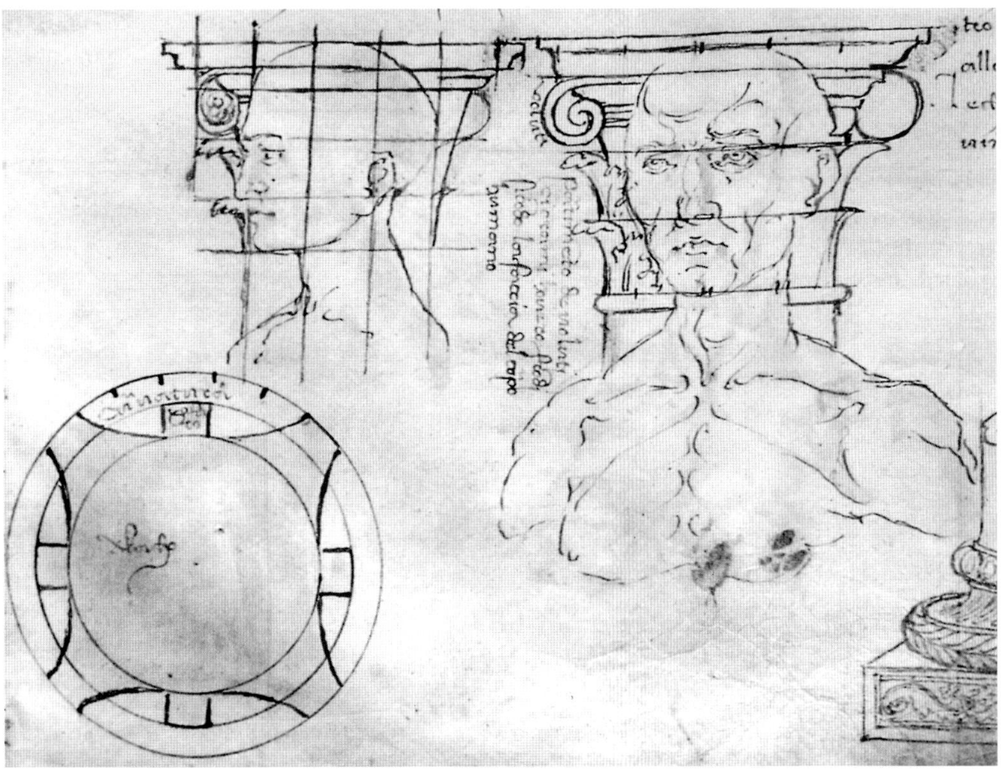

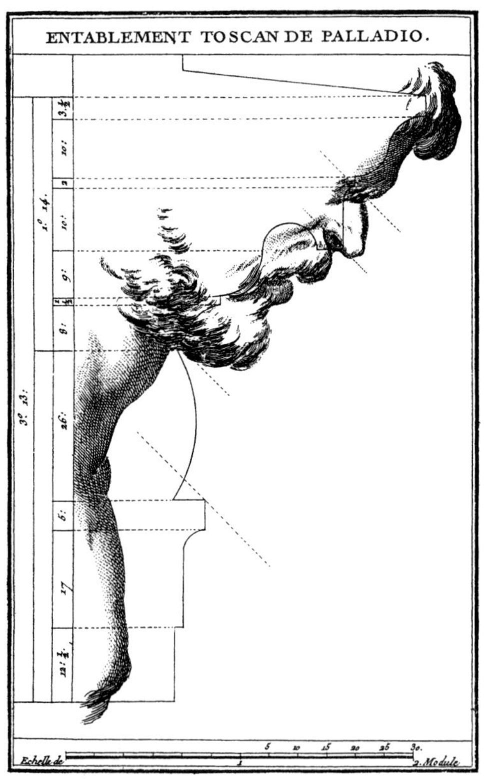

These examples point forward to the »physiognomic« architecture of chapter 5.

In the case of caryatids and atlantes the anthropomorphic character becomes entirely convincing. These are human figures, representing the effort of bearing a load, even though, in the case of the Caryatid Porch in the Acropolis in Athens (ill. 13), this act of bearing a load is shown with incomparable grace and dignity, comparable with those African and Asian peoples whose women balance heavy loads on their heads with apparently effortless ease.

Vitruvius mentions caryatids in his very first book, though his suggestion that they were female slaves from the town of Caryae is probably the stuff of legend. **August Rode** (1751–1837), who translated Vitruvius into German, sees them as female dancers. In Jocundus's 1511 illustration (ill. 14) they appear as less graceful women with long, smooth garments. A kind of crown is inserted between the head and the architrave as a capital.

In the Pandros temple in Athens (ill. 15), the women are effortlessly supporting a modified Doric capital on their heads, on which massive Ionic entablature on top of it. The curly hair of the casual standing woman complements the egg and dart pattern on the echinus.

It may be surprising that we still come across the caryatid motif in contemporary architecture (ill.16). The new theatre quarter in Zurich, by the architects **Laurids** and **Manfred Ortner** (b. 1941 and 1943), the new version of the so-called Hofgebäude, has austere façade articulation in the form of concrete pilaster strips. But we find, scattered over the façade, remarkable garments and fabric folds: these are rudiments of caryatids, alienated, cut off, ironized, a final memory of the classical theatre, not without a critical sideways look.[16]

Atlantes present themselves with very different temperaments in the course of history. They are no longer carrying the heavens themselves, but they still have enormous sections of the building on their heads or shoulders.

Another of Jcondus's attempts to illustrate Vitruvius shows us, similarly to the caryatids, simple, static bearded figures in simple garments, and again the capital becomes a kind of crown. It does not seem very credible that according to Vitruvius, they could symbolize subjugated enemies.

In the Vitruvius illustration by **Cesare Cesariano** (1483–1543) dating from 1521 (ill. 17) a kind of typology of the atlantes is presented: they are supporting the massive architraves of a fantasy architecture, in a whole variety of positions and costumes. They are trying to carry out their difficult task standing upright, bent under the load or kneeling, and sometimes using their hand to help them.

Walther Ryff (1541–1611) gives us a new interpretation of Cesariano's version in his *Vitrivius teutsch*. The young women are supporting the architrave protrusions with an easy grace, while the men are obviously much more weighed down by their burden.

The herm pilasters that occur mainly in Renaissance architecture seem to be suffering less from the strain. These are inspired by the herms of antiquity, male forms whose lower bodies were replaced by a conical pilaster. The human figure is reduced and gradually becomes a decorative element in the architecture, and is absorbed into it. The Schloss in Heidelberg provides some fine examples of this. The figures support Ionic-style capitals on their heads, and an intermediate pieces links up with the cornice protursions

One and a half centuries after Vitruvius's subtle and sensitive ancient interpretation of columns, **Wendel Dietterlin** (c. 1550–1599) comes to quite different conclusions. He compares the column orders with various human characteristics and estates (ill. 18). The »Tuscana … is to be compared with a coarse peasant«, while the order »called Dorica is compared to a brave hero or manly length». The »Ionica« is »compared with a woman's body or a lady«. In this case the base means the shoe, the volutes the plaits worn up, and the capital the forehead and the hair. The Corinthian column, finally, is to be compared with an »adorned and dainty maiden«.

In his *Architectura*, working on the basis of columns, Dietterlin develops a formal and decorative vocabulary that is positively oppressive in its opulence. The oriental *horror vacui* seems to have been translated into three-dimensional and sculptural form, though it is difficult to believe in the figures that are chiselled out of the stone. They are much more like scenes from a Baroque theatre, joining with architectural mannerism to form an unreal scenario.

Maria Brzóska (b. 1931) attempts a detailed interpretation of Renaissance columns: »The husbandman – Toskana – is wearing peasant shoes, a leather apron, smock and bonnet … The warrior's head – Dorika – is protected by a helmet with a plume on top. Weapons, quiver and arrows, spear and sword hang at the hero's side. The women's garment falls in rich folds down to the feet …, at the bottom it concludes in a broad fringe … The hair of the housewife –

In der Vitruv-Illustration von **Cesare Cesariano** (1483–1543) aus dem Jahr 1521 (Abb. 18) wird eine Art Typologie der Atlanten dargestellt, in den verschiedensten Positionen und Bekleidungen stützen sie die gewaltigen Architrave einer Phantasie-Architektur. Aufrecht stehend, unter der Last gebückt oder knieend, bisweilen unter Zuhilfenahme der Hände versuchen sie, die schwere Aufgabe zu bewältigen.

Walther Ryff (1541–1611) gibt uns eine Neuinterpretation der Darstellung des Cesariano in seinem *Vitruvius teutsch*. Mit einiger Anmut tragen die jungen Frauen die Verkröpfungen des Architravs, während die Männer offenkundig schwerer unter ihrer Last zu tragen haben.

Weniger angestrengt treten uns die Hermenpilaster, vorwiegend in der Renaissance-Architektur, entgegen. Sie sind inspiriert von den Hermenfiguren der Antike, männliche Gestalten, deren Unterleib durch einen konisch zulaufenden Pilaster ersetzt wird. Die menschliche Figur wird reduziert und allmählich zu einem dekorativen Element der Architektur und von dieser absorbiert. Das Schloß in Heidelberg bietet dafür schöne Beispiele. Die Figuren tragen auf ihrem Haupt ein ionisierendes Kapitell, ein Zwischenstück vermittelt zur Verkröpfung des Gesimses.

Eineinhalb Jahrtausende nach der feinsinnigen antiken Interpretation der Säulen durch Vitruv kommt **Wendel Dietterlin** (ca. 1550–1599) zu ganz anderen Ergebnissen. Er vergleicht die Säulenordnungen mit den verschiedenen Charakteristika und Ständen des Menschen (Abb. 17). Die »Tuscana ... einem groben Bawren zu vergleichen ist«, während die »Dorica genant, wird einem Dapffern Helden oder Manlicher leng verglichen«. Die »Ionica« wird mit »einem Weiblichen Cörper oder Frawenbild verglichen«. Dabei bedeuten die Basis den Schuh, die Voluten die hochgesteckten Zöpfe und das Kapitell die Stirn und die Haare. Die korinthische Säule schließlich ist mit einer »geschmuckten zarten Jungfrawen« zu vergleichen.

Dietterlin entfaltet in seiner *Architectura*, von den Säulen ausgehend, ein formal-dekoratives Vokabular von einer geradezu beklemmenden Üppigkeit. Der orientalische Horror vacui scheint ins Dreidimensionale, ins Skulpturale übertragen zu sein, wobei es allerdings schwerfällt, an in Stein gemeißelte Figuren zu glauben. Vielmehr sind es barock-theatralische Inszenierungen, die mit dem architektonischen Manierismus zu einem irrealen Szenario generieren.

Maria Brzóska versucht eine detaillierte Interpretation der Renaissance-Säulen: »Der Landmann –Toskana – trägt Bundschuhe, Schurzfell, Kittel und Ohrenhaube ... Das Haupt des Kriegers – Dorika – wird von einem buschüberwehrten Helm geschützt. Waffen, Köcher und Pfeile, Spieß und Schwert hängen an des Helden Seite. Der Frauen Gewand fällt in dichten Falten bis auf die Füße herab ..., unten wird es durch einen breiten Rand abgeschlossen ... Das Haar der Hausfrau – Jonika – und Jungfrau – Corinthia – ist am Wirbel geteilt und in sorgfältig geflochtenen Zöpfen zu beiden Seiten angesteckt ... Die Composita ist überladen mit Perlen und Edelgestein.«

Und weiter unten unterscheidet Brzóska nach den physischen Qualitäten der in der Säule repräsentierten Person: »Männliche und weibliche Säulen werden unterschieden je nach der Stärke und Zartheit ihrer Glieder. Die männlichen sind breit und kräftig gebaut ..., die weiblichen schlanker und zierlicher und lieblich anzusehen. Danach scheidet man grobe und geschmeidige, erhabene und niedrige Ordnungen voneinander.« (Brzóska 1931.)

Francesco Primaticcio (1504–1570) zeigt uns eine andere Facette des Manierismus. Figur und Bauwerk verschmelzen zu einer untrennbaren Einheit bei der Grotte des Pins in Fontainebleau (Abb. 20). Der männliche Körper ist aus den gleichen Rustica-Steinen gebaut und weist ganz ähnliche Fugen auf wie die von ihm ausgehenden mächtigen Steinbogen. Der Kämpferstein und der Arm des Mannes sind nicht mehr unterscheidbar.

Die menschliche Figur ist mehr als bloß dekoratives Element der Architektur. Gleich Prometheus scheint der Mann an die Felssteine der Architektur gefesselt zu sein und wirft damit die Frage auf, inwieweit wir selbst an das Bauwerk fixiert, mit dem Bauwerk untrennbar verbunden sind. Gleichsam wie ein unentrinnbares Schicksal wird bei den Karyatiden und Atlanten unsere Existenz an die des Bauwerks gebunden. Vom Beherrscher der Architektur wird der Mensch zum Sklaven der Architektur degradiert. Dieser negativen Aussage steht aber die Idee gegenüber – und sie wird in den folgenden Kapiteln erörtert – , daß der Mensch zu einer intensiveren Auseinandersetzung mit der Architektur kommen kann, wenn er zumindest Rudimente seines eigenen Wesens darin aufspürt.

Einmal mehr wird es deutlich, daß der psychologische Faktor in Rezeption und Deutung der Architektur für unser Erleben von Baukunst entscheidend ist. So gesehen, ist es auch nicht vermessen, von »guter« und »schlechter« Architektur zu sprechen, wie es der Kunsthistoriker **Max J. Friedländer** (1867–1958) versucht. Er gibt die genaue Charakteristik einer Säule an, die wir als anthropomorph und somit als »gut« erleben: »Die schlechte Säule ist wie mit dem Lineal

16. Ortner & Ortner Baukunst, Sulzer-Escher-Wyss Areal. Kore an der Fassade des Hofgebäudes, Zürich, 2000.
17. Wendel Dietterlin, *Dorica oder Tuscana*, 1598.
18. Cesare Cesariano, Illustration zu Vitruv: Atlanten, 1521.

16. Ortner & Ortner Baukunst, Sulzer-Escher-Wyss site. Kore on the façade of the court building, Zurich, 2000.
17. Wendel Dietterlin, *Dorica oder Tuscana*, 1598.
18. Cesare Cesariano, illustration relating to Vitruvius: atlantes, 1521.

Jonika – and the maiden – Corinthia – is parted at the top of the head and pinned on both sides in carefully braided plaits … The Composita is overladen with pearls and precious stones.«

And in a subsequent passage Brzóska distinguishes according to the physical qualities of the person represented in the column: Male and female columns are classified according to the thickness and delecacy of their limbs. The male ones are broad and powerfully built …, the female ones are more slender and delicate and lovely to look at. It is thus that coarse and smooth, noble and lowly orders are distinguished from each other.« (Brzóska 1931.)

19. Johann Lukas von Hildebrandt, Belvedere, Wien, 1721–23. Sala terrena.
20. Francesco Primaticcio, *Grotte des Pins*, Fontainebleau, 1540.

19. Johann Lukas von Hildebrandt, Belvedere, Vienna, 1721–23. Sala terrena.
20. Francesco Primaticcio, *Grotte des Pins*, Fontainebleau, 1540.

gezogen. Für den guten Architekten ist die Säule ein beseeltes, duldendes, siegendes, tragendes und belastetes Wesen, und in der kaum meßbaren, sanften Schwellung des Umrisses drücken sich Kraft, Spannung, Druck und Widerstand aus.« (Arnheim 1978.)

Für die Barockzeit, insbesonders nördlich der Alpen, sind Karyatiden und Atlanten ein willkommenes Thema, um die ganze Fülle der Bewegung, der Üppigkeit, der Sinnlichkeit der Architektur zu akzeptieren. Die Figuren werden ihrer Kleider beraubt: Üppige Frauen tragen mit Eleganz Gesimse und Balkone, imponierende Muskelpakete der Männer halten in Mühsal gewaltige Bauteile hoch oder spotten lächelnd der schweren Last wie am Zwinger in Dresden von **Matthäus Daniel Pöppelmann** (1662–1736).

Im Belvedere in Wien des **Johann Lukas von Hildebrandt** (1668–1745) (Abb. 19) sind die Atlanten für die gesamte Sala terrena verantwortlich. Erkennen wir in den Köpfen Ähnlichkeiten mit den besiegten Türken, dann hätte der vitruvianische Gedanke von den besiegten Feinden neuerlich Nahrung bekommen.

Karyartiden und Atlanten sind die Dokumente für eine äußerst intensive Identifikation mit dem Bauwerk: Sie werden mit diesem verschmolzen, sie müssen ihm dienen und sind ihm unentrinnbar ausgeliefert.

Noch aber sind sie nur Teile des Bauwerks, und nicht das gesamte Gebäude ist mit dem Körper identisch, ein Zustand, der in den folgenden Kapiteln zu erörtern sein wird.

Im 19. Jahrhundert, vor allem in dessen zweiter Hälfte, haben wir keine Mühe, ein reiches Repertoire an Karyatiden und Atlanten zu finden. Die Neo-Renaissance des Historismus versteht es, immer wieder neue Varianten der physischen Verpflichtung von Mann und Frau an der Architektur zu entwickeln, den Menschen, Stein geworden, für die Architektur zu rekrutieren.

Das Thema der anthropomorphen Säule wird im 20. Jahrhundert nur noch selten behandelt. Es verwundert nicht, wenn es in der symbolreichen Architektursprache der Anthroposophen vorkommt. **Rudolf Steiner** (1861–1925) erkennt das Sprechende an den Säulen: »Jede Säule soll in derselben Weise sprechen, wie der Mund spricht, indem er die anthroposophisch orientierte Geisteswissenschaft verkündet.« Rudolf Steiner geht damit über die visuellen Affinitäten weit hinaus und nähert sich den psychologischen und spirituellen Deutungen. Im Kapitel 7 wird davon noch die Rede sein.

Der psychologische Aspekt – ganz im Sinn dieser Studie – wird von **Theodor Lipps** (1851 bis 1914) ausführlich dargelegt. Er weist in seiner *Einfühlungstheorie* (vgl. Kap. 2) darauf hin, daß wir auch in unbelebten Objekten einen »Ausdruck« wahrnehmen. Daraus folgert er: »Wenn ich die Säulen ansehe, weiß ich aus Erfahrung, welche Art von mechanischem Druck und Gegendruck sich in ihnen abspielt. Ebenfalls aus früherer Erfahrung weiß ich, wie ich selbst empfinden würde, wenn ich den Platz der Säule einzunehmen hätte und wenn diese physikalischen Kräfte auf meinen eigenen Körper und in meinem eigenen Körper wirken würden. Ich projiziere meine eigenen kinästhetischen Empfindungen auf die Säule.« (Lipps 1906.)

Francesco Primaticcio (1504–1570) shows us another facet of Mannerism. Figure and building fuse into an inseparable whole in the Grotte des Pins in Fontainebleau (ill. 20). The male body is built of the same rusticated stones and shows quite similar joints to the massive stone arch that rises from him. The impost stone and the man's arm cannot even be distinguished from each other.

The human figure is more than a merely decorative element in architecture. The man seems to be shackled to the rocky stones of the architecture like Prometheus, and thus raises the question of the extent to which we are fixated on the building ourselves, inextricably bound up with it. In the case of the caryatids and atlantes, our existence is bound up with that of the building like an inescapable fate. Man is reduced from being the master of architecture to being its slave. But alongside this negative statement we have to consider the idea – and this will be discussed in subsequent chapters – that man can address architecture much more intensively if he detects at least rudiments of his own knowledge within it.

Once more it becomes clear that the psychological factor is crucial to the way we receive and interpret architecture. Seen in this way, is it also not presumptuous to talk about »good« and »bad« architecture, as the art historian **Max J. Friedländer** (1867–1958) attempts to do. He describes the precise characteristics of a column that be experience as anthropomorphic and therefore as »good«: »The bad column is drawn as if with a ruler. For the good architect the column is an inspired, patient, victorious being, bearing and borne down upon, and power, tension, pressure and resistance are expressed in the gentle swelling of the outline.« (Arnheim 1978.)

In the Baroque period, especially north of the Alps, caryatids and atlantes are welcomed with open arms as way of accepting the whole abundance of movement, opulence and sensuality in architecture. The figures are stripped of their clothes: voluptuous women support cornices and balconies with elegance, and the men's impressive musculature allows them to support enormous sections of buildings with a great effort, or to mock the heavy load with a smile, as in the Zwinger in Dresden by **Matthäus Daniel Pöppelmann** (1662–1736.)

In the Belvedere in Vienna by **Johann Lukas von Hildebrandt** (1668–1745) the atlantes are responsible for the whole Sala terrena. If we see similarities with the defeated Turks in the heads, then Vitruvius's idea of defeated enemies has gained some more recent credibility.

Caryatids and atlantes are documents for an extremely high level of identification with the building: they fuse together with it, they have to serve it and they are inescapably at its mercy.

But they are still part of the building, and the whole building is identical with the body, a condition that will be discussed in subsequent chapters.

In the 19th century, above all in the second half, there is no difficulty in finding a rich repertoire of caryatids and atlantes. Historicism's Neo-Renaissance knows how to develop a constant series of new variations on men's and women's physical commitment to architecture, and to recruit man, turned into stone, for architecture.

The theme of the anthropomorphic column occurs rarely in 20th-century architecture. But it is no surprise to find it in the richly symbolic architectural language of the anthroposophists. **Rudolf Steiner** (1861–1925) recognizes the eloquence of columns: »Each column should speak in the same way as the mouth speaks, by proclaiming the science of anthroposophy.« Rudolf Steiner is going well beyond visual affinities here, and is approaching psychological and spiritual interpretations. This will be discussed in chapter 7.

The psychological aspect – quite appropriately for this study – is dealt with in detail by **Theodor Lipps** (1851–1914). In his *Einfühlungstheorie* (cf. chapter 2) he points out that we also have a sense of an »expression« in inanimate objects. From this he concludes: »When I look at columns, I know from experience what kind of mechanical pressure and counter-pressure is being played out in them. And I also know from previous experience how I would feel myself if I had to take the place of the columns and feel these physical forces working on and within my own body. I project my own kinaesthetic feelings on to the column.« (Lipps 1906.)

5. Physiognomie

Mit der im Kapitel 4 erwähnten Überlagerung des menschlichen über ein architektonisches Profil ist das Thema einer »physiognomischen« Architektur angeschnitten.

Das menschliche Augenpaar – und dies seit frühester Kindheit – ist das intensivste Identifikationselement des Menschen. Im Alter von etwa acht Wochen reagiert das Kind durch ein Lächeln auf das menschliche Gesicht. »Kein anderer Gegenstand vermag dem Kinde auf dieser Altersstufe ein solches Verhalten auszulösen.« (Spitz 1957.) Das Gesicht wird als weitgehend von der übrigen Umwelt abgesondert wahrgenommen, ihm gilt primär die Aufmerksamkeit, die menschliche Stimme und der haptische Kontakt ergänzen die nun beginnende Aufnahme der Umwelt. Das Kind nimmt jedoch noch keinen Partner, keine Person, kein Objekt wahr, sondern lediglich ein Signal, das Gesicht: nur Stirn, Nase und Augenpartie genügen für das »Gestalt-Signal«. (Spitz 1957.) Allerdings muß es kein reales Augenpaar sein, vielmehr löst auch ein künstliches Modell, z. B. mit Glaskugeln statt der Augen oder mit einer Maske dieselben Reaktionen aus. (Charlotte Bühler 1967.) Neuere hirnphysiologische Forschungen kommen zu komplexeren Ergebnissen, die im Zusammenhang mit dieser Studie aber nicht relevant sind.

Diese dominante Bedeutung des Augenpaares begleitet den Menschen in seinem späteren Leben und sie ist die elementare Ursache für die physiognomische Interpretation von optischen Signalen.

Die Wichtigkeit des Augenpaares, der Augenpartie erhellt auch daraus, daß deren Verhüllung die Identifikation unmöglich machen soll. Durch das Verdecken des Auges bei der Räubermaske oder Faschingsmaske, bei Polizei- oder Anonymfotos wird gleichsam das kleinste, aber wesentlichste Erkennungsmerkmal einer Person unkenntlich gemacht.

Umgekehrt bildet die horizontale Anordnung von zwei Motiven im entsprechenden Abstand das Grundmotiv zum »Augen« – zum Gesicht – sehen. Ein beliebiges Motiv zwischen den Augen, als Nase oder Mund interpretierbar, vollendet die Grundelemente der Physiognomie ähnlich wie beim Kleinkind.

Wo immer wir eine solche Anordnung vorfinden, sind wir gewohnt, »Gesicht« wahrzunehmen, auch dann, wenn diese visuelle Aussage gar nicht beabsichtigt war. Wir haben es dann mit einer quasi »interpretativen« oder »projektiven« Anthropomorphie zu tun. (Vgl. Kap. 2.) Die in einer bestimmten Distanz symmetrische Anordnung von zwei Fenstern mit einer Tür dazwischen muß keineswegs aus physiognomischen Intentionen kommen, wird aber unwillkürlich beim Betrachter als Gesicht interpretiert, wenn auch mit unterschiedlicher Spontaneität.

In der anthropomorphen Welt der frühkindlichen Entwicklung überrascht es keineswegs, wenn das Haus in den Zeichnungen der Kinder oft sehr deutliche physiognomische Züge bekommt. Dabei bedienen sich die Kinder der gleichen Kodierungen wie bisweilen Erwachsene, Künstler, Architekten: Die Fenster des Obergeschosses sind die Augen, die Mund-Nasen-Partie wird durch das Tor dargestellt.

Otto König (1914–1992) verweist in seiner Studie »Urmotiv Auge«(1975) auf die unerhörte Wirksamkeit von gewissen dublizierten Signalen. So vermittelt etwa ein horizontal doppelt angeordnetes Verkehrszeichen, das zudem noch blinkt, einen ganz besonderen Warncharakter. Auch wenn es uns nicht bewußt wird, bewirkt das »Blinzeln« des Signals seine besondere Eindringlichkeit.

Die visuelle Apperzeption folgt einerseits gewissen psychologischen Gesetzmäßigkeiten und ist andererseits von den psychischen Dispositionen des Rezipienten abhängig (vgl. Kap. 2). In der Psychologie gibt es die schon klassischen Beispiele, so etwa die Zeichnung bei der der Kopf einmal als junges Mädchen und gleich darauf als alte Frau gesehen werden kann. Ein weiteres, bekanntes Beispiel ist der Wechsel von Figur und Grund: eine einfache schwarzweiße Form kann als weiße Vase vor dunklem Grund oder als zwei dunkle Profile vor hellem Grund gesehen werden. Es sind die sogenannten »Wechselbilder« oder Kippfiguren, die in einem Augenblick aber jeweils nur eine Deutung zulassen.

Diese psychologischen Phänomene sind ein wichtiges Argument dafür, wie sehr sich Gestaltwahrnehmung relativieren kann, und diese Tatsache ist auch für das Erkennen von Physiognomien in Kunst und Architektur von Bedeutung.

Aus dem Bereich der Kunst sollen nur zwei Beispiele zitiert werden: Kein Zweifel besteht darüber, daß bei **Giuseppe Arcimboldos** (1527–1593) Jahreszeitenbilder keineswegs Gemüse-, Frucht- oder Wurzelstilleben gemeint sind, sondern daß Physiognomien, vielleicht sogar Porträtköpfe dargestellt sind. Der Natur sind die wesentlichsten Elemente entrissen und werden dadurch zu Objekten. Die »nature morte« bekommt durch die allegorische Montage ein neues

5. Physiognomy

The theme of »physiognomic« architecture is touched upon in the notion of superimposing a human profile on to an architectural one that was mentioned in chapter 4.

A pair of human eyes – and this is true from our earliest childhood – is the most powerful identification element for human beings. Children start to react to human faces by smiling from the age of eight weeks. »No other object can trigger such behaviour in a child of this age. (Spitz 1957.) The face is perceived as largely separate from the rest of its surroundings, it is the principal focus of attention, and the human voice and tactile contact complement the perception of the outside world that is now beginning. But the child is not perceiving a partner, a person, an object, but simply a signal, the face: forehead, nose and eyes alone are sufficient for the »gestalt signal« (Spitz 1957.) Certainly it does not have to be a real pair of eyes. In fact a model, with glass balls instead of eyes or wearing a mask will trigger the same reactions. (Charlotte Bühler 1967.) Recent research into cerebral physiology has produced some complex results, but these are not relevant in the context of this study.

This dominant importance of the eyes goes with people throughout their lives, and is the elemental cause for the physiognomic interpretation of visual signals.

The importance of the eyes and the area around them is also clear from the fact that concealing them is meant to make identification impossible. Covering the eyes with a burglar's or a carnival mask, in police or anonymous photographs, means that what is effectively the smallest, but also the most essential, recognition characteristic of human beings is made unrecognizable.

Conversely the horizontal arrangement of two motifs an appropriate distance apart forms the basic motif for seeing »eyes« – or a face. Any motif between the eyes, open to interpretation as nose or mouth, completes the basic elements of the physiognomy, as for a small child.

Wherever we find such an arrangement we are accustomed to seeing a »face«, even when this visual statement was actually not intended. We are then dealing with a quasi »interpretative« or »projective« anthropomorphy. (Cf. chapter 2.) At a certain distance, a symmetrical arrangement of two windows with a door between them in by no means bound to be there with the intention of suggesting a face, but observers will involuntarily interpret it as a face, though with varying degrees of spontaneity.

In the anthropomorphic world of early child development it is by no means surprising for a house to acquire very clear facial features in children's drawings. Here children use the same codes as adults, children, architects: the upper-storey windows are the eyes, and the mouth and nose are represented by the door.

Otto König (1914–1992) points out the extraordinary effects made by certain double signals in his study »Urmotiv Auge« (1975). Thus for example a traffic sign that is arranged as a horizontal pair, and also flashes, will act as a particularly powerful warning. Even if we are not aware of it, the fact that the signal is »winking« considerably enhances it impact.

Visual perception follows certain psychological rules on the one hand and is also dependent on the psychological disposition of the person concerned (cf. chapter 2.) There are classical examples in psychology, for instance the drawing in which a head can be seen first as a young girl and then immediately afterwards as an old woman. Another familiar example is a change between figure and background: a simple black-and-white form can be seen as a white vase against a dark background or as two dark profiles against a white background. These images are »optical illusions«, and change, but they only admit one interpretation at any particular moment.

These psychological phenomena are an important argument for the extent to which gestalt perception can be relativized, and this fact is also important in perceiving faces in art and architecture.

I shall cite only two examples from the world of art: There is no doubt that the images of the seasons by **Giuseppe Arcimboldo** (1527–1593) are not intended as vegetable, fruit or root still lifes, but that they represent faces, and perhaps even portrait heads. The essential elements are borrowed from nature, and are thus turned into objects. »Nature morte« acquires new life in the form of absurd heads through this allegorical montage. Arcimboldo deliberately used the ambiguity of pictorial reception for artistic purposes, and some of his works are optical illusions of a kind.

If we look at a picture (ill. 21) from Alfred H. Barr's New York collection which was painted by **Matthäus Merian** (1593–1650), probably after a lost original by Arcimboldo, horizontally, we are

21. Matthäus Merian, *Faccia Corrosa di Uomo – Paesaggio fantastico*.
22. Taddeo und Federico Zuccari, Palazzo Zuccari, Rom, 1592.
23. Jules Aimé Lavirotte, Mietshaus in Paris, um 1900.
24. Salvador Dalí, *Visage paranoiaque*, 1935.

21. Matthäus Merian, *Faccia Corrosa di Uomo – Paesaggio fantastico*.
22. Taddeo and Federico Zuccari, Palazzo Zuccari, Rome, 1592.
23. Jules Aimé Lavirotte, block of flats in Paris, c. 1900.
24. Salvador Dalí, *Visage paranoiaque*, 1935.

Leben in der Gestalt von skurrilen Köpfen. Arcimboldo hat bewußt die Doppeldeutigkeit der Bildrezeption künstlerisch vorgetragen und einige seiner Arbeiten sind eine Art von Wechselbildern.

Wenn wir ein Bild (Abb. 21) aus der New Yorker Sammlung Alfred H. Barr, das **Matthäus Merian** (1593–1650) wohl nach einem verschollenen Vorbild von Arcimboldo gemalt hat, im Querformat betrachten, zweifeln wir nicht daran, die romantische Landschaft einer Halbinsel mit Häusern und Burgruinen vor uns zu haben, ein »paesaggio fantastico«. Drehen wir das Bild um 90° in das Hochformat, dann ist ein ernst blickender Mann mit Mütze und Bart dargestellt, die »faccia corrosa di uomo«. Das Bild ist »gesprungen« in seiner semantischen Aussage, ohne daß am Bild auch nur das geringste verändert wurde. Wenn wir allerdings das Bild wieder in seine frühere Position zurückdrehen, dann läßt uns die physiognomische Interpretation nicht mehr los und wir sehen einen liegenden Kopf gleichzeitig (oder ganz rasch springend) mit der Landschaft. Zumindest drei weitere Bilder in dieser Art von Arcimboldo selbst sind noch erhalten.

In den dreißiger Jahren führt die »paranoia-kritische Methode« des Surrealisten **Salvador Dalí** (1904–1989) zu einer Serie von »Vexierbildern« mit überraschenden Mehrfachinterpretationen des gleichen Bildes. Betrachten wir die *Visage paranoïaque* (1935) (Abb. 24) aus großer Nähe, dann sind es Eingeborene, die vor einem strauchbewachsenem Hügel am Meer sitzen. Doch schon bei etwas größerer Entfernung von unserem Auge »springt« das Bild – wir sehen einen liegenden Kopf mit dichtem Haar, vielleicht ist es der des Marquis de Sade.

Übertragen wir diese Methoden auf die Architektur dann bedeutet es, daß wir eine durchaus »normale« Architektur vor uns sehen, daß es aber nur eines kleinen psychologischen Anstosses bedarf, damit ein »Sprung« in eine andere Wahrnehmungsebene erfolgt. Einige konkrete Beispiele aus der Architektur und deren Randgebieten sollen diese Phänomene verdeutlichen. Dabei sollten die grotesken, skurrilen, trivialen, »kitschigen« Manifestationen aus der Betrachtung nicht ausgeschlossen werden.

Es wird dabei nicht immer möglich sein zu unterscheiden, ob die physiognomisch-semantischen Rezeptionen vom Gestalter intendiert waren, oder ob es unsere individuellen Interpretationen sind.

Zu den wenigen Realisierungen von **Claude Nicolas Ledoux** zählt das Palais Thélusson in Paris. Das Eingangstor zeigt, zwar keineswegs ikonisch, das Maul eines Ungeheuers, aber der riesige Triumphbogen, fast bis zum Bodenansatz in den Erdboden versunken (und damit Vor-

clearly seeing a romantic peninsula landscape with houses and a ruined castle, a »paessaggio fantastico« If we turn the picture through 90° into a vertical position it becomes a serious-looking man with cap and beard, the »faccia corrosa di uomo«. The picture has »jumped« in terms of its semantic statement, without the picture itself having changed in the slightest. But if we move the picture back into its former position, it is impossible to let go of the idea of the face, and we see a horizontal head at the same time as the landscape (or jump rapidly from one image to the other). At least three more images of this kind by Arcimboldo himself have survived.

In the thirties, the »paranoia-critical method« used by the Surrealist **Salvador Dali** (1904 to 1989) led to a series of »puzzle pictures« offering surprising multiple interpretations of the same image. If we look at the *Visage paranoïaque* (1935) (ill. 24) from close to, we see natives sitting in front of a hill with bushes by the sea. But as soon as we are a little further away the picture »jumps« – we see a recumbent head with thick hair, perhaps that of the Marquis de Sade.

If we transfer this method to architecture, it means that we see entirely »normal« architecture, but that we need only a small psychological jolt for there to be a »jump« on to another plane of perception. I shall use some examples from architecture and its peripheral areas to clarify these phenomena. Here grotesque, absurd, trivial, »kitschy« manifestations will not be excluded.

It will not always be possible to decide whether the physiognomic and semantic interpretations were intended by the creator of the work or whether we have imposed them individually.

One of the few buildings by **Claude Nicolas Ledoux** to be realized is the Palais Thélusson in Paris. The main gate takes the form, by no means iconically, of the mouth of a monster, but the enormous triumphal arch, sunk into the ground almost to the point at which the arch starts to spring, (and thus a model for similar Postmodern motifs in the sixties and seventies) triggers unusual associations. The Parisian singer **Sophie Madeleine Arnould** (1740–1802) saw the gateway as a »great mouth, that opens, but has nothing to say.« (Hansen 1982.) Thus the most important association after the eyes in mentioned: the gate is seen as a human or animal mouth.

The Renaissance and Mannerism provide us with lavish material for physiognomic architecture that can sometimes become very clear.

Federico Zuccari (1540–1609) built himself a palazzo in the Via Gregoriana in Rome (1592). This seems to confirm the Freudian symbolism that suggests that apertures in buildings and the body are to be understood as identical (ill. 22). An enormous mouth threatens to devour people as they come in. It seems very strange that the main doorway does not greet guests in

bild für ähnliche Motive der Postmoderne der sechziger und siebziger Jahre) weckt ungewohnte Assoziationen. Der Pariser Sängerin **Sophie Madeleine Arnould** (1740–1802) erschien der Torbogen wie ein »großes Maul, das sich öffnet, um nichts zu sagen.« (Hansen 1982.) Damit ist, neben dem Augenpaar, das wichtigste Assoziationselement benannt: Das Tor wird als Mund oder Maul gesehen.

Renaissance und Manierismus liefern uns reichliches Material zu einer physiognomischen Architektur, die manchmal sehr deutlich werden kann.

Federico Zuccari (1540–1609) baut sich seinen Palazzo in der Via Gregoriana in Rom (1592) der gleichsam die Freudsche Symbolik zu bestätigen scheint, wonach die Körperöffnungen und die Gebäudeöffnungen als identisch zu verstehen sind (Abb. 22). Ein gewaltiges Maul droht den Eintretenden zu verschlingen. Es mutet seltsam an, daß das Eingangstor den Ankommenden keineswegs freundlich und offen empfängt, sondern eher grimmig und bedrohlich, fast abweisend dem Gast begegnet. Das Motiv wiederholt sich bei den Fenstern des Palazzo.

Die Wende vom 19. zum 20. Jahrhundert mit den vielfältigen Szenarien des künstlerischen Aufbruchs scheint ein guter Boden für eine anthropomorph-physiognomische Architektur gewesen zu sein.

Jules Aimé Lavirotte (1864–1924) interpretiert seinen Eingang für ein repräsentatives Haus in Paris (Abb. 23) etwas anders als Zuccari in Rom. Das Tor selbst mit dem schräg gestellten Augenpaar und dem Maul der Eingangstüre ist das Gesicht, die äußere, florale Steinumrahmung kann als üppige Haartracht gesehen werden.

Bei diesem Motiv sind wir schon nicht mehr ganz sicher ob die physiognomische Wirkung vom Architekten tatsächlich beabsichtigt war. Nun ist aber in die Überlegungen unbedingt das weite Feld des Unbewußten miteinzubeziehen, so daß für zulässige anthropomorphe Deutungen keineswegs die Einschränkung auf explizite Aussagen der Architekten gegeben sein muß.

Am Ende des 18. Jahrhunderts gewinnt eine Bauaufgabe an Bedeutung, die Macht und Erziehung gleicherweise signalisieren soll: das Gefängnis. Schon Claude-Nicolas Ledoux wählt für seinen Entwurf für Aix en Provence (1785) eine Bauform, die das Unerbittliche des Strafvollzuges ausdrücken soll und gleichzeitig eine abschreckende Wirkung auf den potentiellen Deliquenten ausüben soll. Hundert Jahre später skizziert **Joseph Maria Olbrich** (1867–1908) seine Vorstellung von einem Gerichtsgebäude (1898) (Abb. 25). Wieder ist es ein geschlossener Bau, der der Gerechtigkeit dienen soll, worauf die Aufschrift über dem Eingangskörper verweist. Diese ist flankiert von zwei im Mauerwerk eingebauten Liktorenbündeln.[17] Die Eingangspartie blickt uns nicht gerade bedrohlich, aber ernst und würdig entgegen. Die Viertelkreisfenster lassen an etwas melancholische Augen denken, die Waage der Gerechtigkeit darunter an die Wangen. Zum großen Tor, gleichsam dem Mund, führt eine Freitreppe hinauf. Die Physiognomie wird durch die deutliche Kopfform mit hoher Stirn zusätzlich artikuliert.

Bei den »anthroposophischen« Bauten von **Rudolf Steiner** (1861–1925) wird das Bemühen um eine universelle Schau des Menschen auch in der Architektur deutlich. Die physiognomischen Interpretationen von Bauwerken beim Gesamtkomplex des Goetheanums in Dornach (1913–28) sind wohl nicht verbürgt, aber doch naheliegend. Rudolf Steiner spricht von einem »organischen Baustil« und stattet ihn mit vielen Metaphern aus, die auf das Biologische, auf Pflanze, Mensch und Tier verweisen. »So wächst ein organischer Bau aus seinem künstlerischen Keimmotiv mit Notwendigkeit hervor wie ein lebender Organismus.« (Hagen 1978.) Beim ersten Goetheanum, das in der Silvesternacht 1922 abgebrannt ist, erlaubt vor allem der Flügelbau des Westtors (Abb. 27) physiognomische Assoziationen. Wenngleich Fenster und Türen nicht unmittelbar auf das Motiv Gesicht verweisen, macht die gekurvte Überdachung den Eindruck einer schützenden Kopfbedeckung, etwa eines Helmes oder einer Schirmkappe. Auch die dominante Lage veranlaßt uns zur Vermutung, daß das Gebäude oder der Gebäudeteil in die Landschaft »schaut«.

In einer Radierung von **Assja Turgenieff** nach Rudolf Steiners Idee (Abb. 26) kommt die Metamorphose Architektur-Wesen sehr eindeutig zum Ausdruck. In einer Art Triptychon werden drei Phasen dargestellt: *Ich schaue den Bau* heißt der linke Teil, und neben den seltsam abstürzenden Totenköpfen können wir ein Architekturdetail ausnehmen; *Die Welt baut* der Mittelteil, und Mensch, Sonne, Mond, Sterne werden zu einer Harmonie. Am aufschlußreichsten ist der rechte Teil: *Und der Bau wird Mensch*. In einem aufragenden Fels- oder Architekturgebilde sind zwei Profile eingezeichnet, eine Figur auf dem Felsen streckt ihre Hand einem Gesicht und der Sonne entgegen. Wie so viele bildhafte Darstellungen der Anthroposophen entschlüsseln sich die spirituellen Inhalte erst bei einer detailreichen Kenntnis des geistigen und ikonographischen Spektrums.[18]

25. Joseph Maria Olbrich, Studie zu einem Gerichtsgebäude, 1898–1919.
26. Rudolf Steiner, Assja Turgenieff, 1. Goetheanum, Dornach, Schweiz, 1913–20. Motive des rosa Fensters im Süden.
27. Rudolf Steiner, 1. Goetheanum, Dornach, Schweiz, 1913–20. Flügelbau des Westeingangs.
28. Rudolf Steiner, sogenanntes Glashaus, 1. Goetheanum, Dornach, Schweiz, 1914.

25. Joseph Maria Olbrich, study for a court-house, 1898–1919.
26. Rudolf Steiner, Assja Turgenieff, 1. Goetheanum, Dornach, Switzerland, 1913–20. Motifs in the pink window on the south side.
27. Rudolf Steiner, 1st Goetheanum, Dornach, Switzerland, 1913–20. Wing structure of the west entrance.
28. Rudolf Steiner, so-called Glass House, 1st Goetheanum, Dornach, Switzerland, 1914.

a friendly and open fashion, but grimly and threateningly, almost suggesting that they should go away. The motif is repeated in the windows of the palazzo.

The turn from the 19th to the 20th century seems to have been fertile ground for anthropomorphic and physiognomic architecture.

Jules Aimé Lavirotte (1864–1924) interprets his entrance to a prestigious house in Paris (ill. 23) somewhat differently from Zuccari in Rome. The gateway itself, with the diagonally places eyes and the mouth of the door is the face, and the exterior floral stone framework can be seen as a luxuriant hairstyle.

In the case of this motif, we are no longer quite certain whether the physiognomic effect was actually intended by the architect. But now the broad field of the subconscious has to be included in the considerations at all costs, so that no acceptable anthropomorphic interpretations have no longer to be restricted to explicit statements by the architect.

In the late 18th century one particular kind of building that is intended to signal power and education at the same time becomes more important: the prison. Claude-Nicolas Ledoux chooses a form for his Aix en Provence design (1785) that is intended to express the unsparing quality of the punishment and at the same time to have a deterrent effect on potential delinquents. A hundred years later **Joseph Maria Olbrich** (1867–1908) sketches his idea of a law-court (1898) (ill. 25). Again it is a closed building intended to serve justice, which the inscription over the door invokes. This is flanked by two lictor's fasces built into the masonry.[17] The entrance section does not look at us threateningly, but seriously and with dignity. The quarter-circle windows are reminiscent of somewhat melancholy eyes, he scales of justice below them of cheeks. An open flight of steps leads up to the large door, effectively the mouth. The physiognomy is additionally structured by the clear shape of a head, with a high forehead.

In the »anthroposophical« buildings by **Rudolf Steiner** (1861–1925), the striving towards a universal view of man also becomes clear in architecture. The physiognomic interpretations of the buildings in the complete Goetheanum complex in Dornach (1913–28) have not been authenticated, but they do seem to suggest themselves. Rudof Steiner speaks of an »organic building style« and supplies this with a number of metaphors pointing to biological phenomena, to plants, human beings and animals. »Thus an organic building grows out of its germinal artistic motif with the necessity of a living organism.« (Hagen 1978.) In the first Goetheanum, which burned down on New Year's Night 1922, the west gatehouse wing (ill. 27) in particular suggests physiognomic associations. Even though the windows and doors do not immediately suggest the motif of a face, the curved roofing gives the impression of a protective head-dress, something like a helmet or a peaked cap. The dominant position also suggests that the building or part of the building is »looking« out into the countryside.

The metamorphosis from architecture to being is very clearly expressed in an etching by **Assa Turgenieff** based on Rudolf Steiner's idea (ill. 26). Three phases are presented in a kind of triptych: the left-hand side is called *I am looking at the building*, and we can make out an architectural detail as well as the strange death's heads that come crashing down; the central

Beim sogenannten »Glashaus« (Abb. 28), noch ein Rest aus der ersten Bauphase des Goetheanums, evoziert der Torbogen des Eingangs mit Tür und Oberlichtfenstern ein Gesicht. Wir könnten jedoch auch ein »Wechselbild« sehen, wenn wir die beiden oberen, rundbogigen Fenster als Augen und die gesamte Eingangspartie als Mund betrachten. Vielleicht könnten die weißen Witterungssträhnen am oberen Rand als Haare gelten.

Das dem Goetheanum benachbarte Haus Duldeck ist mit einem schön modellierten Betondach überdeckt (Abb. 29). Die expressiv-skulpturale Artikulation des Daches beschwört unweigerlich Antoni Gaudí. Die Anordnung und Gestalt der Fenster verleitet uns dazu, eine Physiognomie herauszulesen. Zudem hat das Dach aber etwas sehr »Behütendes«, ist also nicht nur Physiognomie, sondern auch schützende Kopfbedeckung gleich einem Helm. Dann wird das Haus in seiner Gesamtheit zu einem Kopf.

Selbstverständlich ist auch hier die Frage nicht leicht zu beantworten, inwieweit es sich um bewußte oder unbewußte Intentionen des Gestalters handelt oder ob unsere eigene Projektion, verbunden mit dem Gestalt-Sehen diesen Rezeptionsprozeß auslöst.

Bei **Antoni Gaudí** (1852–1926) begegnen uns immer wieder die Themen einer anthropomorphen und zoomorphen Architektur mit deutlichen physiognomischen Motiven. (Vgl. Kap. 13.) Die Balkongitter an der Casa Batlló in Barcelona (1904–06) werden vom Betrachter, je nach psychischer Disposition, als Totenköpfe oder als Karnevalsmasken gelesen, sie rufen jedenfalls unausweichlich physiognomische Assoziationen hervor (Abb. 31). Die Gitterstäbe vor den Öffnungen können nicht verhindern, daß wir ein Augenpaar oder eine Analogie dazu sehen. Die Kerbe zwischen den beiden ovalen Löchern sorgt sozusagen für den Nasensitz der Maske oder ist die Nasenöffnung des Totenkopfes. Es geht also hier nicht um visuelle, sondern um psychologische »Wechselbilder«, die nicht nur von einem Individuum zum anderen, sondern auch nach unseren eigenen, »sprunghaften« psychologischen Dispositionen umschlagen können.

Ein Blick nach den USA belehrt uns, daß die Architektur-Physiognomie keineswegs ein europäisches Phänomen ist.

Im Haus Leon Ross in San Francisco (1909) (Abb. 30) von **Bernard Maybeck** (1862–1957) eine Physiognomie zu erkennen, erscheint zunächst nicht unbedingt plausibel. **Charles Jencks** (geb. 1939) versteht es aber, dieses »Gesicht« sehr glaubwürdig zu interpretieren: »Das Haus Ross, 1909, deutet Metaphern des Tudorstils und der Gotik ebenso wie der tatsächlichen Situierung im Bereich der Bucht von San Francisco an. Aber sie sind kunstvoll vermischt mit einer breitgesichtigen Visage. Die Stirn ist vielleicht eher eine gebrochene Dachkante, die Augen erinnern erst an gotische Dreiblätter und an Rundfenster, ehe sie uns auffordern, nach Linse und Iris zu suchen. Der Balkon ist eine überladene Version des Flamboyant, bevor er zum Mund wird. So kann das Image des Gesichts, das erst dann deutlich wird, wenn wir genau hinsehen,

29. Rudolf Steiner, Haus Duldeck beim Goetheanum, Dornach, Schweiz, 1915/16.
30. Bernard Maybeck, Haus Leon Ross, San Francisco, 1909.
31. Antoni Gaudí, Casa Batlló, Barcelona, 1905–07.

29. Rudolf Steiner, Duldeck House near the Goetheanum, Dornach, Switzerland, 1915/16.
30. Bernard Maybeck, Leon Ross House, San Francisco, 1909.
31. Antoni Gaudí, Casa Batlló, Barcelona, 1905–07.

section is *The world is building*, and man, sun, moon and stars become a harmonious whole; The most revealing section is on the right: *And the building becomes man.* Two profiles are drawn in a towering architectural or rocky structure, a figure on the rock is stretching out its hand to a face and the sun. As is the case for so many pictorial representations by the anthroposophists, the spiritual content can only be decoded if one has detailed knowledge of the spiritual and iconographic spectrum.[18]

In the so-called »Glass House« (ill. 28), which is left over from the first Goetheanum building phase, the door and fanlight windows of the gateway entrance arch evoke a face. But we could also find an »optical illusion« if we see the two upper, round-arched windows as eyes and the whole entrance section as a mouth. Perhaps the white streaks of weathering on the upper edge could count as hair.

Haus Duldeck, which is adjacent to the Goetheanum, has a finely modelled concrete roof (ill. 29). The expressive and sculptural articulation of the roof is inevitably reminiscent of Antoni Gaudí. The arrangement and design of the windows tempts us into reading a face into them. But the roof also had a very »protective« quality: it is not just a physiognomy, bit also an item of protective headwear like a helmet. Then the house as a whole becomes a head.

Of course here too it is not easy to answer the question of the extent to which we are dealing with the designer's conscious or unconscious intentions or whether our own projects, together with a gestalt view of things, is not triggering this reception process.

In the case of **Antoni Gaudí** (1852–1926) we constantly come across anthropomorphic and zoomorphic architectural themes with clear physiognomic motifs. (Cf. chapter 13.) The balcony railings on the Casa Battlló in Barcelona (1904–06) are read as death's heads or carnival masks by viewers, according to their psychological disposition, but in any case they unavoidably invoke physiognomic associations (ill. 31). The railings in front of the apertures cannot prevent us from seeing a pair of eyes, or at least an analogy with a pair of eyes. The notch between the two oval holes seems to provide a support for the nose of the mask, or is the nostril of a death's head. And so these are psychological rather than visual »optical illusions«, that do not only change from one individual to another, but also according to our own »jumping« psychological dispositions.

A glance at the USA shows us that faces in architecture are by no means limited to Europe.

Seeing a face in by **Bernard Maybeck** (1862–1957) the Leon Ross House in San Francisco (1909) (ill. 30) by **Bernard Maybeck** (1862–1957) may not seem entirely plausible at first. But **Charles Jencks** (b. 1939) is able to interpret this face very convincingly: »The Ross House, 1909, suggests metaphors concerning of the Tudor and Gothic periods as well as the actual location in the Bay Area of San Francisco, but these are subtly blended with a wide-faced visage. The forehead is perhaps more a broken eave-line; the eyes recall first Gothic trefoils

sich immer noch zurückziehen in seinen früheren Kontext und im Hintergrund bleiben.« (Jencks 1978.)

Es ist anzuzweifeln, daß Maybeck dieser Interpretation zugestimmt hätte, aber sowohl die subjektive Projektion Charles Jencks' als auch die unbewußten Gestaltungsvorgänge legitimieren die Deutung.

Noch schwieriger mag es scheinen, in den Seitenflügeln des Landhauses Heathcote in Ilkley, Yorkshire, ein Gesicht wahrzunehmen. Wieder ist uns Charles Jencks (1978) behilflich: »Die Gliederungen und zurückspringenden Winkel machen den Bau zu einem vergnüglichen Spiel, ebenso die Gesichtsmetaphern beider Seitenflügel.«

Den Grenzfällen projektiver Wahrnehmung von Physiognomien begegnen wir immer wieder, und die Frage nach Intention oder Zufall wird nicht leicht zu beantworten sein. Greifen wir ein Beispiel aus zahllosen ähnlichen Bauten heraus: Ein repräsentatives Wohnhaus in Budapest, um 1900 gebaut (Abb. 32), zeigt einen Mittelrisalit, der oben in einem Segmentbogen endet. Zwei ovale Fenster, dazwischen ein kleines Fenster und ein Pilasterpaar charakterisieren das oberste Geschoß: Schon ist eine Physiognomie mit einem suggestiven Augenpaar entstanden.

Aus dem reichen Schatz physiognomischer Gebäude außerhalb Europas werden nur zwei Beispiele zitiert.

Der Gesichtscharakter eines Hauses ist bei den Newari-Fassaden in Nepal gesichert: Er beruht weitgehend auf mythologischen Vorstellungen. Eine solche Fassade (Abb. 33) kann keineswegs auf den ersten Blick als Gesicht erkannt werden, gleichwohl gibt es sehr präzise Interpretationen: »Den Haupteingang sieht man als Mund und die großen Fenster als Augen, während die Ziegel der Hauswand die Millionen Sterne, der Lehm der Fugen den Himmel verkörpern. Die Hauptschwelle wird durch den Gott Bhairav geschützt, der hier durch ein Augenpaar symbolisiert wird.« (Herdick 1992.)

Der Stupa, der heilige Berg der Buddhisten, mit seinem physiognomischen Abschluß wird im Kapitel 8 erörtert.

Die Architektur der neuesten Zeit hat kaum ein geeignetes formales Spektrum, um sich wörtlich mit einer physiognomischen Architektur, mit der »Facciata«, auseinanderzusetzen, und die wenigen Beispiele sind einem neuen Manierismus verbunden oder reichen ins Skurrile.

So etwa wenn der japanische Architekt **Kazumasa Yamashita** (geb. 1937) bei einem Haus für einen Graphikdesigner in Kyoto (1974) tatsächlich den »Gesichtserker« als Erker, die Fenster als Augen, den Mund als Eingang gestaltet (Abb. 36). Charles Jencks (1978) beschreibt seine Empfindungen beim Anblick dieses Hauses wie folgt: »Man wird verschlungen von einem bösen Blick, die Augen quellen hervor, die Nase bedarf einer kosmetischen Operation. Solch direkte Assoziationen fordern diese unfreundlichen Bemerkungen und die Frage heraus: ›Und wo sind die Ohren?‹« Es ist verständlich, wenn Jencks dieser Hausfassade kaum positive Seiten abgewinnen kann, und er schreibt weiter: »Hier blickt das Gesichtshaus mit seinen runden Augen und seiner Gewehrlaufnase finster, schreit und verschlingt schließlich die Bewohner. Durch so unmittelbare Darstellung wirkt die Metapher vermindernd.«

Dieser Penetranz und trivialen Direktheit der Aussage entzieht sich **Charles Jencks**, wenn er nun selbst, und zwar bei seinem eigenen Haus, der Garagia Rotunda in Wellfleet, Massachusetts (1977), mit dem Thema einer physiognomischen Architektur operiert. Wir erkennen erst beim zweiten Blick das Gesicht, aber diesmal ist es tatsächlich vom Architekten so beabsichtigt. »Der Mund, die Zähne und Augenbrauen sind eher rein architektonisch in ihrer Andeutung, und selbst die expliziten Augen und die Nase sind hier hinreichend architektonische Elemente, um nur als Bogen und Fläche zu erscheinen.« (Jencks 1978.) Das *Thematic House* in London (Abb. 34) hat »vier Gesichter und Körper, die mit den funktionalen Bedingungen der Fenster, dem Öffnen und Schließen, kodiert sind«. (Jencks 2001.)

Ein deutscher Architekt, **Eckhard Gerber** (geb. 1938), verwandelt beim Umbau des Tönnishofs in Dortmund die Fassade eindeutig in ein Gesicht (Abb. 35). Er bedient sich dabei der gleichen Direktheit wie sein japanischer Kollege. Die Teile des Gesichts sind allerdings diskreter konzipiert, aber sie reizen nicht minder zu ironischen Bemerkungen: Die Augen sind etwas verschlafen, die Nase ist sehr zart, der Mund sagt »Oh« und zeigt seinen Zahn. Und der Kopf ist mit einer schicken Mütze bedeckt. Sicherlich, auch hier könnten wir eine »architecture parlante« entdecken, die aber die Grenze zum Trivialen wohl schon überschritten hat, sofern wir es nicht mit einer Ironisierung der Architektur zu tun haben.

Dieser ironische Ansatz ist bei einem Gebäude sehr schön motiviert, das **Gustav Peichl**[19] (geb. 1928) in Krems, Niederösterreich, baut. Für sich selbst und den Karikaturisten Manfred Deix entsteht ein Karikaturen-Museum (Abb. 37). Durchaus verhalten ist die Anthropomorphie,

32. Haus in Budapest, um 1900.
33. Haus in Kirtipur, Nepal.
34. Charles Jencks, *Thematic House*, London, 1980–85.
35. Eckhard Gerber, Tönnishof, Dortmund, 1992.
36. Kazumasa Yamashita, Haus und Studio für einen Graphik-Designer, Tokyo, 1974.

32. House in Budapest, c. 1900.
33. House in Kirtipur, Nepal.
34. Charles Jencks, *Thematic House*, London, 1980–85.
35. Eckhard Gerber, Tönnishof, Dortmund, 1992.
36. Kazumasa Yamashita, house and studio for a graphic designer, Tokyo, 1974.

and »œil de bœuf« before they invite us to find the lens and iris; the balcony is an exuberant version of Flamboyante before it is a mouth. So the face image, which definitely looms out at us once we see it, still can retreat into its former context and remain background.« (Jencks 1977.)

It is doubtful that Maybeck would have agreed with this interpretation, but both Charles Jencks's subjective projection and also the sub-conscious creative processes make the interpretation a legitimate one.

It may seem even more difficult to see the side wings of Heathcote House in Ilkley, Yorkshire as a face. Once more Charles Jencks (1977) comes to our assistance: »The articulations and re-entrant angles make it an enjoyable game, as do the face metaphors of both wings.«

We constantly come across borderline cases in the projective perception of physiognomy, and the question of intention or chance is not an easy one to answer. Let us take one example from countless similar buildings: a prestigious residence in Budapest, built c. 1900 (ill. 32), shows a central projection topped with a segmented arch. Two oval windows, with a small window and a pair of pilasters in between, are the characteristic features of the topmost floor: a face with a powerful pair of eyes has already been created.

Only two examples will be cited from the rich treasury of physiognomic buildings outside Europe.

Buildings definitely have facial characters in the case of the Newari façades in Nepal: this feature is based largely on mythological ideas. A façade of this kind (ill. 33) cannot immediately be recognized as a face, but there are very precise interpretations: »The main entrance is seen as a mouth, and the large windows as eyes, while the bricks in the wall of the house embody the stars in their millions, and the clay in the joints the heavens. The main threshold is protected by the god Bhairav, symbolized here by a pair of eyes.« (Herdick 1992.)

The stupa, the Buddhists' sacred mound, and its physiognomic top, are discussed in chapter 8.

The most recent architecture hardly has a formal spectrum that is suitable for addressing physiognomic architecture, the »facciata« literally, and the few examples are linked with an new Mannerism, or extend into the absurd.

Thus for example when the Japanese architect **Kazumasa Yamashita** (b. 1937), when creating a house for a graphic designer in Kyoto (1974), actually designs the »face bay« as a bay-window, the windows as eyes and the mouth as the entrance (ill. 36). Charles Jencks (1977) describes his reactions on seeing this house as follows: »You are swallowed by a scowl, the eyes bulge out and the nose needs plastic surgery. Such literalism suggests these unsympathic remarks and the question – ›ah, but where are the ears?‹« It is understandable that Jencks can find hardly anything positive to say about the façade of this house, and he continues: »Here the face-house looks sinister with its round eyes and its gun-barrel nose. it shouts, and finally devours the residents. The metaphor seems reductive when it is presented so directly.« (Jencks 1978.)

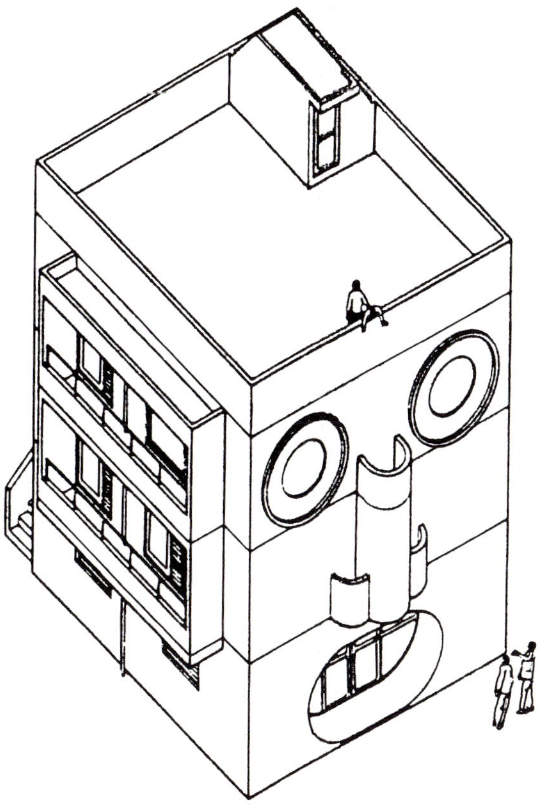

Charles Jencks does not use this sort of heavy-handed and trivially direct statement when working with the theme of physiognomic architecture himself (ill. 34), this time for his own house, the Garagia Rotunda in Wellfleet, Massachusetts (1977). We only recognize the face at a second glance, but this time the architect really does intend it that way. »... the mouth, the teeth and eyebrows are more purely architectural in their suggestion, and even the explicit eyes and the nose are here familiar enough architectural elements to seem merely as arches and plane«. (Jencks 1978.) The *Thematic House* in London (ill. 34) has »four face and body images that are coded with the functional necessities of windows that open and close«. (Jencks 2001.)

A German architect, **Eckhard Gerber** (b. 1938), quite unambiguously changes the façade into a face when converting the Tönnis building in Dortmund (ill. 35). Here he uses the same sort of directness as his Japanese colleague. The parts of the face are more discreetly conceived, but they do still provoke ironic comments: the eyes are somewhat sleepy, the mouth is very delicate, the mouth is saying »Oh« and showing its tooth. And the head is covered with a smart cap. Certainly we could find »architecture parlante« here as well, but it has probably already gone beyond the bounds of the trivial if we are not in fact dealing with an ironic approach to architecture.

This ironic approach is very beautifully motivated in a building that **Gustav Peichl**[19] (b.1928) is building in Krems, Lower Austria. A caricature museum is being created for Peichl and the caricaturist Manfred Deix (ill. 37). The anthropomorphy that Peichl is playing with is entirely restrained: a shed roof in the entrance area is raised slightly and becomes a kind of pointed cap,

mit der Peichl spielt: In der Eingangsachse ist ein Sheddach etwas überhöht und wird quasi zu einer Zipfelmütze, darunter blicken zwei einsame Fenster-Augen auf die Straße. In der kleinen Handskizze ergänzt ein waagerechtes Fenster als Mund die Physiognomie.

Bei einem Seitengebäude einer Wohnhausanlage in der Kochstraße in Berlin (1986–88) (Abb. 38) hat **John Hejduk** (geb. 1929) eine überraschende Fassadenlösung gefunden, die es unwahrscheinlich macht, daß der Architekt nicht an ein Gesicht gedacht hat. Die zwei oberen Fenster tragen gleichsam als Augenbrauen ein ausladendes Vordach, während die beiden axialen, kleinen Balkone unweigerlich als Nasen-Mund-Gruppe gelesen werden (Abb. 38).

Physiognomische Züge weist zweifellos auch die Architektur von **Imre Makovecz** (geb. 1935) auf, und bei der Interpretation können wir uns teilweise auf seine eigenen Aussagen stützen. Im Kapitel 10 wird auf sein Werk noch ausführlicher eingegangen.

Die triviale Direktheit dieser Beispiele wirft die Frage auf, ob tatsächlich dieser Dialog Bauwerk – Mensch zustande kommen kann. Aber die neuen Einsichten in die Bereiche des Banalen, die uns die Pop-Art der sechziger Jahre und die Thesen **Robert Venturis** (vgl. Kap. 13) vermittelt haben, könnten auch in der Architektur neue Wahrnehmungsbereiche aufgeschlossen haben.

Wenn wir uns mit der Reduktion der formalen Analogien begnügen, werden wir auch in der »seriösen« zeitgenössischen Architektur im Hinblick auf physiognomische Analogien fündig.

Daß nicht unbedingt eine architektonische Intention das Anthropomorphe, das Physiognomische hervorbringt, zeigen einige Arbeiten von **Michael Szyszkowitz** (geb. 1944) und **Karla Kowalski** (geb. 1941). Über die Gemeinsamkeit der Symmetrie beim menschlichen Körper und beim Bauwerk hinaus sieht Karla Kowalski allerdings keinerlei anthropomorphe Ansätze bei ihren Bauwerken; sie bezeichnet solche Spekulationen als »... eine Zuschreibung von außen. Formale Ähnlichkeiten mit Tieren, Gesichtern oder märchenhaften Wesen waren und sind von uns nicht beabsichtigt.« (Bollmann 1997.)

Es handelt sich demnach wieder um eine »projektive« oder »interpretative« Anthropomorphie, also um eine, die vom Betrachter, vom Interpreten aufgrund gewisser wahrnehmungspsychologischer Vorgänge in das Werk »hineingesehen« wird.

Die Hauswirtschaftsschule in Großlobming in der Steiermark wurde einem barocken Schloßbau in einer modernen Formensprache, aber im diskreten Dialog hinzugefügt. Es fällt leicht, eine Reihe von biomorphen Bauelementen zu projizieren, die aber gleichwohl von den Entwerfern als nicht authentisch erklärt werden. Entgegen der zitierten Aussage von Karla Kowalski äußert auch Jana Bollmann (1997) die Meinung, daß es sich bei den Gestaltungselementen um »assoziative Bilder« und »anthropomorphe Gestaltungsprinzipien« handelt. »Insbesonders bei der Hauswirtschaftsschule scheinen mich Fensteraugen anzustarren, mich Türmünder verschlucken zu wollen, mich ins Innere eines großen Tieres hineinzuziehen ... Die parallel geführten Oberlichter der Volksschule erinnern mich an ... das Bild eines Frosches mit großen Augen.« Einzelne Bauteile, wäre hinzuzufügen, könnten auch als Schnabel eines riesigen Kopffüßlers mit einem Augenpaar angesehen werden (Abb. 39).

Einer anthropomorphen oder zoomorphen Sichtweise wird man sich auch beim »Grauen Haus« in Graz (Abb. 40) kaum entziehen können. Auch wenn wir die wesentlichen Konstituen-

37. Gustav Peichl, Karikaturen-Museum, Krems, Niederösterreich, 2001.
38. John Hejduk mit Moritz Müller, Wohnhaus in der Charlottenstraße, Berlin, 1986–88.
39. Michael Szyszkowitz, Karla Kowalski, Hauswirtschaftsschule (Schlossanbau), Großlobming, Steiermark, Österreich, 1979–81.
40. Michael Szyszkowitz, Karla Kowalski, *Graues Haus*, Graz, 1984–86.

37. Gustav Peichl, Caricature Museum, Krems, Lower Austria, 2001.
38. John Hejduk with Moritz Müller, house in Charlottenstraße, Berlin, 1986–88.
39. Michael Szyszkowitz, Karla Kowalski, home economics school (Schloss extension), Großlobming, Steiermark, Austria, 1979–81.
40. Michael Szyszkowitz, Karla Kowalski, *Grey House*, Graz, 1984–86.

and underneath it two window eyes look down into the street. In the small hand-drawn sketch a horizontal window completes the face as a mouth.

John Hejduk (b. 1929) hit upon a surprising façade solution for a side building for a block of flats in Kochstraße in Berlin (1986–88). It seems highly improbable that the artist did not have a face in mind here. The two upper windows have protruding canopies that are almost like eyebrows, while the two small, axial balconies absolutely have to be read as a nose and mouth group (ill. 38).

There is also no doubt that there are physiognomic features in the architecture of **Imre Makovecz** (b. 1935), and we have statements by the architect himself to support our interpretation. His work will be discussed in greater detail in chapter 10.

The trivial directness of these examples raises the question of whether this building-human being dialogue can actually take place. But the new insights into the realm of the banal that we have gained from sixties Pop Art and the theses of **Robert Venturi** (cf. chapter 13), could also have opened up new spheres of perception in architecture.

If we content ourselves with reduction of the formal analogies, then we will also be able to make some finds in terms of physiognomic analogies in the field of »serious« contemporary architecture.

Some of the work of **Michael Szyszkowitz** (b. 1944) and **Karla Kowalski** (b. 1941) show that an architectural intention is not essential to produce anthropomorphic and physiognomic features. However, Karla Kowalski does not see any hints of the anthropomorphic in her work other than the fact that buildings and the human body have symmetry in common; she sees speculation of this kind as » … imposed from the outside. Formal similarities with animals, faces or fairy-tale creatures were and are not intended by us.« (Bollmann 1997.)

Thus we are once again dealing with »projective« or »interpretative« anthropomorphy, in other words with a kind of anthropomorphy that is »read in« by the viewer, by the interpreter, on the basis of certain processes of perceptual psychology.

The Home Economics School in Großlobming in the Steiermark was added to a Baroque palace. It uses Modern formal language, but is adopts the discreet dialogue approach. It is easy to project a series of biomorphic elements, but the designers insist that these are not authentic. Going against Karla Kowalski's statement quoted above, Jana Bollmann (1997) expresses the opinion that the design elements concerned are »associative images« and »anthropomorphic design principles«. »In the case of the Home Economics School in particular I feel that window eyes are staring at me, that door mouths are waiting to swallow me up, and drag me inside a large creature … The parallel high windows of the primary school remind me of …

41. Michael und Ellen Jantzen, zweigeschossiges Wohnhaus (Ferienhaus), Carlyle, USA, 1976.
42. Jo Crepain, Wohnhausgruppe mit Läden, Kapellen, Belgien, 1979.
43. Eric Owen Moss, *Owner's Face*, City Office, Culver, USA, 1996.

41. Michael and Ellen Jantzen, two-storey house (holiday home), Carlyle, USA, 1976.
42. Jo Crepain, group of houses with shops, Kapellen, Belgium, 1979.
43. Eric Owen Moss, *Owner's Face*, City Office, Culver, USA, 1996.

ten einer Physiognomie, die Augen, nur undeutlich in den Dreiecksfenstern ausmachen können, werden wir den überhöhten Bauteil, als Kopf definieren. Dies wird uns selbstverständlich dazu verleiten, den dahinter liegenden Teil als Bau-Körper zu sehen, und wir haben keine Schwierigkeit, das ausladende Dach als Schulter, vielleicht aber auch als Flügel zu lesen. Erweitern wir die Interpretationstoleranz und beziehen das gesamte Gebäude mit ein, dann kommt uns vielleicht ein durchaus freundliches Monster entgegen – eine Vorwegnahme auf die Zoomorphie in den folgenden Kapiteln. Dieses Interpretationsspektrum zeigt sehr deutlich, daß zwischen anthropomorpher und zoomorpher Deutung nicht scharf unterschieden werden kann: Es geht um das biologische Wesen in seiner ganzen Breite der lebenden Erscheinungsformen. Wenn wir den Begriff des Zoon richtigerweise nicht nur auf die Tierwelt beschränken, sondern im Sinne der griechischen Wortbedeutung darunter alle lebenden Wesen verstehen, dann würde der Begriff einer »zoomorphen Architektur« menschliche und tierische Wesen mit einschließen.

Aus dem reichen Repertoire einer physiognomischen Architektur der Gegenwart sollen noch einige internationale Beispiele zitiert werden.

Eine Wohnhausgruppe mit Läden in Kapelllen (Belgien), von **Jo Crepain** (geb. 1950) entworfen (Abb. 42), wird wohl für jeden Betrachter suggestiv und spontan die Reaktion Gesicht auslösen. Die Fenster sind paarweise angeordnet, ein Abzugsrohr kann nur als Nase gesehen werden, und darunter öffnet sich ein großes, rundbogiges Maul. Lassen wir die Phantasie noch weiter spielen, dann ist das Vordach eine breite Zunge, die sich uns entgegenstreckt.

Nicht ganz leicht zu entschlüsseln ist die Physiognomie, die **Eric Owen Moss** (geb. 1943) einem Haus, einem Stadtbüro in Culver, California, verleiht (Abb. 43). Der diesmal authentische Hinweis des Architekten, die Benennung als »Owner's Face«, rechtfertigt aber die Interpretation als Kopf des Eigentümers. »Das sieht aus wie schwere Metallstützen, unter deren Hut der sich nähernde Besucher begrüßt wird.« (Jencks 1999.)

Bei der Sanierung eines Palazzos in Treviso (1989) von **Afra** und **Tobia Scarpa** ist die Frage, ob das »Augenpaar« allein für eine physiognomische Deutung genügt. Zwischen diesen hochkant gestellten Augen-Ellipsen befindet sich eine große Öffnung, die nicht leicht als Mund, Nase oder beides interpretiert werden kann.

Wenn wir das Wesentliche des Physiognomischen auf das Augenpaar reduzieren, dann könnten wir sogar bei einem Ferienhaus in den USA (Abb. 41) ein Gesicht interpretieren. **Michael** und **Ellen Jantzen** haben 1976 dieses zweigeschossige Haus konzipiert und gebaut, das mit damals noch jungen energietechnischen und ökologischen Maßnahmen durchdacht wurde. Das »Augenpaar« liegt nun schon sehr weit auseinander, aber die Sonnenklappe läßt uns an das Augenlid denken.[20]

Die Abdeckung eines Planetariums von **Santiago Calatrava** (geb. 1951) erinnert Tischhauser (1997) an ein »blinzelndes Auge«, wenn es sich zum Himmel öffnet. »In einem früheren Entwurf erinnerte es an nach oben gebogene Wimpern.« Auf die Arbeit von Calatrava wird im Kapitel 11 noch ausführlich eingegangen.

the image of a frog with large eyes.« Individual parts of the building, it should be added, could also be seen as the beak of a gigantic cephalopod with a pair of eyes (ill. 39).

It is also scarcely possible not to view the »Graues Haus« in Graz (ill. 40) as an anthropomorphic or zoomorphic way of seeing things. Even if we can only make out the essential constituents of a physiognomy, the eyes, somewhat indistinctly in the triangular windows, we will define the raised section of the building as a head. This will of course lead us to see the section behind it as the body of the building, and we do not have any difficulty in reading the projecting roof as a shoulder, but perhaps also as a wing. Let us broaden the range of tolerance within our interpretation and include the whole building, and then perhaps we will see an entirely friendly monster coming towards us – an anticipation of the zoomorphy in the following chapters. This spectrum of interpretation shows very clearly that it is not possible to make a sharp distinction between anthropomorphic and zoomorphic interpretation: it is about biological existence in the whole breadth of its living manifestations. If we correctly do not restrict the concept of the zoion only to the animal world, but take the meaning of the Greek word and apply it to all living creatures, then the idea of »zoomorphic architecture« would include both human beings and animals.

I would now like to quote some international examples from this rich repertoire of physiognomic contemporary architecture.

A group of dwellings with shops in Kapellen/Belgium (ill. 42), designed by **Jo Crepain** (b. 1950), will probably trigger the reaction face powerfully and spontaneously in every viewer. The windows are arranged in pairs, there is a drainpipe that can only be seen as a nose, and a large, round-arched mouth opens underneath. If we allow further play to our imaginations, then the canopy is a large tongue that is being stuck out at us.

The physiognomy that **Eric Owen Moss** (b. 1943) gave to a building, an office in down-town Culver, California, (ill. 43) is not easy to decode. But this time the architect's authentic statement, the naming as »Owner's Face« confirms that this is the owner's head. »He looks out through heavy metal struts under his hat to welcome the approaching visitor.« (Jencks 1999.)

When restoring a palazzo in Treviao (1989) by **Afra** and **Tobia Scarpa**, the question arises of whether the »pair of eyes« alone is enough for a physiognomic interpretation. There is a large aperture between these eye ellipses, which are placed on end, which cannot easily be interpreted as moth, nose or both.

If we reduce the essentials of the physiognomy to the pair of eyes, then we could even find a face in a holiday home in the USA (ill. 41). **Michael** and **Ellen Jantzen** conceived and built this two-storey house in 1976, and supplied it with features relating to energy technology and ecology that were still new at the time. The »pair of eyes« are now very far apart, but the sunflap reminds us of an eyelid.[20]

The covering for a planetarium by **Santiago Calatrava** (b. 1951) reminds Tischhauser (1997) of a »blinking eye« when it opens to the sky. »In an earlier design it was reminiscent of eyelashes curling upwards.« A detailed look is taken at Calatrava's work in chapter 11.

The medium of film was used to present fantastic transfigurations from a very early stage. It was part of the accepted vocabulary of Expressionist films that rooms, buildings and objects were transformed in creatures, but more frequently into faces.

The most impressive example is without any doubt the enormous machine in the film *Metropolis* by **Fritz Lang** (1890–1976).[21] The industrial boss's repression and tyranny was transposed almost symbolically to the gigantic edifice of the machine. In one short sequence in the film, the machine architecture is actually transformed into a monster: it threatens to devour the labour-slaves with its wide-open mouth (ill. 44). There is a portcullis rather than teeth in the enormous mouth, and the eyes are wide open. The powerful forepaws conjure up the form of a sphinx, and once more the image can be seen as zoomorphic architecture.

Perhaps **Josef Urban** (1872–1933) had this scene in mind when drawing a design for a film (probably never made) called *Caliban* (ill. 45).[22] The terrifying building is more a geological formation than architecture, and is reminiscent of Wenzel Hablik's Expressionist, crystalline-geological forms. An angel is prancing timidly in the wide-open mouth with its ferocious tusks; the hollows of the eye actually are geological hollows – caves. The building, the rocks and the monster fuse into a terrible unity in Urban's work.

The traditions of the artistically designed ambience for science-fiction films is continued in a virtuoso fashion by **Hans Rudy Giger** (b. 1940) (ills. 46, 47). The gigantic domed structure for Harkonen Castle in Alejandro Jodorowski's film *Dune 4* towers up on a distant planet. It has a hard, androgynous face, continued in a stream-lined back of head. This sleeping and blinking

44. Otto Hunte, Erich Kettelhut, Karl Vollbrecht, Zeichnung zu *Metropolis* (Regie Fritz Lang), 1926.
45. Josef Urban, Entwurf für die Setebos-Szene in P. Mackays *Caliban*, 1916.
46, 47. H. R. Giger, Zeichnungen zu A. Jodorowskys *Dune 4*, 1976.

44. Otto Hunte, Erich Kettelhut, Karl Vollbrecht, drawing for *Metropolis* (director Fritz Lang), 1926.
45. Josef Urban, design for the Setebos scene in P. Mackay's, *Caliban*, 1916.
46, 47. H. R. Giger, drawings for A. Jodorowsky's *Dune 4*, 1976.

Das Medium Film steht schon sehr frühzeitig im Dienste phantastischer Transfigurationen. Für den expressionistischen Film gehört es zum gängigen Vokabular, daß Räume, Gebäude, Gegenstände sich in Wesen, häufiger noch in Gesichter verwandeln.

Das eindruckvollste Beispiel ist zweifellos die gewaltige Maschine in dem Film *Metropolis* von **Fritz Lang** (1890–1976).[21] Die Unterdrückung und Tyrannei des Industrie-Bosses wird gleichsam symbolhaft auf das riesige Gebäude der Maschine übertragen. In einer kurzen Sequenz des Filmes verwandelt sich die Maschinenarchitektur nun tatsächlich in einen Moloch: Mit weit aufgerissenem Maul droht er die Arbeitsklaven zu verschlingen (Abb. 44). Im Riesenmaul hängt ein Fallgitter anstatt der Zähne, die Augen sind weit geöffnet. Mit den mächtigen Pranken wird die Gestalt einer Sphinx beschworen, und eimal mehr kann das Bild gleichzeitig auch einer zoomorphen Architektur zugeordnet werden.

Vielleicht war **Josef Urban** (1872–1933) von dieser Szene angeregt, als er einen Entwurf zu einem (wohl nie gedrehten) Film *Caliban*[22] zeichnete (Abb. 45). Das erschreckende Gebäude ist mehr geologische Formation als Architektur und erinnert an die expressionistischen, kristallin-geologischen Formen von Wenzel Hablik. Im weit aufgerissenem Maul mit den grimmigen Stoßzähnen tänzelt furchtsam ein Engel; die Augenhöhlen sind tatsächlich geologische Höhlen. Bauwerk, Felsen und Monster verschmelzen bei Urban zu einer furchtbaren Einheit.

Die Traditionen des künstlerisch gestalteten Ambientes im Science-fiction-Film wird virtuos von **Hans Rudy Giger** (geb. 1940) fortgesetzt (Abb. 46, 47). Der riesige Kuppelbau von Harkonen Castle in Alejandro Jodorowskis Film *Dune 4* erhebt sich auf einem fernen Planeten. Er trägt ein pralles androgynes Antlitz, das sich in einem stromlinienförmigen Hinterkopf fortsetzt. Dieses schlafende und blinzelnde Gesicht verwandelt sich rasch, Gesichtshaut und -muskeln werden abgezogen, ein Totenkopf erscheint, und gleichzeitig werden auf der Kuppel Aussatz-Wunden sichtbar.

Das riesige Spektrum einer physiognomischen Architektur im Film kann in dieser Studie nur angedeutet, nicht ausgeschöpft werden.

Als ein Kriterium für die unerhört breite Interpretationsszene der Architektur soll jedoch ein interessantes und wohl überraschendes Beispiel herausgegriffen werden. Das Haus am Michaelerplatz von **Adolf Loos** (1870–1933) wurde spöttisch als das »Haus ohne Augenbrauen« bezeichnet, weil die traditionellen Fensterüberdachungen fehlten, ein bislang unentbehrlicher Bestandteil jeder »Fassade«. Bei diesem Markstein der Architekturentwicklung des 20. Jahrhunderts fällt es sicher schwer, über diese volkstümliche Kritik hinaus eine Personifizierung zu projizieren. Die dichterische Phantasie macht es aber durchaus möglich. **Paul Engelmann** (1891

face transforms itself rapidly, the facial skin and muscles are removed, a skull appears, and leprosy sores become visible on the dome at the same time.

The enormous range of physiognomic architecture in film can only be hinted at in this study, not discussed in exhaustive detail.

But I intend to take one interesting and perhaps surprising example for the incredibly wide scope of architectural interpretation. The building in Michaelerplatz in Vienna by **Adolf Loos** (1870–1933) was mocking identified as the »building without eyebrows« because the traditional window canopies were missing, something that had hitherto been a indispensable component of every »façade«. It is certainly difficult to project any sense of personification over and above this popular criticism in the case of this landmark of 20th-century architectural development, but poetic imagination makes this entirely possible. **Paul Engelmann** (1891–1970), a pupil, friend and companion of Adolf Loos, praises this bold piece of architecture in a poem full of metaphors, and with a considerable amount of emotion:

»From the convolutions of brains without being
a deed arises so clearly outlined,
so beautiful and pure, like a clear conscience,
like an honest face among crooks.

On it shines the purity of all fresh snows
to be kissed on smooth masonry!
And marble, so that you do not miss the splendour:
naïve and lustful, almost like a harlot.

But that is a work, and it will remain one!
And anyone who has wrestled and written poetry
knows that the mob spits on all deeds.

May they carry on shouting and carry on writing:
you stand for yourself, standing up powerfully straight
as the first sign of a new time!«

We find a whole series of terms that relate to human beings: »We find a whole series of terms that relate to human beings: »clear conscience«, »honest face«, »to be kissed«, »naïve … lustful …. harlot«. Now it is no longer morphological elements that lead to the comparison between building and creature, but a poetically enthusiastic tribute shifts architecture towards human characteristics.«. Now it is no longer morphological elements that lead to the comparison between building and creature, but a poetically enthusiastic tribute shifts architecture towards human characteristics.

Paul Engelmann was not the only apologist for Adolf Loos. Two years later **Georg Trakl** (1887 to 1914) finds a »countenance« and writes about the Loos building with poetic concentration:

»Face of a house: the serious silence of the stone/
shaped to be large and powerful.
But that is a work, and it will remain one!«

The physiognomic and anthropomorphic interpretation of the whole building points forward to chapter 6, which compares the whole structure with the human body.

Previously the suggestion may have been that the building is interpreted as the head and the façade as the face, but now a converse approach is to be applied: the head becomes the building, becomes a housing, and life develops in the head.

Once more we can see a creative affinity between two completely divergent groups of people: children, the naïve and the mad seem to be in surprising agreement about the representation of a »cephalopod«, i. e. a figure that consists only of a head, with the limbs growing directly out of it. Thus there has been a successful reduction to the essential, to what can be experienced, to the carrier of the senses. The conviction that our thoughts and also the way they are translated into images are located in our head predestines the head to be a casing with life in it. Thus the head that can actually be lived in or used becomes another, extremely strange step towards an identity between building and man.

bis 1970), Schüler, Freund und Weggefährte von Adolf Loos, preist in einem Gedicht voll von Metaphern und mit beträchtlichem Pathos das kühne Architekturwerk:

»Aus dem Geschnörksel wesenloser Hirne
erhebt sich eine Tat so scharf umrissen,
so schön und reinlich, wie ein gut Gewissen,
wie unter Gaunern eine freie Stirne.

Es glänzt an ihr die Keuschheit aller Firne,
auf glattem Mauerwerk zum Küssen!
Und Marmor, daß sie nicht die Pracht vermissen:
naiv und lüstern, fast wie eine Dirne.

Das aber ist ein Werk, und wird es bleiben!
Und jeder, der gerungen und gedichtet,
weiß, daß der Pöbel alle Tat bespeit.

Sie mögen weiter schrein und weiter schreiben:
Du stehts für dich, gewaltig aufgerichtet
als erstes Zeichen einer neuen Zeit!«

Wir finden eine ganze Reihe von Prädikaten, die zum Menschen Bezug nehmen: »gut Gewissen«, »freie Stirne«, »zum Küssen«, »naiv ... lüstern ... Dirne«. Nun sind es nicht mehr morphologische Elemente, die zum Vergleich Bauwerk – Wesen führen, sondern eine poetisch-schwärmerische Huldigung rückt die Architektur an menschliche Charakteristika heran.

Paul Engelmann war nicht der einzige Apologet von Adolf Loos. Zwei Jahre später findet **Georg Trakl** (1887–1914) ein »Antlitz« und schreibt über das Loos-Haus in dichterischer Konzentration:

»Antlitz eines Hauses: Ernst und Schweigen des Steins
groß und gewaltig gestaltet.
Das aber ist ein Werk, und wird es bleiben!«

Die physiognomisch-anthropomorphe Deutung des gesamten Gebäudes verweist bereits auf das Kapitel 6, das den gesamten Bau mit dem menschlichen Körper vergleicht.

War bisher davon die Rede, daß das Bauwerk als Kopf, die Fassade als Antlitz interpretiert wird, so soll nun der umgekehrte Gedankengang erläutert werden: Der Kopf wird zum Bauwerk, das Haupt wird zur Behausung, es entfaltet sich ein Leben im Kopf.

Einmal mehr kann die bildnerische Affinität bei drei völlig divergierenden Menschengruppen festgestellt werden: Bei Kindern, bei Naiven und bei Geisteskranken finden wir in überraschender Übereinstimmung die Darstellung des »Kopffüßlers«, das heißt, daß die Figur nur aus einem Kopf besteht, an dem die Gliedmaßen unmittelbar angewachsen sind. Damit ist die Reduktion auf das Wesentliche, auf das Erlebbare, auf den Träger der Sinne gelungen. Die Überzeugung, daß unsere Gedanken und auch deren bildhafte Umsetzung ihren Ort in unserem Kopf haben, prädestiniert ihn zu einem belebten Gehäuse. Der tatsächlich bewohnbare oder benützbare Kopf wird damit zu einem weiteren, überaus seltsamen Schritt zu einer Identität von Bauwerk und Mensch.

Das Haupt von Tier und Mensch wird in den Phantasien von Malern, Dichtern und Architekten ein Gehäuse. Wieder ist es vorwiegend die Zeit des Manierismus, die sich mit dieser skurrilen Idee auseinandersetzt, aber viele der Bilder haben wohl auch ihren Ursprung in den bedrängenden Bildern von **Hieronymus Bosch** (1415–1516) oder **Pieter Brueghel** (1525–1569).

Im *Garten der Lüste* des Hieronymus Bosch bilden allerlei kopfähnliche Gebilde eine kaum lustvolle, sondern eher beklemmende, unheimliche Landschaft. Die Grenzüberschreitung von organischen Wesen, Tieren und Pflanzen führt zu abstrakten, phantastischen Gebilden, die wir als Köpfe und gleichzeitig als irreale Gebäude ansprechen können. In diese haben sich rätselhafte nackte Gestalten zurückgezogen, suchen Schutz und Behausung.

In seiner Phantastik nicht minder beängstigend ist das zentrale Motiv in Pieter Brueghels *Versuchung des Hl. Antonius* von 1556 (Abb. 48). Ein Kopf liegt im Wasser, als ob ein Riese im Begriff wäre zu ertrinken. Ein Boot fährt aus dem rechten Ohr heraus, im Munde tummeln sich

48. Pieter Bruegel, *Versuchung des hl. Antonius*, 1556.
49. Pirro Ligorio, *Sacro Bosco di Bomarzo* (Park der Monster), bei Rom, um 1540–50.
50. Pieter Bruegel, *Superbia* (Hochmut) aus dem Zyklus *Die sieben Todsünden*, 1557.

48. Pieter Bruegel, *Temptation of St. Anthony*, 1556.
49. Pirro Ligorio, *Sacro Bosco di Bomarzo* (Monster Park), near Rome, c. 1540–50.
50. Pieter Bruegel, *Superbia* (Pride) from the *Seven Deadly Sins* cycle, 1557.

The head of man and animal becomes a housing in the imagination of painters, poets and architects. Again it is predominantly the age of Mannerism that addresses this droll idea, but many of the images probably originate from the distressing pictures of **Hieronymus Bosch** (1415–1516) or **Pieter Brueghel** (1525–1569).

In Hieronymus Bosch's *Earthly Paradise* all kinds of head-like shapes make up a landscape that is not at all like paradise, but essentially oppressive and eerie. The borders between organic beings, animals and plants are crossed, leading to abstract, fantastic shapes that we can address as heads and at the same time as unreal buildings. Mysterious naked forms have withdrawn into these, looking for protection and accommodation.

The central motif of Pieter Brueghel's *Temptation of St. Anthony*, dating from 1556 (ill. 48) is no less alarming in its fantastic quality. A head is lying in the water, as though a giant were about to drown. A boat is sailing out of the right ear, a woman and child are splashing about in the mouth, and on the forehead there is an enormous fish, and this is inhabited as well. The saint has turned away from all these demonic goings-on and is kneeling in silent prayer.

Inhabited heads or head-like enclosures are among the principal motifs in Pieter Brueghel's cycle *The Seven Deadly Sins.* In the »Superbia«, Pride (ill. 50), we have difficulty in distinguishing between animal head, human face and housing. Human beings – and animal heads – or are they some kind of intermediate being? – appear to be equally appropriate in providing accommodation for human beings. Unmoved by all this monstrous activity, rather like St. Anthony, Pride stands next to a magnificent peacock and looks at herself in the mirror. *The Four Cardinal Virtues* are represented by a similar repertoire. In »Fortitudo«, Courage, for example the towers of the fortresses are looking at us with grimacing faces, and they are wearing caps on their heads.

Mannerism knows how to makes these images three-dimensional. The grotesque pavilions in the fantastic garden of the Sacro Bosco di Bomarzo near Rome by **Pirro Ligorio** (1510–1583) are gigantic heads in which people meet by candlelight in the evening: eyes and mouth then glow eerily in the darkness of the garden (ill. 49). The head stands in for the figure as a whole, for uncanny, ghostly or mythological beings. Once again, despite all the joie de vivre that we sense in the garden, medieval fears are once again conjured up, and the demons and goblins are reinterpreted in stone and placed in the romantic setting of the garden.

The ferocious, tooth-gnashing head that supports a little bridge in the Giardano Gusti near Verona is definitely related to the Bomarzo monsters.

Frau und Kind, und auf der Stirn liegt ein riesiger Fisch, der ebenfalls bewohnt ist. Der Heilige hat sich, im stillen Gebet kniend, von all der Dämonie abgewendet.

Bewohnte Köpfe oder kopfähnliche Gehäuse gehören zu den Hauptmotiven in Pieter Brueghels Zyklus *Die sieben Todsünden*. In der »Superbia«, dem Hochmut (Abb. 50), haben wir Mühe, zwischen Tierkopf, Menschengesicht und Behausung zu unterscheiden. Menschen – und Tierköpfe – oder sind es Wesen dazwischen? – scheinen in gleicher Weise dazu geeignet zu sein, Behausungen für Menschen zu bilden. Unberührt von dem unholden Treiben, ähnlich dem hl. Antonius, steht der Hochmut neben einem prächtigen Pfau und betrachtet sich im Spiegel. Auch *Die vier Kardinaltugenden* werden durch ein ähnliches Repertoire dargestellt. In der »Fortitudo«, der Tapferkeit, zum Beispiel blicken uns die Türme der Festungen mit feisten Gesichtern an, sie tragen Kappen auf ihren Köpfen.

Der Manierismus versteht sich auf eine Umsetzung dieser Bilder ins Dreidimensionale. Die grotesken Pavillons von **Pirro Ligorio** (1510–1583) im phantastischen Garten des Sacro Bosco di Bomarzo bei Rom sind riesige Köpfe, in denen man sich zur abendlichen Stunde bei Kerzenschein trifft: Augen und Mund leuchten dann unheimlich in der Dunkelheit des Gartens (Abb. 49). Der Kopf steht stellvertretend für die ganze Figur, für unheimliche, gespenstische oder mythologische Wesen. Noch einmal werden bei aller Lebensfreude, die sich in den Gärten entfaltet, auch die mittelalterlichen Ängste beschworen, und die Dämonen und Kobolde werden neu interpretiert in Stein gehauen und in die Romantik des Gartens gestellt.

Den Monstern von Bomarzo durchaus verwandt ist der grimmige, zähnefletschende Kopf, der eine kleine Brücke im Giardino Gusti bei Verona stützt.

Weit subtiler, spiritueller wird die Landschaft des Kopfes im Taoismus definiert. Der göttliche Kopf wird als ein prächtiges architektonisches Ensemble voll tiefer Symbolik beschrieben (Abb. 51):

»Die neun Paläste entsprechen den neun Himmeln und haben ihre genaue Lokalisierung. Zwischen den beiden Augenbrauen liegt der Palast des Lichtes, in dem die Große Gottheit wohnt, links und rechts flankiert vom purpurnen Raum und dem scharlachroten Kreuz. Ein Zoll weiter entfernt befindet sich der Palast der drei Unsterblichen. Drei Zoll weiter in der Hirnschale liegt der scharlachrote Palast des Oberfeldes. Vier Zoll weiter ist der Palast der sich bewegenden Perlen, fünf Zoll weiter finden wir den Palast des Jade-Kaisers. Dazu ergänzend liegt über diesen Behausungen der himmlische Hofbereich, der Palast der höchsten Bergspitzen, der Palast des geheimnisvollen Zinnobers und der Palast des Erhabenen Himmels. Die Ohren sind die himmlischen Trommeln, der Munde ist der Jade-See, und die Nasenwurzel sind die sechs Harmonien.« (Lévi 1989.)

Ein Zeitsprung von Jahrhunderten führt uns zu einem »bewohnten« Kopf ganz anderer Art. **André Masson** (1896–1987) widmet während der deutschen Besatzung 1941 ein Bild seinem Freund **André Breton** (1896–1966), es ist dessen Porträtskizze als Januskopf (Abb. 52). »Offenen und geschlossenen Auges nimmt Breton Krieg und Frieden als Ambivalenzkonflikt von Tod und Eros wahr ... Im Inneren seines Kopfes, der sich gleich einer riesigen Ohrmuschel öffnet, trifft das bewußte Männliche auf das unbewußte Weibliche. Beide trennt eine Vulva in Gestalt einer Flamme.«

Wesentlich freundlicher begegnet uns **Niki de Saint Phalle** (geb. 1930) mit ihrem *Golem* (Abb. 53). Die mittelalterliche Unheimlichkeit ist diesem Kopf-Wesen genommen, es ist ein buntes Spielhaus für Kinder in Jerusalem. Wie schon eingangs erwähnt, ist der Kopffüßler ein typisches Stadium der Zeichnung in der frühkindlichen Entwicklung, das zeigt, daß für das Kind die Erlebniszone wichtiger als die Wahrnehmungszone ist. In einer anderen Arbeit von Niki de Saint Phalle, im Modell für eine *Kirche für alle Religionen,* begegnet uns ein ähnliches Phänomen: Das Bauwerk ist Kopf und Körper zugleich und illustriert einmal mehr die Freudsche These der Identität von Körperöffnung und Hausöffnung.

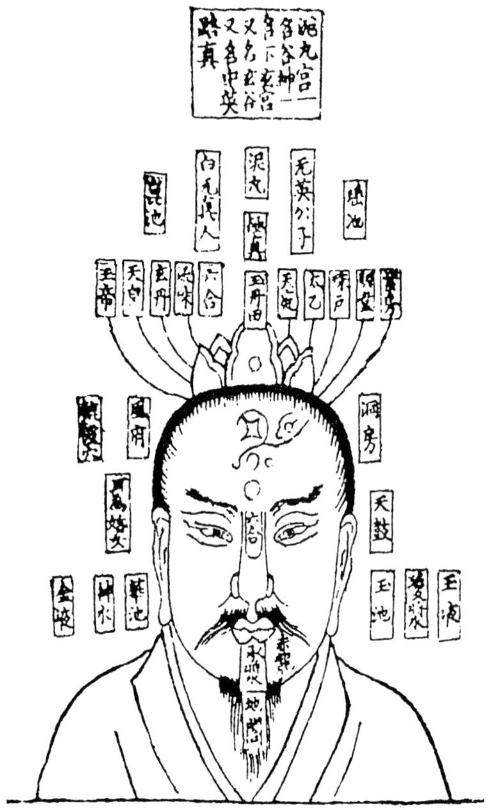

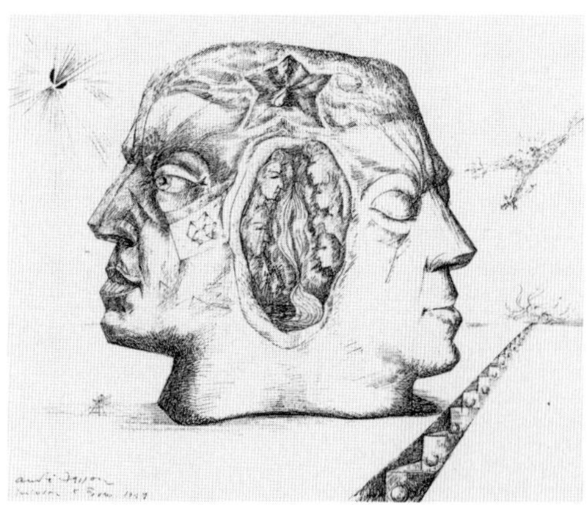

51. Zeichner des Taoismus, *Die göttliche Struktur des Kopfes.*
52. André Masson, Porträt André Breton, 1941.
53. Niki de Saint-Phalle, *Golem*, Jerusalem, 1980.

51. Taoist draughtsman, *The Divine Structure of the Head.*
52. André Masson, portrait of André Breton, 1941.
53. Niki de Saint-Phalle, *Golem*, Jerusalem, 1980.

The landscape of the head is defined far more subtly and spiritually in Taoism. The divine head is described as a magnificent architectural ensemble full of profound symbolism (ill. 51):

»The nine palaces correspond with the nine heavens, and are located precisely. The palace of light in which the Great God lives is between the two eyebrows, flanked to the left and right by the purple room and the scarlet cross. An inch further away is the palace of the three immortals. Three inches further on in the cranium is the scarlet palace of the upper field. Four inches further on is the palace of the moving pearls, five inches on we find the palace of the jade emperor. Complementing this and above these housings is the heavenly court, the palace of the topmost mountain peaks, the palace of the mysterious cinnabar and the palace of the Sublime Heaven. The ears are the heavenly drums, the mouth is the jade lake, and the roots of the nose are the six harmonies.« (Lévi 1989.)

A leap of centuries takes us to an »inhabited head« of a quite different kind. **André Masson** (1896–1987) dedicated a picture to his friend **André Breton** (1896–1966) in 1941, during the German occupation, a portrait of Breton as a Janus head (ill. 52). »With open and closed eyes, Breton perceives war and peace as an ambivalent conflict between death and Eros … Inside his head, which open up like an enormous ear, the consciously male meets the unconsciously female. The two are separated by a vulva shaped flame.«

Niki de Saint Phalle (b. 1930) confronts us in a much more friendly way with her *Golem* (ill. 53). The uncanny medieval quality is removed from this head-being, it is a colourful playhouse for children in Jerusalem. As I mentioned above, the cephalopod is a typical stage in drawing when children are in the early stages of their development, which shows that for children the zone of experience is more important than the zone of perception. In another work by Niki de Saint Phalle, the model for a *Church for All Religions*, we are faced with a similar phenomenon: the building is head and body at the same time, and once more illustrates the Freudian these of the identity of bodily apertures and the apertures in a building.

6. Menschengestalt. Profane Bau-»Körper«

Ähnliche Projektionen wie bei Gesicht und Kopf vollziehen wir auch in Hinblick auf die gesamte menschliche Gestalt. Bei einem Baumstamm am Straßenrand genügen dem Autofahrer in der Dämmerung schon die annähernde Größe und Gesamtproportion, um ihn als menschliche Figur (vielleicht als Polizist) zu deuten.

Die Bedeutung des Körpers als Bezugspunkt zu unserer Realwelt wird von **Ernst Cassirer** (1874–1945) überzeugend formuliert: »Es ist ein natürlicher Zug des menschlichen Denkens, die Sichtung und Ordnung der objektiven Anschauungswelt dadurch zu vollziehen, daß der eigene Leib als Ausgangspunkt der Orientierung genommen wird.« Der menschliche Körper und dessen Gliedmaßen sind ein bevorzugtes Bezugssystem, sie sind »das Modell, nach welchem sich das Ganze der Welt aufbaut«. (Cassirer 1922.)

Um so mehr wird ein architektonisches Element als »persona« interpretiert, je mehr wesentliche Merkmale des menschlichen Körpers wir entdecken. Im Kapitel 4 wurde auf den anthropomorphen Charakter der klassischen Säule hingewiesen, im Kapitel 5 die eminente Bedeutung von Gesicht und Kopf dargestellt. Begeben wir uns in die nächste Dimension der Erscheinungsformen, dann sind es der gesamte Körper und die Figur, die unser Interesse verdienen.

Wenn wir zunächst wieder bei einer sehr breit gefächerten Definition ansetzen, dann können wir in der Dreiteilung der klassischen Gebäude vor allem in der Renaissance einen anthropomorphen Ansatz sehen, der mit der Anthropomorphie der Säule vergleichbar ist: Der Sockel oder das Sockelgeschoß wäre der Fuß oder das Bein, der Mittelteil entspricht der Brust und dem Bauch, und schließlich würden Gesimse, Attika und Dach den Kopf des Bauwerks bilden. Dieses traditionelle Gliederungsschema finden wir noch im revolutionären Bau des Loos-Hauses am Michaelerplatz in Wien, und einmal mehr (vgl. Kapitel 5) könnten wir auch bei Loos anthropomorphe Aspekte entdecken.

Die Befragung der Psychoanalyse – und hier vor allem der Traumsymbolik – bei **Sigmund Freud** (1856–1939) kann einen aufschlußreichen Beitrag zum Vergleich Körper und Bauwerk liefern: »Die einzig typische, d. h. regelmäßige Darstellung der menschlichen Person als Ganzes ist die als Haus ... Es kommt im Traume vor, daß man, bald lustvoll, bald ängstlich, von Häuserfassaden herabklettert. Die mit ganz glatten Mauern sind Männer; die aber mit Vorsprüngen und Balkonen versehen sind, an welchen man sich anhalten kann, das sind die Frauen ... Leiter, Stiege, Treppe, respektive das Gehen auf ihnen sind sichere Symbole des Geschlechtsverkehrs.« (Freud 1924–34.)

Es handelt sich hier um die umgekehrte Substitution: Das Gebäude wird nicht als Wesen interpretiert, sondern der Mensch wird durch ein Bauwerk dargestellt, Baukörper und Menschenkörper sind austauschbar. (Vgl. Kap. 7.)

Aus dem reichen historischen, mythologischen, geographischen und ethnologischen Fundus einer Reversibilität von Menschenkörper und Bauwerk können nur exemplarisch einige Beispiele zitiert werden.

In einem Gedicht des indischen Epos *Mahâbhârata* finden wir eine sehr deutliche Artikulation der Identität von Körper und Gehäuse. Die Buhlerin Pingalâ wurde von ihrem Geliebten verlassen, und sie klagt nun ihr Leid und nimmt sich vor, allein zu bleiben: »Mein einsäuliges und neuntoriges Haus, verschlossen halt' ich es nun, könnte wohl je eine Frau einem Liebsten, der sie nicht liebt, eine Liebe tun?« Das »einsäulige Haus« ist der Körper, und die neun Tore sind die Körperöffnungen: zwei Augen, zwei Ohren, zwei Nasenlöcher, der Mund, die Vulva und der After. (Glasenapp 1922.)

Über eine äußerst beeindruckende Identität von Körper und Bauwerk berichtet **Catherine Johns** (1982, nach Hersey 1999). Die Langhaus-Bauten des Stammes der Para-Pierana in Kolumbien stellen eine doppelte Metapher dar: Sie sind eine menschliche Person und gleichzeitig ein riesiger Vogel. Die Palmblätter, aus denen das Dach besteht, ähnlich den Häusern an der Nordwestküste Kolumbiens, sind gleichsam die Vogelfedern und erinnern an Raben. Der vordere Teil des Hauses ist männlicher Natur, der hintere weiblicher, das Haus selbst ist der Verdauungstrakt und die Gebärmutter. Die Männertür ist die Vagina des Vogels. Wenn ein Mann durch sie in das Langhaus eintritt, so ist dies eine Metapher für die Ejakulation des Spermas in den Mutterleib. Wenn er das Haus wieder verläßt, ist er gleichsam ein Neugeborener. Die Frau hingegen betritt das Gebäude durch die Frauentür, sie ist der Mund des gebauten Wesens und symbolisiert die Ernährung. (Hersey 1999.)

Nicht ganz so sinnfällig wird die Identifikation eines Bauwerks mit dem menschlichen Körper bei den Bauten der Berber im Antiatlas. Beim Wohnhaus ist die Tür der Mund, die Fenster im

6. Human Form. Secular Structural »Bodies«

We can make similar projections to those we have discussed in terms of the face and the head that apply to the whole human form. If the size and overall proportions are approximately right, a tree-trunk by the side of the road is enough to make a motorist think that it is a human figure (perhaps a policeman).

The significance of the body as a reference point to our real world is convincingly formulated by **Ernst Cassirer** (1874–1945): »It is a natural trait of human thought to view and order the objective world by taking one's own body as the starting-point for orientation.« The human body and its limbs are a tried-and-tested reference system, they are »the model on which the whole of the world is constructed«. (Cassirer 1922.)

The more an architectural element is interpreted as a »persona«, the more essential characteristics of the human body we discover. In chapter 4 I pointed out the anthropomorphic character of the classical columns, and in chapter 5 I identified the crucial importance of the face and the head. If we move into the next dimension in terms of these phenomena, then our attention is drawn to the whole body and the figure.

If we start with a very broad definition once more, we can see a hint of anthropomorphism in the division into three of classical buildings, above all in the Renaissance. This is comparable with the anthropomorphy of the column: the base or the base storey would be the foot or the leg, the central section corresponds with the chest and the stomach, and finally the cornices, attica and roof form the head of the building. We can still find this traditional articulation scheme in the revolutionary structure of the Loos Building in Michaelerplatz in Vienna, and once more (cf. chapter 5), we could detect some anthropomorphic aspects in Loos's case.

The questions asked by psychoanalysis – and here dream symbolism is particularly important – in the work of **Sigmund Freud** (1856–1939) can make a revealing contribution to the comparison of body and building: »The only typical, i. e. regular representation of the human person as a whole is the one that presents it as a house ... One often finds oneself in a dream, sometimes happy and sometimes fearful, climbing down the façades of buildings. The ones with smooth walls are men; but the ones provided with protrusions and balconies that one can hang on to, these are women ... ladder, stairs, step, and walking on them are definite symbols of sexual intercourse.« (Freud 1924–34.)

We are dealing here with reversed substitution: the building is not interpreted as a being, but the human being is represented by a building, building and human body are interchangeable. (Cf. chapter 7)

Only a few examples can be quoted of from the rich historical, mythological, geographical and ethnological store of material relating to the reversibility of human body and building.

In a poem from the Indian epic *Mahâbhârata* we find a very clear statement of the identity of body and housing. The courtesan Pingalâ is abandoned by her lover, and she now tells her woes and decides to stay alone: »My house with a single column and nine doors, I shall now keep it closed, could there ever be a woman who could make love to a beloved who does not love her?« The »house with one column« is the body, and the nine gates are the bodily apertures: two eyes, tow ears, two nostrils, the mouth, the vulva and the anus. (Glasenapp 1922.)

Catherine Johns (1992, according to Hersey 1999) also reports an extremely impressive case of identity of body and building. The long houses built by the Para-Pierana tribe in Columbia represent a double metaphor: they are a human being and a the same time an enormous bird. The palm leaves that make up the roof, similarly to the houses on the north-west coast of Columbia, represent the feathers of a bird, and are reminiscent of ravens. The front section of the house is masculine in its nature, and the rear section female, the house itself is the digestive tract and the womb. The men's door is the bird's vagina. When a man goes though it in the long house, this is a metaphor for the ejaculation of sperm into the mother's body. When he leaves the house again, he is effectively a new-born child. The woman on the other hand comes into the building through the women's door, she is the mouth of the built being and symbolizes feeding. (Hersey 1999.)

The identification of a building with the human body is not quite so obvious in the Berber buildings in Antiatlas. The door is the mouth of the dwelling, the windows in the inner courtyard are the eyes, the eyes are placed on the exterior façade, the forecourt is the stomach and the inner courtyard the heart. Once more we remember Freudian dream symbolism with its equation of building and body.

Innenhof sind die Augen, an der Außenfassade sitzen die Ohren, der Vorhof ist der Bauch und der Innenhof das Herz. Wir erinnern uns einmal mehr an die Freudsche Traumsymbolik mit der Gleichsetzung von Bauwerk und Körper.

Im europäischen Kulturkreis ist es wieder das üppige Spannungsfeld des Manierismus zwischen Renaissance und Barock, das nun überraschende Beispiele anthropomorpher Manipulationen bietet.

Zitieren wir noch einmal **Francesco di Giorgio Martini**. In einer aufschlußreichen Zeichnung versucht er darzustellen, daß die gebräuchlichen fünfeckigen Festungen der Renaissance mit der menschlichen Figur zur Deckung gebracht werden können (Abb. 55). Zunächst ist beiden Figurationen, dem Menschen und der Festung, die Symmetrie gemeinsam, aber die Analogien gehen viel weiter. Zwei der Türme oder Bastionen entsprechen den Füßen, zwei andere den Armen, genauer den Ellenbogen, der fünfte Turm wird dreidimensional gezeichnet, und er entspricht dem Haupt der Figur, die den Turm wie eine Krone aufgesetzt hat – eine Vorwegnahme einer Zeichnung Berninis für St. Peter. An der Stelle des Bauches ist der zentrale Platz zu denken, die Kathedrale wächst gleichsam aus Herz und Lunge heraus, der Phallus hingegen steht für das Tor, für den Eingang. Zwischen den Beinen liegt der dreieckige Exerzierplatz, und die Lokalisierung der Soldaten ist nicht willkürlich gewählt. »Marsch und Kontermarsch sind unter dem Penis und Hoden, die halb so groß wie die Kathedrale sind. Wieder einmal gehen die Funktionen von Zeugung und Schutz Hand in Hand« (Hersey 1999.)

Das Überraschende ist, daß eine solche Festung tatsächlich gebaut wurde. Das Hochadelsgeschlecht der Ossolinski ließ in Krzyztopór in Ostpolen um 1627 eine Festung bauen, die zweifellos von den Ideen der italienischen Theoretiker beeinflußt war (Abb. 54). Mit einiger Interpretationsfreiheit läßt sich Francescos anthropomorphe Deutung auf das Bauwerk übertragen: Die großen Seitenflügel sind die ausgebreiteten Arme, die kurzen Flügel des inneren Schloßbaus die Beine, dazwischen liegt der Eingang, der als Phallus, eher aber als Vulva interpretiert werden kann, führt er doch zu einem ovalen Innenhof, der von Arkaden umstanden ist, die mit den Statuen der zahlreichen Ahnen ausgestattet sind: Das ist die Zeugungskraft und die Fruchtbarkeit des Adelsgeschlechts – eine entfernte Verwandtschaft zur hinduistischen Garbagriha könnte gelesen werden. Wie bei Francesco di Giorgio Martini repräsentiert der Festsaal den Leib und der Turm den Kopf des Herrschers. (Pieper 1992.)

Der Vergleich des menschlichen Körpers mit einem Haus wird besonders drastisch in einer hebräischen Enzyklopädie aus dem 18. Jahrhundert dargestellt (Abb. 56). Auf der linken Seite

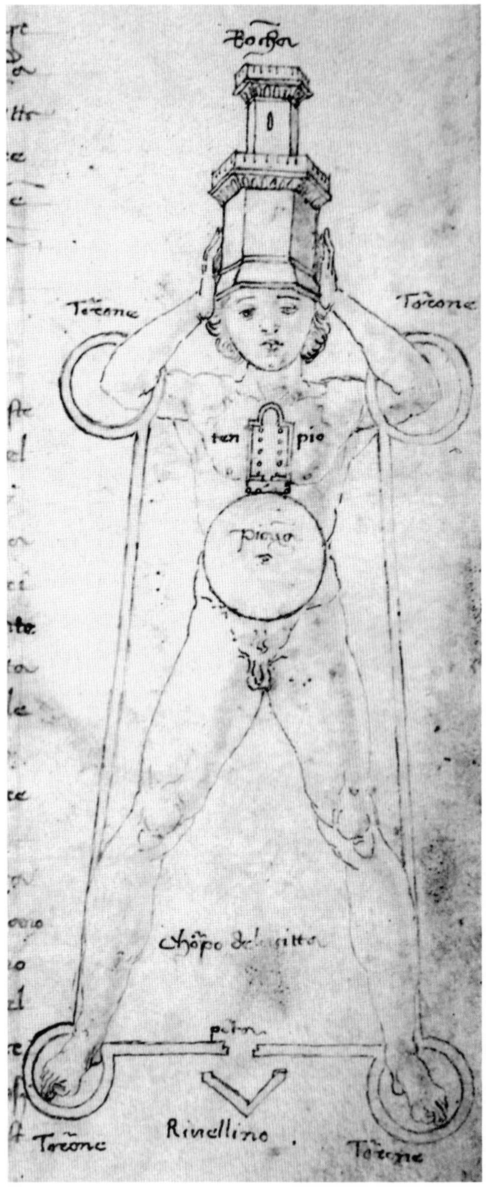

54. Erik Dahlberg, Grundriß der Festung Krzyztopór mit Gartenanlage, aus Samuel von Pufendorf, *Carl Gustavs Leben*, Nürnberg 1697.
55. Franceso di Giorgio Martini, Deutung einer fünfeckigen Festung, um 1485.
56. *Mensch und Haus*, hebräische Enzyklopädie, 18. Jahrhundert.
57. Giovanni Battista Bracelli, *Bizzarie di varie Figure*, Florenz, 1624.

54. Erik Dahlberg, ground plan of the Krzyztopór fortress with gardens, from Samuel von Pufendorf, *Carl Gustavs Leben*, Nuremberg 1697.
55. Franceso di Giorgio Martini, interpretation of a pentagonal fortress, c. 1485.
56. *Man and House*, Hebrew Enclopaedia, 18th century.
57. Giovanni Battista Bracelli, *Bizzarie di varie Figure*, Florence, 1624.

In European culture it is again the rich field of tension provided by Mannerism between Renaissance and Baroque that now offers surprising examples of anthropomorphic manipulation.

Let us take **Francesco di Giorgio Martini** once more. He uses a revealing drawing to try to show that the customary pentagonal Renaissance fortresses can be made to correspond with the human figure (ill. 55). At first the two figures, the human being and the fortress, are both symmetrical, but the analogies go much further. Two of the towers or bastions correspond with the feet, two others with the arms, or more precisely the elbows, the fifth tower is drawn three-dimensionally, and corresponds with the head of the figure, which has donned the tower like a crown – an anticipation of a drawing by Bernini for St. Peter's. The central square is to be thought of as in the position of the stomach, the cathedral grows out of the heart and the lungs, as it were, then the phallus stands for the door, the entrance. The triangular parade ground is between the legs, and the soldiers are not placed arbitrarily. The soldiers ».... march and countermarch under a cock and balls half as big as the cathedral! Here again breeding and protective functions go hand in hand.« (Hersey 1999.)

The surprising thing is that a fortress of this kind was in fact built. The noble Ossolinski family had a fortress built in Krzyztop »... march and countermarch under a cock and balls half as big as the cathedral! Here again breeding and protective functanthropomorphic interpretation can be applied to the building if a few liberties are allowed: the large side wings are the outstretched arms, the short wings of the inner castle building the legs, and between them is the entrance, that can be interpreted as a phallus, but more probably as a vulva, as it leads to an oval inner courtyard surrounded by arcades containing statues of the numerous ancestors: that is the procreative strength and fertility of this noble family – one could detect a distant relationship with the Hindu Garbagriha. As in the case of Francesco di Giorgio Martini the ballroom represents the ruler's body and the tower his head. (Pieper 1992.)

The human body is compared very dramatically with a house in an 18th-century Hebrew encyclopaedia (ill. 56). The left-hand side of the page shows a man with an open stomach and chest cavity, but without a skeleton. The position of the internal organs is indicated more or less correctly. In the house on the right-hand page the equipment represents the anatomical organs, thus for example the stove could be linked with the stomach. There is a quite clear analogy in the case of the head: the apertures in the turrets on the top are the eyes, the nose and the mouth, and the little turrets remind us of the ears.

In 1624 **Giovanni Battista Bracelli** (active c. 1624–1649) published a remarkable cycle of etchings in Florence entitled *Bizzarie di varie Figure.* Each page of the book shows one or two figures made up of an enormous variety of solid geometrical bodies, or simply form everyday objects. Some suggest particular professions, but most of them show no sign of any metaphorical intentions or symbolic programmes. The use of individual objects to make a collage suggests a comparison with the famous heads by **Giuseppe Arcimboldo**,[23] and of course we also think of numerous artistic methods that developed in the 20th century like assemblage, montage, collage and object art. (Cf. chapter 5.)

Three of Bracelli's sheets are particularly interesting in terms of the present work. Table 29 (ill. 57) shows two parallel rows of houses forming a narrow courtyard, and two low groups of houses run crosswise to these in the background. On closer examination there can be no doubt that this is a recumbent figure. The feet are represented by short flights of steps, and right in the background we can make out a head. We may assume that this is a male figure at first, but the gateway between the open legs could also suggest a female, and remind us of the many depictions of recumbent women. (Feuerstein 1997, 1999.) Sheets 9 and 21 (ill. 58) are

des Blattes ist ein Mann mit geöffneter Bauch- und Brustdecke zu sehen, jedoch ohne Skelett. Die Lage der inneren Organe ist mehr oder weniger richtig eingezeichnet. Im Haus auf der rechten Seite entsprechen die Einrichtungen den anatomischen Organen, so etwa könnte der Ofen mit dem Magen in Verbindung gebracht werden. Ganz eindeutig ist die Analogie beim Kopf: Beim aufgesetzten Türmchen entsprechen die Öffnungen den Augen, der Nase und dem Mund, und bei den kleinen Türmchen denken wir an die Ohren.

Im Jahre 1624 veröffentlicht **Giovanni Battista Bracelli** (tätig ca. 1624–1649) in Florenz einen merkwürdigen Zyklus von Radierungen unter dem Titel *Bizzarie di varie Figure*. Auf jeder Seite des Buches sind ein oder zwei Figuren dargestellt, die aus den verschiedensten geometrischen Körpern oder einfach aus Alltagsobjekten zusammengestellt sind. Manche deuten auf bestimmte Berufe hin, die meisten aber lassen keine metaphorischen Intentionen oder symbolische Programme erkennen. Die Collage-Manier aus Einzelobjekten läßt den Vergleich mit den berühmten Köpfen des **Giuseppe Arcimboldo**[23] zu, und selbstverständlich denken wir auch an die zahlreichen künstlerischen Methoden wie der Assemblage, der Montage, der Collage und der Objektkunst, die sich im 20. Jahrhundert entwickelt haben. (Vgl. Kapitel 5.)

Drei Blätter Bracellis sind im Zusammenhang mit dieser Arbeit von besonderem Interesse. Auf Tafel 29 (Abb. 57) sind zwei parallele Hauszeilen dargestellt, die einen schmalen Hof bilden, im Hintergrund laufen quer dazu zwei niedrige Häusergruppen. Bei näherem Hinsehen kann kein Zweifel darüber bestehen, daß es sich um eine liegende Figur handelt, die Füße sind durch kurze Treppenläufe dargestellt, ganz hinten können wir einen Kopf erkennen. Vermuten wir zunächst eine männliche Figur, so könnte die Toröffnung zwischen den gespreizten Beinen auch auf Weibliches verweisen und an die vielen Darstellungen von begehbaren liegenden Frauen erinnern. (Feuerstein 1997, 1999.) Die Blätter 9 und 21 (Abb. 58) weisen eine große Ähnlichkeit auf. Es sind Figuren, die aus zahlreichen Kisten, Gerüsten, Rahmen, Schachteln »gebaut« sind und damit gleichsam »Gebäude« darstellen. Die Versuche zur räumlichen Geometrisierung des menschlichen Körpers reichen einerseits zumindest bis ins 16. Jahrhundert, zu Leonardo und Dürer zurück und verweisen andererseits auf die zukünftigen Entwicklungen im 20. Jahrhundert, insbesonders auf die Figuren des Expressionismus und Kubismus. Die Ausstattung des menschlichen Körpers mit Boxen und Laden erinnert aber auch sehr deutlich an Salvador Dalis surrealistische Frauenkörper mit den herausziehbaren Schubladen. Tatsächlich haben sich die Surrealisten wie etwa der Schriftsteller **Tristan Tzara** (1896–1963) auf Bracelli bezogen, und auch manche Figuren von **Giorgio de Chirico** (1888–1978) oder **Carlo Carrà** (1881–1966) aus der »Pittura metafisica« scheinen den Fantasien Bracellis verwandt zu sein. (Bracelli 1981.)

Der anthropomorphe Charakter der Architektur wird unterstrichen, wenn wir in der Dualität von Baukörpern ein gleichsam partnerschaftliches Zueinander oder ein distanziertes Voneinander erkennen können.

Ähnlich wie die menschliche Physiognomie durch das Augenpaar repräsentiert ist, kann als elementares Merkmal der Figur – neben der Proportion – das Vorne und Hinten angesprochen werden. Der menschliche Körper – und der der höheren Tiere – ist durch seine vertikale und horizontale Gerichtetheit wesentlich von der Pflanze unterschieden.

Können wir in einem aufgerichteten, turmähnlichen Baukörper ein Vorne und Hinten unterscheiden, gleichsam eine Blickrichtung, dann wird sich eine erste anthropomorphe Interpretation anbieten. Sind zwei solcher Elemente einander nahe gegenübergestellt, kann sich die Deutung eines dialogischen Prozesses einstellen: Es tritt also der eigenartige Vorgang ein, daß nicht der Mensch mit der Architektur kommuniziert, sondern daß scheinbar die Architekturelemente untereinander ein, meist paarweises Gespräch, einen Dialog aufnehmen, dessen Zeuge der interpretierende Betrachter ist.

Oskar Schlemmer (1888–1943) stattet zwei Säulen – eine davon als ionisch erkennbar – mit Köpfen und Armen aus und stellt *Die beiden Pathetiker* in einem Dialog einander gegenüber (Abb. 59). In der anthropomorphen Deutung der Säule ist er damit gegenüber der ungerichteten oder besser allseits gerichteten dorischen Säule und der vierseitigen Hathor-Säule (vgl. Abb. 9) einen Schritt weitergegangen: Die Säulen haben Richtung bekommen, ja mehr: Sie sind direkt aufeinander bezogen. Mit einiger Phantasie könnten wir sogar eine geschlechtliche Differenzierung der Säulenfiguren feststellen.

In den vorstehenden Kapiteln war wiederholt davon die Rede, daß Gebäude, Baukörper, Fenster »schauen« oder »blicken«: auf die Straße, in den Hof, in die Landschaft. Vor allem turmartige Elemente können aber auch zueinander hin- oder voneinander wegschauen, wenn wir diese Art der Anthropomorphisierung akzeptieren. Einige Beispiele sollen dies illustrieren.

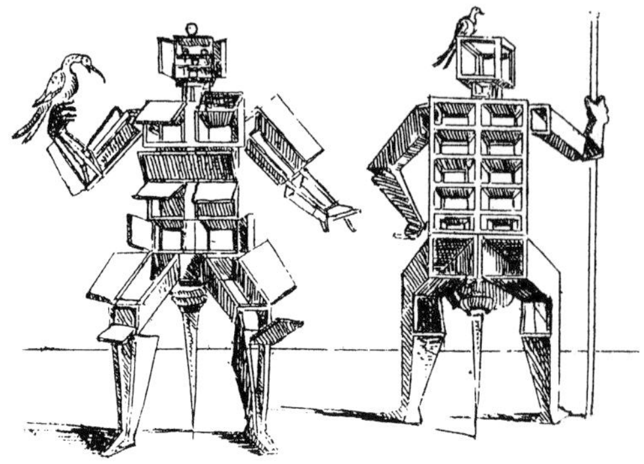

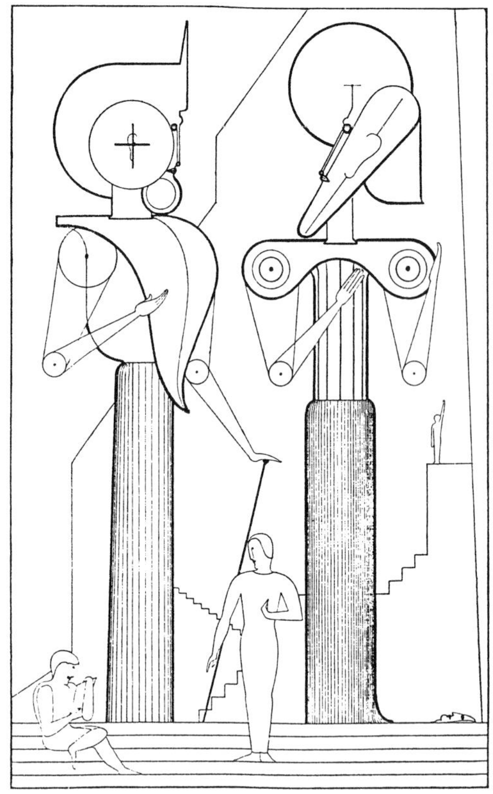

58. Giovanni Battista Bracelli, *Bizzarie di varie Figure*, Florenz, 1624.
59. Oskar Schlemmer, *Die beiden Pathetiker*, 1925.
60. Peter Cook, Christine Hawley, *Trickling Towers*, 1978/79.

58. Giovanni Battista Bracelli, *Bizzarie di varie Figure*, Florence, 1624.
59. Oskar Schlemmer, *Die beiden Pathetiker*, 1925.
60. Peter Cook, Christine Hawley, *Trickling Towers*, 1978/79.

very similar. They are figures »built« of numerous boxes, pieces of scaffolding, frames, capsules and thus represent a »building«, as it were. Attempts at imposing three-dimensional geometry on the human body go back at least to the 16th century, to Leonardo and Dürer, but they also point to developments in the 20th century, especially the figures of Expressionism and Cubism. But fitting the human body out with boxes and drawers is also very clearly reminiscent of Salvador Dali's surrealistic woman with opening drawers. The Surrealists, like the writer **Tristan Tzara** (1896–1963), for example, did draw on Bracelli, and some figures by **Giorgio de Chirico** (1888–1978) or **Carlo Carrà** (1881–1966) from the »Pittura metafisica« movement seem to be related to Bracelli's fantasies. (Bracelli 1981.)

The anthropomorphic character of architecture is emphasized when we can detect a sense of partnership in the duality of buildings, or a sense that they are distanced from each other.

In rather the same way as the human face is represented by the eyes, front and back – alongside proportion – can be seen as an elementary characteristic of the figure. The human body – and the bodies of higher animals – are fundamentally different from plants because of their horizontal and vertical orientation.

If we can make out a front and a back in an upright, tower-like building, a direction in which it is looking, as it were, then we are moving towards a first anthropomorphic interpretation. If two such elements are juxtaposed, then the interpretation of a dialogue process can begin, and we are faced with something strange: this is not man communicating with architecture, but apparently the architectural elements communicating with each other, usually conversing in pairs, taking up a dialogue witnessed by the interpreting observer.

Oskar Schlemmer (1888–1943) provides two columns – one of which can be identified as Ionic – with heads and arms, and launches *Die beiden Pathetiker* (The Impassioned Two) into a dialogue with each other (ill. 59). Thus he has gone a step further in the anthropomorphic interpretation of the column in terms of the undirected – or better omni-directed – Doric column and the four-sided Hathor column (cf. Ill. 9). The columns have acquired a direction, and more: they are relating directly to each other. If we used a little imagination we could even establish that there is a sexual distinction between the column figures.

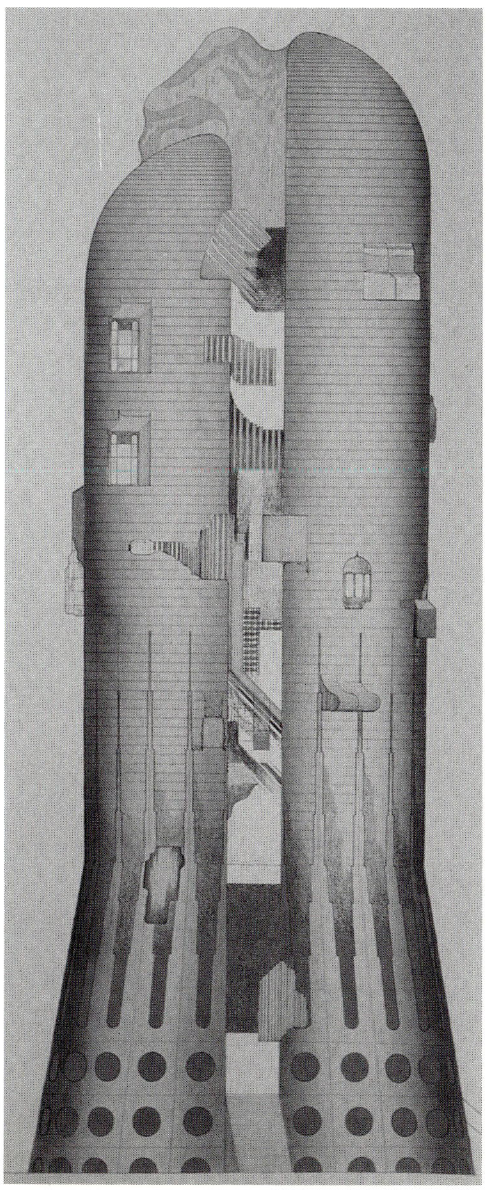

In previous chapters we have often suggested that buildings, parts of buildings, windows »look«: out into the street, into the courtyard, into the surrounding countryside. But tower-like elements in particular can look at each other or avoid each other's gaze, if we accept this kind of anthropomorphic ascription. Let me illustrate this with a few examples.

In 1924, **Hendrikus Theodorus Wijdeveld** (1889–1985) built a block of flats in Amsterdam. The two corner towers shift quite close to each other, they become a couple – a concept that we use equally for the inanimate world of objects and for human nature. (Feuerstein 1997.)

Wijdeveld's towers could be related to the *Trickling Towers* (1949) (ill. 60) by **Peter Cook** (b. 1936) and **Christine Hawley** (b. 1940). These towers have made contact with each other at several points. Cook and Hawley demonstrate the historical process in a fine sequence of drawings with a series of similar motifs: in the course of thirty years – over which the drawings were made – they have fused into a single unit. The two halves of the human being have found each other and are »due in carne una«.[24]

The conch-like tower elements of the pilgrimage church in Ronchamp (1950–54) by **Le Corbusier** (1887–1965) »look« in a particular direction, but they turn their »backs« on each other. They have turned away and are peering out into the countryside in opposite directions (ill. 61).

A similar association could be made in the case of a detached house in Graz (1981) by **Michael Szyszkowitz** and **Karla Kowalski**: the two sections of the building are linked by a hall, but turn away from each other: each section is looking out into the surroundings on its own.

Hillel Schocken listed a rich inventory of anthropo- and zoomorphic metaphors in Le Corbusier's Ronchamp in an architectural seminar at the London Architectural Association. His imaginative interpretations are not based on the above-mentioned towers »turning away«, but take a different approach in which the towers are laughing in a friendly way and seem to be making contact and embracing each other (ill. 62).

A creature that is already familiar in literature is also invoked: Venturi's »duck«, a droll interpretation of this dignified church.[25]

»The visual codes, which here take in both elitist and popular meanings, are working mostly on an unconscious level. We read the metaphors immediately without bothering to name or draw them, and clearly the skill of the artist is dependent on his ability to call up our rich storehouse of visual images without our being aware of his intention.« (Jencks 1978.)

1924 baut **Hendrikus Theodorus Wijdeveld** (1889–1985) einen Wohnblock in Amsterdam, und die beiden Ecktürme rücken einander ganz nahe, sie werden ein Paar – ein Begriff, den wir gleicherweise für die unbelebte Welt der Objekte und für die menschliche Natur verwenden. (Feuerstein 1997.)

Wijdevelds Türme könnten eine Verwandtschaft mit den *Trickling Towers* (1979) (Abb. 60) von **Peter Cook** (geb. 1936) und **Christine Hawley** (geb. 1949) haben. Die »tropfenden Türme« haben an mehreren Stellen miteinander Kontakt aufgenommen. In einer schönen Zeichensequenz mit einer Reihe von ähnlichen Motiven demonstrieren Cook und Hawley den historischen Prozeß: Im Verlauf von dreißig Jahren – das Intervall, in dem die Zeichnungen entstanden sind – sind sie zu einer Einheit verschmolzen. Die zwei Hälften des Menschen haben zueinander gefunden und sind »due in carne una«.[24]

Die konchenartigen Turmelemente der Wallfahrtskirche in Ronchamp (1950–54) von **Le Corbusier** (1887–1965) haben eine »Blickrichtung«, sie wenden jedoch einander den »Rücken« zu, sind abgewendet und spähen in entgegengesetzter Richtung in die weite Landschaft (Abb. 61).

Eine ähnliche Assoziation wäre bei einem Einfamilienhaus in Graz (1981) von **Michael Szyszkowitz** und **Karla Kowalski** denkbar: Die beiden Bauteile, durch eine Halle miteinander verbunden, wenden sich voneinander ab, jeder Teil blickt für sich in die Landschaft.

Ein reichliches Inventar anthropo- und zoomorpher Metaphern hat **Hillel Schocken** in einem Architekturseminar an der Londoner Architectural Association an Le Corbusiers Ronchamp aufgezeichnet. Die phantasievollen Interpretationen gehen nicht vom »Abgewendet« der vorzitierten Türme aus, sondern von einer anderen Konstellation, bei der die Türme freundlich lachend Kontakt aufnehmen und einander zu umarmen scheinen (Abb. 62).

Ein literarisch schon bekanntes Tier wird noch beschworen: Venturis »Duck«, die Ente, ist eine skurrile Deutung des würdigen Kirchenbaus.[25]

»Die visuellen Kodes, die hier sowohl elitäre als auch populäre Bedeutungen annehmen, wirken überwiegend auf unbewußter Ebene. Wir lesen die Metaphern unmittelbar, ohne uns die Mühe machen zu müssen, sie zu benennen oder zu zeichnen. Das Talent des Künstlers ist abhängig von seiner Fähigkeit, unseren reichen Bestand an visuellen Vorstellungen anzusprechen, ohne daß wir seine Absicht wahrnehmen.« (Jencks 1978.)

Bracellis oben zitierte seltsame Figuren legitimieren dazu, das Feld der Ironie, des Humors, des Trivialen in die Betrachtung einzubeziehen. Die »Verkleidung« von Personen als prominente Gebäude mag ein Erbe der Barockzeit sein, als Bekleidung und Frisuren tatsächlich eine Affinität zu Architekturen zeigten.

Das Gebäude als Maske, als Maskerade, taucht immer wieder auf. Die Bauhauskostüme bei den großen Festen hatten, sicher unter dem Einfluß der Figurinen von **Oskar Schlemmer**, durchaus architektonischen Charakter. In der amerikanischen Künstlerszene der dreißiger Jahre war die Verkleidung als Wolkenkratzer ein beliebtes Motiv. Und noch ein Blick auf die heutige Werbung: Die Siemens Building Technology Launch Campaign wirbt mit »Key Visuals« für ihre Gebäudetechniken. Die reale menschliche Figur verschmilzt mit dem Gebäude, und es ist nicht weiter erstaunlich, daß der Frau die Kuppel und dem Mann das Hochhaus zugeordnet ist. (Feuerstein 1997.)

Ironisch-Kritisches finden wir in einer frühen Zeichnung des Office for Metropolitan Architecture – OMA – mit **Rem Koolhaas** (geb. 1944) und **Elia** und **Zoe Zenghelis** (geb. 1944): Die New Yorker Wolkenkratzer liegen schlaff und müde in ihren Betten: Ein *Delirious New York* (Abb. 63).

61. Le Corbusier, Wallfahrtskirche Notre-Dame du Haut, Ronchamp, Frankreich, 1950–54.
62. Hillel Schocken, Interpretation der Wallfahrtskirche in Ronchamp, 1975.
63. OMA, Madelon Vriesendorp, *Après l'amour* (*Delirious New York*), 1978.

61. Le Corbusier, pilgrimage church of Notre-Dame du Haut, Ronchamp, France, 1950–54.
62. Hillel Schocken, interpretation of the Ronchamp pilgrimage church, 1975.
63 OMA, Madelon Vriesendorp, *Après l'amour (Delirious New York)*, 1978.

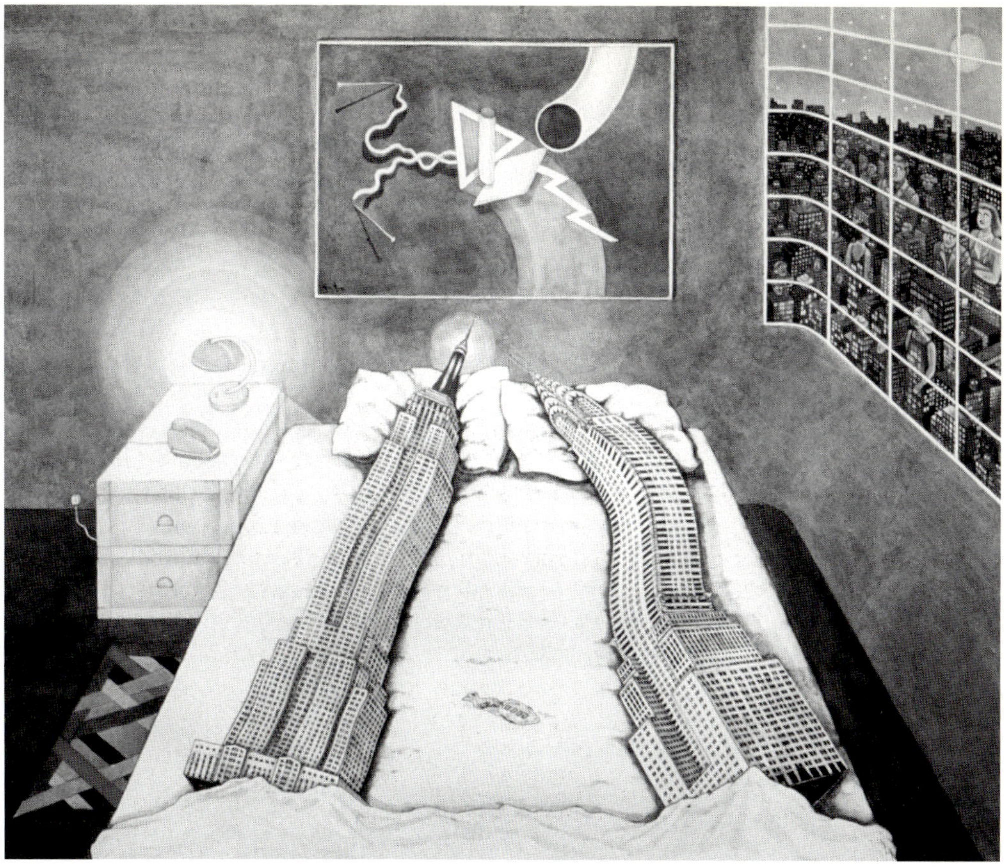

Bracelli's above-mentioned strange figures make it legitimate to include the field of irony, of humour, of the trivial in our considerations. »Disguising« people as eminent buildings may be a legacy of the Baroque period, when clothing and hairstyles actually did have an affinity with architecture.

The building as a mask, as a masquerade, crops up constantly. The Bauhaus costumes for its great celebrations were definitely architectural in character, and were certainly influenced by the figurines by **Oskar Schlemmer**. People liked to dress up as skyscrapers on the American art scene in the thirties. And another glance at modern advertising: The Siemens Building Technology Launch Campaign uses »Key Visuals« to advertise its building techniques. The real human figure fuses with the building, and it is no surprise when the woman is allotted the dome and the man the skyscraper. (Feuerstein 1997.)

We find and ironic and critical element in an early drawing from the Office for Metropolitan Architecture – OMA – with **Rem Koolhaas** (b. 1944) and **Elia** and **Zoe Zenghelis** (b. 1944): the New York skyscrapers are in bed, limp and tired: a *Delirious New York* (ill. 63).

7. Organisch-plastische Architektur. Körper als Bauwerk

Es gibt zwei grundsätzliche Prozesse bei der Annäherung an die Anthropomorphie, die im Kapitel 5 über die Physiognomie schon dargelegt wurden. Zum einen – und dies ist häufiger der Fall – wird ein Bauwerk als Körper interpretiert, und zum anderen wird ein Körper als Bauwerk verwendet. Diese beiden Prozesse sind allerdings nicht ganz leicht voneinander zu trennen.

Und so ist es verständlich, daß wir in einer organisch-plastischen Architektur reichliches Material für beide Prozesse finden können. Der Begriff der »organischen« Architektur wurde im 20. Jahrhundert immer wieder zitiert, gebraucht und mißbraucht und hat keine endgültige Definition erfahren. Er wurde jedoch personell und zeitlich punktuell von einigen Architekten für sich in Anspruch genommen.

Frank Lloyd Wright (1867–1959) spricht, vor allem bei seinen Bauten um 1950, von einer »organic architecture«, und er meint damit jene Bauten, die einen organischen Bezug zu bestimmten Materialien, zur Landschaft, zum organischen Gebrauch aufweisen. Direkte Bezüge zu einer anthropomorphen Architektur werden wir wohl schwerlich finden.

Anders jedoch bei **Hugo Häring** (1882–1958). Er spricht bei seinen Bauten von einem »organhaften Bauen« und nähert sich in seiner Definition dem Phänomen einer anthropomorphen Architektur. Unter dem »Organ« versteht er durchaus auch menschliche Organe, die im Inneren oder am Äußeren des Körpers für das Funktionieren des Lebens verantwortlich sind. Begreiflicherweise muß sich eine Formensprache, die sich auf biologische Phänomene bezieht, von der rektangulären Rationalität der herkömmlichen Bausprache distanzieren. Mehr noch bei den Entwürfen als bei den Realisierungen ist damit aber auch ein anderer Prozeß verbunden: Die freie und »organische« Fluktuation von Personen und Menschenströmen in einem öffentlichen Bau, etwa in einem Bahnhof, folgt niemals rechtwinkeligen Wegsystemen, sondern ergibt ein freies, ständig sich veränderndes Muster. Betrachten wir die Grundrisse von Hugo Häring für Einfamilienhäuser, dann fällt es nicht schwer, eine Ähnlichkeit mit Formationen zu finden, die tatsächlich einen biologischen Organismus zum Vorbild genommen haben, etwa, um eine große zeitliche Distanz zu zitieren, die Mutter-Bauten auf Malta. In seiner »organhaften« Architektur geht Hugo Häring auch von den inneren Organen des Menschen aus, aber sicher nicht in jener trivialen Weise, die uns die Nieren-Formen der fünfziger Jahre beschert hat, wohl aber als Inspiration für lebendige, biologische Formationen in der Architektur.

Das »Organische« bedeutet demnach auch eine Auseinandersetzung mit den inneren Organen. Eines der geheimnisvollsten Bauwerke, das mehr in Mythologie und Magie als in der Realität gebaut wurde, ist das Labyrinth, das weit über den griechischen Mythos vom Minotaurus hinaus die Gedankenwelt beschäftigt hat. Einige seltsame Verbindungen des Labyrinths zum menschlichen Körper sollen hier zitiert werden. Das Labyrinth wurde schon in Babylon mit dem Inneren des menschlichen Körpers, mit den vielfältigen Verschlingungen der Eingeweide, mit der Komplexität der inneren Organe verglichen. Aber auch der Vergleich mit der Unergründlichkeit des Mutterschoßes wurde gezogen. (Pieper 1987.) Es erscheint daher durchaus motiviert, in den Begriff der Anthropomorphie auch die Organe, die nicht unmittelbar sichtbaren Teile des menschlichen Körpers einzubeziehen.

Dazu zählt auch das menschliche Skelett, und als wesentliches Traggerüst eines biologischen Systems wäre die Beziehung zum Baulichen durchaus plausibel.

Das dominierende Tragsystem des menschlichen Körpers ist die Wirbelsäule. Der Begriff des Rückgrates wird nicht nur im alltäglichen Sprachgebrauch, sondern bisweilen auch in der Bausprache für ein statisches oder funktionelles Basissystem verwendet.

Antoni Gaudí, der neuerlich zu zitieren ist, nimmt eine rein morphologische, aber nicht funktionelle Anregung auf und gestaltet das Treppengeländer in der Casa Batlló in Barcelona (Abb. 64) in der Art einer animalischen Wirbelsäule. Der Bauteil folgt dynamisch der Form der Treppenhausbrüstung, besitzt aber freilich keine biologische Beweglichkeit.

Dem Wesen einer Wirbelsäule kommt ein Konstruktions-Experiment von **Frei Otto** (geb. 1925) näher. Aus einzelnen Elementen setzt er seine flexible Säule (1963) zusammen, diese sind gelenkig miteinander verbunden und ähneln somit der animalischen Wirbelsäule (Abb. 65, 66). Ihre Stabilisierung erfolgt jedoch auf eine andere Weise: Durch ein System von Stahltrossen werden sie im Gleichgewicht gehalten. Diese können an der Basis durch Kurbeln verlängert oder verkürzt werden, wodurch sich die Figuration, ähnlich einer animalischen Bewegung, verändert. Frei Otto stellte sich vor, daß man nach diesem System auch Wolkenkratzer errichten könnte, die Wirbelstürme aufnehmen und durch kontrollierte geringfügige Schwingungen den Naturkräften widerstehen könnten.

64. Antoni Gaudí, Casa Batlló, Barcelona, 1903. Treppengeländer.
65. Wirbelsäule des Menschen.
66. Frei Otto, *Flexible Säule*, 1963.

64. Antoni Gaudí, Casa Batlló, Barcelona, 1903. Staircase banister.
65. Human spinal column.
66. Frei Otto, *Flexible Column*, 1963.

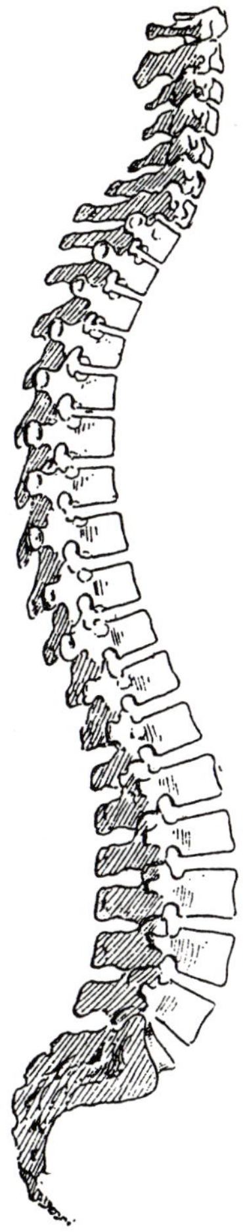

7. Organic-plastic architecture. The body as the building

There are two different processes involved in the approach to anthropomorphy, and they have already been described in chapter 5 on physiognomy. Either a building is interpreted as a body – and this is more usually the case –, or a body is used as a building. But it is not very easy to separate these two processes from each other.

And so it is understandable that we can find a great deal of material relating to both processes in organic-plastic architecture. The concept of »organic« architecture was constantly cited, used and abused in 20th-century architecture, and has never ultimately been defined. But some architects adopted it for their personal use at particular points in time.

Frank Lloyd Wright (1867–1959) talks about »organic architecture«, particularly with reference to his buildings around 1950, and by it he means those buildings that establish an organic link with certain materials, the landscape and organic use. We would probably find it difficult to establish any direct links with anthropomorphic architecture.

But things are different in the case of **Hugo Häring** (1882–1958). He talks about »organ-like building«, and comes close to the phenomenon of anthropomorphic architecture in his own work. He definitely includes human organs that are responsible for the function of the body, internally or externally, when he uses the word »organ«. Understandably a formal language that relates to biological phenomena has to detach itself from the rectangular rationality of traditional building language. But another process is involved here, more in the case of the designs than the realization: the free and »organic« flow of individuals and streams of people inside a public building, a station, for example, never follows right-angled routes; a free pattern that changes all the time emerges. If we look at Hugo Häring's ground plans for detached houses, then it is not difficult to detect a similarity to architecture that actually is modelled on a biological organism, for example the Mother buildings on Malta, to cite a very old example. Hugo Häring's »organ-like« architecture is also based on the human internal organs, but definitely not in the trivial way we had to put up with in the case of the kidney-shapes of the fifties; he seems to use the organs as an inspiration for living, biological forms in architecture.

This would suggest that »organic« means coming to terms with the internal organs. One of the most mysterious structures, built more in mythology and magic than in reality, is the labyrinth, which has concerned the intellectual world well beyond the Greek myth of the Minotaur. Some strange links between the labyrinth and the human body will be mentioned here. The labyrinth was compared with the inside of the human body, with the many convolutions of the intestines, with the complexity of the inner organs even in Babylon. But a comparison with the unfathomable quality of the mother's womb was made as well. (Pieper 1987.) It therefore seems entirely reasonable to include the organs, the parts of the human body that are not directly visible, in the concept of anthropomorphy.

This also includes the human skeleton, and as it is an essential support structure for a biological system the link with architecture would seem entirely plausible.

The key support element in the human body is the spinal column. The idea of backbone or spine is not used only in our day-to-day language, but sometimes in the world of building as well to denote a statical or functional basic system.

Antoni Gaudí, to mention him again, takes up a purely morphological, but not a functional idea when he designs the banisters in the Casa Battló in Barcelona (ill. 64) like the spinal column of an animal (ill. 63). Dynamically the banisters follow the shape of the staircase parapet, but they are not biologically mobile.

A construction experiment by **Frei Otto** (b. 1925) comes closer to the actual nature of a spinal column. He builds his flexible column (1963) up from individual elements; they are hinged together and in this respect resemble the spinal column of an animal (ills. 65, 66). But they are stabilized differently, being held in equilibrium by a system of steel cables. These can be shortened or lengthened by crank handles at the base, which changes their configuration, rather like the movement of an animal. Frei Otto imagined that skyscrapers could be built using this system as well. They would be able to adapt to tornadoes and resist natural forces by controlled slight oscillations.

Now we scarcely find the traditional support and load construction systems that have shaped architectural structure for millennia within our own bodies. We have to look at the more recent and less frequently used support systems to find analogies. Three-dimensional statical structures are particularly interesting. And so we could perhaps find a similarity with the three-dimensional system of our thorax in an imaginative and yet rational structure by **Konrad Wachsmann** (1901–1980).

Nun finden wir in unserem Körper kaum jene herkömmlichen Konstruktionssysteme von Stütze und Last, die seit Jahrtausenden die bauliche Struktur prägen. Es ist notwendig, die neueren und weniger gebräuchlichen Tragsysteme heranzuziehen, wenn wir Analogien erkennen wollen. Vor allem sind die räumlichen Konstruktionen der Statik von Interesse. So könnten wir vielleicht in einem phantasievollen und doch rationalen Gebilde von **Konrad Wachsmann** (1901–1980) eine Ähnlichkeit zum räumlichen System unseres Brustkorbs entdecken.

Die Beton-Schalenkonstruktionen finden sich annähernd im Aufbau unseres Beckens, in den Schulterblättern und der Schädeldecke.

Mit einiger Mühe ließen sich noch weitere konstruktive Beispiele finden, aber die Analogie zwischen unserem Körper und dessen Organen einerseits und der Architektur und deren Formen und Konstruktionen andererseits kann nur schwer funktionell, besser hingegen visuell und metaphorisch gezogen werden.

Wenden wir uns daher jenem Begriff des »Organischen« zu, wie er häufig in der Literatur und im Architektenjargon verwendet wird. Da bezeichnet er nämlich eine plastische, skulpturale, phantasievolle, visionäre, nicht-rektanguläre Architektur.

Es überrascht nicht, daß in dem phantasievollen Werk, gezeichnet, modelliert und beschrieben von **Hermann Finsterlin** (1887–1973), der Gedanke des Anthropomorphen in verschiedener Artikulation auftritt. Finsterlin schafft damit eine Verbindung zu der expressiven Architektur der Zwischenkriegsjahre. Seine zahlreichen phantastischen Zeichnungen und abenteuerlichen Skulpturen lassen keinen Zweifel darüber, daß es sich um Architekturen handelt, denn bei den meisten Entwürfen sind Fenster und Türen ohne Schwierigkeit auszumachen. Wenn wir jeder organhaften Form eine Affinität zu Körperorganen zuschreiben, dann sind nahezu alle Formexperimente Finsterlins als anthropomorph oder zoomorph anzusprechen. Zitieren wir zwei Beispiele, die besonders leicht eine Assoziation zu Animalischem hervorrufen, dann sind es die Entwürfe zu einer Forscherstation und zu einer vegetarischen Gaststätte (Abb. 67).
Es bleibt zwar offen, an welche Art von Wesen wir dabei denken, aber die Begriffe Körper, Kopf, Haltung, Gestik drängen sich auf. Finsterlin verzichtet, von der Erdbasis abgesehen, konsequent auf gerade, horizontale und vertikale Linien. »Statt dessen plädiert er für eine organoide Bewegtheit der Form, in der geologische und zoomorphe Muster verschmelzen.« (Döhl 1988.)

Aber auch der Innenraum eines Hauses soll nach Finsterlin in dem merkwürdigen Zwischenbereich von Geologie und Biologie liegen: »Im Innenraum des neuen Hauses wird man sich nicht nur als Insasse einer märchenhaften Kristalldruse fühlen, sondern als interner Bewohner eines Organismus, wandernd von Organ zu Organ, ein gebender und empfangender Symbiote eines fossilen Riesenmutterleibes.« (Finsterlin, nach Döhl 1988.) Finsterlin vergleicht eine Architektur der Raumkurve mit den »organischen Höhlen« in unserem Körper, den unvergleichlichen Kurven »des Schädelgewölbes, des Thoraxdomes, der Metrahöhle, des Nahrungskanals – oder der Herzkammern«. (Döhl 1988, Pieper 1992.)

Und gleich darauf schwärmt Finsterlin von einem unkonventionellen Repertoire animalischer Inspiration: »... die namenlos herrliche Raumgitterarchitektur der Wasserläufer und Schnaken, der Frösche und Kraken, Käfer, Schildkröten und Saurier etc. wo auf wundervoll tektonischen Säulen das Körpergewölbe schwebt ..., welches modernste Tonnengewölbe kann sich vergleichen mit den Parabeln eines Säugerthorax, welche Säule mit den Liniensilhouetten der tierischen Edelglieder.« (Finsterlin, nach Döhl 1988.)

Finsterlin zeigt die überraschende Verwandlung eines inneren Körperteils in Architektur: Einen großen Tierknochen verwandelt er fast wörtlich in das Modell für eine »Kathedrale auf dem VIII. Hügel Roms«. Einmal mehr, wenn auch in anderen Maßstäben, wird der Mikrokosmos eines Wesens, zumindest ein Teil davon, in den Makrokosmos einer Architektur verwandelt. Dieser Prozeß ist eine Vorwegnahme der Verfremdungsprozesse und Maßstabsveränderungen, wie wir sie aus der Pop-Art der sechziger Jahre kennen oder wie sie in einigen Arbeiten von **Hans Hollein** (geb. 1934) praktiziert werden.

Als dem Expressionismus und einer organischen Architektur gleicherweise nahestehend können die Bauten **Rudolf Steiners** charakterisiert werden. Seine anthropomorphe Deutung der Säule und die physiognomischen Phänomene wurden schon erwähnt. Wiederholt hat Steiner die, gleichwohl durchgeistigte, Körperlichkeit des Menschen mit seiner Architektur verglichen. Die Bauwerke werden als Körper interpretiert.

Im Felde einer plastisch-skulpturalen Architektur sind einige Arbeiten von **Günther Domenig** (geb. 1934) anzusiedeln, sie werden im Zusammenhang mit der Zoomorphie noch ausführlicher darzustellen sein.

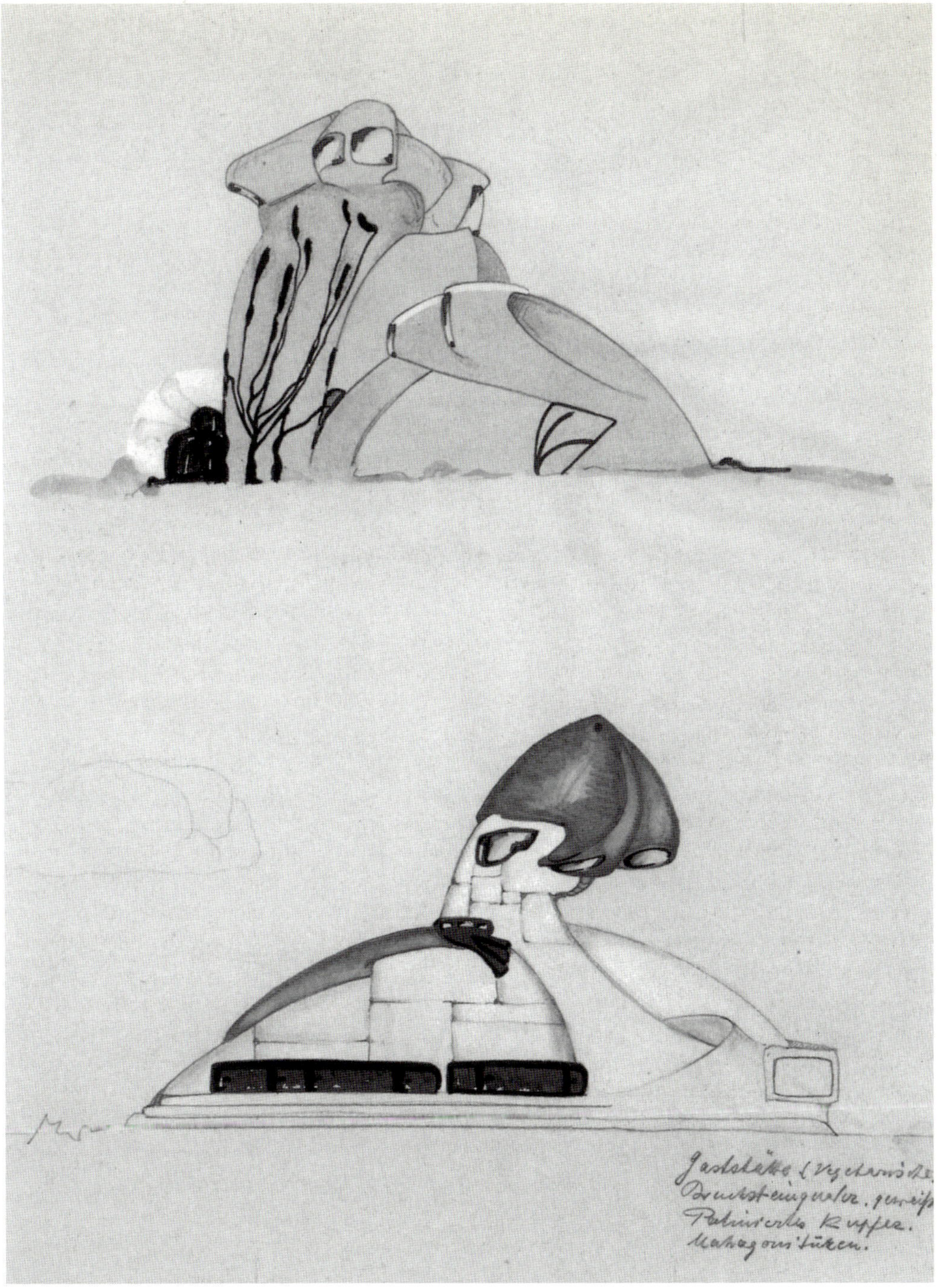

67. Hermann Finsterlin, *Forscherstation*, vegetarische Gaststätte, 1918.

67. Hermann Finsterlin, *Forscherstation*, vegetarian restaurant, 1918.

The concrete shell structures are structured approximately like our pelvis, and also resemble the shoulder-blades and the skull-cap.

It would be possible to find other structural examples with a little effort, but it is difficult to draw the analogy between our body and its organs on the one hand, and architecture and its forms and constructions on the other, in functional terms, it is better to draw it visually and metaphorically.

Let us therefore turn to the concept of the »organic« that is often used in literature and everyday architectural language. Here it means three-dimensional, sculptural, imaginative, visionary, non-rectangular architecture.

It is not surprising that the idea of anthropomorphism is articulated in various ways in the imaginative work drawn, modelled and described by **Hermann Finsterlin** (1887–1973). Here Finsterlin creates a link with the expressive architecture of the inter-war years. His many imaginative drawings and adventurous sculptures do not admit any doubt that they are intended as architecture, as windows and doors can be made out in most of the designs without any difficulty. If we ascribe an affinity with bodily organs to any organ-like form then almost all Finster-

68. Johann Bernhard Fischer v. Erlach, *Koloß von Rhodos, Sonnengott Helios*, Rhodos, 1721.
69. Nigel Coates, *Millennium Colossi*, London, 2000.

68. Johann Bernhard Fischer v. Erlach, *Colossus of Rhodes, sun god Helios*, Rhodes, 1721.
69. Nigel Coates, *Millennium Colossi*, London, 2000.

Im Kapitel 6 wurden Bauten beschrieben, denen wir biologische Prädikate zugeschrieben haben. Im folgenden hingegen ist das Ausgangsmaterial die Figur, das Wesen allgemein, und es wird gleichsam bewohnbar, benützbar gedacht oder begehbar, besteigbar konstruiert.

Wir begeben uns wieder in einen Grenzbereich der Architektur, in die Überschneidung von Plastik und Bauwerk. Sind es begehbare Skulpturen oder skulpturale Gebäude, die uns bergend, schützend, umhüllend aufnehmen, in die wir eintreten, hinaufsteigen können? Die Grenze zwischen Architektur und Skulptur ist zwar längst aufgehoben, aber wenn der funktionelle Aspekt zurücktritt, der figurative hingegen dominiert, so sind wir geneigt, von begehbaren Skulpturen zu sprechen.

Werfen wir zunächst einen Blick zurück in die Geschichte: Das trojanische Pferd war wohl männlicher Natur und keine friedliche Behausung, sondern eine Kampfmaschine. Trotzdem können wir es als eine begehbare, benützbare, allerdings zoomorphe Architektur, vielleicht die erste dieser Art, zitieren.

Der Koloß von Rhodos war vermutlich innen begehbar. Dessen Darstellung auf einem flämischen Gobelin in Arles ebenso wie der Stich im *Entwurff einer historischen Architektur* (Abb. 68) von **Fischer von Erlach** (1656–1723) zeigt den Sonnengott Helios, der den Sonnenaufgang und Sonnenuntergang ankündigt. Sein strahlengekröntes Haupt blickt nach Osten, gegen Sonnenaufgang, die weithin leuchtende Fackel beherrscht die Hafeneinfahrt , er warnt die Schiffe auf hoher See, er wehrt das Böse ab und begrüßt die Ankommenden: Zwischen den gespreizten Beinen läßt er die Schiffe passieren. Seine Höhe soll mehr als 60m betragen haben.

Die gewaltigen »Reclining Buddhas« im fernöstlichen buddhistischen Kulturbereich können bei der Betrachtung durch ihre enorme Größe den Eindruck eines Bauwerks hervorrufen, indes haben sie keinen Innenraum und sind auch durch ihre Plastizität nicht an einer Raumbildung beteiligt. In Angkor gibt es jedoch eine spezifische Artikulation des »Ruhenden Buddhas«. Der Baphuon-Tempel, der um 1060 errichtet wurde, ist, von der Vorderansicht gesehen, einer der typischen, fünfstufigen kambodschanischen Tempelberge und stellt, wie bei den meisten gewaltigen Steinhaufen, den heiligen Berg Meru dar. Mit 100 auf 120 Meter an der Basis und 45 Meter Höhe zählt er zu den größeren Anlagen. Mangelnde Erfahrungen mit diesen Dimensionen führten zu einem Einsturz der Anlage. Das überaus Bemerkenswerte und Seltene ist jedoch, daß an der Rückseite der gewaltige ruhende Buddha in einer Länge von 50 Metern direkt mit dem Gebäude verschmolzen ist. Diese Verwandlung in ein anthropomorphes Gebäude stammt allerdings erst aus dem 15. Jahrhundert. Der schlechte Bauzustand läßt die Figur nur undeutlich erkennen: Links ist der Kopf ganz gut zu sehen, bei der verfallenen Eingangspartie liegt die Hüfte, das Tor ist an der Stelle des Nabels. Der übrige Körper ist nur noch zu erahnen.

Das Thema der Kolosse lebt, zumindest in Projekten, noch fort. **Nigel Coates** (geb. 1949) hat für London einen Millenium-Koloß entworfen (Abb. 69), eigentlich ein Doppelwesen aus Frau und Mann, welches das zunehmende Interesse an der Körperlichkeit im kommenden Jahrtausend dokumentieren soll. »Die Lösung ist nicht bloß ein Hermaphrodit, sondern kann

lin's formal experiments are to be addressed as anthropomorphic or zoomorphic. Two examples that evoke animal associations particularly easily are his designs for a research station and a vegetarian restaurant (ill. 67). It is not clear what sort of creature these remind us of, but the terms body, head, pose, gesture suggest themselves. Finsterlin consistently works without any straight, horizontal and vertical lines, seen from the earth as a basis. »Instead of this he puts in a plea for an organoid mobility of form, in which geological and zoomorphic patterns are fused together.« (Döhl 1988.)

But according to Finsterlin the interior of a building is also in the remarkable area somewhere between geology and biology: »Inside the new building people will not feel that they are inmates of a fairy-tail crystal gland, but like internal residents of an organism, wandering from organ to organ: the giving and receiving symbiosis of a giant fossil womb.« (Finsterlin, in Döhl 1988.) Finsterlin compares an architecture of three-dimensional curves with the »organic cavities« in our body, the incomparable curves »of the skull cavity, the thorax, the metral cavity, the alimentary canal – or the chambers of the heart«. (Döhl 1988, Pieper 1992.)

And immediately after this Finsterlin enthuses about an unconventional repertoire of animal inspiration: »... the namelessly splendid space lattice architecture of water-boatmen and crane-flies, of frogs and toads, beetles, tortoises and dinosaurs etc., where the vaults of the body float on wonderfully tectonic columns ..., what barrel vault, however modern, can be compared with the parabola of a mammalian thorax, what column can be compared with the silhouetted lines of the noble limbs of animals.« (Finsterlin, in Döhl 1988.)

Finsterlin shows the surprising transformation of a internal body part into architecture: he transforms a large animal bone almost literally in a model of a »cathedral on the VIIIth hill of Rome«. Once more, though on another scale, the microcosm of a creature, or at least part of it, is transformed into the macrocosm of an architecture. This process anticipates the alienation process and the changes of scale that we are familiar with from sixties Pop Art or as practised in some work by **Hans Hollein** (b. 1934).

Rudolf Steiner's buildings can be described as close to Expressionism and to organic architecture to an equal extent. His anthropomorphic interpretation of the column and physiognomic phenomena have already been mentioned. Steiner repeatedly compared human physicality, though spiritualized, with his architecture. The buildings are interpreted as bodies.

Some of the works of **Günther Domenig** (b. 1934) are to be placed in the field of plastic-sculptural architecture, and they will be examined in more detail in the context of zoomorphy.

Buildings that have been given biological assessments were described in chapter 6

We now turn however to the figure as the starting material, the creature in general. The thinking is that it should be habitable, usable, as it were, or constructed so that it can be walked and climbed on.

We are now moving into a peripheral area of architecture again, in which sculpture and building overlap. Are these accessible sculptures or sculptural buildings that hide us, protect us, embrace us, that we can walk into and climb around on? The border between architecture and sculpture has long been removed, but when the functional aspect recedes, but the figurative aspect is dominant, then we are inclined to talk of accessible sculptures.

Let us first of all glance back in history: the Trojan horse was male by nature, and not a peaceful housing, but a fighting machine. Nevertheless we can cite it as accessible, usable, certainly zoomorphic architecture, perhaps the first of this kind.

It was presumably possible to enter the Colossus of Rhodes. It is depicted on a Flemish tapestry in Arles and on the engravings in *Entwurff einer historischen Architektur* (ill. 68) by **Fischer von Erlach** (1656–1723) as the sun-god Helios, announcing the rising and the setting of the sun. His head, crowned with rays, is looking east, towards the sunrise, and his torch, shining out over a considerable distance, dominates the harbour entrance. It acts as a warning for ships on the high seas, fends off evil and greets arrivals: he allows ships to pass between his legs. He is said to have been over 60 metres high.

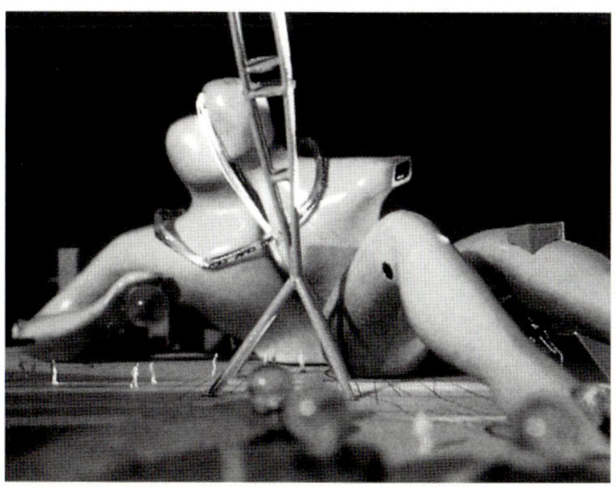

The enormous »Reclining Buddhas« in the Buddhist cultures of the Far East can give the impression that they are buildings simply because they are so large, but they do not have an interior and their plastic quality does not involve them in creating particular space. But in Angkor there is a specific articulation of the »Reclining Buddha«. The Baphuon Temple, which was built around 1060, is a typical, five-stepped Cambodian temple mound when seen from the front. Like most of these massive heaps of stones it depicts the holy mountain Meru. Its base is 100 by 120 metres and it is 45 metres high, and thus one of the larger structures. Lack of experience with dimensions of this kind meant that the structure collapsed. But the most strange and

auch gelesen werden als ein Liebespaar, das an Spiel und Sex interessiert ist und sich schließlich umarmt.« (Jencks 1999.)

Sehen wir von diesen wenigen maskulinen Beispielen ab, dann fällt es auf, daß begehbare Skulpturen zumeist weiblicher Natur sind, es sind Frauen, in deren Inneres wir »einsteigen« können: Es ist ebenso ein sexueller Vorgang wie eine Rückkehr in eine pränatale Situation, in die Geborgenheit des intrauterinen Lebens. In einer durchaus trivialen Weise erleben wir es beim Ersteigen der »Miss Liberty«, der Freiheitsstatue in New York (Abb. 71). Die Ähnlichkeit der gewaltigen Figur mit dem Koloß von Rhodos, wie ihn Fischer von Erlach darstellt, ist nicht zu übersehen: Auch sie trägt eine Fackel in der Rechten, ihr Haupt ist strahlengekrönt und bezeichnet Osten und Westen, Sonnenaufgang und Sonnenuntergang. Anstelle des Pfeiles hat jedoch Miss Liberty eine Tafel mit dem Datum der amerikanischen Unabhängigkeitserklärung in ihrer Linken. Sie bewacht den Hafen, und ähnlich wie bei Helios erwartet man von ihr apotropäische Fähigkeiten.

Nicht so groß, so prominent, so symbolträchtig ist die »Bavaria« in München. Sie steht vor der klassizistischen Ruhmeshalle und hält einen Lorbeerkranz gegen den Himmel, ein Löwe ist ihr zugesellt.

Beim Hineinkriechen in die *HON*[26] der **Niki de St.Phalle** ist den Besuchern der symbolträchtige, tiefenpsychologische Prozeß wohl kaum bewußt geworden: Eine Reihe von Vergnügungen fanden sie im Bauche der bunten, die Beine weit spreizenden Figur vor.

Wenn in der zeitgenössischen Architektur **Armancio d'Alpoim Guedes** (Mozambique) eine Villa als »habitable woman« entwirft (Abb. 70), dann bedarf es keiner weiteren Spekulation: Das »bewohnbare Weib« ist noch heute, wenn auch selten genug, ein freudianisches Thema.

Eine Zeitlang schien es, als hätten die Strömungen der »High-Tech-Architektur« oder des »Neuen Reduktionismus« das Thema einer organischen Architektur vollkommen in den Schrank der Architekturgeschichte gestellt.

Abgesehen davon, daß der sogenannte »Dekonstruktivismus« der siebziger und achtziger Jahre sehr deutliche Rudimente oder besser Neuinterpretationen einer organischen Architektur aufweist, haben sich in den achtziger und neunziger Jahren zahlreiche Quellen aufgetan, die eine Art Renaissance der organischen Architektur speisen.

Die japanische Architekturszene dieser Dezennien hat es immer wieder verstanden, einer stahlglänzenden High-Tech-Architektur auch gleichsam »organische« Qualitäten abzugewinnen.

Aus der bloßen Anschauung würde man beim Gebäude des »Crystal Light« in Tokyo kaum auf anthropomorphe Substanzen schließen. Der Architekt selbst jedoch, **Takasaki Masaharu**, gibt uns einen Hinweis: »Ich beabsichtige, dem Gebäude einen menschlichen Körper, Geist und Seele einzuhauchen, zum freien Flug, bewußt oder unbewußt.«

Auf dem sich rasant entfaltenden Gebiet einer »Hybrid-Space«-Architektur, einer computergenerierten »Floating Architecture«, sind die Japaner mit erstaunlicher Pionierarbeit wieder präsent.

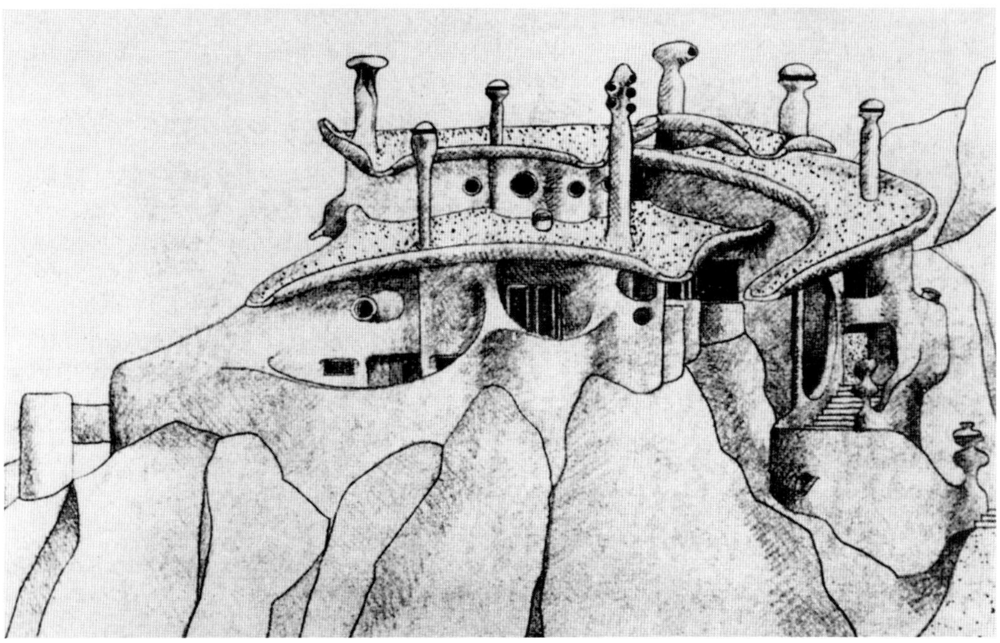

70. Armancio d'Alpoim Guedes, *Habitable Woman*, Projekt, um 1975.
71. F. A. Bartholdi, Freiheitsstatue *Miss Liberty*, New York, 1886.
72. NOX, Lars Spuybroek, Süßwasserpavillon, Insel Neeltje Jans, Niederlande, 1997.

70. Armancio d'Alpoim Guedes, *Habitable Woman*, project, c. 1975.
71. F. A. Bartholdi, *Statue of Liberty*, New York, 1886.
72. NOX, Lars Spuybroek, fresh-water pavilion, Neeltje Jans island, Netherlands, 1997.

remarkable thing is that at the back the enormous reclining Buddha is fused directly with the building for a length of 50 metres. However, this transformation into an anthropomorphic structure dates only from the 15th century. The building is in poor condition, which means that the figure cannot be clearly made out: the head can be seen quite clearly on the left, the hip is by the entrance section, which has collapsed, the gate replaces the navel. The rest of the body can only be imagined.

The theme of the colossus is still alive, at least in project form. **Nigel Coates** (b. 1949) designed a millennium colossus for London (ill. 69), actually a dual creature made up of a man and a woman, intended to record increased interest in physicality in the coming millennium. Jencks suggested in 1999 that this solution was not merely a hermaphrodite form, but could also be read as a pair of lovers who are interested in games and sex, and who finally embrace each other. (Jencks 1999.)

If we ignore these few masculine examples, then it is striking that accessible sculptures are usually female, it is women whose insides we can »enter«: it is thus both a sexual process and a return to a prenatal situation, to the security of intra-uterine life. We experience this in an entirely trivial way when entering »Miss Liberty«, the Statue of Liberty in New York (ill. 71). The massive figure's similarity to the Colossus of Rhodes as described by Fischer von Erlach cannot be overlooked: it too carries a torch in its right hand, its head has a crown of rays and suggests east and west, sunrise and sunset. But instead of an arrow Miss Liberty carries a tablet with the date of the American Declaration of Independence in her left hand. She guards the harbour, and like Helios, we expect her to have the power to avert evil influences.

The »Bavaria« in Munich is not so big, not so prominent and not so symbolic. She stand in front of the neoclassical Ruhmeshalle (Hall of Fame) and holds a laurel wreath up to the sky, and she has a lion as a companion.

Visitors crawling into **Niki de St. Phalle**'s *HON*[26] will scarcely have noticed the highly symbolic, depth-psychological nature of the process: they found a whole series of pleasures waiting for them in the belly of the colourful figure with its legs wide apart.

When the contemporary architect **Armancio d'Alpoim Guedes** (Mozambique) designs a villa as a »habitable woman« (ill. 70), then no further speculation is needed: the »habitable woman« is still a Freudian theme today, though not very often seen.

For a time it seemed that trends in »High-Tech architecture« or »New Reductionism« had finally relegated organic architecture to the files of architectural history.

Apart from the fact that the so-called »Deconstructivism« of the seventies and eighties shows very clear rudiments or better new interpretations of organic architecture, numerous sources opened up in the eighties and nineties that feed a kind of renaissance of organic architecture.

The Japanese architectural scene of these decades was frequently able to gain what looked like »organic« qualities from the gleaming steel of their High-Tech architecture.

The mere appearance of the »Crystal Light« building in Tokyo would not seem to suggest anthropomorphic substance. But the architect himself, **Takasaki Masaharu**, gives us a hint: »I intend the building to inspire a person's body, mind and spirit to freely flight consciously or unconsciously.«

The Japanese have also done some astonishing pioneering work in the field of »Hybrid-Space« architecture, a kind of computer-generated »Floating Architecture« that is developing at an enormous pace.

Even though the work of **Santiago Calatrava** (b. 1951) cannot be linked directly with organic architecture, , there are numerous entirely authentic suggestions of human beings and animals. These will be discussed in detail in chapter 11.

Wenn auch das Werk von **Santiago Calatrava** (geb. 1951) keineswegs direkt mit einer organischen Architektur in Verbindung gebracht werden kann, so finden wir doch zahlreiche durchaus authentische Hinweise auf Mensch und Tier. Im Kapitel 11 wird ausführlich davon die Rede sein.

Der Impuls für eine Neuformulierung der organischen Architektur kommt, etwa ein Jahrzehnt vor der Jahrtausendwende, von einer völlig unerwarteteten Seite, von den scheinbar grenzenlosen Möglichkeiten formaler Operationen mit dem Computer. Die noch nach dem Zweiten Weltkrieg vorherrschende Auffassung, daß die Maschine, die Mechanik, durch die ökonomischen Bedingungen nur einfache Formen hervorbringen kann, ist durch die Maschine Computer ad absurdum geführt worden. Noch niemals in der Baugeschichte konnten wir so mühelos unvorstellbar komplexe visuelle Formationen hervorbringen.

Überraschenderweise ist es die niederländische Architekturszene, die einen kräftigen Impuls zur Neuformulierung des Organischen gegeben hat.

Das **UN-Studio** mit **Ben van Berkel** (geb. 1957) und **Caroline Bos** wurde 1988 gegründet. Es sind weniger die ausgeführten Bauten als vielmehr die Projekte, wie etwa die Architektur-Universität in Venedig – und hier vor allem die Innenräume – ,die, in Computer-Simulationen dargestellt, auf eine neue »Organik« schließen lassen.

Eine überzeugende Realisierung ist der Gruppe **Nox** mit **Lars Spuybroek** (geb. 1959) gelungen: Es ist der Süßwasserpavillon auf der Insel Neeltje Jans in den Niederlanden. Der traditionelle Begriff einer baulichen Struktur wurde völlig über Bord geworfen, und der silberglänzende Bau scheint sich wie ein Seeungeheuer am Strand zu räkeln (Abb. 72). Vielleicht denkt man an die Grazer Mensa von **Günther Domenig** (Abb. 128), eine Assoziation, die sich auch beim Besuch des Interieurs des Wasserpavillons einstellen könnte, wenngleich dieses wesentlich reicher in seiner faszinierenden visuellen Information ist: Wenn von einem »virtuellen Raum« gesprochen wird, dann ist das virtuose Spiel von Licht, Projektionen, Bewegung, Wasser eine optimale Annäherung an die Unwirklichkeit eines architektonischen Raumes.

Mit der verbalen und theoretischen Aufbereitung mit endlosen Serien von Computeranimationen und den daraus entwickelten Modellen hat **Greg Lynn / FORM** eine Spitzenposition in der gegenwärtigen Architektur des »hybrid space« errungen. Die computergenerierten Figurationen lassen Assoziationen zur organischen Architektur zwingend erscheinen. Greg Lynn gibt uns, ohne es näher zu erläutern, ein Stichwort zu einer anthropomorphen Architektur: Eine seiner Serien für Hausstudien bezeichnet er als *Embryological House*: Es sind »Knoten, die das Aufblühen und die kunstvolle Herausarbeitung einer verketteten, aber variablen Geometrie zeigen«. Im übertragenen Sinn bedeutet die Wortverbindung mit Embryo allerdings auch das Unentwickelte, Sich-erst-Entwickelnde.

In der Terminologie von Greg Lynns »animate form« finden wir schöne Begriffe, die mit dem Organischen sicherlich verwandt sind: die Architekturen sind »floating, liquid, pliant, folding, bending, twisting, viscous fluid, supple inexact yet rigorous«.[27]

Noch mehr überrascht, daß mythologische Wesen explizit – nach Aussagen der Architekten – als Inspiration für computergenerierte Entwürfe dienen können. »**Koltan** und **Mac Donald**, New York, charakterisieren ihre Raumproduktionen als ›Chimärische Hybride‹. Die Chimäre, ein weibliches Monster, ist zusammengesetzt aus einem Löwenkopf, einem Ziegenkörper und einem Drachenschwanz. Sie war ein elementares Mischwesen in der griechischen Mythologie. Die Chimäre kann auch verweisen auf ein individuelles Organ oder ein biologisches Element, das aus verschiedenen genetischen Geweben besteht, die oft durch den Prozeß des Übertragens kombiniert werden.« (Zellner 1999.)

Die Architekten wählen das »Chimärische« als einen neuen Terminus für ihre Entwurfsmethode. »Was diese neue Generation von chimärischen Hybriden von den vorhergehenden mechanistischen unterscheidet, ist der Akt der Transformation ... Das Chimärische hat die Kraft, beides zu sein, ein analytisches und ein methodologisches Werkzeug.« (Koltan / Mac Donald, nach Zellner 1999.) Die gedankliche Anleihe bei einem Fabelwesen ist völlig abstrakter Natur: Im Raybould House (Abb. 74) erkennen wir keine identifizierbare biologische Form.

Die Skulptur *Ether I* der Gruppe **dECOi** aus Paris muß zwar zu den Grenzbereichen der Architektur gezählt werden, aber der Prozeß der Herstellung ist äußerst aufschlußreich. Der Ausgangspunkt waren zwei Tänzer, ihre Bewegungen wurden vom Computer in ein filigranes Netz ungewandelt (Abb. 75), und dieses wiederum wurde in eine sich ständig verändernde Struktur aus Aluminiumstäben umgewandelt (Abb. 76). Das Gebilde »bewegt sich in rascher Abfolge, geisterhaft leichtgewichtig, flatternd und manchmal auch aggressiv, zerknittert in reflektierenden Flächen«. So blieben zumindest das Prinzip Körper und das Prinzip Bewegung in dem Kunstwerk erhalten, das auch als Architektur gedacht werden könnte.

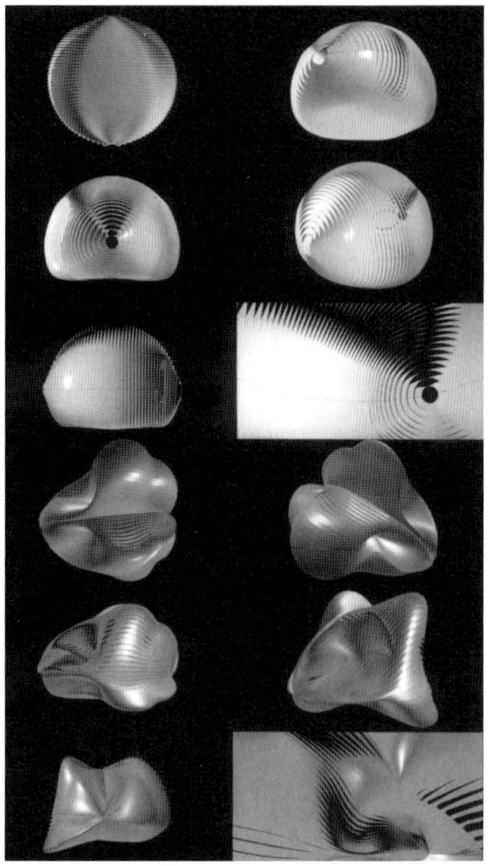

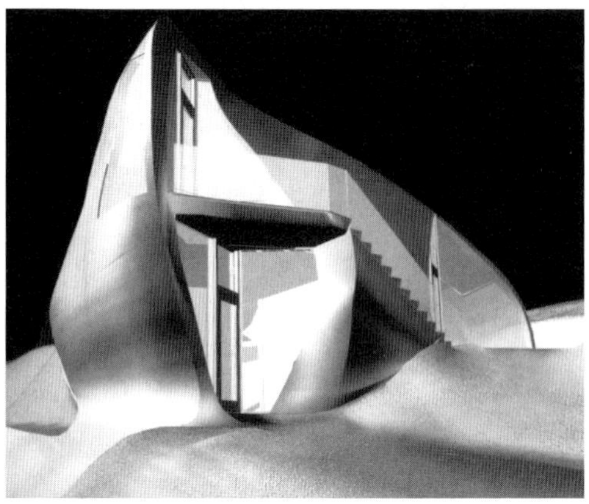

73. Greg Lynn / FORM, *Hybrid Space, Embryological House*, 1999.
74. Koltan / Mac Donald Studio, Haus Raybould, 1999.
75. Group dECOi, *Dancers in space – Video captured trace – Captured body traces*, 1997.
76. Group dECOi, *Ether – Genf, UNO*, 1997.

73. Greg Lynn / FORM, *Hybrid Space*, Embryological House, 1999.
74. Koltan / Mac Donald Studio, Raybould House, 1999.
75. Group dECOi, *Dancers in space – Video captured trace – Captured body traces*, 1997.
76. Group dECOi, *Ether – Geneva, UNO*, 1997.

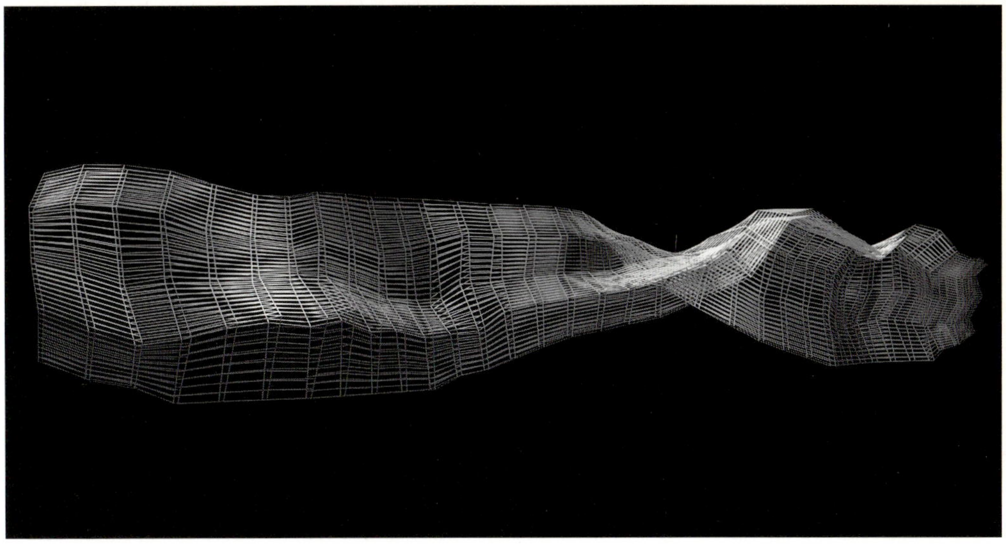

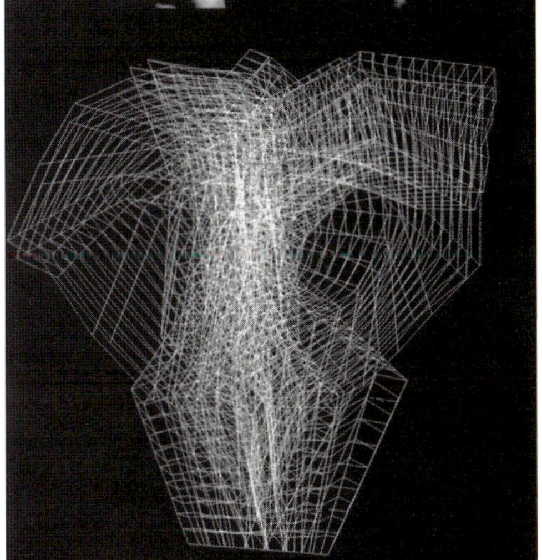

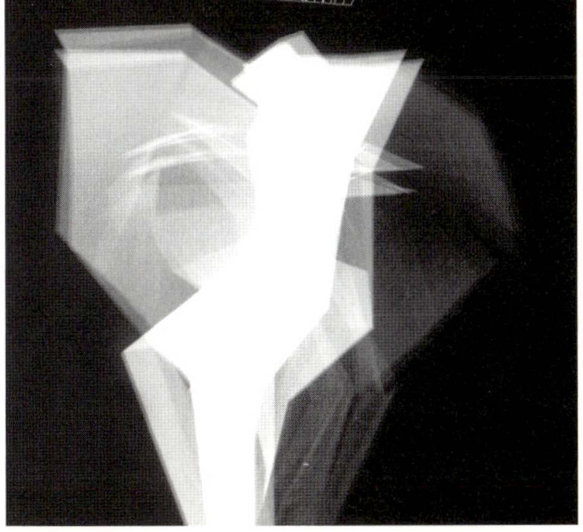

The impetus for a new formulation of organic architecture came, about a decade before the turn of the millennium, and from an entirely unexpected quarter; from the apparently boundless possibilities of formal operations with the computer. The dominant view after the Second World War that machines and mechanics could only produce simple forms because of the economic conditions has been reduced to absurdity by the computer as a machine. Never in the history of architecture have we been able to produce unimaginably complex visual structures so effortlessly.

Surprisingly it was the Dutch architectural scene that gave a powerful boost to reformulating the organic.

The **UN-Studio** with **Ben van Berkel** (b. 1957) and **Caroline Bos** was founded in 1988. It is not so much the buildings that have been realized as the projects, like for example the University of Architecture in Venice – and here above all the interiors – that suggest new organic forms, presented as computer simulations.

The **Nox** group with **Lars Spuybroek** (b. 1959) brought off a surprising building: the freshwater pavilion in the island of Neeltje Jans in Holland. The traditional concept of building structure was thrown completely overboard, and the gleaming silver building seems to stretch out on the beach like a sea-monster (ill. 72). One might think of the Graz refectory by **Günther Domenig** (ill. 127), an association that could also be triggered when visiting the interior of the water pavilion, even though this is considerably richer in the fascinating visual information it provides: if we are thinking of a »virtual space«, then this virtuous play of light, projections, movement and water is the best possible approximation to unreality for an architectural space.

Greg Lynn / FORM has forged himself a prime position in the contemporary architecture of »hybrid space« with a verbal and theoretical approach using endless series of computer animations and the models developed from them. The computer-generated figurations seem to insist on associations with organic architecture. Greg Lynn gives us a keyword for anthropomorphic architecture, without explaining it more fully: he calls one of his series for study buildings an Embryological House: they are »nodules (showing) the budding and elaboration of linked but variant geometries.« In the transferred sense the verbal link with embryo also suggests things that are undeveloped, just developing.

In the terminology of Greg Lynn's »animate form« we find some attractive concepts that are certainly related to the organic: the architecture is »floating, liquid, plaint, folding, bending, twisting, viscous fluid, supply inexact yet rigorous«.[27]

It is even more surprising that mythological beings – according to statements by the architects – could serve explicitly as inspiration for computer-generated designs. »**Koltan** and **Mac Donald**, New York, characterize their spatial productions as chimerical hybrids. The chimera – a she-monster composed of a lion's head, a goat's body and dragon's tail – was the ultimate crossbreed in Greek mythology. Chimera can also refer to an individual organ or biological element that consists of genetically diverse tissue, often combined through the process of grafting.« (Zellner 1999.)

The architects chose the term »chimerical« as a new way of describing their design method. »What differentiates this new generation of chimerical hybrids from previous mechanistic ones

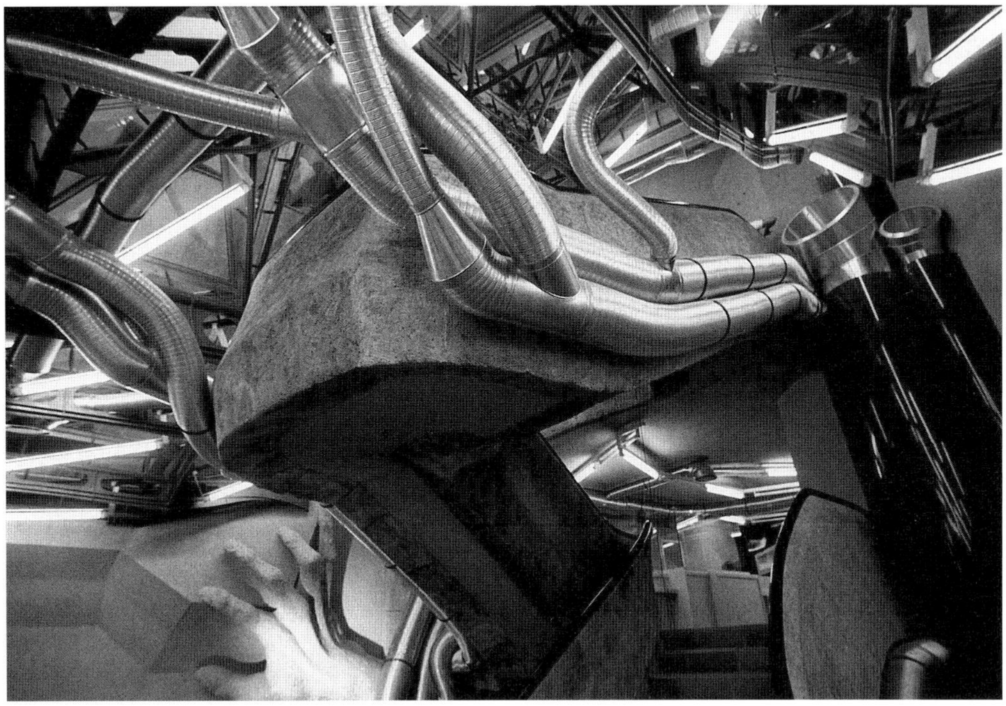

77. Günther Domenig, Zentralsparkasse (Bank Austria), Wien, 1975–79. Innnenraum.
78. Ico Parisi, *Architettura dopo*. Wolkenkratzer für Manhattan, New York, 1985.
79. Claude-Nicolas Ledoux, *Oikema. Maison du Plaisir*, 1804.

77. Günther Domenig, Zentralsparkasse (Bank Austria), Vienna, 1975–79. Interior.
78. Ico Parisi, *Architettura dopo*. Skyscraper for Manhattan, New York, 1985.
79. Claude-Nicolas Ledoux, *Oikema. Maison du Plaisir*, 1804.

Nicht nur den gesamten menschlichen oder tierischen Körper, sondern häufig auch nur Körperteile, verschieden interpretiert, finden wir als Motive der Architektur.

Das »Halten« eines Konstruktionsteils wird bei einem Sparkassengebäude in Wien (1975 bis 1979) von **Günther Domenig** mit einer überdimensionalen Hand mitgeteilt, die ein skulpturales Element bildet (Abb. 77). Gleichzeitig ist es eine Hommage an die gestaltende, formende, arbeitende Hand des Architekten und der Handwerker, die gemeinsam an der Durchformung des Bauwerks gewirkt haben.

In der *Architettura dopo* von **Ico Parisi** (1985) haben die Wolkenkratzer die Gestalt eines Beinpaars (Abb. 78). Es ist zweifellos der Versuch, der Rationalität der Wolkenkratzer Manhattans ein »organisches« Element entgegenzusetzen, und es ist wohl auch eine Spätform der Pop-Art, für die die gigantischen Vergrößerungen der Alltagswelt eine neue Wahrnehmungs- und Bewußtseinsebene bedeuteten.

Reflektieren wir nochmals die Psychoanalyse von **Sigmund Freud**, dann sind die zweifellos wichtigsten Körperteile in einer metaphorischen Architektursprache die Geschlechtsteile, männliche wie weibliche. In Weiterführung der Symbole Freuds ist alles Aufgerichtete, Mast-, Turm- und Säulenartige dem Männlichen zuzuordnen, alles Konkave, jeder Hohlraum, das Zimmer, die Grotte, die Höhle, die Kuppel hingegen sind Metaphern für das Weibliche. Diese Art der Anthropomorphie im Sexualbereich ist für den Betrachter selten ablesbar, sofern ihm die psychoanalytischen Spekulationen nicht geläufig sind. Nur selten – und auch dann nur in Zeichnungen – bekennt sich der architektonische Entwurf zur Eindeutigkeit der Aussage. Nur zwei Beispiele, in der Distanz von eineinhalb Jahrhunderten, mögen dies illustrieren. **Claude-Nicolas Ledoux** entwirft ein *Maison du plaisir*, ein Haus, in dem der junge Mann seine erotischen Erfahrungen sammelt, um für die Ehe geläutert zu werden (Abb. 79). Der Grundriß bekennt sich zu einer »architecture parlante«: Die Form des Penis ist eindeutig zu erkennen. Und sie ist ebenso offenkundig bei einem Entwurf von **Hans Hollein** (geb. 1934) aus dem Jahre 1958: Ein Wolkenkratzer für New York erinnert an die männliche Potenz der Machtstrukturen.

Nur als Zitat sei noch ein elementares Thema angeschnitten: Wenn die Architektur fähig ist, das Männliche und das Weibliche, wenn auch nur reduziert auf das Genitale, zu symbolisieren, dann müßte sie auch einen uralten Gedankenkomplex metaphorisch darstellen können: die Vereinigung des Männlichen und Weiblichen zu einem androgynen Wesen, einer androgynen Architektur, in dem die »Spaltung« des Menschen, von der Platon im Gastmahl spricht, aufgehoben ist und in einer »coincidentia oppositorum« (Nikolaus von Kues) wieder ein neues Wesen jenseits der Geschlechter-Dichothomie entsteht. (Feuerstein 1997, 1999.)

is the act of transformation.... Thus, the chimerical has the potential to be both an analytical and methodological tool..« (Kolatan / Mac Donald, in Zellner 1999.) The intellectual borrowing from a mythical creature is entirely abstract in its nature: we cannot make out any identifiable biological forms in the Raybould House (ill. 74).

The sculpture *Ether I* by the **dECOi** group of Paris should definitely be included in the peripheral architectural areas, but the manufacturing process is extremely revealing. The starting point was two dancers. Their movements were transformed by computer into a filigree network (ill. 75), and this was transformed in its turn into a constantly changing structure of aluminium rods (ill. 76). The structure's »appearance changes constantly – sometimes ephemeral, ghostly, lightweight, fluttering and at times aggressively crumpled into a reflective sheet«. So the principle of the body and the principle of movement were retained in the work of art, which could also be considered as architecture.

It is not only the entire human or animal body that we find as motives for architecture: it can be just body-parts, interpreted in various ways.

In a bank building in Vienna (1975–79) by **Günther Domenig**, the act of »holding« of a structural part is conveyed by a larger-than-life-size hand that forms a sculptural element (ill. 77). At the same time it is a tribute to the creating, shaping, working hand of the architect and the craftsman, who have come together to produce the building.

In the *Architettura dopo* by **Ico Parisi** (1985), the skyscrapers are in the form of a pair of legs (ill. 78). This is undoubtedly an attempt to confront the rationality of Manhattan's skyscrapers with an »organic« element, and it is probably also a late form of Pop Art, for which gigantic enlargements of the everyday world meant a new level of perception and consciousness.

If we return to the psychoanalysis of **Sigmund Freud**, then the most important parts of the body in a metaphorical architectural language are the genitals, male and female. Continuing with Freud's symbolism, anything upright, like a mast, tower or column, is male, while anything concave, any cavity, a room, a grotto, a cave, or domes, are female metaphors. This kind of sexual anthropomorphy is rarely intelligible to the observers, unless they are familiar with psychoanalytical speculations. Only rarely – and then only in drawings – does the architectural design commit itself to an unambiguous statement. This can be illustrated by just two examples, at a distance of one and a half centuries. **Claude-Nicolas Ledoux** designed a *Maison du plaisir*, a building in which young men acquired sexually experience so that they would be properly prepared for marriage (ill. 79). The ground plan works on the principle of »architecture parlante«: the shape of a penis can be clearly recognized. And it is just as obvious in a design dating from 1958 by **Hans Hollein** (b. 1934): a skyscraper for New York is a reminder of the male potency of power structures.

I will touch upon one elemental theme here simply as a quotation: if architecture is capable of symbolizing male and female, even if this takes the form of reduction to the genitals, then it must also be able to represent an ancient thought complex metaphorically: bringing the male and the female together to create an androgynous creature, androgynous architecture, in which the »division« of human beings that Plato speaks of in the Symposium is removed and a new creature comes into being in a »coincidentia oppositorum«, beyond the gender dichotomy. (Feuerstein 1997, 1999.)

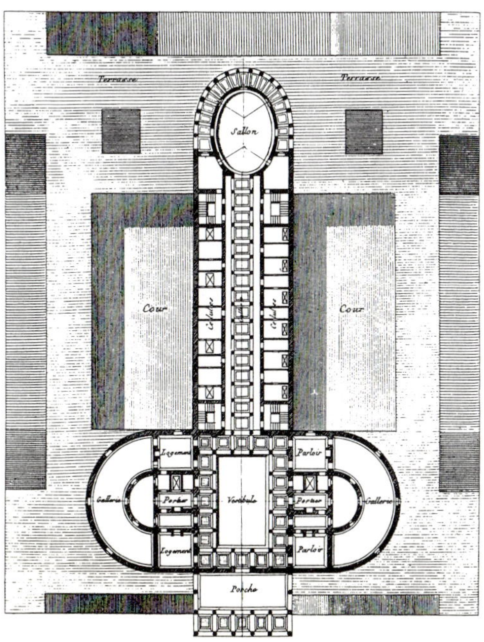

8. Körper und Sakralbau

Wenn man im Hinblick auf die Verknüpfung von Körper und Bauwerk die antike mit der christlichen Vostellung vergleicht, dann stößt man wieder auf jene reziproken Deutungen, die schon in den vorstehenden Kapiteln zitiert wurden.

Für den Architekten der Antike und der Renaissance wird der Tempel, das Bauwerk, die Säule als menschliche Figur oder als deren Ableitungen in Maß und Proportion angesehen, im Christentum hingegen, in den Briefen des Apostels Paulus verdeutlicht, ist umgekehrt der »Leib ... ein Tempel des heiligen Geistes«, und im 1.Korintherbrief fragt Paulus: »Wißt ihr denn nicht, daß ihr der Tempel Gottes seid, daß der Geist Gottes in eurem Innern wohnt? So jemand den Tempel Gottes verderbet, den wird Gott verderben; denn der Tempel Gottes ist heilig, der seid ihr.«[28]

Wenn jeder Christ als Tempel Gottes angesprochen wird, um wieviel mehr ist es dann Christus selbst, und im Evangelium des Johannes 2, 19, 21 finden wir eine eindeutige Aussage: »Jesus sprach zu ihnen: ›Reißt diesen Tempel nieder, und in drei Tagen will ich ihn wieder aufrichten.‹ Die verwirrten Jünger dachten zuerst an den real gebauten Tempel und dessen vieljährige Bauzeit und fragten sich, wie man einen Tempel in drei Tagen aufbauen könnte.« Und die Juden sprachen: »Dieser Tempel ist in 46 Jahren erbaut worden, und du willst ihn in drei Tagen aufrichten?« Johannes erläutert dies im nächsten Satz: »Er aber sprach vom Tempel seines Leibes.« Noch einmal taucht das Christuszitat bei Matthäus 26, 61 auf: »Er hat gesagt, ich kann den Tempel Gottes abbrechen und in drei Tagen wieder aufbauen.« Das Niederreißen bedeutet den Tod Christi, das Wiederaufbauen die Auferstehung am dritten Tage.[29]

Dieser Gedanke ist eine unerhört substantielle Metapher zwischen Mensch und Bauwerk: Der Tod und die Auferstehung des Menschen werden mit der Zerstörung und der Wiederaufrichtung eines Bauwerks verglichen.

Die Kirche ist der geheimnisvolle Leib Christi, gebildet in erster Linie durch die Gemeinschaft der Gläubigen, der Heiligen, geschart um Christus selbst.Der Apostel Paulus formuliert den Gedanken im 1.Brief an die Kolosser, Vers 24: »So freue ich mich der Leiden für euch und ich ergänze an meinem Leib für seinen Leib, die Kirche, was den Leiden Christi mangelt.«

Die Parallelen zum Kirchengebäude sind offenkundig: Dieses ist ein Körper, der die Gemeinschaft aufnimmt, gleichzeitig sie aber auch darstellt im Sinne einer »repräsentatio«.

Im mittelalterlichen Symboldenken nimmt die Identifikation von kreuzförmigem Kirchengrundriß mit dem Kreuz Christi einen fixen Platz ein. Die Kirchen waren »in modum crucis« errichtet, und so wie die Kirche in ihrer Gesamtheit den »Corpus Christi mysticum« repräsentiert, ist auch der Kirchenbau selbst das Abbild des Kreuzes Christi.

»Diese Bedeutung kann ... der Form immanent sein – so beim Querraum – , sie kann aber durch die Geschichte des Typs herangewachsen sein – so beim Westwerk – oder schließlich reflektierend-allegorisch herangetragen worden sein – so bei der Interpretation des kreuzförmigen Grundrisses in Bezug auf den Kreuzestod Christi.« (Bandmann 1951.)

Nach **Durandus** (1275–1334) entspricht der Altarraum dem Haupt, das Querschiff den ausgebreiteten Armen und das Schiff dem restlichen Körper. (Sauer 1924.)

Der Theologe **Peter von Celle** (1380–1452) sieht es ganz ähnlich: Der Chor ist das Haupt, und das Schiff ist der Leib.

Über den Kreuzesgedanken hinaus war das Gotteshaus aber auch Abbild des dreifachen Standes der zum Heil Berufenen: Der Altarraum entsprach dem Stand der Jungfrauen, der Chor den enthaltsamen Klerikern und das Kirchenschiff der großen Gemeinde der Verehelichten. (Sauer 1924.)

»Die Kathedrale ist ein Abbild des Kosmos. Aber sie ist auch das Abbild Christi, der selbst seinen Tod und seine Auferstehung, mit der Zerstörung und Wiedererrichtung des Tempels verglichen hat. Übereinstimmend mit dieser Idee hat das Mittelalter das Kirchengebäude als Bild des gekreuzigten Christus angesehen.« (Simson 1956.)

Es besteht kein theologischer Widerspruch, wenn das Kirchengebäude als Metapher, ja als Abbild Christi und gleichzeitig als Symbol des Kosmos ausgelegt wird.

»Der Symbolismus ist als möglich dargestellt durch die Parallele zwischen Schöpfung und Erlösung: Zwischen dem Kosmos und Christus, der beides ist, die inkarnierte Welt und der Mensch, in dem das Universum zentriert ist. ... Die Kirche kann verstanden werden als das Abbild Christi und des Kosmos.« (Simson 1956.)

Das schließt aber weiterhin nicht aus, daß die Kirche, vor allem aber die Kathedrale, auch die Repräsentanz und die Antizipation des himmlischen Jerusalem darstellt.

8. The body and sacred buildings

If ancient and Christian ideas are compared in terms of links between body and building, one again comes across the reciprocal interpretations that have already been quoted.

For ancient and Renaissance architects, the temple, the building, the column were seen as human figures or as derivatives of it in dimension and proportion, but in Christianity the opposite is the case. St. Paul's epistles make it clear that the »body is a temple of the Holy Spirit«. In 1 Corinthians Paul asks: »Do you not know that you are God's temple and that God's spirit dwells in you. If anyone destroys God's temple, God will destroy him. For God's temple is holy, and that temple you are.«[28]

If every Christian is addressed as the temple of God, then Christ himself must be that temple to an even greater degree, and in the Gospel according to St. John 2, 19, 21 we find a clear statement: »Jesus answered them, ›Destroy this temple, and in three days I will raise it up.‹« The confused disciples thought first of the real temple and the years it took to build, and wondered how a temple could be built in three days: »The Jews then said, ›It has taken forty-six years to build this temple, and will you raise it up in three days?‹« But John explains this in the next sentence: »But he spoke of the temple of his body.« This statement by Christ also occurs in Matthew 26, 61: »This fellow said, ›I am able to destroy the temple of God, and to build it in three days.‹« The word destroy refers to the death of Christ, and the word build to the resurrection on the third day.[29]

This idea is an enormously substantial metaphor in terms of human being and building: death and resurrection are compared with the destruction and reconstruction of a building.

The church is the mystical body of Christ, formed in the first place from the community of the faithful, the saints, gathered around Christ himself. The Apostle Paul formulates the idea in first chapter of the Epistle to the Colossians, verse 24: »Now I rejoice in my sufferings for your sake, and in my flesh I complete what is lacking in Christ's afflictions for the sake of his body, the church […].«

The parallels with the church building are obvious: this is a body that accepts the congregation, but at the same time depicts it in the sense of a »representatio«.

In medieval symbolic thought, identification of the cruciform ground plan of the church with the cross of Christ establishes itself firmly. The churches were built »in modum Crucis«, and just as the church as a whole represents the »Corpus Christi mysticum«, the church building itself is a copy of Christ's cross.

»This meaning can … be inherent in the form – as in the transept –, but it can also have grown on to the structure through the history of the type – as in the westwork – or finally it can have been added on as an act of reflective allegory – as in the interpretation of the cruciform ground plan in relation to Christ's death on the cross.« (Bandmann 1951.)

According to **Durandus** (1275–1334) the chancel represents the head, the transept the outspread arms and the nave the rest of the body. (Sauer 1924.)

The theologian **Peter von Celle** (1380–1452) sees things very similarly: the choir is the head and the nave is the body.

Going beyond the idea of the cross, the house of God also depicted the three-fold state of those called to salvation: the chancel represented the state of maidenhood, the choir the chaste clergy and the nave the great congregation of married people. (Sauer 1924.)

»The cathedral is an image of the cosmos. But it is also an image of Christ, who had himself compared his death and resurrection to the destruction and rebuilding of the temple. Consistent with this idea, the Middle Ages perceived in this edifice an image of Christ crucified.« (Simson 1956.)

There is no theological contradiction if the church building is seen as a metaphor, indeed as an image of Christ, and at the same time as a symbol of the cosmos.

»The symbolism is rendered possible by the parallelism between creation and redemption: between the cosmos and Christ, who is both the Word and Incarnate the perfect man in whom the universe centres. … church could be understood as an image of Christ as well as of the cosmos.« (Simson 1956.)

But this also does not exclude the possibility that the church, but above all the cathedral, also represents and anticipates the New Jerusalem.

The same term, »ecclesia«, was used for the congregation of the faithful on the one hand and the actual building in which the congregation assembled on the other from the end of the 2nd century. (Sauer 1924, 1964.) Christ's words to Peter in the Bible: »You are the rock, and

Schon seit dem Ende des zweiten Jahrhunderts wird für die Gemeinschaft der Gläubigen einerseits und für das reale Gebäude, den Versammlungsraum der Gemeinde, andererseits derselbe Begriff der »Ecclesia« gebraucht. (Sauer 1924, 1964.) Die biblischen Worte Christi an Petrus: »Du bist der Fels, und auf diesem Felsen will ich meine Kirche bauen« (Matth. 16, 18), ist die eindeutige Legitimation dafür, daß die Kirche als Gemeinschaft mit der Kirche als Gebäude gleichgesetzt werden kann. Die Kirche als »communitas« ist aber auch gleichzusetzen mit dem Leib Christi, und dieser wiederum findet seine Entsprechung im Kirchengebäude.

Für den hl. Augustinus war der salomonische Tempel und dessen Vorgänger und nomadische Ausprägung, das Bundeszelt, Vorläufer der christlichen Kirche. Alles, was demnach für den Tempel oder für das Bundeszelt im Alten und Neuen Testament gesagt wurde, gilt auch für die Kirche Christi.

Nicht nur das Gebäude in seiner Gesamtheit, sondern auch einzelne Teile erfahren ihre Ausdeutung in einem interessanten Bezugsfeld zur kirchlichen Gemeinschaft, zu Personen oder Körperteilen. Die Steine stehen für die Einzelmenschen, deren Gefüge die Kirche materiell und ideell bildet, Christus ist der Eckstein. Prophetisch wird schon die Stelle bei Jesaias 28, 16 auf Christus hin gedeutet »Siehe, ich lege in Zion einen Stein, einen bewährten Stein, einen kostbaren, grundlegenden Eckstein ..., und ich mache das Recht zur Richtschnur und die Gerechtigkeit zur Waage.« Der Eckstein wird im Epheserbrief 2, 19–20 zitiert: »So seid ihr nun ... aufgebaut auf dem Grund der Apostel und Propheten, wobei Christus Jesus sein Eckstein ist, in dem der ganze Bau zusammengefügt heranwächst zu einem heiligen Tempel im Herrn ...« Und bei Matthäus 21,42 wird der Psalm 118,22 zitiert: »Der Stein, den die Bauleute verworfen haben, der ist zum Eckstein geworden ..., und er ist ein Wunder in unseren Augen.«

Die Liebe ist das Bindemittel, das die Steine fügt und zu einer Gesamtheit festigt, in der einer den anderen in Eintracht trägt. Der wichtigste Stein ist der Grundstein, und auch dieser ist niemand anderer als Christus selbst, und er ist auch der Fels, auf dem die Kirche ruht. (Sauer 1924.)

Schon in der großartigen Pionierleistung des **Abtes Suger** (1080–1151) beim Bau der Kirche von St. Denis (1137–1144), die als Gründungsbau der Gotik gilt, finden anthropomorphe Anspielungen ihren Ort. Suger sieht seine Kirche als eine Allegorie der Gemeinschaft der Heiligen.

Die Apokalypse erzählt uns, daß an den zwölf Grundsteinen der Stadtmauern der heiligen Stadt, des himmlischen Jerusalems, die Namen der zwölf Apostel geschrieben standen. (Vgl. Kapitel 3.) Die Bedeutung der Apostel als Grundfeste oder Säulen der Kirche ist dem gesamten Mittelalter geläufig, bisweilen wurde dieses Symbol sogar auf die Nachfolger der Apostel, auf die Bischöfe, übertragen. Man verstand also die Identität von Säule und Person, nun freilich nicht in einer Abstraktion mit ikonischem Charakter wie in der Antike, sondern in der symbolischen Spiritualisierung. So etwa bedeuten in St.Denis die zwölf Säulen, die die hohen Gewölbe des neuen Chores tragen, die zwölf Apostel, während die zwölf Säulen im Chorumgang die geringeren Propheten bezeichnen. (Panofsky 1955, 1975.)[30] In der Deutung der einzelnen Teile der Säule geht die Phantasie weit über die antiken Interpretationen hinaus. Die Basen sind die Füße der Bischöfe, die die Kirche tragen, die Kapitelle künden vom hohen Sinn der Bischöfe. (Sauer 1924.) »Die Wahl von zwölf tragenden Säulen jeweils für den Chorumgang und den Chor ist wohl durch die biblische Metapher eingegeben und wurde von Suger selbst zitiert. Das spirituelle Bauwerk ist auf den Aposteln und Propheten gegründet, und Jesus Christus ist der Schlußstein, der die eine Mauer mit der anderen verbindet.« (Simson 1956.)

In seinen theologischen Deutungen geht Abt Suger noch einen Schritt weiter. Die beiden Seiten des Gewölbes, besser die Teile der Kreuzrippen, repräsentieren einerseits das Judentum und das Christentum und andererseits die Laienwelt und den Klerus. Im Kreuzungspunkt der Rippen vereinigen sie sich, und dieses Zusammentreffen wird durch den Schlußstein markiert. Dieser ist aber niemand anderer als Christus selbst, und so ist es folgerichtig, daß bei den meisten Schlußsteinen tatsächlich der Kopf Christi zu erkennen ist.

»Das gotische Rippengewölbe verbindet mit seinen Rippen die aufstrebende Bewegung der Pfeiler in einem betonten Schlußstein ..., hat dieses Motiv nicht einen gewissen Einfluß auf das Konzept der Kreuzrippen-Gewölbe? Die Rippen sind nicht unbedingt unentbehrlich für die Konstruktion«. (Simson 1956.) Damit wird einmal mehr die These bekräftigt, wonach die Distanzierung von der Funktionalität ein vergrößertes Symbolfeld aufschließt.

»Der generelle Zusammenhang der mittelalterlichen Kirche mit dem anthropomorphen Symbolismus wird bezeugt durch die Architektur-Terminologie, die die verschiedenen Teile des Gebäudes nach den verschiedenen Körperteilen benennt. Das betrifft die rätselhafte Darstellung, die einstmals die Gewölbe der Mainzer Kathedrale schmückte: ein nackter Mann, ähnlich den

on this rock I will build my church« (Matthew 16, 18) clearly makes it legitimate to equate the church as a community with the church as a building. But the church as »communitas« is also to be equated with the body of Christ, and this again is echoed in the church building.

For St. Augustine the Temple of Solomon and its predecessor and nomadic version, the Ark of the Covenant, were the precursors of the Christian church. And so anything that is said about the Temple or the Ark of the Covenant in the Old or New Testament also applies to the church of Christ.

It is not just the building as a whole but individual sections that are interpreted in an interesting frame of reference to the church congregation, to people or to parts of the body. The stones stand for individual human beings, and their structure forms the church materially and ideally, Christ is the cornerstone. This passage from Isaiah 28,16 is interpreted as a prophecy of Christ: »Behold, I am laying in Zion for a foundation, a stone, a tested stone, a precious cornerstone, of a sure foundation . . . And I will make justice the line, and righteousness the plummet.« The cornerstone is cited in Ephesians 2, 19–20: »So then you are ... built upon the foundation of the apostles and prophets, Christ Jesus himself being the cornerstone, in whom the whole structure is joined together and grows into a holy temple in the Lord ...« And Matthew 21,42 quotes Psalm 118, 22: »The very stone that the builders rejected has become the head of the corner ... and it is a marvellous thing in our eyes.« Love is the binding agent that holds the stones together and makes them into a whole, in which the one supports the other in harmony. The most important stone is the foundation stone, and this too is no other than Christ himself, and he is also the rock upon which the church rests. (Sauer 1924.)

Anthropomorphic allusions have a part to play even in the magnificent pioneering achievement of **Abbot Suger** (1080–1151, the church of St. Denis (1137–1144), which is seen as the foundation stone of Gothic architecture. Suger sees his church as an allegory of the communion of the saints.

The book of Revelation tells us that the names of the twelve apostles were written on the twelve foundation-stones of the walls of the holy city (cf. chapter 3). The significance of the apostles as foundations or pillars of the church is familiar throughout the Middle Ages, and sometimes this symbol was even transferred to the apostles' successors, the bishops. And so people understood that column and person were identical, admittedly not as an iconic abstraction, as in antiquity, but as a piece of symbolic spiritualization. Thus for example in St. Denis the twelve columns that support the high vaults of the new choir stand for the twelve apostles, while the twelve columns in the ambulatory stand for the lesser prophets. (Panofsky, 1975.)[30] The imagination goes well beyond antiquity in interpreting the individual sections of the columns. The bases are the feet of the bishops who support the church, the capitals proclaim the bishops' high significance. (Sauer 1924.) »The selection of twelve supporting columns each for ambulatory and choir may well have been prompted by the Biblical metaphor, mentioned by Suger himself of ›building spiritually ... upon the foundation of Apostles and Prophets, Jesus Christ being the keystone that joins one wall to the other.‹« (Simson 1956.)

Abbot Suger goes a step further in his theological interpretations. The two sides of the vault, or better the parts of the cross ribs, represent Judaism and Christianity on the one hand and the laity and the clergy on the other. They come together at the point where the ribs cross, and this meeting is marked by the keystone. But this is no one other than Christ himself, and so it is logical that the head of Christ does in fact appear on most keystones.

»The Gothic ribbed vault with its ribs continuing the surging movement of supports and converging in a prominent keystone ... has not that image even had some influence upon the design of the crossed-ribbed vault? The ribs are not absolutely indispensable structurally.« (Simson 1956.) This once more reinforces the suggestion that establishing a distance from function opens up an enlarged symbolic field.

» In the more general context of the anthropomorphic symbolism of the medieval church – so well attested by the architectural terminology that names the different parts of the edifice after the different parts of the human body – belongs the enigmatic representation that once adorned the vault of the famous jubé of Mainz Cathedral: A nude man, resembling medieval representations of the microcosmos, whose outstretched limbs, attached to the diagonal vault ribs, held the symbols of the cardinal virtues.« (Simson 1956.)

In the context of this study it is immaterial whether we are now dealing with post-hoc interpretations. »Possibly this subjectively drawn subsequent allegory helped the cruciform ground plan to be accepted after the Constantinian buildings. The cruciform ground plan was not required for church buildings.«

mittelalterlichen Darstellungen des Mikrokosmos, dessen ausgestreckte Gliedmaßen mit den Bogenrippen verknüpft sind, hält die Symbole der Kardinaltugenden.« (Simson 1956.)

Es ist im Zusammenhang mit dieser Studie nicht entscheidend, ob es sich bisweilen um Nach-Interpretationen handelt. »Möglicherweise hatte diese subjektiv geschöpfte nachträgliche Allegorie die Durchsetzung des kreuzförmigen Grundrisses nach den konstantinischen Bauten gefördert. Gefordert war ... der kreuzförmige Grundriß beim Kirchenbau nicht.« (Sandmann 1951.)

Die Anthropomorphie der Säule erfährt im Mittelalter aber noch eine andere, überaus überzeugende Ausprägung: Die Heiligenfiguren an den Portalen der Kathedralen werden häufig nicht nur vor die Säulen gestellt, sondern können selbst zum Teil der Säule werden.

Es ist eine uralte Anschauung, daß wir den menschlichen Körper mit den vier Himmelsrichtungen in Bezug setzen können, und somit können wir auch das Kreuz gleichsam als einen kosmischen Heilskompaß deuten.

Die Kreuzsymbolik reicht weit in die Renaissance hinein. Auch für **Antonio Averlino**, genannt **Filarete**, symbolisiert der kreuzförmige Grundriß den Kreuzestod Christi, und er folgt damit der Auffassung **Leon Battista Albertis**.

Für die Identität des Corpus Christi mit dem Kirchenbau gibt es auch in der Renaissance kaum visuelle Argumentationen, vielmehr sind es ganz allgemein nackte menschliche Figuren, die mit Grundriß, Aufriß und Schnitt des Kirchengebäudes in Verbindung gebracht werden.

In einer Zeichnung des **Pietro Cataneo** (?–1569) aus dem Jahre 1567 (Abb. 80) ist der menschliche Körper mit dem Baukörper, im Grundriß repräsentiert, überzeugend zur Deckung gebracht. Obgleich es keine Christusdarstellung ist, erinnern die ausgestreckten Arme an den Gekreuzigten, in der Vierung liegt das Herz, und das Haupt der Figur füllt die Apsis aus, den Ort des Bischofs als Stellvertreter Christi.

In der Realität werden wir Mühe haben, ein derart weit ausladendes und schmales Querhaus zu finden. Ein Kreis, in dessen Mitte sich das Herz befindet, ist keineswegs deckungsgleich mit der Vierung. Aus den Erläuterungen Pietro Cataneos geht hervor, daß Jesus Christus über den vollkommenen menschlichen Leib verfügt. Und Cataneo plädiert dafür, das Innere der Kirche reicher auszustatten, da es die Seele Christi darstellt, das Äußere hingegen, der Körper, kann schlichter ausgebildet werden. (Tigler 1963.)

In einer Skizze überlagert **Francesco di Giorgio Martini** eine Figur, die ohne Arme dargestellt ist, mit einem Kirchgrundriß (Abb. 81). Er vermittelt damit noch eine andere Botschaft: Das Spannungsfeld zwischen Langhausbau und Zentralbau, ein Grundthema der Renaissance, scheint zugunsten einer Synthese, einer Harmonie aufgelöst, die ihre Analogie auch im menschlichen Körper aufweist. Tatsächlich dominiert aber der Zentralbau, der sehr sorgfältig mit dem geometrischen System koordiniert ist. Das Langhaus ist etwas ungelenk angefügt, die Nahtstelle liegt beim Penis der Figur. Damit ist einmal mehr eines der großen Renaissance-Probleme angeschnitten: Die Obsession vom Zentralbaugedanken kann mit den realen Erfordernissen nicht zur Deckung gebracht werden. Das Langhaus gleichsam als die Beine der Figur zu interpretieren, könnte als eine Legitimation dieser synkretistischen Bauform angesehen werden. Noch ein anderes Thema wird in der Zeichnung angeschnitten: Francesco versucht, den »Teste-Kanon«, also den Kopf-Modul der menschlichen Figur, auf die Architektur zu übertragen, und er verwendet dabei, ähnlich wie **Lorenzo Ghiberti** (1378–1455), ein Rasternetz aus Quadraten. Damit findet er eine wesentliche Vereinfachung der komplizierten Proportionsmathematik und gewinnt ein pragmatisches Instrument, das spätestens seit dem »gebundenen System« des romanischen Kirchenbaus im Abendland geläufig ist.

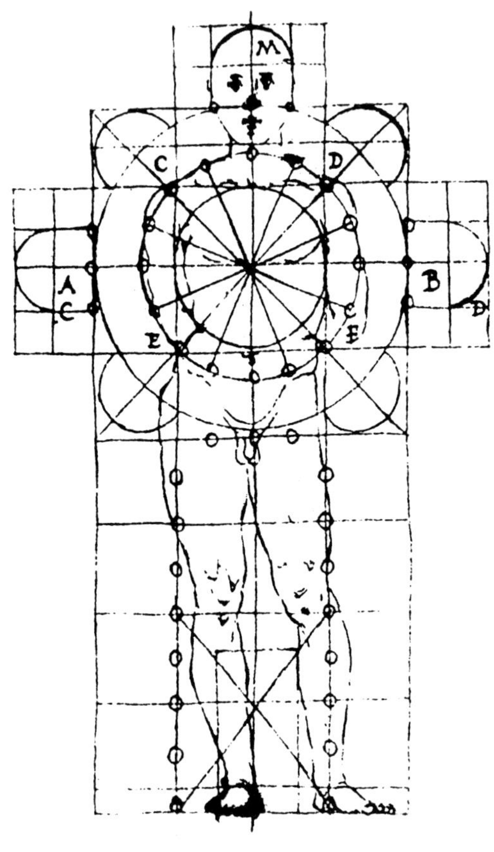

Die Kirche Maria am Gestade in Wien (Abb. 82) weist eine bauliche Eigenart auf: Der Chor ist, nur im Grundriß deutlich sichtbar, aus der Achse des Langhauses geknickt. Es gibt dafür zwei Erklärungen, sozusagen eine materialistische und eine idealistische. Erstere besagt, daß es mit dem im Mittelalter steil zur Donau abfallenden Gelände Schwierigkeiten gab, so daß die Baumeister eine Korrektur der Achse vornehmen mußten. Die idealistische Auslegung, die uns im Zusammenhang mit dieser Arbeit interessiert, sieht in diesem baulichen »Fehler« ein bewußt gesetzes Symbol: Wenn wir den Chor als das Haupt Christi ansehen, dann entspricht der Knick der Neigung des Hauptes Christi bei seinem Tode am Kreuz. Auf nahezu allen Kreuzigungsdarstellungen neigt sich das Haupt Christi auf dessen rechte Schulter. Betrachten wir den Grundriß der mittelalterlichen Kirche als mit dem liegenden oder besser dem gekreuzigten Christus identisch, dann müßte der Chor nach der linken Seite ausweichen. Das spätgotische Langhaus wurde jedoch so angesetzt, daß der hochgotische Chor nach der rechten Seite auszuweichen scheint. Die idealistische Deutung könnte also mit Recht angezweifelt werden.

80. Pietro Cataneo, Kirchengrundriß nach dem Maß des Menschen, Venedig, 1567.
81. Francesco di Giorgio Martini, Blatt mit Grundrißkonstruktionen, Florenz, 1480–90.
82. Kirche Maria am Gestade, Wien, 1330–53, 1394–1414. Grundriß.

80. Pietro Cataneo, church ground plan following the human scale, Venice, 1567.
81. Francesco di Giorgio Martini, sheet with ground plan constructions, Florence, 1480–90.
82. Church of Maria am Gestade, Vienna, 1330–53, 1394–1414. Ground plan.

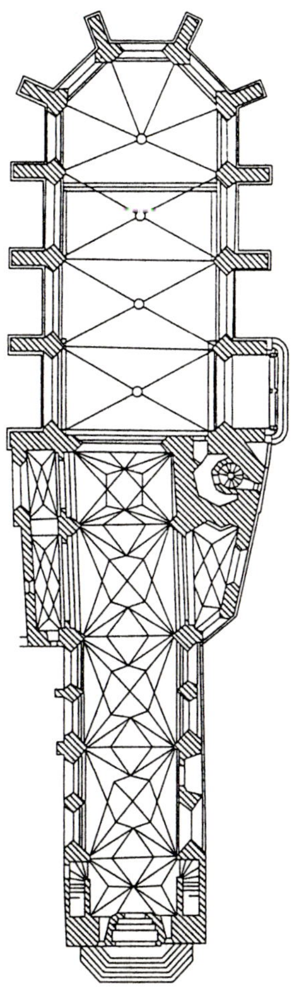

But the anthropomorphy of the column did acquire a different and entirely convincing form in the Middle Ages: the figures of saints on the portals of cathedrals are frequently not placed in front of the columns, but can themselves become part of the column.

It has been known since ancient times that we can link the human body with the four points of the compass, and thus we can also interpret the cross as a cosmic compass of salvation

The symbolism of the cross continues well into the Renaissance. The cruciform ground plan also symbolizes Christ's death on the cross for **Antonio Averlino**, known as **Filarete**, and in this he follows the view of **Leon Battista Alberti**.

There are few visual arguments for the identity of the Corpus Christi with the church building in the Renaissance either. What tends to happen is that naked human figures are quite generally related to the ground plan, elevation and section of the church.

The human body is made to correspond convincingly with the body of the building in a drawing by **Pietro Cataneo** (?–1569) dating from 1567 (ill. 80). Although it is not a depiction of Christ, the outstretched arms are reminiscent of the crucifixion, the heart is at the crossing and the head of the figure fills the apse, where the bishop is located as Christ's representative.

In reality we will have difficulty in finding transepts that thrust out as far and are as narrow as this. A circle, in the middle of which is the heart, is by no means congruent with the crossing. Pietro Cataneo's explanations suggest that Jesus Christ has the whole of the human body at his disposal. And Cataneo puts in a plea for furnishing the interior of the church more lavishly, as it represents the soul of Christ, but the exterior, the body, can be rather more plain. (Tigler 1963.)

A sketch by **Francesco di Giorgio Martini** superimposes a church ground plan on a figure depicted without arms (ill. 81). In doing this he is conveying yet another message: the field of tension between nave organization and central organization, a basic theme of the Renaissance, seems to have been defused in favour of a synthesis, a harmony that also has an analogy in the human body. But in fact central organization is dominant, and this is co-ordinated very carefully with the geometrical system. The nave is added somewhat clumsily, with the join at the figure's penis. This touches once again on one of the great central problems of the Renaissance: it is not possible to align the obsession with central planning with the real requirements. Interpreting the nave as the legs of the figure, as it were, could be seen as a legitimation of this syncretic building form. And yet another theme is touched upon in this drawing: Francesco tries to transfer the »Teste Canon«, in other words the head module of the human figure, to architecture, and here he uses, similarly to **Lorenzo Ghiberti** (1378–1455), a grid of squares. In this way he manages to simplify the complicated proportional mathematics considerably, thus acquiring a pragmatic instrument that has been in common use at the latest since the »compound system« of Romanesque church building in the West.

The church of Maria am Gestade in Vienna (ill. 82) has a strange architectural feature: the choir, and this is clearly visible only in the ground plan, is shifted off the axis of the nave. There are two explanations for this, a material one and an idealistic one, so to speak. The first says that there were difficulties with the site, which sloped down steeply to the Danube, so that the architect was compelled to correct the axis. The idealistic interpretation, which interests us in terms of this study, sees the structural »mistake« as a deliberately placed symbol: if we see the choir as the head of Christ, then the bend in the axis represents the angle of Christ's head at his death on the cross. Christ's head rests on his right shoulder on almost all depictions of the crucifixion. If we consider the ground plan of the medieval church to be identical with the recumbent, or better the crucified Christ, then the choir would have to bend to the left. But the late Gothic nave was placed in such a way that the high Gothic choir seems to shift to the right. So the idealistic interpretation could rightly be doubted.

But there are other churches with a kink in the choir, including those in Ober-Welz and in Judenberg (Steiermark), and also in Spitz on the Danube in Lower Austria. There are no topographical irregularities affecting these buildings, and it would be wrong to assume that even a minor medieval master builder was unable to get the axial direction right.

Even clearer than the association of the church building with Christ is the association with Mary, which is often quite unambiguous in those dedicated to her.

St. Ambrose (339–397) sees an analogy between the womb of the Virgin Mary and the bridal chamber: a surprising anticipation of Freudian dream symbolism.

When Christ comes out of the gate of heaven, the »porta coeli«, he is also emerging from Mary's womb. Her organ of birth becomes the gate of heaven and the portal to paradise. This

Nun gibt es aber noch weitere Kirchen, die einen Chorknick aufweisen, wie etwa jene in Ober-Welz und in Judenburg (Steiermark) sowie in Spitz an der Donau in Niederösterreich. Bei diesen Bauten können keine topographischen Unregelmäßigkeiten geltend gemacht werden, und selbst bei einem kleinen mittelalterlichen Baumeister kann man nicht annehmen, daß er baulich die axiale Ausrichtung nicht schaffte.

Noch deutlicher als die Identität der Kirche, des Kirchenbaus mit Christus ist jene mit Maria, was insbesonders bei den Marienkirchen häufig sehr eindeutig artikuliert wird.

Der **hl. Ambrosius** (339–397) sieht eine Analogie zwischen dem Schoß der Jungfrau Maria und dem Brautgemach: eine überraschende Vorwegnahme der Freudschen Traumsymbolik.

Wenn Christus aus dem Himmelstor, der »porta coeli«, hervortritt, dann kommt er auch aus dem Leib Mariens heraus, ihr Geburtsorgan wird zur Pforte des Himmels und zum Tor des Paradieses. Ganz eindeutig formuliert es **Petrus Damiani** (1007–1072): »Diese Jungfrau wird die Tür des Paradieses sein, die Gott der Welt zurückgibt und uns den Himmel öffnet.« (Salzer 1886.)

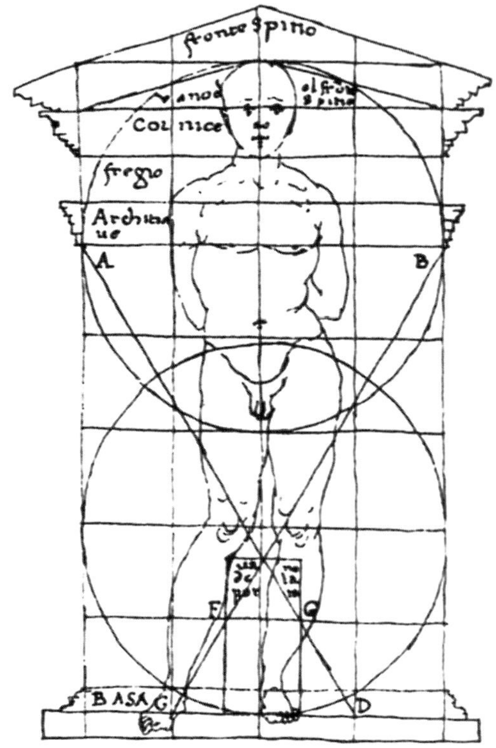

In der romanischen Kirche von Schwarzrheindorf verweist auch die authentische kirchliche Deutung auf die Doppelkodierung der Kirche als Gebäude Christi und als Leib Mariens. (Vgl. Feuerstein 1997, 1999.)

Wesentlich verschlüsselter ist der Gang durch die Wallfahrtskirche Notre Dame de Puy in Frankreich. Wir betreten durch das Kirchenportal den Leib der heiligen Jungfrau und bewegen uns im Inneren des Körpers bis zum Haupt, zum Altar. (Pieper 1989.)

Über diese expliziten Beispiele für eine Darstellung des Hauses als weibliches Wesen hinausgehend, können wir wieder die psychoanalytische Generalisierung Freuds zitieren, wonach schon jedes Zimmer als das »Innere des Weibes« angesehen werden kann.

So problematisch es heute sein mag, das Weibliche mit dem Mütterlichen gleichzusetzen, kommen wir im kulturhistorischen Bereich an dieser Identität nicht vorbei: **Bachelard** (1992) geht auf dieses Thema ein: »... wir werden auf die Mütterlichkeit des Hauses näher eingehen müssen ... Der Dichter weiß gut, daß das Haus die unbewegliche Kindheit ›umarmt‹ hält: ›O Haus, o Wiesenhang, o Abendlicht / auf einmal bringst du's beinahe zum Gesicht / und stehst an uns, umarmend und umarmt‹ (Rainer Maria Rilke).« (Bachelard 1957, 1992.)

Maria wird nicht nur als mütterliche Kirche angesehen. In den Lobpreisungen und Prädikaten der Psalmen findet sich auch die Metapher »Turm Davids«, und diese wird auch auf die Muttergottes bezogen. So gelangt Maria auch zu einer maskulinen Interpretation.

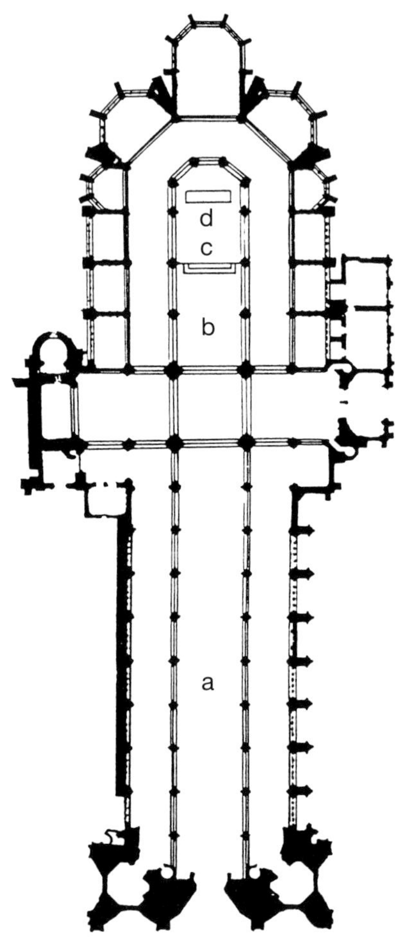

Auch der Querschnitt des Kirchenbaus kann auf die menschliche Figur zurückgeführt werden, wobei als Vermittlung zwischen Körper und Bau die geometrische Proportion gute Dienste leistet. Die Darstellung des Schnittes der Klosterkirche von Batalha in Portugal (Abb. 85) ist allerdings das Ergebnis einer viel späteren Untersuchung. **James Cavanha Murphy** hat 1795 diese Studie gezeichnet, und sie zeigt eine verblüffende Ähnlichkeit mit Le Corbusiers »Modulor«-Darstellung (Abb. 8): Es ist ein Mann, der mit erhobener Hand im Raum steht, und ein geometrisches System verbindet ihn mit dem Bauwerk. Wir könnten in dieser Darstellung einen Synkretismus von Antike, Mittelalter und vorweggenommener Moderne sehen, die im späten 18. Jahrhundert zu Papier gebracht wurde.

Ähnlich wie bei der Schnittzeichnung der Kirche in Bathala nimmt auch **Francesco di Giogio Martini** den aufrecht stehenden Menschen als Proportionsfigur für eine Kirche, nun aber für die Fassade, freilich ohne einen bestimmten Bau zu benennen (Abb. 83). Zwei Kreise überschneiden einander, der Mittelpunkt des einen liegt in der Höhe der Knie, der des anderen in Höhe der Brust, womit zweifellos das Herz gemeint ist. Diese Linie ist auch gleichzeitig die Unterkante des Architravs. (Naredi-Rainer 1992.) Der Durchmesser der Kreise wird geviertelt, aber diese Unterteilung korrespondiert nur an wenigen Stellen mit dem Körper und mit der Architektur. So ist etwa der Kopf in das oberste Viertel des Proportionssystems eingezeichnet. Aber auch bei dieser Zeichnung geht es nicht um den – ohnehin unmöglichen – Nachweis der absoluten und mathematischen Übereinstimmung von Bauwerk, Körper und Geometrie, vielmehr ist es wieder eine idealisierte Darstellung, die Maß und Proportion in der Architektur rechtfertigen soll.

In sehr überzeugender Weise wird von den Freimaurern postuliert, daß die Welt, daß das Universum einem vierteiligen Aufbau folgt. Dieses System ist im vierteiligen Schema des salomonischen Tempels ebenso dargestellt wie in der mittelalterlichen Kathedrale. Das architektonische Prinzip stellt aber eine Analogie zur Gesamtheit des menschlichen Wesens dar, und der mittelalterliche Kirchengrundriß wird zu einer Metapher, sogar zu einer Repräsentanz des menschlichen Seins (Abb 84). Das Kirchenschiff ist die physische Welt, die Erde, aber auch die

83. Francesco di Giorgio Martini, Proportionsstudie Mensch und Kirchenfassade, Florenz, 1480–90.
84. Grundriß einer gotischen Kathedrale mit Raum-Wesen-Bezeichnungen.
85. James Cavanha Murphy, Analyse der Klosterkirche in Batalha, Portugal, 1416, 1795.

83. Francesco di Giorgio Martini, proportion study of human being and church façade, Florence, 1480–90.
84. Ground plan of the Gothic cathedral with space-being definitions.
85. James Cavanha Murphy, analysis of the monastery church in Batalha, Portugal, 1416, 1795.

is formulated quite unambiguously by **Petrus Damiani** (1007–1072): »This virgin will be the gate to paradise, who gives god back to the world and opens heaven to us.« (Salzer 1886.)

In the Romanesque church in Schwarzrheindorf, the authentic ecclesiastical interpretation also refers to the double coding of the church as Christ's building and Mary's body. (Cf. Feuerstein 1997, 1999.)

A walk through the pilgrimage church of Notre Dame de Puy in France is considerably more heavily encoded. We enter the body of the Holy Virgin through the church portal and move inside the body to the head, the altar. (Pieper, 1989.)

The Garbagriha in the cella of the Shiva temple means, literally, the mother's womb.

Moving on from these explicit examples of the building presented as a female being, we can quote Freud' psychoanalytical generalization, according to which every room can be seen as the »inside of the woman«.

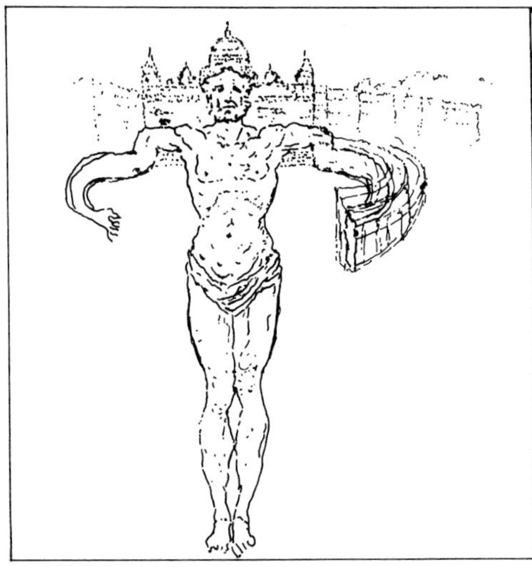

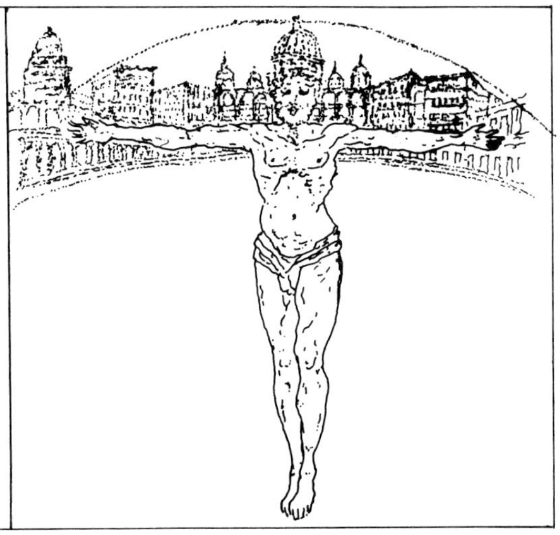

Präsenz der »ecclesia militans« oder der Körper (a), der Chor repräsentiert Paradies und Purgatorium gleichzeitig, er ist die strafende Kirche und die Welt der Engel, er ist die Psyche oder die Seele vor oder nach dem Tod (b), das Heiligtum ist der Himmel oder die »ecclesia triumphans«, die Welt der Erzengel, es ist der Geist (c), und der Tabernakel schließlich, wo das Sakrament aufbewahrt wird, ist das Göttliche (d). Der Lettner trennt das Kirchenschiff vom Chor und erlaubt den gewöhnlichen Andächtigen nur wenig Einblick in die Ereignisse dahinter, ähnlich wie die Schwelle zur Bewußtheit gewöhnlich getrennt ist vom Paradies, vom Himmel, die innerhalb liegen und vom Unbewußten getrennt sind. So gewinnt die Kathedrale, über die Repräsentanz des himmlischen Jerusalem hinausgehend, eine ganz neue Dimension durch den Vergleich mit der Gesamtheit des menschlichen Wesens, eine Überlagerung und Schichtung wird gleichsam zur Identität: Die Kirche, die Stadt, der Himmel, das Universum, der Mensch werden zu einer großartigen Einheit. Auch im Äußeren der mittelalterlichen Kathedrale finden die Freimaurer die Analogie zur menschlichen Existenz: Die drei Portale des Kirchenbaus symbolisieren die traditionellen Wege, um in den »Tempel«, in das Innere des Menschen zu gelangen: das Handeln, die Andacht und die Kontemplation. (MacNulty 1991, 1997.)

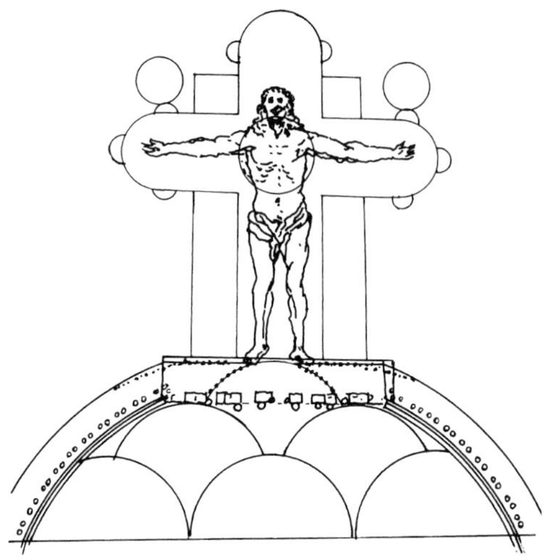

Das Thema der Anthropomorphisierung des Bauwerks bleibt auch in der Barockzeit durchaus aktuell. Nach wie vor ist es der Gedanke, daß der gekreuzigte Christus mit dem Kirchengrundriß in Form des lateinischen Kreuzes zur Deckung gebracht werden kann.

Die Zentralpläne von **Donato Bramante** (1444–1514) und **Michelangelo** (1475–1564) sind nicht allein an den praktischen und liturgischen Problemen gescheitert. Der Papst Klemens VIII. hat den Zentralbau grundsätzlich verworfen, weil er nicht den gekreuzigten Christus symbolisieren kann, erst durch das Langhaus bei St. Peter von **Carlo Maderno** (1556–1629) konnte die aus dem Mittelalter tradierte Symbolik wieder rekonstruiert werden. (Wittkower 1975.)

Der anthropomorphe Gedanke lebt in überraschenden Interpretationen in den Loggien von St.Peter von **Gianlorenzo Bernini** (1598–1680) weiter.

Bei seinem Aufenthalt in Paris hat Bernini eine flüchtige Skizze angefertigt (Abb. 88), die zweifellos anthropomorph zu interpretieren ist. Nur wenige Striche deuten Madernos Fassade an, die darüber sitzende Kuppel ist nun eindeutig zu einem Kopf geraten. Wenn die Fassade der Leib ist, dann sind Berninis Loggien, die in der Skizze seltsamerweise direkt an die Fassade anschließen (im folgenden wird davon noch die Rede sein), als die Arme des Körpers zu verstehen. Tatsächlich vergleicht Bernini seine ovalen Kolonnaden mit den mütterlichen Armen der Kirche: »Die Kirche des hl. Petrus ist die Mutter aller anderen Kirchen, und so soll sie einen Porticus haben, der zeigt, daß sie alle Katholiken mütterlich in die offenen Arme nimmt ..., um ihren Glauben zu bestärken, die Häretiker, um sie wieder mit der Kirche zu vereinen, und die Ungläubigen, um sie mit dem wahren Glauben zu erleuchten.« (Wittkower 1975.)

Gegenüber dieser sehr beiläufigen Anthropomorphisierung fand man in Rom ein äußerst eigenartiges Konvolut von Zeichnungen, die sich kritisch mit Berninis Platzgestaltung auseinandersetzen. Die ursprüngliche Zuschreibung an Bernini selbst konnte nicht aufrecht erhalten werden, der Autor blieb letzten Endes anonym. Die ersten drei von den insgesamt achtzehn Zeichnungen sind die aufschlußreichsten (Abb. 86, 87). Sie überlagern eine männliche Figur mit der Anlage von St. Peter. Wenn die Loggien gleichsam die Arme der Kirche (oder die von Petrus, der offenbar gezeichnet ist) sein sollen, dann müssen es, so argumentiert zeichnerisch

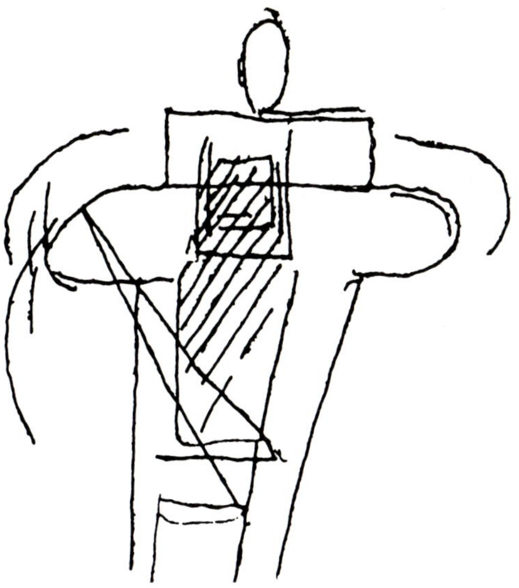

Problematical though it may be today to equate the female with the maternal, we cannot get beyond this identity in the cultural-historical sphere: **Bachelard** (1992) addresses the theme: »... we will have to look more closer at the maternal qualities of the building ... The poet knows well that the house holds motionless childhood ›embraced‹: ›O house, o grassy slope, o evening light / suddenly you make it almost visible / and stand there for us, embracing and embraced‹ (Rainer Maria Rilke).« (Bachelard 1957, 1992.)

Mary is not seen only as Mother Church. The praises and categories of the psalms also contain the metaphor of the »Tower of David«, and this also relates to the Mother of God. So Mary acquires a masculine interpretation for herself as well.

The cross-section of the church building can also be related to the human figure, with geometrical proportion doing stalwart service in mediating between body and building. But the version of the section of the monastery church at Batalha in Portugal (ill. 85) is the result of a much later investigation. **James Cavanha Murphy** drew this study in 1795, and it is remarkably similar to Le Corbusier's »Modulor« diagram (ill. 8): it is a man standing in the space with one hand raised, and a geometrical system linking him to the building. We could see this a syncretism of antiquity, the Middle Ages and an anticipated Modernism, put on paper in the late 18th century.

Similarly to the section drawing of the church in Batalha, **Francesco di Giorgio Martini** also takes an upright human being as a proportional figure for a church, but this time for the façade, admittedly without identifying a particular building (ill. 83). Two circle intersect, the centre of one is at knee level, and the other at chest level, which undoubtedly refers to the heart. This line is also the lower edge of the architrave. (Naredi-Rainer 1992.) The diameter of the circles is quartered, but this division corresponds with the body and the architect at only a few points. Thus for example the head is drawn in the topmost quarter of the proportion system. But even this drawing is not concerned with proving – it would be impossible anyway – that there is a complete mathematical correspondence between building, body and geometry. One more it is an idealized presentation, intended to justify scale and proportion in architecture.

The Freemasons postulate very convincingly that the world and the universe have a quadripartite structure. This system is seen both in the quadripartite scheme of the Temple of Solomon and in medieval cathedrals. But the architectural principle is drawing an analogy with the totality of human nature, and the medieval church ground plan becomes a metaphor, even a representation of human existence (ill. 84. The nave is the physical world, the earth, but also the presence of the »ecclesia militans« or the body (a), the choir represents paradise and purgatory at the same time, it is the punishing church and the world of the angels, it is the psyche or the soul before or after death (b), and the sanctuary is heaven or the »ecclesia triumphans«, the world of the archangels, it is the spirit (c), and the tabernacle finally, where the sacrament is kept, is the divine (d). The rood screen divides the nave from the choir and allows the ordinary worshipper only a very restricted view of the events behind it, similarly to the way in which the threshold of awareness is usually separate from paradise, from heaven, which lie within and are separate from the subconscious. Thus the cathedral, going beyond representing the New Jerusalem, gains a completely new dimension by comparison with the totality of humanity, superimposition and layering become a form of identity: the church, the city, heaven, the universe, man become a magnificent unity. The Freemasons also find an analogy with human existence in the exterior of the medieval cathedral: the three portals of the church building symbolize the traditional ways of getting into the »temple«, the inside of the human being: action, worship and contemplation. (MacNulty 1991, 1997.)

The theme of an anthropomorphic view of the building is still very much to the fore in the Baroque period. Once more it is the idea that the crucified Christ can correspond with the church ground plan in the form of the Latin cross.

The centrally based plans by **Donato Bramante** (1444–1514) and **Michelangelo** (1475–1564) did not fail simply because of practical and liturgical problems. Pope Clement VIII rejected the centrally planned building fundamentally because it cannot symbolize Christ crucified. It was not until the nave for St. Peter's by **Carlo Maderno** (1556–1629) that the symbolism that had come down from the Middle Ages could be reconstructed again. (Wittkower 1975.)

The anthropomorphic idea survives in surprising interpretations in the colonnades for St. Peter's by **Gianlorenzo Bernini** (1598–1680).

While staying in Paris, Bernini had made a hasty sketch (ill. 88), that is undoubtedly to be interpreted anthropomorphically. A very few strokes identify Maderno's façade, and the dome above it has now quite definitely become a head. If the façade is the body, the Bernini's colon-

86. Gianlorenzo Bernini und anonymer Zeichner, symbolische Skizzen zur Idee des Petersplatzes, der gekreuzigte Petrus mit ausgestreckten und gebrochenen Armen, um 1657. Nachzeichnungen.
87. Anonym, Zeichnung 3 des Gegenprojektes zu Berninis Kolonnaden in Rom. Nachzeichnung.
88. Gianlorenzo Bernini, Skizze zur Piazza S. Pietro, Rom.

86. Gianlorenzo Bernini and anonymous draughtsman, symbolic sketches on the idea of St. Peter's Square, Peter crucified with outstretched and broken arms, c. 1657. Copy drawings.
87. Anonymous, drawing 3 from the counter-project to Bernini's colonnades in Rome. Copy drawing.
88. Gianlorenzo Bernini, sketch for the Piazza S. Pietro, Rome.

der Kritiker in Zeichnung 1, bedingt durch den trapezförmigen Vorplatz von St. Peter, gebrochene, geknickte, verkrüppelte Arme sein. Wenn hingegen, wie in Zeichnung 2, die Kurven der Arkaden unmittelbar an die Fassade anschließen würden, dann hätten wir die Figur Petri in der Christus ähnlichen Gestalt vor uns. Noch deutlicher erscheint in dieser Zeichnung die Kuppel von St. Peter als Tiara auf dem Haupte der fast nackten Figur. In der Zeichnung 3 (Abb. 87) setzt der Kritiker seine anthropomorphen Überlegungen fort. Nun ist es der gekreuzigte Christus selbst, der in den Grundriß von St. Peter projiziert wird. Von der Fassade gehen, wie in Zeichnung 2 vorgeschlagen, direkt die Loggien ab, die in etwa den Grundriß von Achtelkreisen haben. Die Fläche dazwischen ist aber von einem eigenartigen Motiv ausgefüllt: Es sind sechs Halbkreise, die zu drei, zwei und eins gestapelt sind. Dieses Motiv ist dem Wappen von Papst Alexander VII. entnommen, unter dessen Pontifikat (1655–67) die Arkaden gebaut wurden. Das Motiv symbolisiert aber einen Berg, in diesem Fall einen heiligen Berg (Golgatha?), auf dem der Gekreuzigte steht, das Wort des Psalmisten (87, 1) erfüllend: »Fundamenta eius in Montibus sanctis«. Gleichzeitig aber ist es wohl auch der Felsen des Petrus: »Tu es Petrus et super hanc petram aedificabo ecclesiam meam.« (Matthäus XVI, 18.). (Wittkower 1975.) Da im 17. Jahrhundert die direkte Referenz des Kirchengrundrisses auf Christus nur noch selten vorkommt, da sie von einer neutralen männlichen Figur verdrängt wird, dürfte der Kritiker an die mittelalterliche Symbolik des Gotteshauses angeknüpft haben.

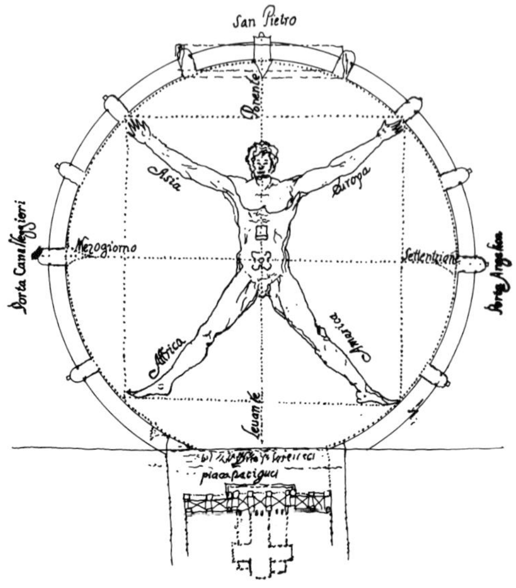

Der Wunsch nach einer kosmisch-metaphysischen Verknüpfung von Mensch und Architektur wird in der Zeichnung 17 deutlich (Abb. 89). Der Kritiker setzt zwar seine Arkaden nicht unmittelbar bei der Fassade von St. Peter an, aber er schließt sie zu einem vollständigen Kreis, und das hat seinen guten Grund: Das in den Kreis eingezeichnete Quadrat und die darin stehende menschliche Figur lassen keinen Zweifel darüber aufkommen, daß die vitruvianische Figur des »homo ad circulum« dem Plan zugrunde gelegt wird. Das kreisförmige Bauwerk, vermutlich als Arkaden gedacht, ist, geometrisch durchaus inkonsequent, mit elf Türmchen oder Pavillons ausgestattet. Drei von ihnen, gemeinsam mit der Achse von St.Peter, markieren die vier Himmelsrichtungen. Die Arme der Figur sind mit den (damals bekannten) vier Erdteilen bezeichnet. Mit diesen Markierungen ist der globale, ja der kosmische Anspruch nicht nur der Anlage, sondern des Papsttums deponiert: Das »urbi et orbi« findet sinnfälligen architektonischen Ausdruck.

Die Darstellung des hl.Petrus mit der Tiara finden wir vor allem in der Barockzeit sehr häufig: Damit sollte bekräftigt werden, daß der hl.Petrus, an sich nur Bischof von Rom, auch seine Position als erster Papst innehatte.

Der Papst Pius II. schreibt eine schöne, anthropomorphe Erläuterung zum Kirchenneubau in Pienza: »Den Grundriß des Chores mit seinem Kapellenkranz vergleicht er mit einem gekrönten Haupt, die Fassade mit ihrem Oculusfenster über dem Hauptportal mit einem weit offenen Auge nach Art des Zyklopen.« (Pieper 1987.)

Wenn wir das Motiv der ausgebreiteten Arme noch einmal zitieren wollen, dann machen wir einen Sprung in das 20. Jahrhundert.

Das Thema begegnet uns bei einem profanen Entwurf aus dem Jahre 1989: **Herbert Traub** (geb. 1930), ein universeller Künstler zwischen Skulptur, Architektur und Performance, hat für Stuttgart ein Universitätsgebäude für sein interdisziplinäres Institut entwickelt (Abb. 90), das deutlich den allumfassenden Anspruch der Künste signalisiert. Ohne Schwierigkeiten erkennen wir, daß die große Geste von einem »Corpus« ausgeht, an dem Kopf, Brust, Beine und vielleicht ein hermaphroditisches Geschlechtsteil erkennbar sind.

Kehren wir noch einmal zum Sakralbau zurück. Für die Transformation der menschgestaltigen Skulptur in die Architektur können wir ein überaus bedeutendes Beispiel zitieren. Der österreichische Bildhauer **Friedrich Wotruba** (1907–1975) hat in seinem beachtlichen Werk etwa ab 1960 dem tektonischen »Bau« der Figuren seine künstlerische Aufmerksamkeit zugewendet. So ist es also keineswegs verwunderlich, daß er 1975 mit dem Entwurf für eine Kirche betraut wird, die ihren Standort am Georgenberg in Wien hat (Abb. 91). Waren Wotrubas plastische Arbeiten gleichsam architektonisch interpretierte Figuren, so ist nunmehr die sogenannte »Wotrubakirche« eine figurativ interpretierbare Architektur, wobei freilich keine einzelnen Figuren tatsächlich erkennbar sind, sondern vielmehr aus dem früheren Werk des Bildhauers die stereometrisch-figurale Aufschichtung zur Analogie herangezogen werden kann.

Die Identifikation des Bauwerks mit göttlichen oder gottähnlichen Wesen ist keineswegs ein Spezifikum des Christlichen.

Aus der Fülle der Beispiele aus nichtchristlichen Religionen soll nur eines herausgegriffen werden.

nades, which strangely join up directly with the façade in the sketch (this will be discussed further below), are to be seen as the arms of the body. In fact Bernini compares his oval colonnades with the maternal arms of the church: »The Church of St. Peter is the mother of all churches, and so she should have a portico that shows how she takes all Catholics into her open arms like a mother ..., to strengthen their faith, the heretics, to join them with the church again, and the unbelievers, to enlighten them with the true God.« (Wittkower 1975.)

Unlike this very casual anthropomorphization, a very strange bundle of drawings was found in Rome that take a critical look at Bernini's design for the square. The original attribution to Bernini himself could not be confirmed, and the author ultimately remained anonymous. The first three of a total of eighteen drawings are the most revealing (ills. 86). They superimpose the plan of St. Peter's on to a male figure. If the colonnades are intended to be the arms of the church (or those of St. Peter, who is obviously the subject of the drawing), then they must, as the critic argues in drawing 1, be broken, bent, crippled arms. But if as in drawing 2, the curves of the arcades were attached directly to the façade, then we would have the figure of Peter before us in a similar form to Christ. In this drawing, the dome of St. Peter's appears even more clearly as the tiara on the head of the almost naked figure. In drawing 3 (ill. 87) the critic continues his anthropomorphic ideas. Now it is the crucified Christ himself who is projected on to the ground plan of St. Peter's. The colonnades start directly from the façade, as suggested in drawing 2; their ground plan is approximately that of eighths of circles. But the area in between is filled in with a strange motif: six semi-circles, stacked as three, two and one. This motif is taken from the arms of Pope Alexander VII, under whose pontificate (1655–67) the arcades were built. But the motif symbolizes a mountain, in this case a sacred mountain (Golgotha), on which the crucified figure is standing, fulfilling the psalmist's saying (87,1): »Fundamenta eius in montibus sanctis«. But at the same time it is probably also the Peter's rock: »Tu est Petrus et super hanc petram aedificabo ecclesiam meam.« (Matthew XVI,18). (Wittkower 1875.) As the reference of the church ground plan to Christ occurs only rarely in the 17th century, as a neutral male figure appears instead, the critic must have been referring back to the medieval symbolism of the house of God.

The desire for a cosmic and metaphysical link between man and architecture is clearly expressed in drawing 17 (ill. 89). The critic does not attach the arcades directly to the façade of St. Peter's, but he makes them into a complete circle, and there is good reason for that: the square inscribed in the circle and the male figure standing in it leave no doubt that the plan was based on the Vitruvian figure of the »homo ad circulum«. The circular structure, presumably intended to form arcades, has eleven turrets or pavilions, which are geometrically quite illogical.

89. Anonym, Zeichnung 17 des Gegenprojektes zu Berninis Kolonnaden in Rom. Nachzeichnung.
90. Herbert Traub, Institutsgebäude für Stuttgart, Projekt, 1980.

89. Anonymous, drawing 17 from the counter-project to Bernini's colonnades in Rome. Copy drawing.
90. Herbert Traub, institute building for Stuttgart, project, 1980.

91. Friedrich Wotruba, Kirche am Georgenberg, Wien, 1976.
92. Buddhistischer Stupa in Pashupatinath, Nepal.

91. Friedrich Wotruba, Kirche am Georgenberg, Vienna, 1976.
92. Buddhist stupa in Pashupatinath, Nepal.

Der buddhistische Stupa in Nepal wird mit dem sitzenden Buddha identifiziert (Abb. 92). Eine der vielen symbolischen Deutungsmöglichkeiten hat somit auch deutlich anthropomorphe Inhalte.[31] Die Harmika, das Element, welches auf den halbkugelförmigen Körper des Stupa aufgesetzt ist, ist mit Augenpaaren ausgestattet, die in die vier Himmelsrichtungen blicken. Wie so häufig in der Architektur[32] ist damit der allumfassende, ja der kosmische Anspruch auf die Umwelt ausgedrückt. Die Deutung der Augenpaare kann aber noch einen Schritt weitergehen: Der »Kopf« deutet »auf diese Weise eine menschliche Figur an, die in Meditationshaltung im Stupa verborgen ist: die verschränkten Beine in der Basis, der Körper bis zu den Schultern in der Halbkugel, das Haupt in der Harmika. Dies steht auch in Bezug zur psycho-psysiologischen Lehre von den Cakras oder Zentren psychischer Kräfte, die – übereinander angeordnet – im menschlichen Körper liegen und durch die sich Bewußtsein in aufsteigender Ordnung entwickelt.« (Govinda 1978.) Der nepalesische Stupa ist also ein überzeugendes Beispiel dafür, daß die Anthropomorphie über die biologische Körperlichkeit weit hinausreicht.

»Die verschiedenen Gebäudeebenen entsprechen den Bewußtseinebenen bis hin zur ›Erleuchtung‹. Auf dem Würfel über der Kuppel sind auf den vier Seiten die Augen des (allgegenwärtigen) Buddha dargestellt«. (Herdick 1992.)

Noch weniger Ikonizität weist der hinduistische Tempel Südindiens in seiner Geometrisierung auf. Ihm sind mütterliche Attribute zugeordnet: Die innerste Zelle ist die »Garbhagriha«, das ist der Mutterschoß, und tatsächlich birgt dieser kleine Raum die Repräsentanz Shivas in Gestalt des Lingam. (Vgl. Feuerstein 1997 und 1999.)

Daß das Thema einer anthropomorphen Architektur keineswegs auf den historischen Bereich eingegrenzt ist, sollen die folgenden Beispiele zeigen, die vorwiegend aus der Architekturgeschichte des 20. Jahrhunderts entnommen sind.

Three of them, along with the axis of St. Peter's, mark the four points of the compass. The arms of the figure are marked with the four parts of the earth (as then known). These markings lay down the global, indeed cosmic claims not just of the building, but of the papacy: »urbi et orbi« is being expressed meaningfully in the architecture.

Representations of St. Peter with a tiara are found very frequently, above all in the Baroque period: this is intended to reinforce the fact that St. Peter, as such only Bishop of Rome, also had his role as the first pope.

Pope Pius II wrote a fine anthropomorphic interpretation of the new church in Pienza: »He compares the ground plan of the choir with its ring of chapels to a crowned head, and the façade with its oculus window above the main portal with an eye wide open in the manner of a cyclops.« (Pieper 1987.)

And for one more allusion to the motif of the outspread arms we will make a leap into the 20th century.

The theme arises in a secular design dating from 1989: **Herbert Traub** (b. 1930), a universal artist working between sculpture, architecture and performance, has developed a university building for his interdisciplinary institute in Stuttgart (ill. 90) that clearly signals the all-embracing claims of the arts. It is not difficult to realize that the major gesture comes from a »corpus« in which it is possible to make out head, chest, legs and perhaps a hermaphroditic genital area.

Now let us return to ecclesiastical architecture. We can quote an highly significant example of the transformation of sculpture in human form into architecture. The Austrian sculptor **Friedrich Wotruba** (1907–1975) has turned his artistic attention to the tectonic »structure« of his figures in his notable work since about 1960. And so it is by no means surprising that he was asked to design a church in 1975, located at the Georgenberg in Vienna (ill. 91). If Wotruba's sculptural works were essentially architecturally interpreted figures, now the so-called »Wotruba church« is figuratively interpreted architecture, though admittedly no individual figures can actually be made out. But the stereometric and figural accumulation of layers in his earlier work as a sculptor can be cited as an analogy.

Identifying a building with divine or god-like beings is by no means specific only to Christianity.

Here is just one of the many examples from non-Christian religions.

The Buddhist stupa in Nepal is identified with the seated Buddha (ill. 92). Thus one of the many symbolic possibilities for interpretation clearly has anthropomorphic implications.[31] The harmika, the element that is placed on the semi-conical form of the stupa is given pairs of eyes that look in four directions. As so often happens in architecture,[32] this expresses an all-embracing, indeed cosmic claim on the surrounding world. But we can go a step further with the interpretations of the pairs of eyes: the »head« indicates »a human figure in this way, concealed in the stupa in a meditative pose: the crossed legs in the base, the body up to the shoulders in the hemisphere, the head in the harmika. This also relates to the psycho-physiological doctrine of the chakhras or centres of psychic force that are to be found in the human body – arranged one above the other –, through which awareness is developed in rising order.« (Govinda 1978.) The Nepalese stupa is thus a convincing example of the fact that anthropomorphy extends far beyond biological physicality.

»The various levels of the building correspond with the levels of awareness up to ›enlightenment‹. The eyes of (omnipresent) Buddha are represented on the four sides of the cube above the dome.« (Herdick 1992.)

The Hindu temples of southern India are even less iconic in their geometrical approach. They have maternal attributes: the innermost cell is the »Garbhagriha«, that is the womb, and this small room does in fact contain a depiction of Shiva in the form of the lingam. (Cf. Feuerstein 1997 and 1999.)

The following examples, largely drawn from 20th-century architectural history, are intended to show that the subject of anthropomorphic architecture is by no means restricted to history.

9. Ricardo Porro

In der Architektur der Gegenwart hat sich wohl kaum ein anderer Architekt so eindeutig zur anthropomorphen Deutung seiner Werke bekannt wie **Ricardo Porro** (geb. 1925). Seine Arbeiten zeigen zweifellos Verwandtschaften zum Expressionismus, zu Le Corbusier, zur organischen Architektur, stellen aber gleichwohl eine sehr spezifische Ausprägung einer nicht-rationalistischen Architektur dar. Seine erste bedeutende Arbeit, die Schule für die bildende Kunst in Havanna (Abb. 94), entstand 1960–63 in der Aufbruchsituation der siegreichen kubanischen Revolution. Der Bau wurde für Porro »zum Abbild des Eros«. Die beiden geschwungenen Bauteile sind männlich und weiblich, sie sind partnerschaftlich einander zugeordnet. »Das Gebäude bringt aufgrund der Anspielung auf die weibliche Brust und das weibliche Geschlecht eine Anthropomorphisierung zum Ausdruck.« Porro bekennt sich wiederholt zu den Vergleichen mit dem menschlichen Körper und zum explizit erotischen Charakter seiner Bauten, wobei er sich nicht scheut, auch sehr detaillierte Vergleiche zwischen pflanzlicher und menschlicher Natur zu ziehen: »Sehr dünne Pflanzen mit langen Blättern im Garten erinnern an Schamhaare.« Die Kuppelformen des Ateliers sollten aber nicht nur an die Brüste einer Frau erinnern, sondern auch an die Rundungen eines Eies, das Leben enthält und zum Symbol für entstehendes Leben wird.

Ein Detail stellt einen besonders deutlichen Verweis auf das Geschlechtliche dar: Im Hof steht ein Brunnen in Form einer Papaya-Frucht, und diese ist in Kuba, wie auch in vielen anderen Ländern, nicht nur das Symbol, sondern eigentlich die der Natur geglückte, abbildhafte Darstellung des weiblichen Geschlechts.[33]

Das Kunst- und Kommunikationszentrum in Vaduz, Liechtenstein (gemeinsam mit David Biguelman, 1973–75) wird wieder von Ricardo Porro selbst mit einer Fülle von Metaphern ausgestattet, die dem Betrachter und Benützer weitgehend verborgen bleiben, dem Analytiker aber die Spekulationen ersparen. Es stellt sich damit jedoch auch die Frage, wo Metaphern ihre Grenzen haben, wenn sie einerseits nicht ablesbar sind und andererseits aber nicht, wie in früheren Epochen, zum Gemeingut der Gesellschaft gehören. Die goldenen Stäbe, die von Schienen um das Gebäude herum herunterhängen, sind für Porro der Ansatz zu den Assoziationen zum Gold: Drei Riesenfinger fangen das Gold auf, es ist energiegeladen, steht aber gleichzeitig für Kapital und Geschäft. Porro spricht jedoch auch vom Goldregen und vom Rheingold der Nibelungen, vom Goldmachen der Alchemisten. Das Gold hat aber auch die Verbindung zum Feuer und somit zu Prometheus. Zu guter letzt wird auch noch im Vergleich mit dem Stift Melk die österreichische Barocktradition beschworen. Porro geht noch weitere Schritte in der Deutung: Die drei Finger sind die eines Riesen, der aus dem Berg hervortritt, und dieser hat einen Bezug zu Nietzsches Übermenschen.

Beim Jugendzentrum in Vaduz (Projekt 1972) (Abb. 93) sind Körper und Kopf sowie die Gliedmaßen deutlich zu erkennen, und zwischen den weit gespreizten Beinen liegen Eingang und Versammlungsraum. Die Brust ist weit geöffnet und läßt das Licht ein, doch bleiben wir im Ungewissen, ob es sich um einen männlichen oder weiblichen Körper handelt. Porro jedoch definiert den Bau als einen jungen Mann, dessen Brust zerbirst und dessen Kopf und Hände auffliegen. Wie sehr Porro an eine figurative Gestaltung gedacht hat, geht auch daraus hervor, daß er dem Modell zwei Händchen beilegt und damit jeden Zweifel über die formalen Intentionen ausschließt.

Den Entwurf der Gonzalo-Schule in Marne la Ville (1976) widmet Porro seinem verstorbenen Sohn. Obgleich der Grundriß wieder durchaus Körperhaft-Organisches andeutet, spricht der Architekt nur von zwei Motiven, die mit dem Menschen zu tun haben: »... die äußeren Kurven der Klassenräume verwandeln sich in Kindergesichter ..., das Wasser quillt aus einem Brunnen hervor, der die Form von Kinderhändchen hat.« (Porro 1994.) Das Grundstück ist auf beiden Seiten von hohen Bergen umgeben, und dadurch wäre die Figur von oben tatsächlich erkennbar gewesen.

In einem anderen Entwurf bedient sich Porro weicher, gerundeter, gekurvter Formen, die eher an den Körper einer Frau denken lassen. Das Feriendorf (Abb.95), 1972 für die Insel Korcula im damaligen Jugoslawien entworfen, wird aber von Porro wieder als ein Riese interpretiert. »Die Milde der Hügel erinnerte mich an einen Mann, der halb unter Wasser steht, wobei ein Knie oder eine Schulter hervorschaut, die Vision einer anthropomorphen Natur ... Die bildliche Darstellung eines mythischen Mannes, der aus dem Wasser steigt, wobei das Dorf – wie bei einem Bild von Arcimboldo – die Form dieses Riesen erhält. Jedes Gebäude sollte seine eigene Persönlichkeit haben, und alles sollte – von der Ferne aus betrachtet – einen Menschen

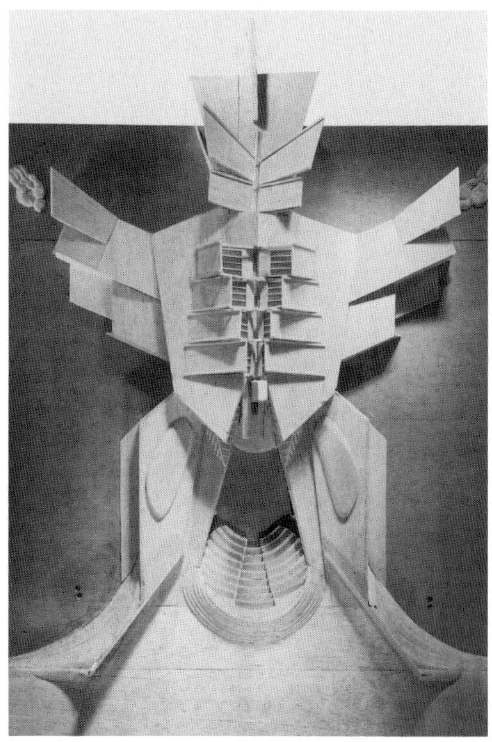

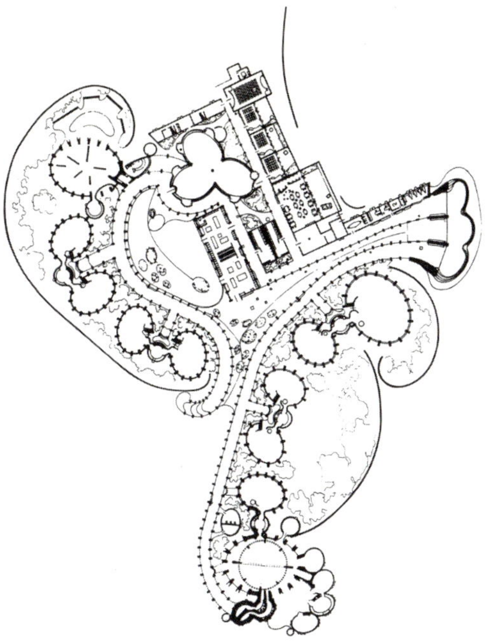

9. Ricardo Porro

There is probably no contemporary architect who has admitted so unambiguously to an anthropomorphic interpretation of his work than **Richard Porro** (b. 1925). His work is undoubtedly related to Expressionism, to Le Corbusier, to organic architecture, but it also represents a very specific version of non-rationalist architecture. His first significant work, the School of Fine Art in Havana (ill. 94), was built in 1960–63 as part of the fresh start after the successful Cuban revolution. For Porro the building became »an image of Eros«. The two curved sections are male and female, and are arranged in partnership. »The building, with the concept of the female breast and sex, expressed an anthropomorphistic aspect.« Porro repeatedly accepts comparisons with the human body, and the explicitly erotic character of his buildings, though he is not afraid to make very detailed comparisons between the nature of plants and the nature of human beings: »In the garden very thin plants with long leaves reflected the pubic hair.« The domed shape of the studio is not intended simply as a reminder of female breasts, but also the roundness of an egg, which contains life and become a symbol of emergent life.

One detail is a particularly clear reference to sexuality: there is a fountain in the shape of a papaya fruit in the courtyard, and in Cuba as in many other countries this is not just a symbol, but a very successful copy by nature of the female genitalia.[33]

The Arts and Communications Centre in Vaduz, Liechtenstein (with David Biguelman, 1973–75) was again provided with a whole range of metaphors by Ricardo Porro himself that are largely concealed from the viewer and the user, but that save analysts from having to speculate. But this also raises the question of where the borders of metaphors lie, when they are not legible on the one hand and on the other hand are not part of society's common property, as they were in earlier centuries. The golden rods that hang down from rails around the building are Porro's starting-point for an association with gold: three giant fingers catch the gold, it is charged with energy but as the same time stands for capital and society. But Porro also mentions golden rain and the Rhinegold of the Nibelungen, and then again the alchemists making gold. But gold is also linked with fire and thus with Prometheus. And finally he also invokes the Austrian Baroque tradition in a comparison with the monastery of Melk. Porro goes a step further in his interpretation: the three fingers are those of a giant coming out of a mountain, and this relates to Nietzsche's superman.

Body and head can clearly be made out in the case of the youth centre in Vaduz (project 1972) (ill. 93), and so can the limbs. There is an entrance and a common-room between the widely parted legs. The chest is wide open, and admits light, and yet we are uncertain about whether this is a male or a female body. But Porro defines the body as a young man, with his

93. Ricardo Porro, Jugendzentrum in Vaduz, Liechtenstein, 1972. Projekt.
94. Ricardo Porro, Schule für bildende Kunst, Havanna, Kuba, 1960–63.
95. Ricardo Porro, Feriendorf auf der Insel Korcula, Kroatien, 1972. Projekt.

93. Ricardo Porro, youth centre in Vaduz, Liechtenstein, 1972. Project.
94. Ricardo Porro, School of Fine Art, Havana, Cuba, 1960–63.
95. Ricardo Porro, holiday village on the island of Korcula, Croatia, 1972. Project.

96. Ricardo Porro und Renaud de la Noue, Kaserne der Compagnies républicaines, Vélizy, Frankreich, 1997.
97. Ricardo Porro und Renaud de la Noue, Collège Colonel Fabien, Ville de Montreuil, Frankreich, 1993.

96. Ricardo Porro and Renaud de la Noue, barracks for the Compagnies républicaines, Vélizy, France, 1997.
97. Ricardo Porro and Renaud de la Noue, Collège Colonel Fabien, Ville de Montreuil, France, 1993.

bilden, wie das Arcimboldo mit Obst und Gemüse gemacht hat ... Ich versuchte mit Hilfe aller Gebäude den Sinn meines Projektes auszudrücken: Die Verwaltung ist der Kopf, das Restaurant der Magen und die sozialen Räume die Hände. Ein Labyrinth in der Mitte des Platzes verkörpert die Gedärme, das Amphitheater das Becken und der Schiffsanlegeplatz das Geschlecht ..., habe ich die Häuser als äußere Teile des Torso konzipiert, als Schultern, Achsel und Brust eines Mannes ... im Inneren habe ich als Bildhauer gearbeitet ... Die Feuerstelle wird als Nabel behandelt ... Ein Objekt an der Decke erinnert an das nährende Euter einer Kuh und verkörpert das Fruchtbarkeitssymbol. Die Kuh ist himmlisch, eine mit befruchtetem Regen gefüllte Wolke ... Jedes der Häuser am Strand war in seinem Äußeren ein Abbild des Anthropokosmos außerhalb des Menschen und im Inneren die Symbolik der Erde und des Himmels, der menschliche Mikrokosmos.« (Porro 1994.) Und lapidar beschließt Porro seine Beschreibung: »Und die Stadt wurde Mensch.«

Wie so oft sind die Themen der Anthropomorphie und der Zoomorphie nicht leicht voneinander zu scheiden. Beim Collège Colonel Fabien in Montreuil (1993) (mit Renaud de la Noue) (Abb. 97) erläutert Porro selbst die »Wesen« an seinem Entwurf: »... ein Gebäude ..., das an zwei Bestien denken läßt. Die eine ist männlich, die andere weiblich, und es scheint, als würde

chest bursting open and his head and hands are flying out. Porro also shows how carefully he thought about the design by giving the model two little hands and thus removing any doubt about the formal intentions.

Porro dedicated the design for the Gonzalo school in Marne la Ville (1976) to his dead son. Although the ground plan again suggests the physical and the organic, the architects speaks of only two motifs that have anything to do with human beings: »... the external curves of the classrooms transform themselves into children's faces ... the water flows out of a fountain that is in the shape of a child's little hand.« (Porro 1994.) The site is surrounded by high mountains on both sides, and this meant that it actually would have been possible to recognize the figure from above.

In another design, Porro uses soft, rounded, curved forms that are more reminiscent of a female body. But Porro interprets the holiday village (ill. 95) designed for the island of Korcula in the former Yugoslavia as a giant again. »The rolling hills made me think of a man half submerged in water showing a knee or a shoulder: The vision of anthropomorphic nature. ... the figuration of a mythical man emerging from the water, and the village which reflected the form of this giant as in a painting by Arcimboldo. The personality of each building had to be preserved and, from the distance, the whole would represent a man, in allusion to Arcimboldo with his fruit and vegetables ...
I wanted to give my project a meaning by integrating all these buildings: The administration coincided with the head, the restaurant with the stomach, the social space with the hands. A labyrinth in the centre of the square corresponded to the intestines, the amphitheatre to the pelvis and the quay to the phallus. ... I devised the exterior of the houses as pieces of the torso, the shoulder, the armpit and the chest of a man. Inside, ... I worked as a sculptor ... the place where the fire should burn would have to be conceived as the navel: On the ceiling I placed a form suggesting the udder of a cow as a symbol of fertility, it is celestial and appears as a cloud filled with fruitful rain ... The exterior of each house at the seafront represented an image of the ›anthropocosm‹ outside man, whereas the interior, the symbolism of heaven and earth signified the human microcosm.« (Porro 1994.) And Porro tersely concludes his description: «And the town became a human being.«

As so often it is not easy to distinguish between the themes of anthropomorphy and zoomorphy. In the case of the Collège Colonel Fabien in Montreuil (1993) (with Renaud de la Noue) (ill. 97) Porro explains the »creatures« in his design: »... a building ..., which makes one think of two beasts. One is a male, the other a female beast. The male animal looks as if it wants to cover the female. Both bodies swing in a large circular horizontal movement and in this way form a Yin-Yang symbol, the symbol of equilibrium between opposites.« (Porro 1994.)

Ricardo Porro and **Renaud de la Noue** confront us with one of the most interesting variations on anthropomorphy in the barracks in Vélizy for the French republican security company (ill. 96). According to the architect it was inspired by Paolo Uccello's picture *The Battle of San Romano*. And so the architecture does not just represent people, figures, but armed men, warriors on horseback in their passionate battle. Can we see the opposing armies facing each other or the powerful horses in their fight from Uccello's picture in the dialectic of the ground plans? Does the forest of gigantic lances provide the idea for Porro's aggressive architectural motifs, thrusting out of the building and directed at invisible enemies or even at each other? Did Porro and de la Noue create architecture that seemed aggressive or at least militant as a reference to the building's significance as a barracks? It is not always easy to recognize figures and forms directly in this case, but we can be grateful to the architects themselves for giving us the clue, and thus they are by no means denying that this is »architecture parlante«, narrative or literary architecture. The architects have not just given us interpretative licence here, but also provided a hint on the anthropomorphic interpretation of their architecture.

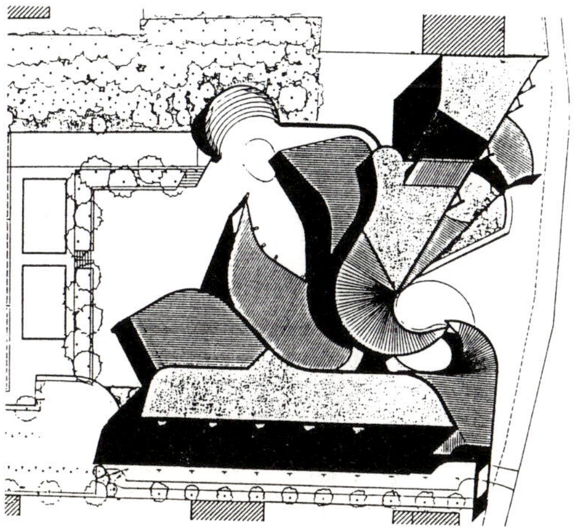

In the case of the *Janus House*, a villa in Metz, two identical buildings were linked together, each in the form of a rising spiral, and if we can accept their affinity with snails, this would also be a zoomorphic aspect. »The exterior pillars render the form of a snail (lovely animal) which then transforms into centipede (aggressive animal).« (Porro 1994.) The Janus motif of this double building is made even clearer inside, and the notion of the anthropomorphic column gains a new aspect: the columns seem to consist of two torsos fused together, ending in a double capital.

If we anticipate the next chapter, then there are more zoomorphic motifs to be found in the work of Ricardo Porro, though it is the architect's own interpretation rather than the immediate impression given by the buildings that leads to this view.

das männliche Tier das weibliche bedecken. Beide Körper schwingen in einer großen kreisförmigen horizontalen Bewegung und bilden auf diese Weise ein Yin-Yang-Symbol, das Symbol des Gleichgewichts zwischen einem Gegensatzpaar.« (Porro 1994.)

Ricardo Porro und **Renaud de la Noue** konfrontieren uns mit einer der interessantesten Spielarten der Anthropomorphie bei der Kaserne in Vélizy für die französische republikanische Sicherheitskompanie (Abb. 96). Nach Aussage der Architekten hat sie ein Bild von Paolo Uccello, *Die Schlacht von San Romano*, inspiriert. Es sind also nicht nur Menschen, Figuren, die wir in der Architektur gespiegelt finden, sondern es sind Bewaffnete, Krieger zu Roß in ihrem leidenschaftlichen Kampf. Können wir in der Dialektik der Grundrißkörper die in Uccellos Gemälde einander gegenüberstehenden Heere sehen oder die kraftvollen Pferde im Kampf? Kommt von dem Wald der riesigen Lanzen die Idee zu Porros aggressiven Architekturmotiven, die aus dem Bauwerk hinausstechen und sich auf unsichtbare Feinde oder sogar gegeneinander richten? Haben Porro und de la Noue eine gleichsam aggressive oder zumindest eine kämpferische Architektur geschaffen, um auf den Inhalt des Hauses, eine Kaserne, zu verweisen? Das unmittelbare Erkennen von Figuren und Gestalten ist in diesem Falle nicht ganz leicht, aber dankenswerterweise geben uns die Architekten selbst das Stichwort, und damit leugnen sie keineswegs, daß es sich um eine »architecture parlante«, um eine erzählende, eine literarische Architektur handelt. Die Architekten haben damit nicht nur einen Freibrief für die Deutung, sondern auch einen Hinweis auf eine anthropomorphe Interpretation ihrer Architektur geliefert.

Beim *Janus-Haus*, einer Villa in Metz, wurden zwei gleiche Häuser aneinandergekoppelt, jedes hat die Form einer aufsteigenden Spirale, und wenn wir deren Affinität zur Schnecke akzeptieren, wäre dies auch ein zoomorpher Aspekt. »Die äußeren Pfeiler verschärfen die Schneckenform (liebes Tier) und lassen diese zu einer Skolopenderform (aggressives Tier) werden.« (Porro 1994.) Das Janusmotiv des Doppelhauses wird im Inneren noch verdeutlicht, und das Thema der anthropomorphen Säule gewinnt einen neuen Aspekt: Die Säulen scheinen aus zwei miteinander verschmolzenen Torsi zu bestehen, die in einem Doppelkopf-Kapitell enden.

Wenn wir die nächsten Kapitel vorwegnehmen, dann gibt es bei Ricardo Porro noch weitere zoomorphe Motive zu entdecken, wobei weniger die unmittelbare Anschauung als vielmehr die Deutung des Architekten selbst zu dieser Betrachtung verleitet.

Das Collège Elsa Triolet (Abb. 99) in Saint-Denis erweckt schon im Grundriß den Eindruck eines heftig bewegten Tieres, vielleicht auch zweier Tiere, die einander überlagern. »Da wir dem Gebäude eine poetische Note verleihen wollten, griffen wir auf ein antikes Symbol für die Weisheit, die Taube zurück. Der Eingang ist der Kopf, die Halle der Körper, und die beiden Flügel des Gebäudes sind die Schwingen ... Die Gebäude in Gestalt einer Taube, die sich von einem offenen Buch erhebt und so den Schlüssel zum Verständnis des Komplexes darstellt.« (Porro 1994.)

Porro hat offenkundig Schule gemacht: An der Universität Dortmund hat 1991 **Monika Kalpakidis** ihre Diplomarbeit vorgelegt, eine Fachklinik für psychosomatische Medizin (Abb. 98). Grundriß und Modell lassen keinen Zweifel darüber, daß es sich um eine schreitende Figur handelt, und auch hier liegt einer der Haupteingänge zwischen den Beinen, eine akzentuierte Kreisform, die im 1. Obergeschoß die Therapieräume aufnimmt. Der Figur fehlt der Kopf, den Brustkorb bildet eine alte Industriehalle.

Auch hier, wie bei allen Grundriß-Anthropomorphien, teilt sich diese Intention dem Alltagsbesucher wohl kaum mit, erst aus der Vogelschau erkennen wir die morphologischen Absichten.

Es überrascht, daß in der Gegenwartsarchitektur, der man den symbolischen und metaphorischen Charakter weitgehend abgesprochen hat, anthropomorphe Tendenzen mit einem derart hohen Abstraktionsgrad auftauchen, daß sie sich der sinnlichen Wahrnehmung aus der normalen Augenhöhe praktisch entziehen. Diese Verweigerung der optischen Rezeption läßt die Vermutung aufkommen, daß eine neue Symbolwelt wieder an Terrain gewinnt, daß nicht allein die lesbare, sichtbare Mitteilung wichtig ist, sondern verschlüsselte, latente Qualitäten im Bauwerk aufzuspüren sind.

98. Monika Kalpakidis, Fachklinik für psychosomatische Medizin, Schwerte, Deutschland, 1991. Projekt.
99. Ricardo Porro und Renaud de la Noue, Collège Elsa Triolet, Saint Dénis, Paris, 1990.

98. Monika Kalpakidis, specialized clinic for psychosomatic medicine, Schwerte, Germany, 1991. Project.
99. Ricardo Porro and Renaud de la Noue, Collège Elsa Triolet, Saint Denis, Paris, 1990.

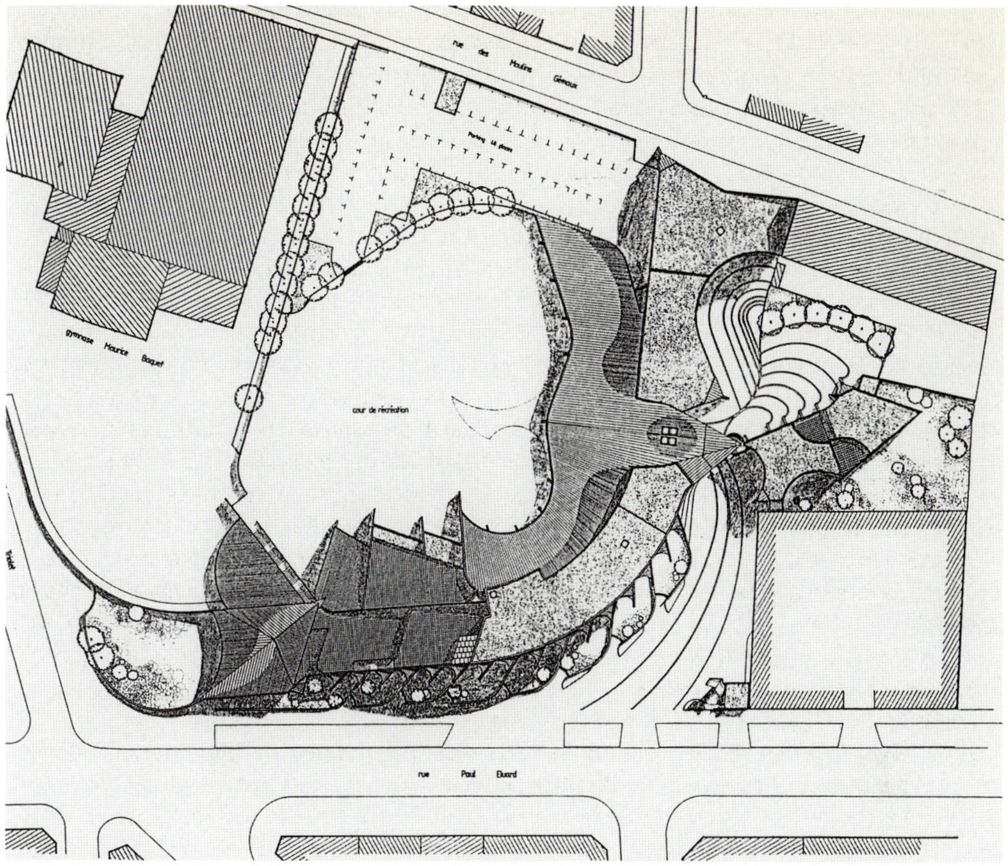

The Collège Elsa Triolet (ill. 99) in Saint-Denis gives the impression of a violently moving animal even in the form of its ground plan, perhaps even two animals superimposed. »As we wanted to add a poetic touch to the building we went back to an ancient symbol of wisdom, the dove. The entrance is the head, the hall the body and the two wings of the building are the bird's wings ... The building in the shape of a pigeon rising from an open book and thus presenting the key to understanding the complex.« (Porro 1994.)

Porro obviously had his followers. **Monika Kalpakidis** submitted her diploma project at the University of Dortmund in 1991, a design for a specialist clinic for psychosomatic medicine (ill. 98). Ground plan and model leave no room for doubt that this is a striding figure, and here too one of the main entrances between the legs is an accentuated circle which takes up the therapy-rooms on the 1st floor. The figure has no head, the »chest« is an old industry-hall.

Here, as in all the anthropomorphic ground plans, this intention will scarcely be clear to the everyday visitor. It is only from a bird's-eye view that we can make out the morphological intentions.

It is surprising that anthropomorphic tendencies with such a high degree of abstraction that they are practically imperceptible from normal eye-level crop up contemporary architecture, which is largely seen as being without any symbolic or metaphorical intentions. This rejection of perception by eye rather suggests that a new symbolic world is gaining ground: it is not only intelligible, visible communication that is important, but that encoded, latent qualities can be detected in the building.

100. Imre Makovecz, Kulturzentrum in Sárospatak, Ungarn, 1983.
101. Imre Makovecz, Jugendhaus in Tokaj, Ungarn, 1979.

100. Imre Makovecz, culture centre in Sárospatak, Hungary, 1983.
101. Imre Makovecz, youth centre in Tokaj, Hungary, 1979.

10. Imre Makovecz

Ein umfangreiches Repertoire an anthropomorpher und zoomorpher Architektur erschließt sich im Werk des ungarischen Architekten **Imre Makovecz** (geb. 1935). Seine Arbeiten stehen deutlich außerhalb der internationalen Trends der zeitgenössischen Architektur, und die Subsumierung unter die organische Architektur, der er durchaus zustimmt, ist noch am ehesten plausibel. Makovecz bezieht eine durchaus kritische Position gegen die gängigen Architekturströmungen der sechziger und siebziger Jahre.

Sehr deutlich zeigen sich hingegen die Einflüsse von **Frank Lloyd Wright**, **Herb Greene** und **Bruce Goff**, vor allem aber von **Rudolf Steiner**, dessen Arbeiten, vor allem das zweite Goetheanum, Makovecz nachhaltig beeindruckt haben.

Tatsächlich bildet die Architektur der Anthroposophen ein schönes Verbindungsglied zu Imre Makovecz in Hinblick auf eine anthropomorphe Architektur. Insbesonders die Durchmodellierung der Dachlandschaften könnte als eine deutliche Gemeinsamkeit angesehen werden.

Wenn Imre Makovecz es bisweilen auch dementiert, so sind die regionalen, ja die folkloristischen Einflüsse nicht zu übersehen, und überall dort, wo sie direkt zitierend, bisweilen eklektizistisch werden, könnte auch eine Kritik ansetzen.

Die deutliche Annäherung an die Anthropomorphie gewährt uns zunächst die Betrachtung der physiognomischen Aspekte, und wir verfügen über diesbezügliche persönliche Aussagen von Makovecz. Die im Kapitel 5 postulierten Thesen eines Vorne und Hinten der Architektur als anthropomorphes Kriterium stimmt Makovecz durchaus zu, und er behauptet: »... alle meine Häuser haben Gesichter. Alle Projekte haben Gesichter, haben eine Seite nach vorne, eine Seite nach hinten ... Vorne haben sie Gesichter, das ist wichtig. Wenn ich also einen Turm baue, hat er auch ein Gesicht, er hat Augen und schaut in irgendeine Richtung« (Kuhlmann 1997.)

Makovecz verallgemeinert und nähert sich damit der generalisierenden These im Kapitel 1: »Es ist wahrscheinlich, daß ein Gebäude nur anthropomorph sein kann, im allgemeinsten Sinn des Wortes.« (Makovecz 1991.)

Das Physiognomische beim Kulturzentrum Sárospatak (1983) wird vor allem durch die Fensteranordnung evoziert (Abb. 100). Die Gestalt der Fenster und ihre Disposition in der Fassade, vor allem aber die darüber liegenden »Augenbrauen« lassen unausweichlich ein Augenpaar deuten. Makovecz verwendet, nur mit wenigen Variationen, dieses Thema zweimal an diesem Gebäude.

Einige sprachliche Reflexionen im Ungarischen führen die Arbeiten von Makovecz auch zu einer Art Zoomorphie. Der Türpfosten »sas« trägt den Balken »szemöldökfa«. Ersteres bedeutet aber auch Adler und letzteres Augenbraue. Ein weiteres, immer wiederkehrendes Emblem sind die Flügel. Es sind meist gewaltige Schwingen von nicht näher definierten Tieren, die ein Gebäude akzentuieren. Manchmal sind es auch deutlich erkennbare Vögel, die sich auf einem

10. Imre Makovecz

The work of the Hungarian architect **Imre Makovecz** (b. 1935) shows a wide repertoire of anthropomorphic and zoomorphic architecture. His approach is clearly outside international trends in contemporary architecture. It seems most plausible, and he would not disagree with this, to subsume him under organic architecture. Makovecz adopts an entirely critical position vis-à-vis the usual directions taken by architecture in the sixties and seventies.

He was very clearly influenced by **Frank Lloyd Wright**, **Herb Greene** and **Bruce Goff**, but above all by **Rudolf Steiner**, whose work, and above all the second Goetheanum, made a lasting impression on Makovecz.

In fact anthroposophical architecture provides us with an elegant link to Imre Makovecz in the context of anthropomorphic architecture. The through-modelling of the roofscapes in particular could be seen as something they clearly have in common.

Even though Imre Makovecz sometimes denies it, it is impossible to overlook regional, and indeed folk influences, and criticism could begin above all at points where these influences involve direct quotation and eclecticism.

Consideration of facial aspects first of all could bring us significantly closer to anthropomorphy, and we have some personal comments by Makovecz in this respect. He completely accepts the theses of front and back in architecture that are postulated as an anthropomorphic criterion in chapter 5, asserting that: »... all my buildings have faces. All projects have faces, they have a front and a back.. At the front they have faces, that is important. An so when I build a tower, it has a face as well, it has eyes, and looks in a particular direction.« (Kuhlmann 1997.)

Makovecz generalizes, and thus approaches the generalizing thesis proposed in chapter 1: »It is probable that a building can only be anthropomorphic in the most general sense of the word.« (Makovecz 1991.)

In the Sárospatak Culture Centre, the element of physiognomy is evoked above all by the arrangement of the windows (ill. 100). The shape of the windows and their disposition within the façade, but above all the »eyebrows« above them make it impossible not to see them as a pair of eyes. Makovecz uses this theme twice in the building, but with slight variations.

Dach niedergelassen haben, so beispielsweise beim Jugendhaus in Tokaj aus dem Jahre 1979 (Abb. 101).

Der Begriff des Tür-»Flügels« veranlaßt Makovecz selbst zu einer interessanten Deutung: »Das, was man bei einer Tür öffnet, wird ›Flügel‹ genannt, sowohl im Ungarischen als auch in vielen anderen Sprachen. Die beiden Säulen an den Seiten halten also Türflügel. Wort für Wort bedeutet das: In das Leben tritt man hinein, indem die beiden Stiergottfiguren ihre Flügel aufhalten.« (Kuhlmann 1997.)

Eine eigenartige Kombination von Gesicht und Flügel empfing den Besucher des Ungarischen Pavillons auf der Expo in Sevilla 1992 (Abb. 102). Über eine breite Freitreppe erreichte man ein rundbogiges Tor. Darüber blickte einem ein fratzenhaftes Gesicht an: Die Fenster waren Mund und Augen, diese verfügten über kräftige Augenbrauen, die sich in eine Nase verlängerten. Die »Wangen« hingegen wurden aus weit ausholenden Flügeln gebildet.

Zwei Jahre früher hat Makovecz die Kirche in Siofok in Ungarn gebaut (Abb. 103), und hier zeigt sich noch deutlicher das Physiognomische. Eine interessante Doppeldeutigkeit begegnet uns hier: Das »Gesicht« hat gleichsam Flügel anstelle der Wangen, und da mag es an die barocken Putti mit den fliegenden Köpfen erinnern.

Beim Kulturhaus in Makó, Ungarn, stellt Makovecz gleichsam zwei Wächter dem Baukörper zur Seite. Das Dach über dem Vortrags- und Theatersaal erinnert an den Panzer einer Schildkröte und wird flankiert von zwei turmartigen Bauten. Unbeschadet der Tatsache, daß diese nur das Treppenhaus und die Sanitäranlagen beinhalten, werden sie monumental durch Glasaufbauten überhöht. Diese weisen eine eindeutige Richtung auf, die allerdings weder als Zu- noch als Abwendung definiert werden kann. Es sind gewaltige »Figuren«, die eindeutig einen »Kopf« aufweisen.

In einem offenkundigen Vakuum in der ungarischen Architektur knapp vor und nach der Wende waren es sicherlich auch die idealistischen gedanklichen Ansätze, die Makovecz zu einem Lehrer prädestinierten, und er hat überraschend zahlreiche Nachfolger gefunden.

Einer von den Schülern, die Formensprache variierend, ist **Dezsö Ekler**. Das Saal-und Kulturgebäude in Nagykallo (1986) erinnert mit den weit ausgebreiteten Schwingen an einen riesigen Raubvogel, vielleicht auch an die geflügelten Helme der Wikinger oder des Götterboten Hermes (Abb. 104).

102. Imre Makovecz, Ungarischer Pavillon auf der Weltausstellung in Sevilla, 1992.
103. Imre Makovecz, Kirche in Siofok, Ungarn, 1990.
104. Dezsö Ekler, Kulturgebäude in Nagykallo, Ungarn, 1986.

102. Imre Makovecz, Hungarian Pavilion at Expo in Seville, 1992.
103. Imre Makovecz, church in Siofok, Hungary, 1990.
104. Dezsö Ekler, culture building in Nagykallo, Hungary, 1986.

Some linguistic reflections involving Hungarian also relate Makovecz's work to a kind of zoomorphy. The doorpost »sas« supports the beam »szemölökfa«. But the former also means eagle and the latter eyebrow. Another emblem that recurs constantly is that of wings. These are usually the powerful pinions of creatures that are not defined more closely, adding highlights to a building. Sometimes they are also clearly recognizable birds that have settled on a roof, as in the youth centre in Tokaj dating from 1979 (ill. 101).

The concept of the opening door suggests an interesting interpretation to Makovecz himself: »The part of the door that you open is called a ›wing‹ in Hungarian and in many other languages. And so the two columns on the sides support door ›wings‹. Word for word that means: you are stepping into life, in that the two bull-god figures open up their wings.« (Kuhlmann 1997.)

Visitors to the Hungarian Pavilion at the World Fair in Seville in 1992 were received by a strange combination of face and wing (ill. 102). A broad flight of outdoor steps led to a door with a round arch. Above this a grotesque face looked down: the windows were mouth and eyes, and these had powerful eyebrows that extended into a nose, But the »cheeks« were made up of widely spreading wings.

Makovecz built the church in Siofok in Hungary (ill. 103) two years earlier, and here we see the facial element even more clearly. There is an interesting ambiguity in this case: the »face« seems to have wings instead of cheeks, which may be reminiscent of Baroque putti with their winged heads.

For the House of Culture in Makó, Hungary, Makovecz placed what looked like two guards at the side of the building. The roof of the lecture-hall and theatre is reminiscent of a tortoise's shell, and is flanked by two tower-like buildings. Despite the fact that these contain only the staircase and the sanitary facilities, they are given a monumental quality by the addition of glass structures on the top. These unambiguously face in a particular direction, though it is impossible to say whether this expresses inclination or disinclination. They are powerful »figures« that quite definitely have »heads«.

There was an obvious vacuum in Hungarian architecture just before and just after the fall of Communism. Clearly Makovecz's idealistic intellectual approach predestined him to be a teacher, and he has found a surprisingly large number of followers.

One of his pupils varying the language of forms is **Dezsö Ekler**. The widely outspread wings of the hall and culture centre in Nagykallo (1986) make the building reminiscent of a gigantic bird of prey, and perhaps also of the winged helmets of the Vikings or Hermes, the messenger of the gods (ill. 104).

11. Santiago Calatrava

Aus dem 19. Jahrhundert übernimmt das 20. die konventionelle und bislang weitgehend akzeptierte These, daß die rationalen, funktionalistischen Strömungen und die irrationalen, idealistischen Tendenzen einander diametral gegenüberstehen. Waren erstere die Domäne der Statik, der Konstruktion, der Mathematik, so fand man letztere in einer organischen, phantastischen und skulpturalen Architektursprache. Diese zunächst plausible Dialektik wurde schon durch die großen Konstrukteure unserer Zeit ad absurdum geführt, vor allem durch **Pier Luigi Nervi** (1891–1979), **Felix Candela** (1910–1997) und **Eduardo Torroja** (1899–1961), aber auch durch viele fortschrittliche Statiker, die sich der rationalen Fesseln entledigten.

Am Ende des 20. Jahrhunderts bemerken wir zusehends, daß ein hohes Maß an Rationalität gleichsam ins Irrationale »umspringen« kann, wie es schon im Kapitel 7 anhand der Computerplanungen aufgezeigt wurde.

Im zunehmenden Maße erweitert auch die Statik ihr Inspirationsfeld, und so scheint es nicht verwunderlich, wenn uns Konstrukteure mit anthropomorphen, mehr noch, mit zoomorphen Aspekten konfrontieren. Zu ihnen zählt vor allem **Santiago Calatrava** (geb. 1951). Seine Konstruktionen entbehren keineswegs der strukturellen Logik, sind aber gleichwohl einer durchaus individuellen und subjektiven Ästhetik verpflichtet. Ein nicht unwesentlicher Teil seiner Formensprache setzt sich – wenn auch nur assoziativ – mit »Wesen« auseinander.

»Die Projekte Calatravas erinnern uns daran, daß ein Körper ein komplexer, zusammengesetzter Lebensorganismus ist. Das ist einer seiner Gründe, weshalb seine Brücken und Beobachtungstürme und seine baulichen Komplexe dazu geeignet sind, wie ein riesiger Organismus die Landschaft zu steigern. Doch sind seine Formen nicht mimetisch, nachahmend, sein Stil ist nicht ›organisch‹, vielmehr nimmt er Fingerzeige aus der Natur, etwa aus der Art eines Skelettes oder aus dem Kreislaufsystem oder der Haut der Organismen, speziell aber Anregungen von den Funktionen und Schwingungen des menschlichen Körpers.

Auf der Suche nach der Entwicklung einer Morphologie der Bewegung zeichnet Calatrava die dramatischen Charakteristika des Körpers in akrobatischen Aktionen der Schwerkraft eines Tänzers. Es sind trotzige Gesten, um die Gestalt des Wechsels einzufangen und sie einzutauchen in eine Welt ständiger Veränderung. Als ein Resultat bei Calatravas Konstruktionen, wenn sie in die Landschaft eingebetten sind wie ein Baum, erkennen wir, daß die Landschaft in ihrer Einzigartigkeit nicht unterworfen, sondern vielmehr gesteigert wird.« (Tzonis 1999.)

Als Bestätigung dieser These könnte der Entwurf zu einem Turm in Alicante, Spanien, aus dem Jahre 1993 gesehen werden (Abb. 105). Für die Gestik und Positionierung dieses semantischen Elements hat Calatrava eine Serie von aquarellierten Skizzen angefertigt. Dabei geht er von Formen aus, die zweifellos einen menschlichen Körper in tänzerischer oder akrobatischer Bewegung zeigen.

Wenn eingangs davon die Rede war, daß eine anthropomorphe Architektur gemeinsame charakteristische Kennzeichen mit dem Menschen aufweisen muß, dann sind jene Architekturen von besonderem Interesse, die eine ganz elementare Gemeinsamkeit mit dem Menschen haben, nämlich die der Bewegung. In der Architektur, und ganz besonders in konstruktiv akzentuierten Bauten, finden wir allerdings sehr selten das Thema der Bewegung.

Um so wichtiger sind daher jene Arbeiten von Calatrava, bei denen die Statik gleichsam zur Dynamik wird, die Architektur sich zu bewegen beginnt, wobei sie von der vorzitierten, gleichsam erstarrten Dynamik in eine reale Bewegung übergeht. 1989 entwirft Calatrava einen schwimmenden Beton-Pavillon für Luzern. Die Kuppel des kreisrunden Baues kann die zwanzig Lamellen, aus denen sie zusammengesetzt ist, wie eine riesige Blüte bei Sonnenaufgang öffnen, der Blick in den Himmel ist frei.

Die Realisierung eines ähnlichen Gedankens gelingt beim Kuwait-Pavillon für die Weltausstellung in Sevilla 1992 (Abb. 106). Nun sind es zwei Systeme, die einander gegenüberstehen und deren riesige Rippen ineinander greifen. »... die Elemente kommen zusammen ... wie die langen, spitzen Finger von zwei Händen ... oder wie die Blätter von zwei Palmen-Zweigen«. (Tzonis 1999.) Diese anthropomorphe Interpretation wird durch die Skizzen Calatravas bestätigt; er zeichnet zwei Hände, die sich einander nähern und sich dann wie zum Gebet verschränken (Abb. 107). Dieses seltene Thema der Handreichung, der Verknüpfung der Finger wird in Kapitel 17, bei Bakema und Coop Himmelb(l)au, noch einmal zitiert werden (Abb. 169, 170).

Das Motiv der Bewegung wird bei einem faszinierenden Bau Calatravas vorgetragen, beim Planetarium des Wissenschafts-Zentrums in Valencia, Spanien (1991) (Abb. 112). Die Anthropo-

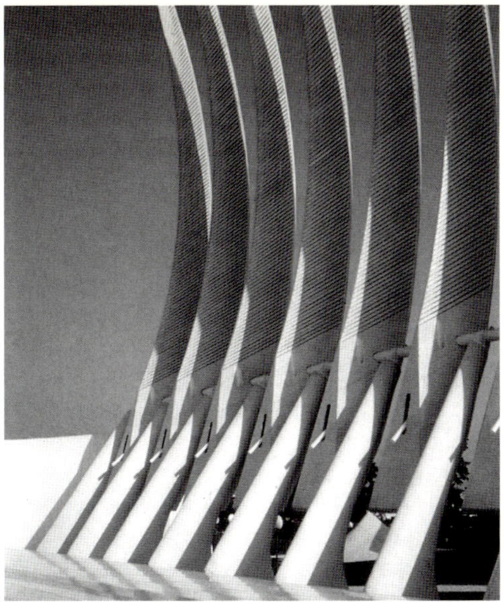

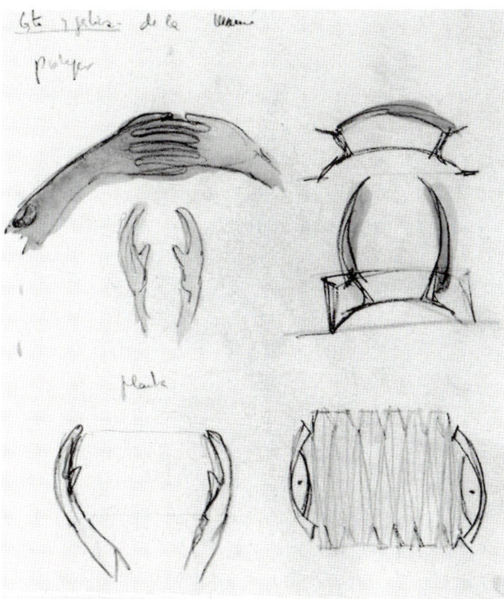

105. Santiago Calatrava, Skizzen für den Alicante-Turm, Alicante, Spanien, 1993.
106. Santiago Calatrava, Kuwait-Pavillon auf der Weltausstellung in Sevilla, 1992.
107. Santiago Calatrava, Bewegungsstudien zum Kuwait-Pavillon auf der Weltausstellung in Sevilla, 1992.

105. Santiago Calatrava, sketches for the Alicante Tower, Alicante, Spain, 1993.
106. Santiago Calatrava, Kuwait Pavilion at Expo in Seville, 1992.
107. Santiago Calatrava, movement studies for the Kuwait Pavilion at Expo in Seville, 1992.

11. Santiago Calatrava

The 20th century has taken over the 19th-century's conventional and hitherto widely accepted thesis that rational and functional movements and irrational, idealistic tendencies are diametrically opposed to each other. The former were the domain of statics, of construction and of mathematics, while the latter were to be found in an organic, imaginative and sculptural architectural language. This dialectic, plausible at first, has already been reduced to absurdity by the great design engineers of our day, but above all by **Pier Luigi Nervi** (1891–1979), **Felix Candela** (1910–1997) and **Eduardo Torroja** (1899–1961), but also by many progressive statics experts who cast of their rationalist shackles.

In the late 20th century we are increasingly seeing that a high degree of rationality can swiftly »veer« into irrationality, as was shown in chapter 7 in the context of computerized planning.

Statics is increasingly broadening its inspirational range as well, and so it does not seem surprising that design engineers are confronting us with anthropomorphic or even more with zoomorphic aspects. **Santiago Calatrava** (b. 1951) is a key figure here. His constructions are not entirely devoid of structural logic, but nevertheless they are committed to an entirely individual and subjective aesthetic. A not insignificant part of his formal language addresses »creatures« – if only on an associative level.

»Calatrava's projects recall the way the body of a complex living organism is put together. This is one of the reasons his bridges, observation towers, and building complexes fit and enhance the landscape like enormous organisms growing out of it or living within it. His forms, however, are not mimetic. His is not an „organic style«. His schemes, rather, draw on nature, taking cues from the way the skeleton, the circulatory system, and the skin of organisms – especially the human body – function and flourish.

In searching to develop a morphology of movement, he also draws dramatic significance from the body's acrobatic action – the dancer's gravity-defying gestures – to capture the shape of change and immerse it in a world in flux. As a result, Calatrava's structure, when embedded in the landscape like a tree, tend to enhance that landscape's own uniqueness rather than subjugate its character.« (Tzonis 1999.)

The design for a tower in Alicante, Spain, dating from 1993 (ill. 105) could be seen as a confirmation of this thesis. Calatrava made a series of water-colour sketches to establish the gestural language and positioning of this semantic element. Here he bases himself on forms that quite clearly show a human body dancing or performing acrobatics.

We said at the outset that anthropomorphic architecture has to have characteristic features in common with man, and so architecture that has something quite elemental in common with man is of particular interest, namely movement. But we very rarely find the theme of movement in architecture, particularly in buildings that accentuate construction.

Thus Calatrava's works in which statics effectively becomes dynamics are all the more important, where the architecture starts to move, shifting from the above-mentioned, effectively paralysed dynamics to real movement. In 1989, Calatrava designed a floating concrete pavilion for Lucerne. The dome of the circular building can open the twenty slats it consists of like a gigantic flower at sunrise, revealing a view of the sky.

A similar idea was successfully realized in the Kuwait pavilion for the Expo 92 in Seville (ill. 106). Now there are two systems facing each other, with their gigantic ribs meshing together. »... the elements come together not like the petals of a flower, more appropriately in the present case, like the leaves of two palm branches.« (Tzonis 1999.) This anthropomorphic interpretation is confirmed by Calatrava's sketches; he draws two hands coming closer to each other and then folding together as in prayer (ill. 107). This rare theme of offering hands, the linking of fingers, will be mentioned again in chapter 17, under Bakema and Coop Himmelb(l)au (ill. 168, 169).

The motif of movement is conveyed in a fascinating building by Calatrava, the planetarium in the Science Centre in Valencia, Spain (1991) (ill. 112). The anthropomorphic element now relates to man's most expressive organ, the eye. It is enlarged gigantically, and the giant eyelid can be moved. A reflection in the water gives the astonishing impression that that two eyelids are closing over an enormous eyeball. The eyeball contains the hemispherical planetarium, but the reflection produces a sphere that can be seen as symbolizing the globe. Even in the case of this building our interpretations are not speculative. The architect himself drew little sketches placing a human eye opening and closing next to the variable structure (ill. 110).

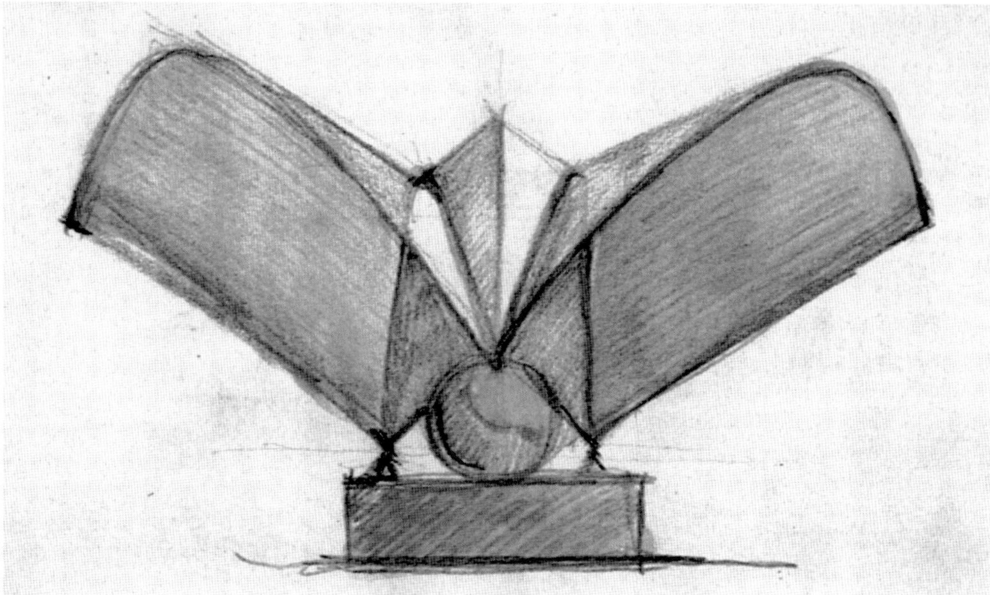

108. Santiago Calatrava, Bahnhof beim Flughafen Satolas, Lyon, 1989–94.
109. Santiago Calatrava, Gemeindezentrum Bärenmatt, Suhr, Schweiz, 1984–88.
110. Santiago Calatrava, Skizzen zum Wissenschaftszentrum in Valencia, Spanien, 1991.
111. Santiago Calatrava, Skizze zur Brücke *9. Oktober*, Valencia, 1988.
112. Santiago Calatrava, Planetarium für das Wissenschaftszentrum in Valencia, Spanien, 1991.

108. Santiago Calatrava, railway station at Satolas airport, Lyon, 1989–94.
109. Santiago Calatrava, Bärenmatt community centre, Suhr, Switzerland, 1984–88.
110. Santiago Calatrava, sketches for the science centre in Valencia, Spain, 1991.
111. Santiago Calatrava, sketch for the *9th of October* Bridgc, Valencia, 1988.
112. Santiago Calatrava, planetarium for the science centre in Valencia, Spain, 1991.

morphie bezieht sich nun auf das ausdrucksstärkste Organ des Menschen, auf das Auge. Es ist ins Gigantische vergrößert, und das riesige Augenlid ist beweglich. In der Spiegelung des Wassers entsteht der erstaunliche Eindruck, als würden sich zwei Augenlider über einem gewaltigen Augapfel schließen. Dieser beinhaltet das halbkugelige Planetarium, aber in der Spiegelung entsteht eine Kugel, die symbolisch für den Erdglobus angesehen werden kann. Auch bei diesem Bau sind wir nicht auf spekulative Interpretationen angewiesen. Der Architekt selbst hat in kleinen Skizzen den variablen Bau dem menschlichen Auge beim Öffnen und Schließen gegenübergestellt (Abb. 110).

Calatrava geht es nicht eindeutig um den menschlichen Körper, sondern um Wesen und deren Eigenschaften: die Bewegung, das Sehen, die Veränderung. So ist es auch verständlich, daß er das Tier immer wieder zu Vergleich mit seinen Konstruktionen heranzieht, und damit besetzt er auch das Spektrum einer zoomorphen Architektur.

Wieder gibt uns der Architekt selbst dazu die Legitimation, etwa wenn er eine Brücke für Valencia mit der Gestalt eines Pferdes vergleicht, dessen Skizze er der Konstruktionszeichnung beifügt (Abb. 111).

Auch bei Calatrava, wie bei vielen anderen Architekten, können die zur Architektur widersinnigsten Tiere, die Flugwesen, als Metapher oder zumindest als mögliche Interpretation herangezogen werden. Zur Konstruktionsskizze der Brücke Austerlitz in Paris (1988) zeichnet Calatrava einen Vogel im Flug mit weit ausladenden Schwingen.

Für den Bahnhof des Flughafens Lyon-Satolas (Abb. 108) verfügen wir über keine authentischen Aussagen oder interpretierenden Skizzen des Architekten. Das äußere Erscheinungsbild zwingt uns trotzdem zur Assoziation des Abhebens, des Flügels, des Fliegens. Die von Calatrava immer wieder bevorzugte Symmetrie bestärkt diesen Eindruck, wenn wir uns selbst in der Symmetrieachse aufstellen. Dann können wir sogar den Körper des Flugwesens erkennen, und die gewaltigen Schwingen scheinen am Rande in leichten, transparenten Federn zu enden. Auch die projektierte plastische Überdachung des Zentralraumes des Milwaukee Art Museums scheint abzuheben: »Wie ein Vogel kurz vor dem Abflug, so können sich Lamellen um einen geschwenkten Mast ordnen, der im Winkel von 47 Grad geneigt ist, um ein geometrisches Muster zu bilden.« (Tischhauser 1997.)

Ein Detail, aus dem Zusammenhang herausgelöst, mutet wie ein exotischer Vogelkopf an: Es stammt von dem Gemeindezentrum Bärenmatt in Suhr in der Schweiz (Abb. 109).

Für die vorliegende Studie ist es selbstverständlich ein großer Gewinn, daß uns Calatrava in den sich anbietenden, subjektiven Interpretationen und Projektionen nicht im Stich läßt und wir nicht auf Spekulationen angewiesen sind. Vielmehr gibt er uns selbst sehr deutliche Hinweise. Dabei ist es nicht so entscheidend, ob die biologischen Wesen tatsächlich Ausgangspunkt oder Inspirationsquelle waren oder ob es sich um nachträgliche Deutungen handelt, das heißt, daß der Architekt gleichsam im nachhinein sich denkt: »Das sieht doch aus wie ein Pferd«, und dieses dazu zeichnet. Entscheidend ist vielmehr, daß, bewußt oder unbewußt, a priori oder a posteriori, der Vergleich zwischen Bauwerk und Tier gezogen werden kann.

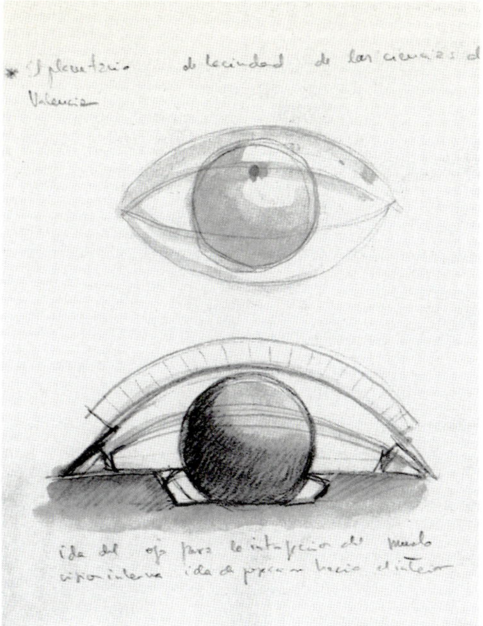

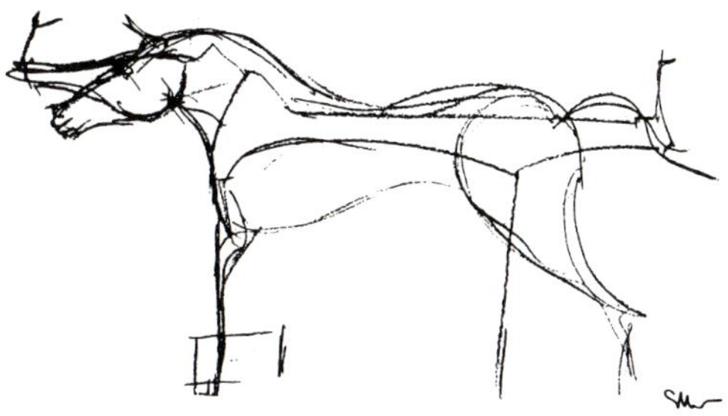

Calatrava is not concerned only with the human body, but with creatures and their qualities: movement, seeing, change. Thus it is also understandable that he often comes back to animals when making comparisons with his constructions, thus also occupying the spectrum of zoomorphic architecture.

Again the architect himself legitimizes this for us, for example by comparing a bridge for Valencia with the figure of a horse, which he sketches on his construction drawing (ill. 111). In Calatrava's case as well, the creatures that are most contradictory to architecture, flying creatures, can be drawn in as metaphors or as possible interpretations. Calatrava draws a bird in flight with wings spread out wide on his construction sketch for the Pont d'Austerlitz in Paris (1988).

We do not have any authentic statements or interpretative sketches by the architect for the station at Lyon's Satolas airport (ill. 108). But nevertheless its external appearance strongly suggests an association with taking off, with wings, with flying. The symmetry that Calatrava always prefers reinforces this impression if we place ourselves on the axis of symmetry. The we can even make out the body of the flying creature, and the enormous wings seem to end on the edge in light, transparent feathers. The planned sculptural roofing for the central space in the Milwaukee Art Museum seems to be taking off as well: »The slats around a mast inclined at an angle of 47 degrees can be arranged like a bird shortly before takeoff to form a geometrical pattern.« (Tischhauser 1997.)

One detail detached from the context seems like an exotic bird's head: it comes from the Bärenmatt community centre in Suhr in Switzerland (ill. 109).

Of course it is of enormous benefit to the present study that Calatrava has given some assistance with the various possible subjective interpretations and projections, so that we are not reduced to speculation. On the contrary, he has given us some very clear indications. Here it is not so important whether the biological creatures actually were a starting-point or a source of inspiration, or whether these are retrospective interpretations, i. e. that the architect thinks to himself after the event: »That looks like a horse«, and then adds one to the drawing. What is crucial is that, consciously or unconsciously, a priori or a posteriori, a comparison can be drawn between building and animal.

12. Raili und Reima Pietilä

Reima Pietilä (1923–1993) mit seiner Frau **Raili Pietilä** (geb. 1923) zählen zu den einflußreichsten finnischen Architekten. Die sehr konsequente moderne Formensprache war für Pietilä kein Hindernis bei der Auseinandersetzung mit der Natur und der Landschaft, und dies führte auch zu symbolischen und metaphorischen Ansätzen, insbesonders beim Spätwerk.

Die Architekten selbst haben wiederholt die zoomorphen Ansätze durchblicken lassen – wenn auch in sehr verborgener Form –, und die Kulturhistoriker haben diese Gedanken aufgegriffen und fortgeführt.

Der italienische Architekturhistoriker **Fabrizio Tucci** analysiert die Arbeiten von Raili und Reima Pietilä nach vier wesentlichen Kriterien: Natur, Mythologie, Ort und Zoomorphie. Die Frage ist offen, inwieweit die Architekten sich mit der Interpretation identifizieren, doch scheint sie durchaus plausibel, wird doch der zoomorphe Charakter mit bedeutsamen Symbolen verknüpft. Allerdings sind es die Grundrisse, an denen Tucci seine Exegese anknüpft, und, ähnlich wie bei der Anthropomorphie, teilen uns diese den zoomorphen Charakter nicht unmittelbar durch die reale Anschauung mit.

Die Kaleva-Kirche in Tampere (1966) (Abb. 114) zeigte schon in den frühen Grundriß-Skizzen eindeutig die Gestalt eines Fisches und verweist damit auf die Symbolik des frühen Christentums.[34]

Kennen wir nun diese Entschlüsselung, dann mögen wir im Altarbereich den Kopf, in der Seitenkapelle die Rückenflosse und im Vorplatz die Schwanzflosse sehen. An der Außenerscheinung können wir davon kaum etwas wahrnehmen. Die nach innen gekrümmten hohen Wandschalen mit den schmalen Fensterstreifen dazwischen erwecken eher einen gotisierenden Eindruck. Der Gedanke, sich im Inneren eines Fisches zu befinden, wird im Kapitel 15 noch einmal zitiert.

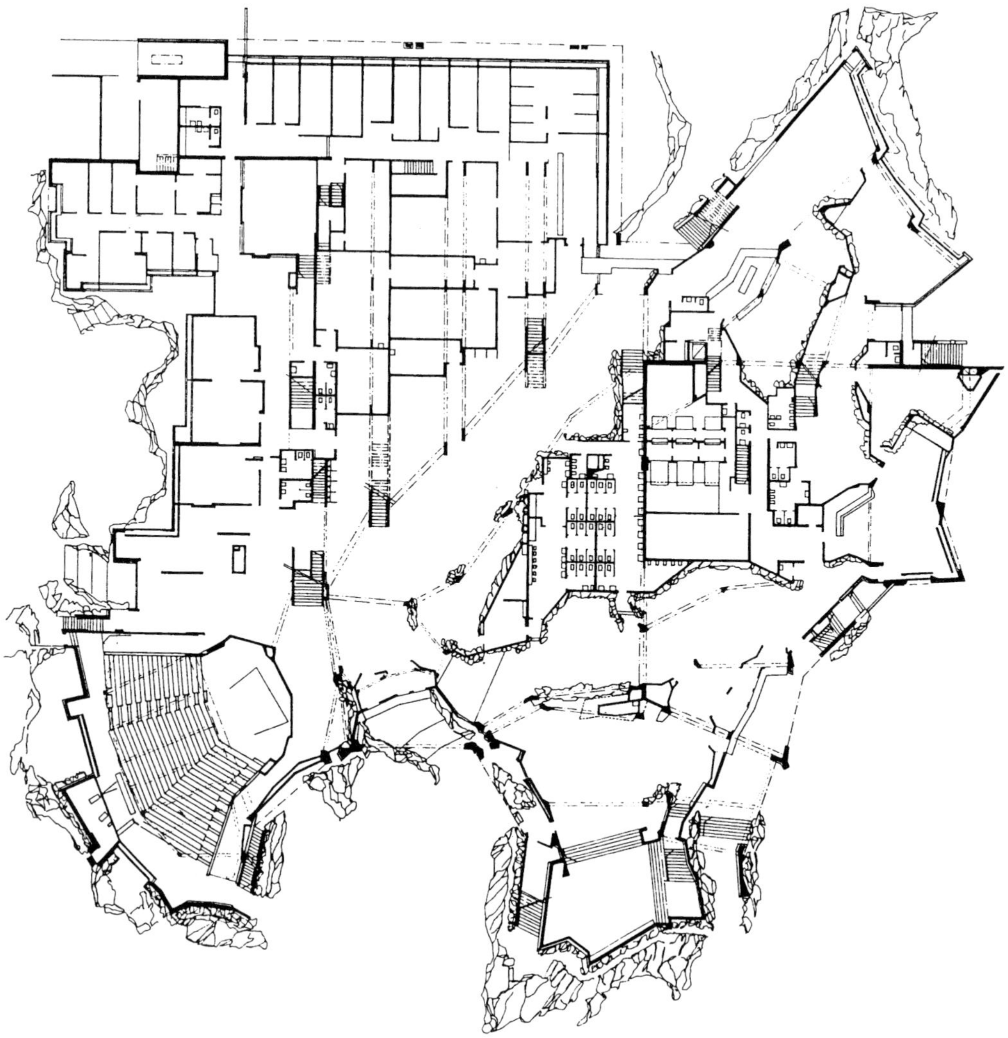

113. Reima und Raili Pietilä, Studentenzentrum Dipoli, Otaniemi, Finnland, 1966/67.
114. Reima und Raili Pietilä, Kaleva-Kirche, Tampere, Finnland, 1960–66. Grundriß.

113. Reima and Raili Pietilä, Dipoli student centre, Otaniemi, Finland, 1966/67.
114. Reima and Raili Pietilä, Kaleva Church, Tampere, Finland, 1960–66. Ground plan.

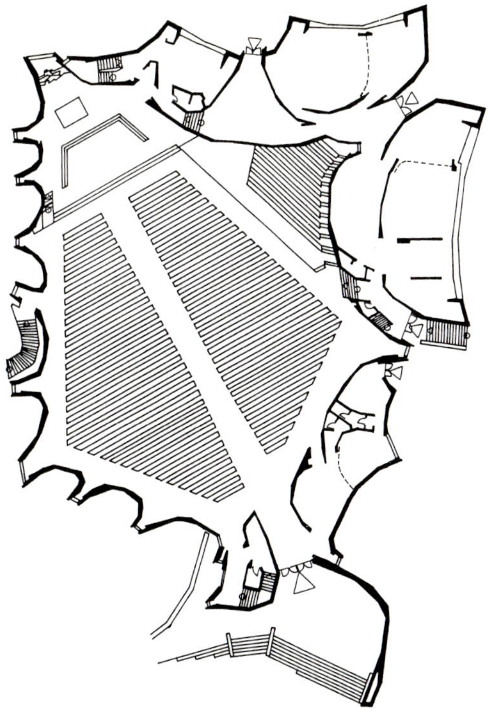

12. Raili and Reima Pietilä

Reima Pietillä (1923–1993) and his wife **Raili Pietilä** (b. 1923) are among the most influential Finnish architects. They use a very consistently modern formal language, but this did not prevent the Pietiläs from addressing nature and landscape, and this also led to a symbolic and metaphorical approach, especially in their late work.

The architects themselves repeatedly allowed zoomorphic elements to show through – though they were often very well hidden –, and cultural historians have taken up and developed this idea.

The Italian architecture historian **Fabrizio Tucci** analyses Raili and Reima Pietilä's work in terms of four key criteria: nature, mythology, location and zoomorphy. It is still not certain whether the architects themselves accept this interpretation, but it seems entirely plausible, particularly as the zoomorphic character is linked with significant symbols. However, Tucci does base his interpretation on the ground plans, and as in the case of anthropomorphy, the zoomorphic character of the buildings is not conveyed immediately by looking at the real thing.

The Kaleva church in Tampere (1966) (ill. 114) can clearly be seen as fish-shaped even in the early ground plan sketches, thus suggesting early Christian symbolism.[34]

Once we are aware of this piece of decoding, it is possible to see the sanctuary as the head, the side chapel as the dorsal fin and the forecourt as the tail. Scarcely any of this can be seen from the outside of the church. In fact the tall shell walls with the narrow window strips between them look rather more Gothic. The idea of being inside a fish is mentioned again in chapter 15.

Pietilä himself called the Otaniemi student centre (1966) (ill. 113) a »Mesozoic dinosaur« and used this to confront his numerous critics in the first months after the building was completed. They were unable to accept the unusual confrontation between organic architecture and landscape, tree and stone. Pietilä divides the building into two areas: the utilitarian section is based strictly on right angles, while the halls, foyers, restaurants and the theatre follow a free ground plan concept. Despite the use of natural stone there is no impression of a »monster«, which would anyway have been compensated for by the glass and timber construction of the utilitarian section.

Pietilä made the first sketches for the Metso central library in Tampere (1966) in Ireland, and he claims that he was inspired here by the Irish sheep. But the actual zoomorphic association is with the capercaillie, which is threatened with extinction. The male bird's mating dance moves through a spiral (ill. 116). The hand sketches show more clearly than the completed ground plan that the spiral was the starting-point for the creative scheme. The roof cladding is also revealing: the architect chooses pure copper for this: its patina eventually comes close to the bluish black of the capercaillie's plumage. This metaphorical but entirely authentic vocabulary in the work of absolutely realistic architects is surprising. It is reminiscent of a kind of symbolism that was common in the Middle Ages and whose loss we have continually lamented in the last two centuries. We have to ask ourselves whether the more intensive link with nature and mythology found in the Scandinavian countries could provide a background that is still valid today for metaphorical architecture, and for zoomorphic architecture in particular.

Pietilä provides us with another interesting spectrum of metaphors for interpreting Mica Moraine, the President of the Republic of Finland's residence in Mäntyniemi (1987) (ill. 115). He reminds us of a game that he calls »anthropomorphic typology«: this uses random pieces of paper from which you are supposed to build up a »living« figure. In the case of the ground plan for the presidential palace this produces two dolphins that are giving each other a friendly kiss. But the architect also accepts associations with prehistoric monsters or primitive amoebas. But in the first place it is again a bird that has spread its wings and is about to take off. These multiple interpretations suggest that the zoomorphy cannot be fixed precisely to a particular animal, but that the formal inspiration is drawn from the fundamental idea of biological nature in its living organic quality.

We might be reminded of the strange dialogue between Hamlet and Polonius (cf. chapter 2), who cannot agree whether the cloud looks like a camel, a weasel or a whale.

Das Studentenzentrum in Otaniemi (1966) (Abb. 113) wurde von Pietilä selbst als ein »Dinosaurier aus dem Mesozoikum« bezeichnet, und damit begegnete er den zahlreichen Kritiken in den ersten Monaten nach der Fertigstellung, die die ungewöhnliche Auseinandersetzung einer organischen Architektur mit der Landschaft, mit Baum und Stein nicht akzeptierten. Pietilä teilt das Gebäude in zwei Bereiche: Der utilitäre Teil ist einer strengen Rechtwinkligkeit unterworfen, während die Hallen, Foyers, Restaurants und das Theater einem freien Grundrißkonzept folgen. Trotz der Verwendung von Naturstein entsteht keineswegs der Eindruck eines »Monsters«, der zudem von der Glas-Holz-Bauweise des utilitären Teiles kompensiert werden würde.

Für die Zentralbibliothek *Metso* in Tampere (1966) hat Pietilä die ersten Skizzen in Irland angefertigt, das irische Schaf gab, nach seinen Aussagen, dafür Anregungen. Die eigentliche zoomorphe Assoziation führt jedoch zum Auerhahn, der im Aussterben begriffen ist. Der Werbetanz des Männchens bewegt sich in einer Spirale (Abb. 116). Deutlicher als der fertige Grundriß zeigen die Handskizzen, daß die Spirale der Ausgangspunkt der gestalterischen Intentionen war. Aufschlußreich ist auch die Dacheindeckung: Der Architekt wählt dafür reines Kupfer, dessen Patina sich allmählich dem blau-schwarzen Gefieder des Auerhahns nähert. Dieses metaphorische, aber durchaus authentische Vokabular in der Arbeit von absolut realistischen Architekten ist überraschend. Es erinnert an eine Symbolik, die dem Mittelalter durchaus geläufig war und deren Verlust in den beiden letzten Jahrhunderten wir immer wieder beklagt haben. Es stellt sich die Frage, ob die intensivere Verbindung mit Natur und Mythologie in den skandinavischen Ländern einen auch heute noch gültigen Hintergrund für eine metaphorische und insbesondere eine zoomorphe Architektur darstellen könnte.

Für die Deutung der Residenz *Mica Moraine* des Präsidenten der Finnischen Republik in Mäntyniemi (1987) (Abb. 115) gibt uns wiederum Pietilä ein interessantes Spektrum der Metaphern an die Hand. Er erinnert an ein Spiel, das er »Anthropomorphe Typologie« nennt: Es sind zufällige Papierstücke, aus denen man eine »lebende« Figur legen soll. Beim Grundriß zur Präsidenten-Residenz entstehen daraus zwei Delphine, die einander einen freundschaftlichen Kuß geben. Aber auch die Assoziation zu prähistorischen Ungeheuern oder zu primitiven Amöben ist für den Architekten zulässig. In erster Linie aber ist es wieder der Vogel, der seine Flügel ausgebreitet hat und zum Abheben bereit ist. Aus diesen Mehrfachdeutungen geht hervor, daß sich die Zoomorphie nicht präzise zoologisch auf ein bestimmtes Tier festlegen läßt, vielmehr ist es der grundsätzliche Gedanke der biologischen Natur in ihrer lebendigen Organik, die für die formalen Inspirationen sorgt.

Wir könnten an den seltsamen Dialog zwischen Hamlet und Polonius denken (vgl. Kap. 2), die sich nicht einig sind, ob sie in den Wolken ein Kamel, ein Wiesel oder einen Walfisch sehen.

115. Reima und Raili Pietilä, Residenz des Präsidenten der Finnischen Republik, Mäntyniemi, Finnland, 1987.
116. Reima und Raili Pietilä, Zentralbibliothek Metso, Tampere, Finnland, 1983.

115. Reima and Raili Pietilä, residence of the President of the Republic of Finland, Mäntyniemi, Finland, 1987.
116. Reima and Raili Pietilä, Metso central library, Tampere, Finland, 1983.

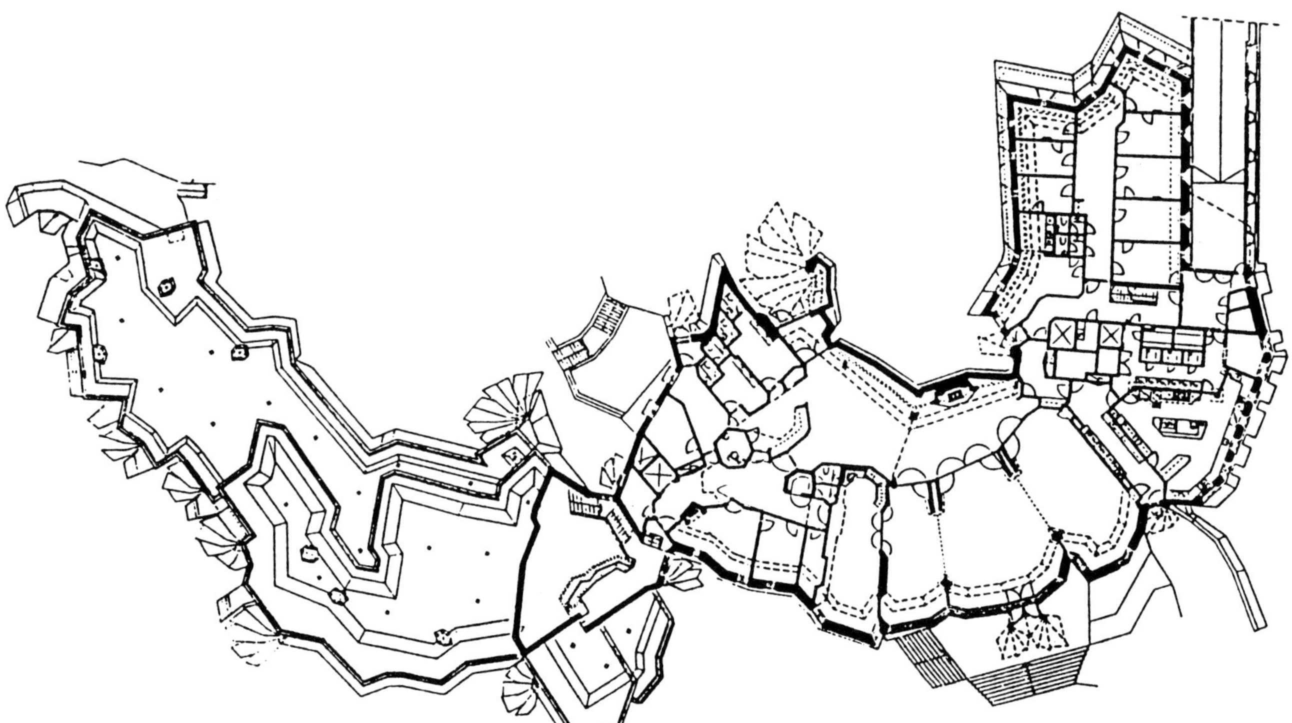

13. Große Tiere

In archaischen Religionen und in vielen Mythologien haben Tiere eine wichtige Position, die bisweilen zu einer Divinisierung führte. In der griechischen Mythologie verwandeln sich die Götter – allen voran der Göttervater Zeus – in Tiere, in der ägyptischen Religion tragen manche Götter Tierköpfe, im Hinduismus ist einer der meistverehrten Götter der elefantengestaltige Ganesh.

Im Christentum hat das Tier eine durchaus untergeordnete Bedeutung. Es wurde als Opfertier möglicherweise der Ersatz für archaische Menschenopfer.[35] Lediglich das Lamm, aus dem Alten Testament als Opferlamm übernommen, gewinnt in der Analogie zu Christus eminente Bedeutung. Christus selbst wird zum Opferlamm, und so verwandelt sich der Gottessohn in ein Opfertier und umgekehrt. Von den vier Evangelisten sind drei mit tierischen Symbolen ausgestattet: Markus wird der Löwe zugeordnet, Lukas der Stier und Johannes der Adler. Auch bei zahlreichen anderen Heiligen finden wir Tiere als Attribute beigefügt.[36] Es sind Ergebnisse von Legenden oder von ikonographischen Traditionen, und sie stehen in keinem substantiellen Zusammenhang mit der Glaubensbotschaft.Demnach ist es nicht verwunderlich, wenn wir die Tiersymbolik als Gesamtmetapher für ein Gebäude in der Architektur des Abendlandes relativ selten antreffen.Die wenigen Beispiele der Auseinandersetzung mit dem Tier sind zumeist mit negativen Vorzeichen ausgestattet: die Schlange, der Drache, die Kröte. Alle diese Tiere sind fast vollständig aus dem Kircheninneren verbannt, im Mittelaltar an die Fassaden der Dome gefesselt. Wir müssen uns daher auch dem Trivialbereich und den Entwürfen und Zeichnungen zuwenden, wenn wir eine zoomorphe Architektur entdecken wollen.

Unter dem Begriff der Zoomorphie sollten wir, wieder in Expansion des Architekturbegriffes, jedes begehbare, benützbare Volumen mit tierischen Erscheinungsformen verstehen. So gesehen, könnte das im Kapitel 7 zitierte sagenhafte trojanische Pferd das früheste Beispiel eines zoomorphen Baues gewesen sein.

In der Baukunst des Abendlandes künden erst ab dem 18. Jahrhundert vor allem Entwürfe und Zeichnungen von der Idee begehbarer, bewohnbarer Tiere.

Begreiflicherweise sind es vor allem voluminöse Tiere, die sich für Behausungen anbieten, und daher spielt der Elefant eine wichtige Rolle. Von **Charles François Ribart** gibt es den schönen Denkmalentwurf von 1758 für einen »triumphalen Elephanten« auf den Champs-Elysées in Paris (Abb. 117). In seinem Inneren hätte man elegante Salons eingerichtet, und aus dem Rüssel wäre eine Fontäne hochgestiegen. Eine mehrläufige Treppe hätte die fünf verschiedenen Niveaus erschlossen, und auf dem Rücken des Tieres sollte eine kleine Kuppel mit Figuren und Trophäen den *Grand Kiosque à la gloire du Roi* abschließen.

Jean-Jacques Lequeus (1757–1825) Entwurf eines Kuhstalls (um 1800) in Form einer Kuh hat als typische »architecture parlante« der französischen Revolutionsarchitektur Interesse gefunden (Abb. 118). (Vgl. Kap. 1.) Ein abstruser Vorschlag, scheint es auf den ersten Blick, doch geht es darum, die konkreten Inhalte und Funktionen eines Gebäudes nach außen sichtbar zu machen, ein Anliegen, das nach dem Ende des Funktionalismus in den siebziger Jahren unseres Jahrhunderts erneut an Bedeutung gewinnt. Es stellt sich die Frage, wieweit der semantische Hinweis auf Inhalt und Funktion gehen kann, ohne daß die Aussage in Banalität und Kitsch absackt. Die Direktheit der animalischen Abbildhaftigkeit wird uns in der Gegenwart oft begegnen, tatsächlich aber fast ausschließlich im Trivial- und Grenz-Bereich der Architektur oder in den Randfeldern der Pop-Art. Bei Lequeu ist überraschend, daß er den geometrisierenden Tendenzen seiner Zeitgenossen Ledoux und Boullée diametral gegenübersteht.

Antoni Gaudí wurde schon im Zusammenhang mit einer physiognomischen Architektur zitiert. (Vgl. Kap. 5.) In meisterhafter Weise werden bei seinen Bauten neben den anthropomorphen Elementen auch Erinnerungen an Tiere, zumeist an Reptilien, vielleicht auch an Fabeltiere wachgerufen. Das Dach der Casa Batlló in Barcelona (Abb. 31) wirkt wie ein Riesendrache, dessen Rückgrat sich knorpelig gegen den Himmel abzeichnet. Die warzige Haut dieses Wesens bedeckt sogar die ganze Fassade, der animalische Charakter wird dadurch verstärkt. Im Erdgeschoß und ersten Stock scheint nun das Wesen skelettiert zu sein, plastisch durchmodellierte Stützen und Vordächer werden zu riesigen Knochen. Die volkstümliche Bezeichnung als »Casa de los huesos«, als Haus der Knochen, zeigt, daß die allgemeine Rezeption im Bereich des Anthropomorphen liegt.

Charles Jencks (geb. 1939) wagt sich in seiner Deutungnoch weiter vor: »Eine meisterhafte Anwendung der Metapher auf metaphysischer Grundlage. Knochen und Lava artikulieren die beiden unteren Geschosse, die einige Läden und die größte Wohnung enthalten. Metaphern von Totenmasken und wogender See artikulieren ähnliche Wohnungen in der Mitte, während

13. Large animals

Animals occupy an important position in ancient religions and in many mythologies, and sometimes this leads to the attribution of divinity. In Greek mythology the gods – and above all Zeus, the father of the gods – transform themselves into animals, in the Egyptian religion many gods have animals' heads and in Hinduism one of the most revered gods is Ganesh, who takes the form of an elephant.

Animals are much less important in Christianity. They possibly became sacrificial animals as a substitute for ancient human sacrifices.[35] Only the lamb is prominent, taken over from the Old Testament as the sacrificial lamb. Indeed, Christ himself becomes a sacrificial lamb, and thus the Son of God is transformed into a sacrificial creature, and vice versa. Of the four gospel-writers, three have animal symbols: Mark a lion, Luke a bull and John an eagle. Many other saints also have animals as attributes.[36] These arise from legends or iconographic traditions, and they are not substantially related to the gospel. It is therefore not surprising that we rarely come across animal symbolism as an overall metaphor for a building in Western architecture. The few examples involving animals usually have negative implications: snakes, dragons, toads. All these animals are banished from the interior of the church almost completely, and were in fact shackled to the façades of medieval cathedrals. And so we have to turn to trivial areas and to drafts and drawings if we want to discover zoomorphic architecture.

We should again expand the concept of architecture and include under zoomorphy any accessible, usable volume showing animal phenomena. Seen in this way, the legendary Trojan Horse cited in chapter 7 could have been the earliest example of a zoomorphic structure.

The idea of accessible, habitable animals does not appear in Western architecture until the 18th century, and then above all in drafts and drawings.

Understandably it is the larger animals that offer themselves as suitable housing, and so the elephant plays an important part. **Charles François Ribart** came up with a fine design for a memorial in the shape of an elephant for the Champs Élysées in Paris in 1758 (ill. 117). There would have been elegant salons inside it, and a fountain would have played from the trunk. Access to the various levels would have been by a staircase, and on the creature's back a small dome with figures and trophies would have topped the *Grand Kiosque à la gloire du Roi*.

The design for a cowshed (c. 1800) by **Jean-Jacques Lequeu** (1757–1825) in the shape of a cow attracted attention as a typical piece of »architecture parlante« in the French revolutionary architectural style (ill. 118). (Cf. chapter 1.) This seems a somewhat abstruse suggestion on first glance, but it is about making a building's concrete content and function visible on the outside, which is something that came to the fore again in the last century after the functionalism of the nineteen-seventies. The question arises of how much a semantic reference to content and function can go without the statement collapsing into banality and kitsch. We often come across direct animal depictions at the time of writing, but in fact almost exclusively in the trivial and border areas of architecture, or on the periphery of Pop Art. In Lequeu's case it is surprising that he is diametrically opposed to the geometrical tendencies of his contemporaries Ledoux and Boullée.

Antoni Gaudí has already been mentioned in the context of physiognomic architecture. (Cf. chapter 5.) His buildings show a masterly ability to include, alongside the anthropomorphic elements, reminiscences of animals, mainly reptiles, but sometimes fabulous creatures as well. The roof of the Casa Batlló in Barcelona (ill. 31) looks like a gigantic dragon with its backbone outlined against the sky like a mass of cartilage. This creature's warty skin even covers the whole façade, thus increasing the animal impression. The dragon seems to have its skeleton located in the ground and first floors, where sculpturally modelled supports and canopies become gigantic bones. The popular name for the building, the »Casa de los huesos«, the house of bones, shows that the general response is to see it as anthropomorphic.

Charles Jencks (b. 1939) goes even further in his interpretation, suggesting in 1999 that the building is a masterly application of the metaphor on a metaphysical basis, with bones and lava articulating the two lower floors, which contain some shops and the largest dwelling. He goes on to point out that metaphors of death-masks and a swelling lake articulate similar dwellings in the middle, while a sleepy dragon looks down from the roof. Finally, Jencks asserts that the building represents Barcelona's separatist aspirations: the patron saint, St. George, is killing the dragon Spain, which has swallowed the Catalonian people – bones and skeleton remain as a martyrs' memorial. (Jencks 1999.)

117. C. F. Ribart, *Triumphaler Elefant*, 1758.
118. Jean-Jacques Lequeu, Kuhstall, 1912.
119. Horst Rellecke, Elefant auf der Landesgartenschau in Hamm, Westfalen, 1984.
120. Casson Conder Partnership, Elefantenhaus im Londoner Zoo, 1956.

117. C. F. Ribart, *Triumphal Elephant*, 1758.
118. Jean-Jacques Lequeu, cowshed, 1912.
119. Horst Rellecke, elephant at the national garden show in Hamm, Westphalia, 1984.
120. Casson Conder Partnership, elephant house in London Zoo, 1956.

ein schläfriger Drache vom Dach herunterblickt. Das Bauwerk repräsentiert Barcelonas separatistische Hoffnungen: Der Schutzheilige, St.Georg, tötet den Drachen Spanien, der das katalanische Volk verschlungen hat – Knochen und Skelette verbleiben als Denkmal für die Märtyrer.« (Jencks 1999.)

Dieser gleichsam politischen Deutung wäre noch eine poetische hinzuzufügen: Die katalanische Märchen- und Sagenwelt ist reich an phantastischen Tieren, und die enge Verbundenheit Gaudís mit den katalanischen Traditionen führt immer wieder zu überraschenden architektonischen Artikulationen.

So gesehen, müßten auch die phantastischen Dachlandschaften auf der Casa Milà und dem Palau Güell gleichsam als ein Wundergarten von seltsamen, bunten Wesen gesehen werden.

Auch für die zeitgenössische Architektur haben wir einige Mühe, zoomorphe Bauten zu zitieren. Wie im 18. Jahrhundert zählen auch heute die Elefanten zu den bevorzugten Tiergebäuden. Bei einiger Interpretationsfreiheit entdecken wir bei einem Bau der **Casson Conder Partnership** (1956) durchaus Animalisches. Das Elefantenhaus in London (Abb. 120) ist keineswegs eine Abbildung der Tiere, aber der mächtige, mit einem »Kopf« versehen Baukörper und die Oberflächenbehandlung des Betons verweisen deutlich auf die Dickhäuter, welche das Haus

A poetical interpretation could be added to this political one: the Catalonian world of fairytales and legends is rich in fantastic animals, and Gaudí's close links with the Catalonian tradition always lead to surprising architectural articulations.

Seen in this way, the fantastic roofscapes of the Casa Milà and the Palau Güell would have to be seen as miraculous gardens containing strange, colourful creatures.

It is not easy to find contemporary zoomorphic buildings either. As in the 18th century, elephants are still the preferred basis for animal buildings. Taking some liberties with the interpretation, it is possible to find some clearly animal features in a building by the **Casson Conder Partnership** (1956). Their elephant house in London (ill. 120) is certainly does not depict the animals, but the huge building with a »head« and the surface treatment of the concrete clearly refer to the pachyderms who live inside. At the same time the buildings are grouped in such a way as to give the impression that the gigantic animals had ganged up into a herd.

Hans Georg Rauch drew his elephant houses in the sixties: a fantastic group of Baroque pavilions suggest a large animal through the distortions of perspective.

Horst Rellecke changed a disused silo into an elephant for the horticultural show in Hamm, Westphalia (ill. 119).[37] The closed structure of the silo is used as a body unchanged and complemented with steel and glass constructions. The backbone produces a kind of loft, the lift goes up and down the trunk and there is a panoramic restaurant in the head.

We come across a small elephant in a very surprising context. **Gerkan, Marg & Partner** developed a structural system to cover the railway tracks at Expo 2000 in Hanover consisting of equal steel tubes only 1.5 metres long. This construction can be used to build figures that are entirely organic in character. When looking at the computer-generated forms you certainly wouldn't think of animals, but the architects themselves give us a hint here: they added a little picture of an elephant in a »casing« to their constructional drawings (ill. 122). It is one of the illustrations from Antoine de Saint Exupéry's *Le Petit Prince*, and it comes from the place where the story is told of the snake eating an elephant. The architects wanted to show that their covering can adapt to any organic form they like.

We have less trouble in the USA than in Europe if we are looking for direct and obviously animal »architecture«. Some strange animal buildings emerged in America long before the »invention« of Pop Art and Venturi's theses.[38] **James Lafferty** put up his elephant in the outskirts of Atlantis City in 1982 (ill. 121); it was used as a small hotel, then later as an estate agent's office. The windows are set in the body somewhat inorganically, only the eye has some sort of originality about it as a window. A baldacchino spans the saddle terrace. The anatomy of the head is interpreted very freely.

So animals with high-volume bodies are obviously predestined for »animal architecture«, and dinosaurs cannot be left out here. The dinosaur craze in the USA made it essential to build

beherbergt. Zudem erweckt die Gruppierung der einzelnen Gebäude den Eindruck, als hätten sich die riesigen Tiere zu einem Rudel zusammengerottet.

Hans Georg Rauch zeichnet in den sechziger Jahren seine Elefantenhäuser: Eine phantastische Assemblage von Barockpavillons gerät in der perspektivischen Verzerrung zu einem riesigen Tier.

Horst Rellecke verwandelt bei der Gartenschau in Hamm, Westfalen, einen ausgedienten Silo in einen Elefanten (Abb. 119).[37] Der geschlossene Baukörper des Silos wird ohne Veränderung als Körper verwendet und mit Stahl-Glas-Konstruktionen ergänzt. Das Rückgrat ergibt eine Art Loft, im Rüssel bewegt sich der Lift, und im Kopf gibt es ein Aussichtsrestaurant.

In einem sehr überraschenden Zusammenhang begegnet uns ein kleiner Elefant. Für die Überdeckung der Bahnanlagen bei der Expo 2000 in Hannover haben **Gerkan, Marg & Partner** ein Struktursystem entwickelt, das aus gleichen Stahlrohren von nur 1,50 Meter Länge besteht. Mit dieser Konstruktion können Figurationen gebaut werden, die durchaus organischen Charakter haben. Bei der Betrachtung der zweifellos computergenerierten Formen denkt man sicherlich nicht an Animalisches, aber die Architekten selbst liefern uns einen diesbezüglichen Hinweis: Zu ihren Konstruktionszeichnungen fügen sie das Bildchen eines Elefanten in einem »Gehäuse« hinzu. (Abb. 122). Es ist die Illustration zu Antoine de Saint Exupérys *Kleiner Prinz*, und zwar jene Stelle, wo davon erzählt wird, daß die Schlange einen Elefanten frißt. Die Architekten wollen damit demonstrieren, daß auch ihre Hülle sich an jede beliebige und organische Form anpassen kann.

In den USA haben wir weniger Mühe als in Europa, wenn wir eine direkte und offenkundig animalische »Architektur« finden wollen. Schon lage vor der »Erfindung« der Pop-Art und vor den Thesen Venturis[38] sind in Amerika seltsame Tiergebäude entstanden. Am Stadtrand von Atlantis City stellt **James Lafferty** 1982 seinen Elefanten auf (Abb. 121); er diente als kleines Hotel, später als Büro für einen Makler. Ziemlich unorganisch sind die Fenster in den Körper eingeschnitten, lediglich das Auge ist als Fenster von einiger Originalität. Ein Baldachin überspannt die Sattelterrasse. Die Anatomie des Kopfes ist recht frei interpretiert.

Wesen mit mächtigen Körpervolumen sind also offenkundig zu »Tierarchitekturen« prädestiniert, und da darf der Dinosaurier nicht fehlen. Die Saurier-Welle in den USA, lange vor *Jurassic Park,*[39] hat auch den Bau solcher Tiere forciert. Als Autobahnstationen oder als Ausstellungspavillons können sie ihre Verwendung finden, und es gibt Designerteams, die sich auf den Bau dieser riesigen Tiere spezialisiert haben.

Claude Bell baute 1965–75 zahlreiche Monsters dieser Art. In Cabazon bei Palm Springs in Kalifornien steht ein Brontosaurus, ungefähr in wahrer Größe (Abb. 123). Im Inneren hat sich ein prähistorisches Museum etabliert. Die technische Herstellung ist aus der plastisch-organischen Architektur her geläufig. Es wird ein Stahlskelett mit primären und sekundären Konstruktions-

121. James Lafferty, Elefantenhaus, 1982.
122. Von Gerkan, Marg & Partner, Bahnhof Expo 2000 Hannover, Computerzeichnung mit *Exupéry-Elefanten*, 1998.
123. Claude Bell, *Brontosaurus*, Cabazon bei Palm Springs, Kalifornien, USA, 1965–75.

121. James Lafferty, elephant house, 1982.
122. Von Gerkan, Marg & Partner, station for Expo 2000 Hannover, computer drawing with *Exupéry elephant*, 1998.
123. Claude Bell, *Brontosaurus*, Cabazon near Palm Springs, California, USA, 1965–75.

these creatures long before *Jurassic Park*.[39] They can be used as motorway service stations or exhibition pavilions and there are designer teams who have specialized in constructing these enormous creatures.

Claude Bell built numerous monsters of this kind from 1965–75. In Cabazon near Palm Springs in California is a brontosaurus, approximately life-size (ill. 123). A prehistoric museum has been set up inside. The technical approach is familiar from sculptural and organic architecture. A steel skeleton is built with primary and secondary construction elements, this is then covered with a grid and finished with spray concrete. In fact even the manufacturing process has something »organic« about it: as in the biological field, a skeleton is constructed and then covered with »flesh« and »skin«.

Robert Venturi (b. 1925) took up the theme of the banal and analysed the amazing significance of the trivial for our surroundings as we experience them in his book *Learning from Las Vegas*. It is through his philosophy that the »Duck« on Long Island – and it is certainly not the only one – achieved architectural and philosophical fame (ill. 124). This is how Venturi puts it: »The duck is the special building, that is a symbol.«[40] Dogs, horses, cats and other animals that can be lived in complete the zoological repertoire of »habitable« creatures in America.

The last-mentioned examples are definitely within the field of banal architecture or banal art and of course do not merit a mention in art histories. Despite the fact that it very soon became high art again, the theoretical approach of Pop Art in the sixties laid the foundations for popular art of this kind.

Claes Oldenburg (b. 1929) deliberately places his work on the periphery of art, triviality and irony, and one of his works could definitely be classified as zoomorphic architecture: he suggested a colossal monument in the form of a teddy bear for Central Park in New York in 1965, perhaps for use as an office building (ill. 125). The children's furry animal enters into competition with Manhattan's phallic skyscrapers. Oldenburg was one of the main exponents of scale transformation in Pop Art: technical or everyday objects are scaled up enormously and made up in conflicting materials (»soft« instead of »hard«). The teddy bear project is to be seen in this context: the children's soft toy becomes a hard commercial building.

The loss of symbols in our century, and architects' reluctance to come to terms with metaphors, make it difficult to detect a zoomorphic element in recent »serious« architecture, but the field of sculptural and organic architecture proved fruitful (cf. chapter 7), though our finds did not take the direct form we came across in the above-mentioned peripheral areas.

One of the earlier works in particular of the American architect **Herb Greene** (b. 1929) has some clear zoomorphic features. This is the Prairie House (1960–62) in Norman, Oklahoma (ill. 126). Greene describes the house himself: »In the interior of the Prairie House there are several rhythmic systems in dialogue. One has to do with the shingled walls; formed by the inter-

elementen gebaut, dieses wird mit einem Gitter überzogen und der »spray-concrete«, der Spritzbeton, aufgebracht. Tatsächlich hat also auch der Herstellungsvorgang etwas mit »Organik« zu tun, da wie im biologischen Bereich ein »Skelett« gebaut wird, das dann mit »Fleisch« und »Haut« überzogen wird.

Robert Venturi (geb. 1925) hat das Thema des Banalen aufgegriffen und in *Learning from Las Vegas* gemeinsam mit Denise Scott Brown und Steven Izenour die unerhörte Bedeutung des Trivialen für unser erlebtes Ambiente formuliert. Durch seine Philosophie ist die »Duck« auf Long Island – bei weitem nicht die einzige – zu architekturphilosophischen Ehren aufgestiegen. (Abb. 124). Und so formuliert es Venturi: »Die Ente ist das spezielle Gebäude, das ist ein Symbol.«[40] Bewohnbare Hunde, Pferde, Katzen und anderes Getier ergänzen das zoologische Repertoire »bewohnbarer« Wesen in Amerika.

Die zuletzt zitierten Beispiele gehören zweifellos dem Bereich der Banalarchitektur bzw. der Banalkunst an und notieren selbstverständlich nicht in den Kunstgeschichten. Unbeschadet der Tatsache, daß sie sich sehr bald wieder zur Elitärkunst hochstilisierte, hat sich in den theoretischen Ansätzen der Pop-Art der sechziger Jahre erstmals das Verständnis für eine gleichsam volkstümliche Kunst vorbereitet.

Bewußt am Rande von Kunst, Trivialität und Ironie sind die Werke von **Claes Oldenburg** (geb. 1929) angesiedelt, und eine seiner Arbeiten könnte durchaus als zoomorphe Architektur klassifiziert werden: Für den Central Park in New York schlägt er 1965 ein Kolossalmonument in Gestalt eines Teddybären vor, vielleicht als Bürohaus nutzbar (Abb. 125). Das kindliche Kuscheltier tritt in eine Konkurrenz mit der phallischen Wolkenkratzerlandschaft Manhattans. Oldenburg war in der Kunst der Pop-Art einer der Hauptvertreter der Maßstab-Transformationen: Technische Objekte oder Alltagsgegenstände wurden überdimensioniert und in gegensätzlichen Materialien (»soft« statt »hard«) ausgeführt. In diesem Kontext ist auch das Teddybär-Projekt zu verstehen: Das kindliche, weiche Spielzeug wird zu einem harten, kommerziellen Bauwerk.

Der Symbolverlust unseres Jahrhunderts, die Scheu der Architekten, sich mit Metaphern auseinanderzusetzen, erschweren es, in der neueren »seriösen« Architekturszene eine zoomorphe Architektur aufzuspüren, doch im Bereich einer plastisch-organischen Architektur werden wir fündig (vgl. Kapitel 7), allerdings nicht in jener direkten Form, wie wir es in den bereits zitierten Randgebieten erlebt haben.

Im Werk des amerikanischen Architekten **Herb Greene** (geb. 1929) hat zumindest eine seiner frühesten Arbeiten, das Prairie House (1960–62) in Norman, Oklahoma, deutlich zoomorphe Merkmale (Abb. 126). Greene selbst charakterisiert dieses Haus: »Im Inneren des Prairie-Hauses gibt es verschiedene rhythmische Systeme im Dialog, eines hat zu tun mit den Schindelverkleideten Wänden, ein anderes besteht aus den Linien, die von den Schnittpunkten der Wände, der Böden und der Decke gebildet werden. Ein drittes ist gegeben durch die Treppen. Die Wände sind mit Holzschindeln verkleidet, sie sprechen einen menschlichen Maßstab der Wärme, Sanftheit und schwingenden Aktivität. Sie suggerieren Federn, Schuppen, Körbe, Ebbe und Flut und Leben und Bewegung.« (Kuhlmann 1997.)

Die Schindeln sind also nicht nur ein traditionelles Baumaterial, mit dem zudem die gekurvten Formen gut modelliert werden können, sondern sie sind auch animalische Bestandteile von den für eine Zoomorphie wichtigsten Tiergattungen, von den Vögeln und Fischen entlehnt. Über dieses Detail hinausgehend, will Herb Greene elementare Vorgänge in der Natur in seiner Architektur widerspiegeln: Ebbe und Flut, Leben und Bewegung. »Die skulpturale Form dehnt sich aus über den Raum, umschließt die Oberflächen und wird zu einem metaphorischen Zubehör von Tieren, zu Vogel oder Fisch. Im Prairie-Haus wird dies dazu verwendet um unsere Bewußtheit des Schutzes zu erhöhen und die Aspekte des Schöpferischen – verborgen und wissend zu empfinden und Gesten und Kennzeichen zu beseelen.« (Kuhlmann 1997.)

»Greene besteht darauf, daß der Bau wie eine Henne aussieht, die ihre Jungen beschützt. (und auch ein verwundetes Geschöpf ist). Er ist einer der wenigen Architekten, der bewußt Verantwortung für seine Metaphern in seinen Bauten übernimmt, was aber nicht bedeutet, daß wir diese akzeptieren müssen.« (Jencks 1978.)

Wie so häufig bei unkonventionellen Bauwerken finden sich in den populären Benennungen charakteristische Aussagen. Die kompakte Großform von Greenes Haus regt zur Bezeichnung *Buffalo House* an, während die federartige Schindelverkleidung die Benennung als *Prairie Chicken* verständlich macht.

Ein schöner ethymologischer Vergleich Greenes erinnert einmal mehr an die sprachlichen Verbindungen von Körper und Bau (vgl. Kap. 1), vor allem aber an die Bedeutung des Gesichts

124. Robert Venturi, *The Duck* und *The Decorated Shed*, 1978.
125. Claes Oldenburg, *Teddy Bear*, Vorschlag für eine monumentale Statue im Central Park, New York, 1965.
126. Herb Greene, *Prairie Chicken*, Norman, Oklahoma, 1960

124. Robert Venturi, *The Duck* and *The Decorated Shed*, 1978.
125. Claes Oldenburg, *Teddy Bear*, proposal for a monumental statue in Central Park, New York, 1965.
126. Herb Greene, *Prairie Chicken*, Norman, Oklahoma, 1960

sections of walls, floors, and ceilings; a third is provided by the stairway. The walls are covered with wood shingles. They speak of human scale, warmth, softness and vibratory activity. They suggest feathers, scales, baskets, ebb and flow, and life and motion.« (Kuhlmann 1997.)

And so the shingles are not just a traditional building material that also make it easier to model curved shapes, but they are also animal components borrowed from the creatures most important to zoomorphy, the birds and fish. Going beyond this detail, Herb Greene want to reflect elemental natural forces in his architecture: tides, life and movement. »Sculptural forms extend beyond the space enclosing surface to become metaphoric appendages of animal, bird or fish. In the Prairie houses these are used to heighten our awareness of sheltering and sentient aspects of creatures – hides and brows – animate gesture and cognizance.« (Kuhlmann 1997.)

»Greene insists that it looks like a mother hen protecting her young (and also a ›wounded creature‹). He is one of the few architects to consciously take responsibility for the metaphors in his building (which doesn't mean we have to accept them).« (Jencks 1978.)

As so frequently in unconventional buildings there are characteristic statements to be found in popular names. The large but compact form of Greene's building leads to the name *Buffalo House*, while the feather-like shingle cladding makes the idea of the *Prairie Chicken* comprehensible.

A fine etymological comparison by Greene is once more reminiscent of the linguistic links between body and building (cf. chapter 1), above all of the meaning of the face, and here again of the dominance of the eye. Greene points out that that the word »window« is derived from »windeye« or »vindauge«,[41] and thus he interprets his light apertures as eyes, but they are also intended to be more: a look into the soul.

A relationship with the late work of **Imre Makovecz** is not only to be seen in the shingle cladding and the »organic« form. In fact zoomorphy is a criterion that can be applied to both these architects. (Cf. chapter 10.)

Allusions to animal shapes cannot be overlooked in the early work of **Günther Domenig** (b. 1934). The multi-purpose hall (mainly refectory) in Graz-Eggenberg (1977) lies in the cramped courtyard of a monastery like a sleeping monster (ill. 128). If we enter the beautiful, grotto-like interior we are reminded of the prophet Jonah in the whale. When we are aware that this architecturally very progressive order is a women's order, then we will also not be able to avoid ascribing an atmosphere of female and maternal seclusion and protection to this atmospheric room. This shows once more that even in consistently modern architecture, archaic and animal ideas can be just as much in place as the pre-natal need for protection.

Domenig's façade for a bank in Favoriten, Vienna, (1975–79) is undeniably influenced by Gaudí (ill. 130). The armour of an armadillo or crustacean in rendered in gleaming steel, and the

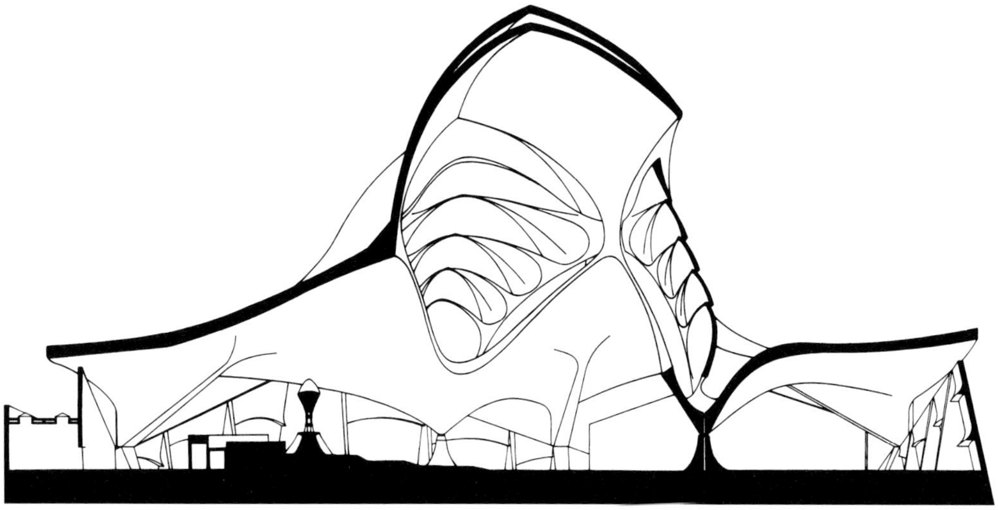

und hier wiederum an die Dominanz des Auges. Greene weist darauf hin, daß das Wort »window« von »windeye« oder »vindauge« abgeleitet ist,[41] und so interpretiert er seine Lichtöffnungen auch als Augen, die aber mehr sein sollen: ein Blick in die Seele.

Die Verwandtschaft zu den späteren Arbeiten von **Imre Makovecz** ist nicht nur an der Schindelverkleidung und der »organischen« Form abzulesen, vielmehr ist die Zoomorphie ein Kriterium, das beiden Architekten gemeinsam zugeordnet werden kann. (Vgl. Kap. 10.).

In den frühen Arbeiten von **Günther Domenig** sind die Anspielungen auf die Tiergestalt nicht zu übersehen. Die Mehrzweckhalle (vorwiegend Mensa) in Graz-Eggenberg (1977) liegt wie ein schlafendes Ungeheuer im engen Hof eines Klosters (Abb. 128). Betreten wir den schönen grottenartigen Innenraum, dann werden wir an den Propheten Jonas im Walfisch erinnert. Wenn wir wissen, daß der architektonisch so fortschrittliche Orden ein Frauenorden ist, so werden wir auch nicht umhin können, dem stimmungsvollen Raum weiblich-mütterliche Geborgenheit und Schutzatmosphäre zuzusprechen. Einmal mehr ist damit bewiesen, daß auch in einer konsequent modernen Architektur archaisch-animalische Vorstellungen ebenso ihren Platz haben wie das pränatale Schutzbedürfnis.

Die Fassade eines Bankgebäudes in Wien-Favoriten (1975–79) von Domenig kann mancherlei Inspirationen von Gaudí nicht verleugnen (Abb. 130). Der Panzer eines Gürteltiers oder Schalentiers ist aus glänzendem Stahl, und die Fassade sollte, nach dem ersten Entwurf, in weiteren Blechsegmenten weit in den Straßenraum hineingreifen. Vor allem die unteren Geschosse evozieren den Vorgang des Ineinanderschiebens, Bewegens der Schuppenteile. Wir können zwar kein benennbares, konkretes Wesen erkennen, aber fundamentale organische Aspekte werden angeschnitten: der Verzicht auf den rechten Winkel, das scheinbare Gliedersystem der Fassade, die große, stützende Hand im Inneren (Abb. 77).

Das Motiv des Schuppenpanzers taucht auch 1957 bei einem nicht realisierten Projekt von **Enrico Castiglioni** (geb. 1914) auf. Er entwirft die Wallfahrtskirche Madonna delle Lacrime (1957) für Syrakus (Abb. 127). Die Kuppel scheint mit den Segmentpanzern eines Skorpions auf den Kirchenraum überzugreifen. Wieder sind es keine direkten und unmittelbar identifizierbaren Tierkörper, aber unweigerliche Assoziationen zu animalischen Elementen.

Für das Graffitimuseum der Grotte von Niaux in Ariège, Frankreich, hat **Massimiliano Fuksas** (geb. 1944) die Eingangspartie entworfen. »Das Konzept für dieses Projekt ist eine Art großes, prähistorisches Tier, das aus den Grotten kommt und seine Flügel ausbreitet, um die Besucher zu empfangen. Als ein Stück Archäologie gedacht, wurde bei diesem Projekt Corten-Stahl verwendet.« Ähnlich wie bei Gaudí wird also auch bei diesem Bau die »Haut« ein Träger der Information, um Animalisches zu assoziieren.

Die Zuordnung zu einer zoomorphen Architektur ist, genauso wie bei der Anthropomorphie, von der Phantasie und Projektionsfähigkeit des Rezipienten abhängig, sofern wir nicht über authentische Aussagen der Architekten, zumindest aber der Architekturkritiker verfügen.

Schon beim Thema der Anthropomorphie wurden ironische, skurrile, phantastische Interpretationen als Indikatoren der Projektionsfähigkeit des Menschen erörtert. Selbstverständlich begegnen wir diesem Phänomen auch bei der Zoomorphie. Ein schönes Beispiel dafür sind die Interpretationen des Opernhauses in Sydney von **Jørn Utzon** (geb. 1918), die jedoch keineswegs vom Architekten ausgegangen sind, und wir wissen nicht, wieweit er allen diesen Deu-

127. Enrico Castiglioni, Wallfahrtskirche Madonna delle Lacrime, Syrakus, Italien, 1957. Projekt.
128. Günther Domenig, Mehrzweckhalle (Mensa), Graz-Eggenberg, Österreich, 1974–77.
129. Studententeam London, Interpretationen der Sydney Opera, 1975.
130. Günther Domenig, Filiale der Zentralsparkasse (Bank Austria) in Wien-Favoriten, 1975–79. Entwurfszeichnung.

127. Enrico Castiglioni, pilgrimage church of Madonna delle Lacrime, Syracuse, Italy, 1957. Project.
128. Günther Domenig, multi-purpose hall (refectory), Eggenberg, Graz, Austria, 1974–77.
129. Student team London, interpretations of the Sydney Opera House, 1975.
130. Günther Domenig, branch of the Zentralsparkasse (Bank Austria) in Favoriten, Vienna, 1975–79. Draft sketch.

first draft suggest that the façade was intended have further lead segments thrusting deep into the street. The lower floors in particular evoke the process of scales moving, sliding over each other. We can't in fact make out an identifiable, concrete creature, but fundamental organic aspects are touched upon: no right angles, the apparent system of limbs in the façade, the large, supporting hand in the interior (ill. 77).

The motif of scaly armour also crops up in an unrealized project dating from 1957 by **Enrico Castiglioni** (b. 1914). He was designing the pilgrimage church of the Madonna delle Lacrime (1957) for Syracuse (ill. 127). The dome seems to be feeling its way across the body of the church, wearing a scorpion's segmental armour. Once again we are not dealing with direct animal parts that can be clearly identified, but there are unavoidable associations with animal elements.

Massimiliano Fuksas (b. 1944) designed the entrance for the graffiti museum in the Niaux grotto in Ariège, France. »The concept for this project is a kind of large prehistoric animal coming out of the caves and spreading its wings to receive the visitors. Intended as a piece of archaeology, Corten steel was used for this project.« Similarly to Gaudí, Fuksas also uses the »skin« of this building to convey information and establish animal associations.

Ascription to zoomorphic architecture, exactly as in the case of anthropomorphic architecture, is dependent on the recipient's imagination and ability to project, especially when we do not have authentic statements by the architect to go on, though the architecture critics may have had something to say.

Ironic, absurd, fantastic interpretations have already been discussed as indications of people's ability to project under the heading of anthropomorphy. Of course we come across this phenomenon in zoomorphy as well. A good example of this is provided by interpretations of the Sydney Opera House by **Jørn Utzon** (b. 1918). These certainly did not come from the architect, and we do no know how much he agrees with or accepts these interpretations. Of course the unusual shape has triggered all sorts of popular names.

The architect himself did not start with the caps of a sphere but allegedly with the detached peel of an orange. But he has agreed with the comparison to the wings of a bird. Other comparisons emerged later: with a white sea-shell, with the white sails in the harbour, with the unfolding of petals, or less poetically, »a traffic accident without survivors« and »fish swallowing each other.« (Jencks 1978.) There are no real biological parts to be seen, but the impression given by the building clearly goes in the direction of the animal. Once more this makes man's ability to project obvious, his desire for a living interpretation of dead material, of architecture.

Charles Jencks shows (1978) humorous but symptomatic associations sketched by his students. They see the opera house as not dissimilar to giant armoured animals placed one on

tungen zustimmt oder sie akzeptiert. Die ungewöhnliche Form fordert selbstverständlich die verschiedensten populären Benennungen heraus.

Der Architekt selbst ist nicht nur von den Kalotten einer Kugel, sondern angeblich auch von den abgelösten Schalen einer Orange ausgegangen. Aber auch dem Vergleich mit den Schwingen eines Vogels hat er durchaus zugestimmt. Es sind bald weitere Vergleiche entstanden: Mit einer weißen Seemuschel, mit den weißen Segeln im Hafen, mit dem Entfalten von Blütenblättern, weniger poetisch klingt »ein Verkehrsunfall ohne Überlebende« und »Fische, die einander verschlingen.« (Jencks 1978.) Ohne daß reale biologische Teile zu sehen sind, geht die Rezeption des Bauwerks eindeutig in die Richtung des Animalischen. Einmal mehr wird damit die Projektionsfähigkeit des Menschen, sein Wunsch nach wesenhafter Deutung der toten Materie, der Architektur, offenkundig.

Charles Jencks zeigt (1978) humorvolle, gleichwohl symptomatische Assoziationen, die seine Studenten bildhaft skizziert haben. Sie sehen die Oper als übereinander gelagerte, riesige Panzertiere (Abb. 129), sich paarenden Schildkröten nicht unähnlich. Jencks geht aber über die zoomorphe Deutung noch hinaus: »Die außergewöhnlichste Metapher und diejenige, welche die Australier mit einer gewissen amüsierten Symapthie anwenden, ist ›Rauferei der Nonnen‹. Diese übereinandergeschobenen Schalen, die sich in zwei Hauptrichtungen gegenüberstehen, ähneln den Hauben und Kapuzen zweier verfeindeter Klosterorden, und die so unwahrscheinliche Vorstellung, daß dies eine Rauferei der Mutter Oberinnen darstellen könnte, beherrscht alle anderen Möglichkeiten.« (Jencks 1978.)

Den zoomorphen Aspekt im Werk von **Renzo Piano** (geb. 1937) versteht Peter Schneider (2000) schön zu artikulieren: Für ihn sieht das »Rückgrat« (auch dies wieder eine animalische Assoziation) des längsten Gebäudes der Welt, des Flughafens von Kansai, Osaka (Abb. 130), wie »die verkrümmte Wirbelsäule eines Dinosauriers« aus. Gemeint ist damit der Querschnitt der großen Abfertigungshalle mit den filigranen Gitterträgern. Die Überlagerung von rationalen und interpretativen Motiven wird hier besonders deutlich, denn primär ist die Dachform das Ergebnis »langer Studien über den dynamischen Strömungsverlauf der Luft«. Die beachtliche Assoziationsbreite geht aus einer anderen poetischen Beschreibung hervor (Piano 2000). »Die Gesamtform des langgestreckten Gebäudes hat die Gestalt einer sanft anrollenden Woge, zugleich erinnert sie an ein Segelflugzeug, das sich mit seinen weiten Flügeln auf der Insel niedergelassen hat. Mit seiner geschwungenen Fom paßt sich der Flughafen Kansai seiner natürlichen Umgebung an: Wasser, Wellen, Wind und Licht.«

Auch beim Projekt für drei Auditorien in Rom (Abb 131) von Renzo Piano kann Peter Schneider Animalisches entdecken, wozu vielleicht auch das Modell verleitet. Er findet, daß die Bauten an Riesenschildkröten erinnern. Der Architekt hat die drei Auditorien voneinander isoliert, aber ein zentrales Amphitheater scheint sie wieder aneinanderzubinden, so daß der Eindruck entsteht, die Wesen würden sich friedlich um einen Futternapf gruppieren.

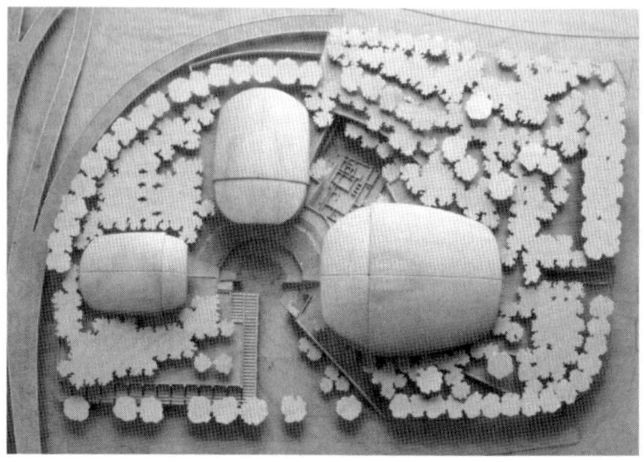

Wird die Tiergestalt dem Grundriß zugrunde gelegt, so bleibt, genauso wie in der anthropomorphen Architektur, die Erkennbarkeit der Formen aus unserer gewohnten Augperspektive schwierig, und der zoomorphe Charakter wird erst aus der Vogelschau deutlich.

So etwa beim Gagudju-Hotel von **John Wilkins** in Jabiru, im Kakadu-Nationalpark bei Darwin, Australien (Abb. 132). Die Erläuterung für den Touristen, daß es sich dabei um ein Krokodil handelt, wird noch durch den Hinweis ergänzt, daß dieses Tier bei den Aborigines als heilig verehrt wurde und als Ahnherr der Ureinwohner gilt. In einer seltsamen Vermengung von Magie und Kommerz begegnet uns die Zoomorphie in einem durchaus luxuriösem Gebäude. Aber selbst aus der Vogelschau ist die Metapher nicht stringent, und erst wenn auf das Maul und das Schwanzende des Tieres hingewiesen wird, stellt sich der »Aha«-Effekt ein.

Dem Ludwig-Erhard-Haus in Berlin von **Nicholas Grimshaw** (geb. 1939) würde man auch aus der Luftperspektive keineswegs spontan eine zoomorphe Gestalt zuordnen.[42] Dem Vernehmen nach hat aber der Architekt selbst davon gesprochen. Angeblich war die in Segmente gegliederte, im Querschnitt halbrunde Großform des Gebäudes, aus Stahlbindern konstruktiv ausgebildet, nicht allein durch funktionelle und technologische Motive bestimmt. Vielmehr lag der im Stadtbild dominanten Form »als Motiv, als Image ein Gürteltier zugrunde – mithin das Bild einer organischen, lebendigen Form«. (*Neue Architektur*, Berlin 1997.) Tatsächlich könnten wir einige Ähnlichkeiten, freilich zu einem ganz anderen animalischen Vorbild entdecken, zu dem Theater in Torre del Lago (Abb. 152, 153) von **Paolo Portoghesi** (geb. 1931). (Vgl. Kap. 19.)

131. Renzo Piano Building Workshop, Auditorien in Rom, 1996–2002.
132. John Wilkins, Gagudju-Hotel, Kakadu National Park, Darwin, Australien, 1990.
133. Renzo Piano Building Workshop, Kansai International Airport, Osaka, Japan, 1990–94.

131. Renzo Piano Building Workshop, auditoria in Rome, 1996–2002.
132. John Wilkins, Gagudju Hotel, Kakadu National Park, Darwin, Australia, 1990.
133. Renzo Piano Building Workshop, Kansai International Airport, Osaka, Japan, 1990–94.

top of the other (ill. 129), mating tortoises. But Jencks even goes beyond the zoomorphic interpretation: »The most extraordinary metaphor, and the one which Australians apply with a certain bemused affection, is ›scrum of nuns‹. All those shells leaning over, confronting each other in two main directions, resemble the head-dresses and cowls of two opposed monastic orders, and the wildly unlikely idea that this could be a scrimmage of mother superiors dominates the possibilities.« (Jencks 1978.)

Peter Schneider (2000) articulated the zoomorphic aspect of the work of **Renzo Piano** (b. 1937): for him the »spine« (this is again an animal association) of the longest building in the world, Kansai Airport in Osaka (ill. 133), looks like »the crooked spinal column of a dinosaur«. He is referring to the cross-section of the large check-in hall with its filigree lattice girders. An overlap between rational and interpretative motifs is particularly clear here, as the roof form is primarily the result of »long studies of the dynamic behaviour of air currents«. The considerable breadth of associations emerges from another poetic description (Piano 2000). »The overall form of the long building is in the shape of a gently rolling wave. At the same time it is reminiscent of a glider coming down on the island with its broad wings. The curved shape of Kansai airport conforms with its natural surroundings: water, waves, wind and air.«

Peter Schneider found animal features in Renzo Piano's project for three auditoriums in Rome (ill. 131) as well, and perhaps the model suggests this. Schneider finds the buildings reminiscent of giant tortoises. The architect isolated the three auditoriums from each other, but a central amphitheatre seems to link them together again, giving the impression that the creatures are gathered peacefully round a feeding-bowl.

If the animal shape forms the basis for the ground plan, as in the case of anthropomorphic architecture it is often difficult to recognize the forms from our usual perspective, and the zoomorphic character is only clear from a bird's-eye view.

This is the case in **John Wilkins**' Gagudju Hotel in Jabiru, in the Kakadu National Park near Darwin, Australia (ill. 132). The explanation for the benefit of tourists is that it is based on a crocodile, with the added information that this animal was worshipped by the aborigines and is considered to be the ancestor of the original inhabitants. We are confronted with zoomorphy in an entirely luxurious building, in a strange mixture of magic and commerce. But even from a bird's-eye view the metaphor is not particularly compelling, and it is only when the creature's mouth and tail are pointed out that the »aha« effect kicks in.

A bird's-eye view of the Ludwig-Erhard-Haus in Berlin by **Nicholas Grimshaw** (b. 1939) also does not suggest a zoomorphic shape spontaneously.[42] But rumour has it that the architect himself alluded to one. Allegedly the semicircular overall form of the building in cross-section, structured in segments and built of trusses, is not determined entirely by functional and technological motifs. On the contrary, this form, which is so dominant in the cityscape, was »based on an armadillo as a motif, as an image – and thus on the image of an organic, living form.« (*Neue Architektur*, Berlin 1997.) In fact we could establish some similarities, admittedly with a quite different animal model, with the theatre in Torre del Lago (ills. 152, 153) by **Paolo Portoghesi** (b. 1931). (Cf. chapter 19.)

14. Vögel

Es entbehrt nicht eines tieferen Sinnes, daß ein kunstfertiger Architekt der Mythologie, Dädalus, mit einer Flugmaschine erfolgreich flieht, während der anmaßende Sohn Ikarus abstürzt. Seither träumen die Architekten immer wieder vom Fliegen, mehr noch: davon, daß ihre Bauwerke abheben können, daß sie entmaterialisiert und dadurch schwerelos werden. Die Geschichte der Architektur könnte, wenn auch mit manchen Unterbrechungen und Rückschlägen, als das Märchen vom Fliegen erzählt werden.

Da dies wohl sehr selten gelingt, wird der Vogel zu einer beliebten Metapher in der Architektur, jenes Tier also, das dem Grundprinzip der Schwere des Bauens am intensivsten widerspricht. Nicht unerwähnt soll bleiben, daß in Sigmund Freuds Traumdeutung das Fliegen als Symbol für den Geschlechtsverkehr gilt, und Freud verweist auf die vielen sprachlichen und bildnerischen Verbindungen zwischen dem Vogel und dem Geschlechtsakt.[43]

Der Gedanke des Fliegens, der Flügel, scheint unabhängig vom Material zu sein. Ungeachtet des massiven Betons taucht die Idee des Abhebens in den Arbeiten von **Eero Saarinen** (1910–1961) auf.

Beim Eishockey-Stadion an der Yale University in New Haven (Abb. 134) hätte primär die sachliche Konstruktion des Statikers **Fred Severud** eine wesentlich einfachere Erscheinungsform ergeben: Ein Stahlbetonbogen, am Auflager des Bodens endend, überspannt die Halle, von ihm aus schwingen die Dachflächen zu den peripheren Betonträgern. Saarinen erinnerte diese Konstruktion zunächst an eine Schildkröte, wenn wir aber noch ein anderes Panzertier beschwören, dann ist es der Drache, der auf Antoni Gaudis Casa Batlló in Barcelona liegt (Abb. 31). Saarinen war diese schwergewichtige Metapher jedoch keineswegs willkommen, er ergänzt die Konstruktion mit einem durchaus unfunktionellen Element: Das Rückgrat wird über die Stützen hinaus verlängert, die Dachfläche geht mit, und so ist aus dem Panzertier ein auffliegender Vogel geworden, die Lichtskulptur an der Spitze bildet gleichsam den Kopf oder den Schnabel. Es versteht sich, daß alle Photographen dieses ziemlich kleine Detail entsprechend vor ihre Linse bringen. Aber auch im Inneren »spricht« das Gebäude: Ein Hockeyspieler meint, daß »der große Hallenbogen, ihn anfeuernd, Go,go,go! zurufe, wenn er dem Puck nachjage.« (Gössel-Leuthäuser 1990.)

Das Schnabelmotiv kehrt wesentlich markanter bei Saarinens TWA Terminal auf dem John F. Kennedy International Airport in New York wieder (Abb. 135). Zwischen den beiden großen Dachschalen, die von der Mitte und von den plastisch modellierten Stützen aufsteigen, ist der weit auskragende Schnabel eingebettet. Wesentlich stärker als beim Hockey-Stadion ist hier die Metapher zum Abheben, zum Fliegen, zur Dynamik erkennbar. Das Motiv der riesigen Schwingen ist auch die Basis für den Grundriß, wobei die strenge Symmetrie zwar metaphorisch, aber nicht zwingend erscheint. Die Assoziation mit den Themen Vogel und Fliegen ist in diesem Falle funktionell wieder durchaus legitim und durch den Architekten verbürgt. Den zoomorphen Charakter des Gebäudes schildert Charles Jencks (1978) sehr anschaulich: »Das Abfertigungsgebäude der Trans World Airways in New York ist das ikonische Zeichen eines Vogels und – im erweiterten Sinn – der Flugreise. In den Details und in der Verbindung der Verkehrsströme, der Ausgänge und Kreuzungspunkte der Fluggäste ist es eine besonders intelligente Herausarbeitung dieser Metapher. Ein tragender Pfeiler stellt sich als Ständer eines Vogels dar, der Regenwasserablauf wird zum drohenden Schnabel, eine innenliegende Brücke, mit blutrotem Teppich belegt, wird, vermute ich, zur Lungenarterie. Hier summieren sich die imaginativen Bedeutungen auf eine angemessene und geplante Weise, die auf eine gemeinsame Metapher des Fluges hinweist. Die Wechselwirkung dieser Bedeutungen erzeugt ein multivalentes Werk der Architektur.«

Hingegen ist es nicht verbürgt, ob der große Architekt der High-Tech-Szene, **Sir Norman Foster** (geb. 1935), beim Entwurf des North Greenwich Transport Interchange in London an einen Vogel gedacht hat (Abb. 133). Die imponierende Großform – das Gebäude besteht eigentlich nur aus Dach – veranlaßt einen Architekturkritiker zu der Feststellung: »Der Adler ist gelandet.«[44] Wenn nicht von einem Vogel, dann sicher von einer Kugel ist Norman Foster ausgegangen. Das Dach mit einer Gesamtspannweite von 160 Metern ist Teil eines Kugelsegmentes von 170 Metern Durchmesser, die gesamte Kugel hätte einen Durchmesser von einem Kilometer. (Kanfer 1999.)

Die Arbeiten von **Coop Himmelb(l)au**[45] bringen immer wieder animalische Assoziationen oder genauer: das Motiv des Flügels und des Fliegens. Das Leichte, Transparente, Offene, Bewegliche und Transitorische sind jene Hauptanliegen von Coop Himmelb(l)au, die sich wie rote

14. Birds

There is a deeper meaning to be found in the fact that a skilful mythological architect, Daedalus, soars successfully in a flying machine, while his arrogant son Icarus crashes. Since then architects have repeatedly dreamed of flying, or rather that their buildings could take off, that they could become immaterial and thus weightless. The history of architecture could, even though with a number of interruptions and setbacks, be told as a fairy-tale of flying. As this very rarely succeeds, the bird had become a popular metaphor in architecture. It is the animal that contradicts the basic principle of weight in building most intensively. It has to be mentioned that flying is interpreted as a symbol of sexual intercourse in Freud's interpretation of dreams, and Freud refers to the many linguistic and artistic links between birds and the sexual act.[43]

The idea of flying, of wings, seems to be independent of the material. Despite the solid concrete the idea of taking off does occur in the work of **Eero Saarinen** (1910–1961).

In the case of the ice-hockey stadium at Yale University in New Haven (ill. 134), the functional structure devised by statical engineer **Fred Severud** would have made the finished building look considerably simpler: a reinforced concrete arch, ending at the ground bearing, spans the hall, and the roof surfaces soar out from it to the peripheral concrete supports. This structure reminded Saarinen of a tortoise in the first place, but if we summon up yet another armoured animal then it is the dragon that lurks on top of Antoni Gaudí's Caso Batlló in Barcelona (ill. 31). But Saarinen did not welcome this heavyweight metaphor at all, and so he complemented the structure with an entirely non-functional element: the backbone is extended beyond the supports, the roof surface goes with it and thus the armoured creature has become a bird taking off, with the light sculpture at the tip effectively forming the head or the beak. Of course all the photographers concentrate on this little detail. But the building »speaks« inside as well: an ice-hockey player has said that the »big hall arch eggs him on by shouting go, go, go! when he is chasing after the puck.« (Gössel-Leuthäuser 1990.)

The beak motif recurs even more strikingly in Saarinen's TWA Terminal at John F. Kennedy International Airport in New York (ill. 135). The protruding beak is embedded between the two large roof shells rising from the middle and the sculpturally modelled supports. The metaphor of taking off, of flying, of dynamics is much clearer here than in the hockey stadium. The giant wing motif is also the basis for the ground plan, thought the strict symmetry indeed seems metaphorical, but not compelling. The association with the theme of birds and flying is again entirely legitimate functionally in this case, and confirmed by the architect. Charles Jencks describes the zoomorphic character of the building very vividly: »The TWA terminal in New York is an icon of a bird, and by extension, of aeroplane flight. In the details and merging of circulation lines, of passenger exits and crossways, it is a particularly clever working out of this metaphor. A supporting strut is mapped to a bird's leg, the rain-spout becomes an ominous beak, an interior bridge covered in blood-red carpet becomes, I suppose, the pulmonary artery. Here the imaginative meanings add up in an appropriate and calculated way, pointing towards a common metaphor of flight – the mutual interaction of these meanings produces a multivalent work of architecture.«

In contrast of this, we have no confirmation that the great architect of the High-Tech scene, **Sir Norman Foster** (b. 1935) was thinking of a bird when he designed the North Greenwich Transport Interchange in London (ill. 136). The impressive, large-scale form – the building actually consists only of a roof – prompted one architecture critic to say: »The eagle has landed«.[44] If Norman Foster didn't start with a wing, he certainly started with a sphere. The roof has an overall span of 160 metres, and is »part of a segment of a sphere 170 metres in diameter, the full sphere would have been a kilometre in diameter.« (Kanfer 1999.)

The work of **Coop Himmelb(l)au**[45] again triggers animal associations, or more precisely: the motif of the wing and of flying. Lightness, transparency, openness, mobility and transience are Coop Himmelb(l)au's main interests, and they run through their work like a thread. Their motifs are not drawn solely from zoology, but also from mythology: angels', gods' and spirits' wings, and the flickering and blazing of flames are still viable metaphors today.

It is no coincidence that a music bar in Vienna is called the Roter Engel (Red Angel). »The angel of sound is the built breath of the singer, the built melody of the musician, the materialized language of the actor and the stage … The wings of the angel that cut through the vault are three-dimensionally shaped sheet metal sections …« This is Coop Himmelb(l)au's authentic commentary on the Roter Engel.

134. Eero Saarinen und Fred Severud, Ingall's Eishockey-Stadion, Yale University, New Haven, Connecticut, 1953–59.
135. Eero Saarinen, TWA-Gebäude, John F. Kennedy Airport, New York, 1956–62.

134. Eero Saarinen and Fred Severud, Ingall's Ice Hockey Rink, Yale University, New Haven, Connecticut, 1953–59.
135. Eero Saarinen, TWA building, John F. Kennedy Airport, New York, 1956–62.

Fäden durch ihr gesamtes Werk ziehen. Die Motive nehmen sie nicht immer allein aus der Zoologie, sondern auch aus der Mythologie: Die Flügel der Engel, der Götter, der Geister und das Züngeln und Lodern der Feuerflammen sind heute noch immer brauchbare Metaphern.

Die Bezeichnung einer Liederbar in Wien als *Roter Engel* ist kein Zufall. »Der Engel des Tones ist der gebaute Atem des Sängers, die gebaute Melodie des Musikers, die materialisierte Sprache des Spielers und der Bühne ... Die Flügel des Engels, die das Gewölbe durchschneiden, sind räumlich verformte Blechprofile ...« So lautet der authentische Kommentar von Coop Himmelb(l)au zum *Roten Engel*.

Das Fliegen kennt keine Schwerkraft, somit auch kein Oben und Unten, keinen rechten Winkel, keine rationale Geometrie: Damit gewinnt die Formenwelt der sogenannten »Dekonstruktivisten«, zu deren Hauptvertretern Coop Himmelb(l)au zählt, eine neue Motivationsebene. Aus Gaudís gekrümmten, reptilen Wirbelsäulen werden bei Coop Himmelb(l)au gespannte, federnde Bogen, freigelegte Skelette von phantastischen Flugtieren. Eines dieser Wesen mit weit ausladenden Flügeln ist eben auf dem Dach eines Wiener Gründerzeit-Hauses gelandet: Es ist eine Rechtsanwaltskanzlei mit dem wohl schönsten Sitzungszimmer der Gegenwartsarchitektur (Abb. 139).

Die Vögel können aber auch graziös und skurril mit den »langen dünnen gelben Beinen der Architektur« daherspazieren, unentschlossen, ob sie stelzen, fliegen oder harken sollen, so geschehen auf einem öffentlichen Platz in Rotterdam (Abb. 137). Es ist vor allem der Schnabel, der einen Vogel charakterisiert.

Vögel sind eigenartige Wesen in ihrer erstaunlichen Equilibristik, unbegreiflich, wie ein Storch auf einem Bein zu stehen vermag. Das Kunststück der animalischen Balance, auf die Architektur übertragen, löst uns völlig vom traditionellen Stütze-Last-System. Mit dieser kleinen Arbeit ist auch eine neue Formulierung für Stadtzeichen, Denk-Male und Orientierungspunkte im urbanen Kontext artikuliert, durchaus geeignet, pathetische Monumente vom Sockel zu stürzen.

Coop Himmelb(l)au behaupten, daß sie niemals die Absicht haben, menschen- oder tierähnliche Gebilde zu erstellen, sondern daß diese Interpretationen immer von Außenstehenden kommen, häufig von der Presse oder der Literatur. Allerdings akzeptieren sie gerne diese Bezeichnungen, sind sie doch ein Beweis aktiver Auseinandersetzung der Rezipienten mit der Architektur.

Diese Aussagen von Prix und Swiczinsky über eine gleichsam unbewußte Zoomorphie muß nicht unbedingt akzeptiert werden. Wenn sie im Zusammenhang mit dem Rotterdamer Stadtzeichen von »langen, dünnen Beinen« sprechen oder wenn sie neue Formelemente in den nicht-architektonischen Bereichen suchen und dort Knochen und Gelenke, aber auch Schne-

136. Sir Norman Foster and Partners, North Greenwich Transport Interchange, London, 1997/98.
137. Coop Himmelb(l)au, *Die langen, dünnen, gelben Beine der Architektur*, Stadtzeichen, Rotterdam, 1988.
138. Coop Himmelb(l)au, Folly 6, Expo 1990, Osaka, Japan, 1989.
139. Coop Himmelb(l)au, Dachausbau in der Falkestraße, Wien, 1984–89.

136. Sir Norman Foster and Partners, North Greenwich Transport Interchange, London, 1997/98.
137. Coop Himmelb(l)au, *The long, thin, yellow legs of architecture*, city logo, Rotterdam, 1988.
138. Coop Himmelb(l)au, Folly 6, Expo 1990, Osaka, Japan, 1989.
139. Coop Himmelb(l)au, roof extension in Falkestraße, Vienna, 1984–89.

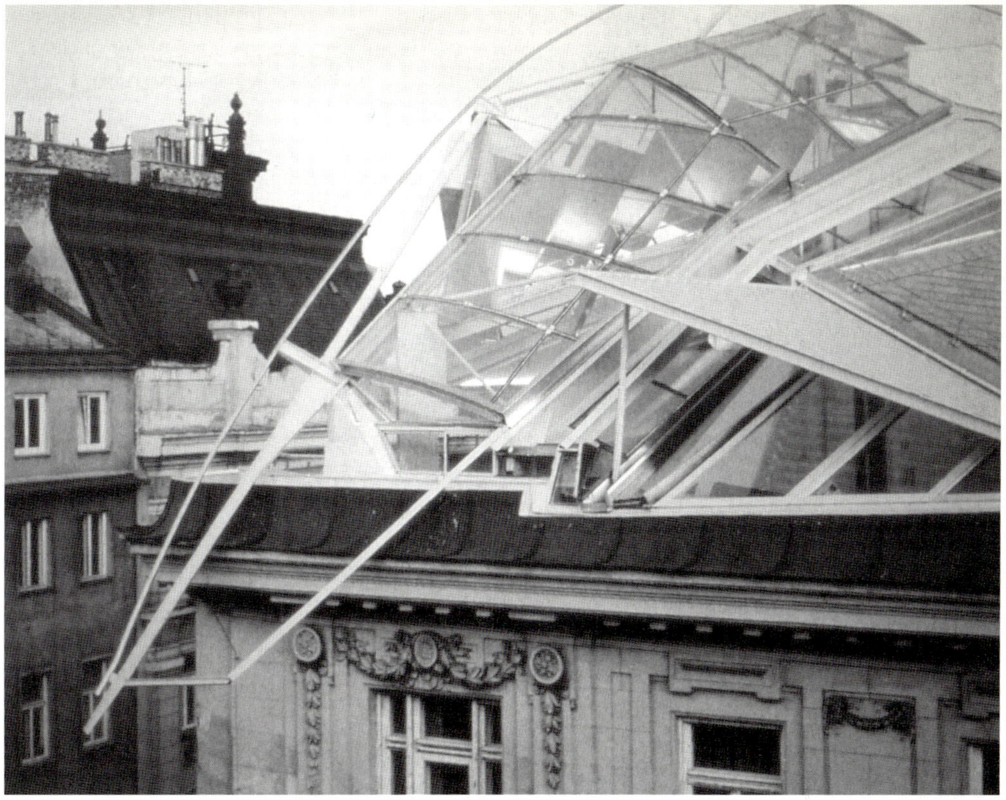

Flying knows no gravity, and so it does not know top and bottom either, nor is it familiar with right angles and rational geometry. This gives the so-called »Deconstructivists'« formal world – and Coop Himmelb(l)au are to of the main exponents of this movement – a new level of motivation. Coop Himmelb(l)au transform Gaudí's crooked, reptilian spinal columns into taut, springy arcs, the revealed skeletons of fantastic flying creatures. One of these has just landed on the roof of an 1870s Viennese building with its wings outstretched: the building is a lawyers' office, with what is probably the most beautiful conference room in contemporary architecture (ill. 139).

But the birds can also walk around graciously and absurdly with the »long thin yellow legs of architecture«, undecided whether to stalk, fly or scratch, as happened in a public square in Rotterdam (ill. 137). It is above all the beak that is the chief characteristic of a bird.

Birds are strange creatures, with an astonishing sense of balance. It is very hard to understand how a stork can stand on one leg. The trick of animal balance, transferred to architecture, detaches us completely from the traditional support and load system. This little work also articulates a new formula for city symbols, monuments and orientation points in the urban context, entirely suitable for hurling melodramatic monuments from their plinths.

Coop Himmelb(l)au assert that they never intended to produce structures that were like people or animals, but that these interpretations always come from outsiders, frequently from the press or literature. But they are pleased to accept these descriptions, as they prove that people are responding actively to architecture.

We do not have to accept these statements by Prix and Swiczinsky about what they say is unconscious zoomorphy. If in the context of the Rotterdam town symbol they talk of »long thin legs« or when they look for new formal elements in non-architectural areas and find bones and joints there, but snails, plants, grasshoppers etc. as well, then it is impossible to deny that they are close to zoomorphic architecture.

Two designs by Coop Himmelb(l)au dating from 1989 are undoubtedly to be interpreted as creatures somewhere between human and animal nature – probably rather more to the latter category.

For Expo 1990 in Osaka, Coop Himmelb(l)au built a model for the Folly (ill. 138), a structure that is undoubtedly related to the Rotterdam town symbol. The long thin legs are unmistakable, but now they have a body on top of them that is clearly supporting a head, and from a certain viewpoint we might even be able to make out a beak. The deconstructivist accessories, like struts, clasps, springs, plates give the building a certain lightness.

cken, Pflanzen, Heuschrecken u. a. finden, kann die Nähe zu einer zoomorphen Architektur nicht geleugnet werden.

Zwei Entwürfe von Coop Himmelb(l)au aus dem Jahre 1989 sind zweifellos als Wesen zwischen menschlicher und tierischer Natur zu deuten – eher jedoch letzterer zuzurechnen.

Für die Expo 1990 in Osaka baute Coop Himmelb(l)au ein Modell, für die *Folly 6* (Abb. 138), ein Gebilde, das zweifellos dem Rotterdamer Stadtzeichen verwandt ist. Die langen, dünnen Beine sind unverkennbar, darauf sitzt aber nun ein Korpus, der deutlich einen Kopf trägt, und von einem bestimmten Blickpunkt aus mögen wir vielleicht sogar einen Schnabel ausnehmen. Die dekonstruktivistischen Accessoires, wie Gestänge, Spangen, Federn, Platten, geben dem Bau eine gewisse Leichtigkeit.

Das Bar- und Restaurantgebäude für Fukuoka (Abb. 140) mußte verständlicherweise mehr Geschlossenheit aufweisen. Trotzdem suggeriert das Modell den Eindruck des Stehens. Der »Kopf« weist eine Besonderheit auf: Er kann ausgefahren oder eingezogen werden, die Bewegung ist ein ganz spezifisches, zoomorphes Merkmal.

Ein offenes Bekenntnis a priori zum Animalischen gibt es, laut Aussage von Coop Himmelb(l)au, lediglich beim Entwurf zum Umbau der Merz-Schule in Stuttgart (1981), die »das Fliegen lernen sollte«. Aber gerade hier erscheint die Metapher keineswegs zwingend, wenn wir das Abheben, das Schweben nicht schon als eine Vorstufe des Fliegens ansehen.

Auch bei einigen anderen Projekten ist es offenkundig, daß Prix und Swiczinsky einer anthropo- / zoomorphen Deutung nicht unbedingt distanziert gegenüberstehen. Um nur ein Beispiel zu nennen: 1989 entwerfen sie ein Haus für Griechenland (Abb. 141) und bauen ein Modell aus Holz, Metall und Glas, und wir können ganz deutlich den Korpus, die Gliedmaßen und das »Caput« erkennen. Aber Prix und Swiczinsky selbst, um Humor und Ironie nie verlegen, weisen uns auf die Spur: *Betrunkener Hirte* benennen sie die Figur und ersparen uns damit jede spekulative Auslegung.

Zählen wir auch das »Geflügel« zu den Flugtieren, dann erweitern wir das Spektrum der Betrachtung. In der unprätentiösen organischen Architektur von **Bruce Goff** (1904–1982) flackern immer wieder zoomorphe Motive auf. Der offene Grundriß des Hauses für Glenn und Luetta Harder bei Mountain Lake, Minnesota (1970/71, 1987 abgebrannt), ist zwischen drei steinerne Kamine eingespannt (Abb. 142). Von außen betrachtet, scheinen sie einem seltsamen Federvieh zu ähneln. Ist das nur Zufall, oder bestätigt diese Interpretation die Tatsache, daß die Harders eine Truthahn-Farm halten? (Gössel-Leuthäuser 1990.)

Das Thema des Fliegens ist für **Massimo Scolari** untrennbar mit dem Gedanken der Freiheit verbunden. Die Realisierung sieht Scolari in einer Architektur-Skulptur, die riesige Vogelschwingen darstellt. Eigenartiger Weise sind sie aus schweren Materialien, aus Holz und Metall gebildet. Die ideale Realisierung gelang Scolari bei der Architektur-Biennale in Venedig des Jahres 1991: Der Eingang zur Corderie dell' Arsenale war mit den riesigen Flügeln signalisiert (Abb. 143). Scolari verbindet mit dem Gebilde eine durchaus poetische Beschreibung: »Man könnte diese Skulptur als Ausdruck jener Freiheit erklären, die das Fliegen in jedem von uns hervorruft, wie die Erinnerung an die Papierflieger zwischen den Schulbänken oder der Zauber der schwingenden Flüge der Schwalben oder das majestätische Segeln der Raubvögel ... Nichts anderes als das Fliegen hat mich in einer so stillen und rätselhaften Art angezogen. Wir können vom Himmel fallen, aber uns nicht erheben, wir können oben schwimmen oder untertauchen, aber wir können uns nicht in die Luft hinauf befreien wie das bescheidenste Flugwesen. Aber wir können durch die Imagination über unsere Körperlichkeiten hinaus fliegen ... Diese Skulptur will uns alle diese unmöglichen, zerbrechlichen Konstruktionen verstehen lassen, sie will sie nicht darstellen, aber an sie erinnern, sie soll jeden Anthropomorphismus aufheben und uns der lärmenden Rotation berauben ..., diese unnütze Skulptur, die nicht funktionell ist, nicht einmal für sich selbst, findet im Hochmut seiner Unnützheit den Grund zu existieren.« (Scolari 1991.)[46]

140. Coop Himmelb(l)au, Jasmac Bar und Restaurant, Fukuoka, Japan, 1989. Projekt.
141. Coop Himmelb(l)au, *Betrunkener Hirte*, Haus in Griechenland, 1989. Projekt.
142. Bruce Goff, Haus für Glen und Luetta Harder, Mountain Lake, Minnesota, 1970/71.
143. Massimo Scolari, *Vogelschwingen*, Zeichnung zum Eingang der Corderie dell'Arsenale, Biennale Venedig, 1991.

140. Coop Himmelb(l)au, Jasmac bar and restaurant, Fukuoka, Japan, 1989. Project.
141. Coop Himmelb(l)au, *Drunken Shepherd*, house in Greece, 1989. Project.
142. Bruce Goff, house for Glen and Luetta Harder, Mountain Lake, Minnesota, 1970/71.
143. Massimo Scolari, *birds' wings*, drawing for the entrance to the Corderie dell'Arsenale, Venice Biennale, 1991.

The bar and restaurant building for Fukuoka (ill. 140) had to look rather more closed, for obvious reasons. Nevertheless the building gives an impression of standing. The »head« has a special feature: it can be extended or drawn in, and this movement is a quite specific zoomorphic characteristic.

According to Coop Himmelb(l)au, the only a priori open acknowledgement of animal qualities is to be found in the design for the Merz School in Stuttgart (1981), which »was intended to learn to fly«. But in this particular case the metaphor does not seem particularly compelling unless we see taking off, hovering as a preliminary stage of flying.

It is also obvious in some other projects that Prix and Swiczinsky are not entirely opposed to an anthropo- / zoomorphic interpretation. To name but one example: in 1989 they designed a building for Greece (ill. 141), and built a model in wood, metal and glass. We can easily make out the body, the limbs and the head. But Prix and Swiczinsky themselves, never at a loss to find humour and irony, put us on the right track: they call the figure *Drunken Shepherd*, and thus save us any speculative exposition.

If we also count »poultry« as flying creatures, then we can broaden our spectrum. Zoomorphic motifs constantly flicker to life in **Bruce Goff's** unpretentious organic architecture. The open ground plan of the house for Glenn and Luetta Harder near Mountain Lake, Minnesota (1970 / 71, burned down 1987), is laid out between three stone fireplaces (ill. 142). Seen from the outside, them seem to look like strange feathered creatures. Is it just a coincidence, or is this interpretation confirmed by the fact that the Harders run a turkey farm? (Gössel-Leuthäuser 1990.)

For **Massimo Scolari**, the theme of flying is inseparably linked with the idea of freedom. Scolari sees this expressed in an architectural sculpture representing enormous bird's wings. Strangely enough these are made of heavy materials, of wood and metal. Scolari found his ideal expression for this idea at the 1991 Architecture Biennale in Venice: the entrance to the Corderie dell'Arsenale was marked by the gigantic wings (ill. 143). Scolari wrote a highly poetic description of the structure: »This sculpture could be seen as an expression of the freedom that flying evokes in each one of us, like the memory of paper darts between school desks or the magic of the soaring flight of the swallows or the majestic gliding of birds of prey … Nothing other than flying has attracted me in such a quite and mysterious way. We can fall from the sky, but not take off, we can swim on the surface or dive underneath, but we cannot liberate ourselves into the air like the most modest flying creature. But we can fly beyond our corporeal qualities in our imaginations … This sculpture wants to help us to understand all these impossible, fragile constructions that, it does not want to depict them, but to remind us of them, it is intended to take any anthropomorphic quality away from them and rob us of noisy rotation …, this useless sculpture that is not functional, not even for itself, finds its reason for existing in the arrogance of its uselessness.« (Scolari 1991.)[46]

15. Fische. Getier

»Und Gott schuf die Seetiere und die Vögel und das Wild und das Vieh ... und schuf den Menschen als Mann und Weib.« Und alle Wesen sind auch zu wunderbaren Modellen für die Architektur geworden.

Den lebendigen Fisch als Behälter oder Behausung kennen wir aus Mythen und Legenden, aus Sagen und Träumen.

Der Prophet Jonas hat nach der Bibel und nach der Überlieferung drei Tage im Bauch eines riesigen Walfischs verbracht, ehe er wieder an Land gespien wurde. Damit ist er zum Vorbild Christi geworden, der drei Tage vor seiner Auferstehung im Grabe verbracht hat.

Münchhausen erzählt uns die skurrile Geschichte, wie er mit seinem Schiff von einem riesigen Fisch verschlungen wurde, und nur mit einem Trick ist es ihm gelungen, dem Bauch des Ungeheuers zu entkommen.

Daß der Gedanke eines begehbaren Fisches heute durchaus aktuell sein kann, beweist uns einer der bedeutendsten Architekten der Gegenwart, **Frank O. Gehry** (geb. 1929). Das Motiv taucht in seinen Arbeiten anfangs nur bei bescheidenen Objekten auf, aber es entwickelt sich zu immer beachtlicheren Dimensionen. Die *Garden Folly* wurde 1983 für eine Ausstellung in der Castelli Gallery in New York entworfen (Abb. 144). Das Modell zeigt einen gewaltigen Fisch aus einer schönen Holzkonstruktion, die unweigerlich auch an ein Schiff erinnert. Bewacht wird das auf dem Trockenen liegende Wesen von einer richtiggehend gebauten Schlange, eine verblüffende Parallele zum Schlangentempel in Mandalay (Abb. 149).

Bei der Frank-O.-Gehry-Retrospektive im Walker Art Center in Minneapolis 1986 stellt der Architekt ein Haus in die große Halle, es ist eine Holzkonstruktion mit innen sichtbaren Rippen und einem spitzbogigen Querschnitt. Die äußere Bedeckung dieses Gebildes mit großen Holzschuppen läßt keinen Zweifel darüber aufkommen, daß ein Fischrumpf das Vorbild war. Die Schlange wacht diesmal am Eingang. In der gleichen Ausstellung präsentiert Gehry einen sich hoch aufbäumenden Glasfisch, der allerdings nicht begehbar war.

Gehry zitiert sich selbst nur ein Jahr später. In einer riesigen Halle in Venice, California, implantiert er eine Reihe von Sekundärstrukturen als temporäre Büros, darunter nahezu der gleiche Fisch, den er schon für Minneapolis gebaut hatte. Die Schuppen sind kleiner und weniger signifikant, es sind rechteckige Metallplatten.

Der »Fisch«, den Gehry in dem neuen Stadtsanierungsteil in Barcelona, dem ehemaligen olympischen Dorf gebaut hat (Abb. 145), ist zwar nicht begehbar, aber seine Situierung und der Kontext mit den umgebenden Baulichkeiten, vor allem mit dem Hotel, verleiht ihm durchaus den Charakter eines Gebäudes. Die Nähe des Meeres könnte in diesem Fall als Motivation für das Gebilde angesehen werden, welches die Funktion eines Wahrzeichens übernehmen soll.

144. Frank O. Gehry, *Garden Folly*, Leo Castelli Gallery, New York, 1983.
145. Frank O. Gehry, Fisch-Skulptur beim Vila Olimpica Hotel, Barcelona, 1989–92.

144. Frank O. Gehry, *Garden Folly*, Leo Castelli Gallery, New York, 1983.
145. Frank O. Gehry, fish sculpture at the Vila Olimpica Hotel, Barcelona, 1989–92.

15. Fish. Reptiles and insects

»And God created the beasts of the sea and the birds and the wild creatures and the cattle ... and he created man and woman.« And all these creatures have also become wonderful models for architecture as well.

We are familiar with the live fish as a container or house from myths and legends, from legends and dreams.

According to the Bible and to tradition the prophet Jonah spent three days in the belly of an enormous whale, before he was spat out on to dry land again. This made him into a precursor of Christ, who spent three days in the tomb before his resurrection.

Münchhausen tells us an absurd story of being swallowed, along with his ship, by an enormous fish, only escaping from the monster's belly by a trick.

One of the most important architects of our day, **Frank O. Gehry** (b. 1929), shows that the idea of an accessible fish can still be acceptable today. The motif only appears in his early work in the case of certain modest objects, but it develops to increasingly significant dimensions. The Garden Folly was developed in 1983 for an exhibition in the Castelli Gallery in New York (ill. 144). The model shows an enormous fish made of wood, which is also unavoidably reminiscent of a ship. The creature stranded on dry land is guarded by a realistic snake, an amazing parallel with the Snake Temple in Mandalay (ill. 149).

For the Frank O. Gehry retrospective in the Walker Art Center in Minneapolis in 1986 the architect placed a building in the main hall. It is s timber construction with ribs that are visible on the inside and an pointed-arched cross-section. The outside of this structure is clad in large wooden scales which leaves no doubt that it was modelled on the body of a fish. This time the snake is on guard at the entrance. In the same exhibition Gehry presented a rearing glass fish, though this was not an accessible object.

Gehry quoted himself only one year later. In a gigantic hall in Venice, California, he implanted a series of secondary structures as temporary offices, including almost the same fish that he had already built for Minneapolis. The scales are smaller and less significant, taking the form of rectangular metal plates.

It is not possible to go into the »fish« that Gehry built in the new urban redevelopment area in Barcelona, the former Olympic village (ill. 145), but its situation and the context of the buildings around it, above all the hotel, gives it all the characteristics of a building. In this case the proximity of the sea could be seen as motivation for the structure, which was intended to serve as a landmark.

Gehry designed a building for the Deutsche Genossenschaftsbank AG in Berliner Platz in Berlin that has a quite surprising degree of formal tension. The exterior had to comply with the strict requirements of the Berlin building authorities, who lay down a largely conventional formal language for the city as a whole. The façades of the building are clad in limestone of a similar colour to the Brandenburg Gate, and scarcely show the adventurous architect's hand at all. In contrast with this, Gehry develops extremely complex structures for the internal areas. The large glass roof, which covers the inner courtyard, is characterized by continuous transformation of both the longitudinal and lateral sections: the latter starts at one end with a kind of barrel roof, curves more and more and then ends in an elliptical arch that is rolled inwards. It is not unreasonable to ask whether a construction as complicated as this makes sense: it needed, among other things, 25 000 different rods with 15 000 different connecting angles, especially as industrial construction in the 19th century tried to create economical structures by standardizing and simplifying the elements as much as possible. This problem takes a completely different form today: computers not only provide all the data needed for such complicated structures, they also make it possible to make a transfer electronic data directly to the production process.

A second structure, implanted in the courtyard of the bank like a »building within a building«, or better, like a »creature in the building«, seems even more complicated. The conference and interview room is accommodated in a structure that seems entirely organic (ill. 147). It has been called a »shell sculpture«, and would seem to be open to classification as zoomorphic architecture for this reason alone. But knowledge of some of Gehry's recent work has suggested an association with a fish that could have cropped up as soon as an attempt was made to describe the glass roof. Admittedly it is not a variety of fish with a zoological name, but rather shape following the principles of this sea creature: it lies in the hall, covered with something like scales, and with its mouth wide open.

Für die Deutsche Genossenschaftsbank AG baut Gehry am Berliner Platz in Berlin ein Gebäude, das durch eine überraschende formale Spannung gekennzeichnet ist. Die Außenerscheinung muß den strengen Vorschriften der Berliner Bauverwaltung folgen, die eine weitgehend konventionelle Formensprache für den gesamten Kontext der Stadt vorschreibt. Die Fassaden des Gebäudes sind mit einem Kalkstein in ähnlichen Farbtönen wie das Brandenburger Tor verkleidet und lassen kaum die Hand des kühnen Architekten erkennen. Im Gegensatz dazu entwickelt Gehry für die inneren Bereiche Konstruktionen von äußerster Kompliziertheit. Das große Glasdach, welches den Innenhof überspannt, ist durch die kontinuierliche Transformation sowohl des Längs- als auch des Querschnitts charakterisiert: Dieser beginnt an einem Ende mit einer Art Tonnendach, es krümmt sich mehr und mehr und endet in einem nach innen eingerollten Ellipsenbogen. Die Sinnhaftigkeit einer dermaßen komplizierten Konstruktion, für die unter anderem 2500 verschiedene Stäbe mit 15 000 verschiedenen Anschlußwinkeln notwendig sind, könnte in Frage gestellt werden, war es doch das Bemühen des industriellen Bauens im letzten Jahrhundert, durch möglichste Standardisierungen und Vereinfachungen der Elemente ökonomische Strukturen zu erstellen. Indes stellt sich heute diese Problematik völlig anders: Die Computer liefern nicht nur die Daten für derart komplizierte Gebilde, sondern ermöglichen auch eine direkte Übertragung vom Rechner auf die Produktionsvorgänge.

Noch komplizierter scheint eine zweite Konstruktion zu sein, die gleichsam wie ein »Haus im Haus«, besser noch: wie ein »Wesen im Haus«, in den Hof des Bankgebäudes implantiert ist. Der Konferenz- und Besprechungsraum ist in einem durchaus organisch wirkenden Gebilde untergebracht (Abb. 147). Es wurde als »Muschelskultptur« bezeichnet und würde schon allein mit diesem Terminus für eine zoomorphe Architektur sprechen. Aus der Kenntnis einiger der letzten Arbeiten von Gehry hat sich aber doch die naheliegende Assoziation mit einem Fisch eingestellt, die schon bei der Charakterisierung des großen Glasdachs aufgetaucht sein könnte. Freilich ist es keine zoologisch benennbare Fischart, sondern eher das Prinzip dieses Meerestieres: Schuppenartig umhüllt und das Maul weit aufgerissen, lagert es in der Halle.

Ziemlich ungelenk erscheint der Versuch, einen Pavillon der Expo Hannover 2000 als Fisch zu interpretieren (Abb. 146). Eine große Holzbinderhalle, die für Non-Profit-Organisationen erbaut wurde und die verschiedensten philanthropischen und sozialen Institutionen beherbergte, hat nur eine ungefähre Ähnlichkeit mit einem Walfisch. Zur Unterstützung der Metapher wurde am hinteren Ende eine stilisierte Flosse angefügt.

Das Motiv des Fisches ist nur eine der vielen Deutungen, die vom Bauherrn und von Coop Himmelb(l)au der großen, plastischen Form des Kultur- und Freizeitzentrums in Guadalajara in Mexiko (Abb. 148) gegeben wurde. Ähnlich wie bei Gehry fiel das Wort vom springenden oder sich aufbäumenden Fisch.

Die Schlange hat in zahlreichen Mythen und Religionen eine überraschend hohe Bedeutung, die nicht von ihrem Nutzwert, sondern im Gegenteil von ihrer Gefährlichkeit her zu verstehen ist. Als Inkarnation des Bösen, als Teufel ist sie am deutlichsten in der Sündenfall-Erzählung der Bibel dargestellt. Gefährlichkeit und »Bösartigkeit« der Schlange sind kein Hindernis für die Anbetung und Verehrung, ja für die Vergöttlichung durch den Menschen.

146. Pavillon der Non-Profit-Organisations auf der Expo 2000, Hannover.
147. Frank O. Gehry & Associates Inc., Deutsche Genossenschaftsbank AG, Berlin 1990

146. Non Profit Organisations pavilion at Expo 2000, Hanover.
147. Frank O. Gehry & Associates Inc., Deutsche Genossenschaftsbank AG, Berlin 1990.

Interpreting a pavilion at Expo 2000 in Hanover (ill. 146) as a fish seems a little awkward. A large timber-trussed hall, built for non-profit-organisations and accommodating a whole variety of philanthropic and social institutions, only slightly resembles a whale. A stylized fin was added at the rear end to support the metaphor.

The motif of the fish is only one of the many interpretations that was given by the client and Coop Himmelb(l)au for the large, sculptural shape of the Entertainment Center in Guadalajara in Mexico (ill. 148). Similarly to Gehry, words like a jumping or rearing fish were used.

The snake is surprisingly significant in a very large number of myths and religions, not because of its useful value but on the contrary because it is so dangerous. It is depicted most clearly as the incarnation of evil, of the devil, in the Biblical narrative of the fall of man. The snake's dangerousness and »evil« qualities are no obstacle to the worship and reverence, indeed for deification by man.

At first, snakes seem entirely unsuitable for being transformed into buildings. But in Buddhism we find a very fine prior form for a housing: it is a protecting roof spanning the head of Buddha. For this to work it is necessary for the head to be duplicated, however: the seven snakes' heads unfold like a seven-art fan and protect the Enlightened One. In some versions the coiled snake also becomes a kind of throne.

148. Coop Himmelb(l)au, JVC Entertainment Center, Guadalajara, Mexiko, 2000–03.
149. Nagayon-(Schlangen-)Tempel, Mandalay, Burma (Myanmar).
150. Ant-Farm, *WLS – The World's Largest Snake*, 1995. Projekt.

148. Coop Himmelb(l)au, JVC Entertainment Center, Guadalajara, Mexico, 2000–03.
149. Nagayon (Snake) Temple, Mandalay, Burma (Myanmar).
150. Ant-Farm, *WLS – The World's Largest Snake*, 1995. Project.

Für die Transformation in ein Gebäude scheint die Schlange zunächst vollkommen ungeeignet zu sein. Im Buddhismus finden wir jedoch eine schöne Vorform für ein Gehäuse: Es ist ein schützendes Dach, das sich über dem Haupte Buddhas entfaltet. Dazu ist es allerdings notwendig, daß sich der Kopf vervielfacht: Wie ein siebenteiliger Fächer entfalten sich die sieben Schlangenköpfe und schützen den Erleuchteten. Bei manchen Darstellungen wird die eingerollte Schlange überdies noch zu einer Art Thron.

Schließlich wird die Schlange selbst zum Bauwerk, zum Schlangen-Tempel. Dabei macht sie eine Modifikation durch, die ebenfalls häufig in den Mythologien anzutreffen ist: Sie bekommt einen grimmigen Drachenkopf. Eines der seltenen Beispiele der Verwandlung dieser Drachenschlange in ein Gebäude, der Nagayon-Tempel, steht in Mandalay (Myanmar / Burma) (Abb. 149). Auf einem mehrstufigen Unterbau steht ein reich dekoriertes Portal, das dem Tier vorgesetzt ist. Dieses muß sich hoch aufrichten, um einen, wenn auch nur kleinen Tempelraum zuzulassen. Von der Rückseite erkennen wir, daß sich die Schlange nicht geringelt, sondern vielmehr in riesigen Faltungen aufgerichtet hat, das Schwanzende verbindet sich mit einem S-förmigen Schlag mit dem Portikus.

Die Figuration der Schlange scheint a priori nicht gerade geeignet, um als Modell für ein modernes Gebäude zu dienen. Gleichwohl hat die amerikanische Gruppe der **Ant Farm** »World's largest Snake« entworfen (Abb. 150). Sie ist ein mobiles Environment für Film- und Multimedia-Darbietungen. Das Tier in seiner ganzen Länge mißt 67 Meter. Es ist eine pneumatische Konstruktion, und die notwendigen technischen Equipments sind in einem LKW untergebracht. Der Entwurf ist also ein typisches Kind der sechziger Jahre: Mobilität und Technik mußten auf einen Nenner gebracht werden. Eine kleine sprachliche Manipulation führt uns noch zum Prinzip der Schlange: Eine gekurvte »Snack-Bar« wird häufig als »Snake-Bar« bezeichnet.

Die Vergrößerung von unbehaglichen Tieren, etwa von Insekten, ins Gigantische ist keineswegs eine Domäne von Fantasy-Filmen, sondern ebenfalls Inhalt von Sagen, Legenden, Märchen und Mythen.

Nicht erst seit der grausamen *Verwandlung* von **Franz Kafka** (1843–1924) kann der Mensch zum Käfer werden. In Hunderten von trivialen Kinderbüchern handeln die Käfer und Insekten wie Menschen – eine Anthropomorphisierung einer seltsamen Kleintierwelt.

So ist es auch verständlich, daß Insekten eine architektonische Faszination ausüben können. Trotzdem haben wir Schwierigkeiten, dieses Thema in der gebauten Architektur aufzuspüren.

Aus der Barockzeit ist uns authentisch eine Metapher überliefert. Der Grundriß der Kirche St. Ivo alla Sapienza in Rom von **Francesco Borromini** ist einer Biene nachgebildet. Diese ist auch das Wappentier des Papstes Urban VIII.

Wenn wir auch die Muschel nicht spontan als ein Lebewesen betrachten, so kann sie dennoch in die Betrachtung einer zoomorphen Architektur einbezogen werden. Ein sehr alter Ter-

Finally the snake itself becomes a building, the snake temple. Here however it goes through a modification that occurs frequently in myth: it acquires a ferocious dragon's head. One of the rare examples of the transformation of this dragon snake into a building, the Nagayon Temple, is to be found in Mandalay (Myanmar / Burma) (ill. 149). A lavishly decorated portal placed in front of the creature stands on a substructure with many steps. The snake has to rear up very high to leave room for a very small temple area. From the back we recognize that the snake has not reared up in a coil, but in large folds instead, and the tail end is combined with the portico in an S-shaped door.

The figuration of a snake does not at first seem suited to serve as a model for a monumental building. Even so, the American **Ant Farm** group designed the »world's largest snake« (ill. 150). It is a mobile environment for film and multi-media performances. The creature is 67 metres long at its full length. It is a pneumatic structure, and the necessary technical equipment is kept in a lorry. Thus the design is a typical child of the sixties: mobility and technology had to be reduced to a common denominator. A small linguistic manipulation takes us back to the principle of the snake: a curved »Snack Bar« is frequently called the »Snake Bar«.

Blowing up unpleasant creatures, like insects, for example, to gigantic proportions is by no means the sole domain of fantasy films, it is within the ambit of sagas, legends and myths as well.

The cruel *Metamorphosis* by **Franz Kafka** (1883–1924) was not the first example of a man changing into a beetle. Beetles and insects behave like human beings in hundreds of trivial children's stories – in anthropomorphic versions of a strange world of small creatures.

And so it is understandable that insects can be fascinating architecturally. Nevertheless we have difficulty in tracing this theme in built architecture.

We have one authentic metaphor from the Baroque period. The ground plan of the church of St. Ivo alla Sapienza in Rome by **Francesco Borromini** is based on a bee. This was also the creature on Pope Urban VIII's coat of arms.

Even though we might not immediately seen shells as living creatures, they can still be considered as elements of zoomorphic architecture. A very old term confirms this: the conch was a common architectural form in early Christian times in particular. It is a semicircular niche with a half-dome, and was taken over from Roman architecture as the standard solution for the end of Byzantine and early Christian naves.

We find the external form of the conch without any three-dimensional effect in rural wayside chapels, especially in Lower Austria. Le Corbusier uses the same form in his towers for the pilgrimage church in Ronchamp. (Cf. ill. 61.)

Laurids Ortner (b. 1941) noted his sources of inspiration for his early work (in 1965 – before **Haus-Rucker-Co** was founded): »I could not rid myself of the thought that it must be wonder-

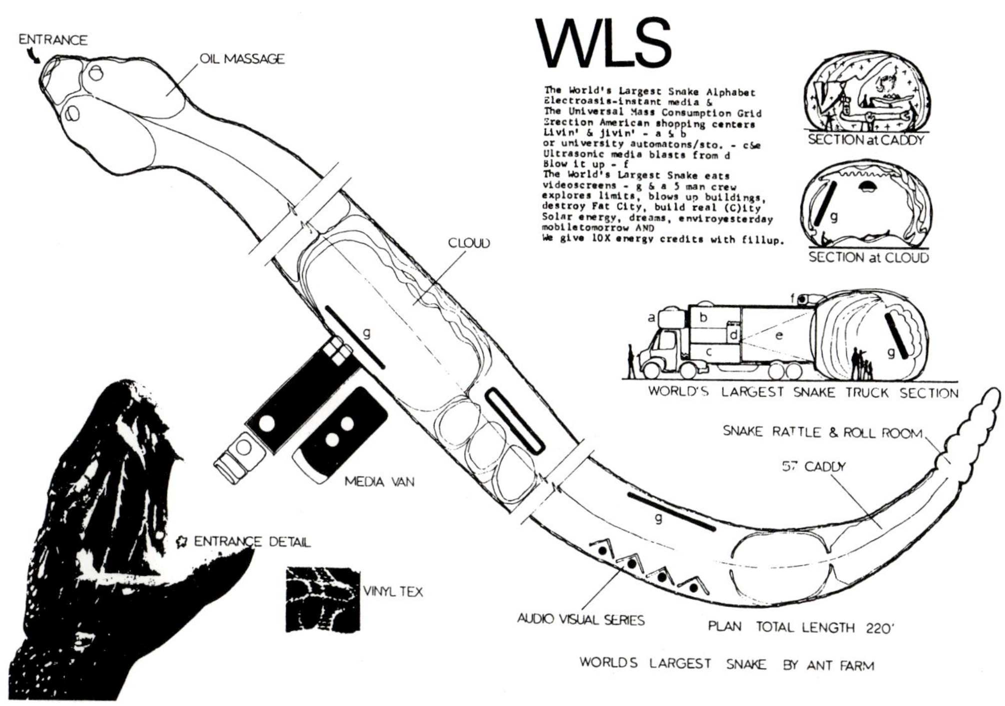

minus kann das bestätigen: Die Konche ist vor allem für den frühchristlichen Bereich eine geläufige Architekturform. Es ist eine halbkreisförmige Nische mit einer Halbkuppel und als Standardlösung für den Abschluß byzantinischer und frühchristlicher Kirchenschiffe aus der römischen Architektur übernommen.

Die äußere Form der Konche ohne räumliche Wirkung finden wir in ländlichen Wegkapellen, insbesonders in Niederösterreich. Die gleiche Form verwendet Le Corbusier bei seinen Türmen für die Wallfahrtskirche in Ronchamp. (Vgl Abb. 59.)

Zu seinen frühen Arbeiten (1965 – noch vor der Gründung der **Haus-Rucker-Co**) notiert **Laurids Ortner** (geb. 1941) seine Anregungen: »In mir setzte sich der Gedanke fest, daß es wunderbar sein müßte, in einem Insekt zu leben, seine Innereien als Stiegen und Rampen zu benützen, kurz, in ihm eine eigenartige, aber doch menschliche Umgebung zu schaffen. Wie zauberhaft erschienen mir diese gebogenen Linien und gekrümmten Flächen, diese musterhafte Symmetrie, die doch so oft durchbrochen wird ... Der ganze Bau beginnt zu leben. Er bewegt sich. Er atmet. Ein wildes Tier springt auf. Die Distanz des Schöpfers ist durchbrochen. Es wird mitgerissen ohne Zügel, willenlos hineingezogen in den Wirbel neuen Lebens.« Insekten und Knochen sind die Inspirationsquellen für die ersten, noch studentischen Entwürfe von Ortner, und mit unerhörter Akribie geht er der außen unsichtbaren Morphologie der Tiere nach. Die visuelle Umsetzung in ein konkretes Bauwerk kann ein Entwurf für einen neuen Flughafen von Laurids Ortner illustrieren (1965) (Abb. 151). Tatsächlich gelingt es, ein räumliches System aus Skelettelementen zu schaffen, das von zwei »Köpfen« dominant überragt wird, die jene des »Außerirdischen« aus dem Film *E. T. – Der Außerirdische* von Steven Spielberg vorwegzunehmen scheinen.

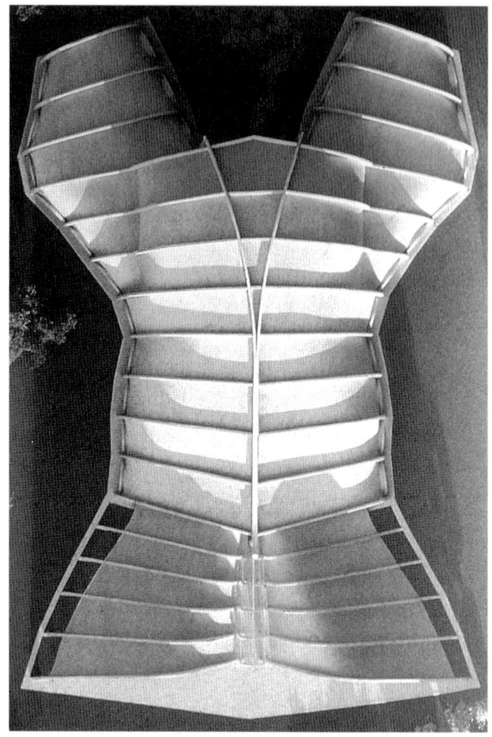

Bei dem Entwurf für das Teatro Puccini (1994) (Abb. 152, 153) für Torre del Lago von **Paolo Portoghesi** (geb. 1931) sind wir nicht auf Spekulationen angewiesen: Der Architekt selbst zeichnet ein Tier dazu, vielleicht ein gigantisches Insekt oder ein Schalentier, das sich wie ein Steuermann in einem Boot niedergelassen hat. Rekapitulieren wir dazu einige Formenverwandtschaften, dann können wir den Kirchenentwurf Castiglionis (Abb. 127) und die Zentralsparkasse von Domenig (Abb. 130) anführen, bei beiden haben wir die scheinbare schuppenartige Überlagerung als animalisches Kennzeichen gedeutet.

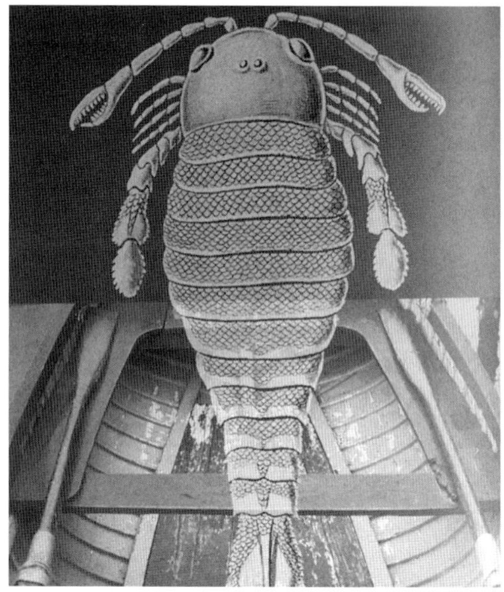

Die gigantische Vergrößerung von unheilvollen, spinnen- oder insektenähnlichen Wesen, die zu wandernden Bauwerken werden, ist uns aus Horror- und Science-Fiction-Filmen geläufig. Die Absicht der englischen Gruppe **Archigram**, in einer Zeichnung von **Ron Herron** (geb. 1930) repräsentiert, war es keineswegs, ein Horrorszenario darzustellen (Abb. 154). Vielmehr sollte ihre *Walking City* von 1964 das extreme Modell einer flexiblen, urbanen Gesellschaft sein: Die riesigen, kompakten Agglomerationen können sich über das Meer fortbewegen und schließen sich temporär mit den teleskopartigen Röhren zusammen. Die Vorstellung des »Wanderns« dieser Monster ruft unweigerlich animalische Assoziationen hervor.

Zu einem der seltsamsten Phänomene der Gegenwart gehört es, daß jenes Tier, dem wir mit Gift und Fallen nachstellen, zu einer Ikone unserer Zeit wurde: Es ist die Maus, als Mickymaus längst der Verdammnis als Kitschobjekt entwachsen und zusammen mit Coca-Cola zu einem amerikanischen Trivial-Symbol des 20. Jahrhunderts auf den Altar der Kunst erhoben. In der Architektur hat sich die süße Maus mit den großen Ohren wiederholt präsentiert, so etwa im Grundriß beim Maus-Museum (1972) auf der Documenta 5 in Kassel von **Claes Oldenburg** (geb. 1929) inszeniert, aber auch bei Hotelentwürfen für das Disneyland.

In den beiden folgenden Kapiteln sollen gleichsam die Dimensionen einer anthropo- / zoomorphen Architektur abgesteckt werden, wobei ein expandierter Architekturbegriff anzuwenden ist, der die Objektwelt, das Design, ebenso einschließt wie den Städtebau und das globale Ambiente, ja selbst den Kosmos.

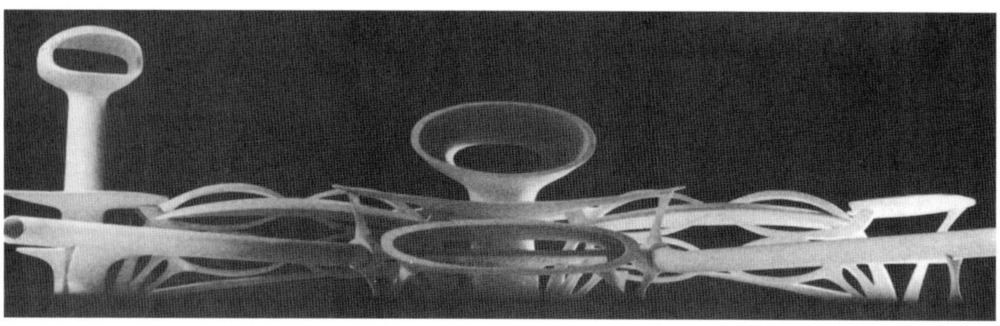

151. Laurids Ortner, Flughafen, 1965. Projekt.
152, 153. Paolo Portoghesi, Teatro Puccini, Torre del Lago, Italien, 1994. Projekt.
154. Ron Herron/Archigram, *Walking City*, 1964.

151. Laurids Ortner, airport, 1965. Project.
152, 153. Paolo Portoghesi, Teatro Puccini, Torre del Lago, Italy, 1994. Project.
154. Ron Herron / Archigram, *Walking City*, 1964.

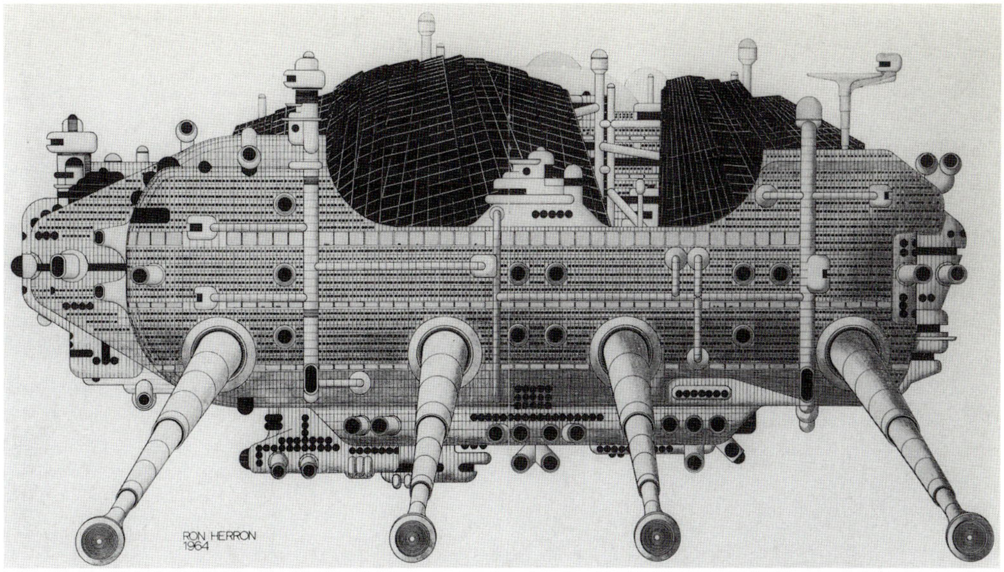

ful to live in an insect, to use its inside as walkways and ramps, in brief to create a strange but yet human environment within it. How magical these sinuous lines and curved surfaces seemed to me, this exemplary symmetry, and yet how often it was broken ... The whole structure begins to live. it moves. It breathes. A wild animal leaps up. The creator is no longer at a distance. It is carried away without reins, dragged off without any sense of will into the whirlpool of new life.« Insects and bones inspired Ortner's first designs while he was still a student, and he pursues the morphology of these creatures, which is invisible from the outside, with the utmost meticulousness. A new airport designed by Laurids Ortner can provide us with an example of visual implementation as a concrete building (1965) (ill. 150). In fact he successfully creates a spatial system made up of skeleton elements with two »heads« towering dominantly over it. They seem to anticipate the »Extra-Terrestrial's« head in Steven Spielberg's film *E. T. – The Extra-Terrestrial*.

In the case of the design for the Teatro Puccini in Torre del Lago (1994) (ill. 152, 153) by **Paolo Portoghesi** (b. 1931) we have no need to speculate: the architect himself draws a animal on the design, perhaps a gigantic insect or a creature with a shell, that has settled down like a helmsman in a boat. If we recapitulate some formal relationships, we come up with a church design by Castiglioni (ill. 127) and Domenig's Zentralsparkasse (ill. 130). In both these cases we interpreted the apparently scale-like superimpositions as animal characteristics.

We are familiar with gigantically enlarged, ominous spider- or insect-like creatures from horror and science fiction films. But the English group of architects known as **Archigram**, in a drawing by **Ron Herron** (b. 1930) were certainly not intending to present a horror scenario (ill. 154). On the contrary, their 1964 *Walking City* was to be an extreme model for a flexible, urban society: the gigantic, compact agglomerations can move over the sea and fit together temporarily with their telescopic tubes. The idea of these monsters »wandering« inevitably invokes animal associations.

One of the strangest contemporary phenomena is that the very animal that we set poison and traps for has become an icon of our day: Mickey Mouse has long escaped the dreadful fate of being a kitsch object and along with Coca Cola has become a 20th century trivia symbol, raised up on to the altar of art. This sweet little mouse with the big ears has repeatedly been presented in architecture, as the ground plan for the *Mouse Museum* (1972) at documenta 5 in Kassel, for example, staged by **Claes Oldenburg** (b. 1929), but also in hotel designs for Disneyland.

In the next two chapters the dimensions of anthropo- / zoomorphic architecture are to be staked out, as it were. An expanded concept of architecture will be applied, including design and the world of objects and also town planning and the global ambience, in fact even the cosmos.

155. Ettore Sottsass, Raumteiler *Carlton* für Memphis, 1981.
156. Philippe Starck, Barhocker *Royaltan*, 1990.

155. Ettore Sottsass, *Carlton* room-divider for Memphis, 1981.
156. Philippe Starck, *Royaltan* bar stool, 1990.

16. Design. Objektwelt

Als eine bemerkenswerte Parallele zur Architektur zeichnen sich auch in der Szene des Industrial Design spätestens seit den sechziger Jahren interessante Strömungen ab. Die Übersättigung mit dem Funktionalismus, mit einem ausschließlich pragmatischen Denken, mit einer erschlaffenden Ästhetik der Moderne, fordert zu neuen Konzeptionen auf. Ähnlich wie in der Architektur wird nun eine über die Utilität hinausgehende Gestaltung gefordert: Das Objekt soll nicht nur funktionieren, sondern darüber hinaus auch mitteilen, anregen, stimulieren, evozieren, ja selbst provozieren. Postmodernes Design, Radical-, Trivial-, Banal-, Conter-Design, Military-, Profi-Look, Non-finito Design, Re-Design, Product Semantics: Das sind nur einige der zahlreichen Strömungen, die im letzten Drittel des Jahrtausends um die Vorherrschaft kämpfen.

Unbeschadet der Tatsache, daß sich viele der Design-Trends der siebziger und achtziger Jahre nicht behaupten konnten, sind doch die Arbeiten der vorwiegend italienischen Designer im Zusammenhang mit dieser Studie äußerst bedeutsam. Dabei ist nicht zu übersehen, daß Ironie und Humor Hand in Hand mit Banalität und Trivialität gingen und daß diese Tendenzen Spätwirkungen der Pop-Art auf die Design-Szene darstellten.

Zu dem Thema der Anthropomorphie haben sich die Designer kaum geäußert, aber es ist unverkennbar, daß figurative Assoziationen auch dort beschworen wurden, wo das Objekt mit dem menschlichen Körper kaum etwas zu tun hatte. Versuchen wir im folgenden, die wesentlichen Phänomene darzustellen.

Einer der wichtigsten Protagonisten einer neuen Designästhetik ist **Ettore Sottsass** (geb. 1917). Seine Arbeiten für *Alchimia* und *Memphis* signalisieren die völlige Abkehr von der klassisch-ästhetisch-funktionalistischen Idee der »guten Form« und markieren die längst fällige

16. Design. The world of objects

Interesting trends started to emerge on the industrial design scene in the late sixties, as a remarkable parallel with architecture. People had had enough of functionalism, of exclusively programmatic thinking and of Modernism's aesthetic of production, and new concepts were needed. As was the case in architecture, design that went beyond utility was required: objects should not just function, but convey something else as well. They should be exciting, stimulating, evocative, indeed provocative. Postmodern design, Radical, Trivial, Banal, Counter, Military, Professional-Look, Non-finito Design, Re-Design, Product Semantics: these are just some of the many movements that fought for supremacy in the last third of the century.

Despite the fact that many of the design trends of the seventies and eighties did not catch on, the works of Italian designers in particular are very significant for this study. It is impossible to miss the fact that irony and humour went hand in hand with banality and triviality and that the tendencies represented the late effects of Pop Art on the design scene.

Designers have had next to nothing to say on the subject of anthropomorphy, but there is absolutely no doubt that figurative associations were evoked even when the object has scarcely anything to do with the human body. We will try to identify the key phenomena in this section.

157. Philippe Starck, Zitronenpresse, 1990.
158. Masanori Umeda, Dresser-Roboter *Ginza* für Memphis, 1982.

157. Philippe Starck, lemon squeezer, 1990.
158. Masanori Umeda, *Ginza* dresser robot for Memphis, 1982.

Auseinandersetzung mit einer vermeintlichen Ästhetik des Trivialen. In zunehmendem Maße wird von den Designern postuliert, daß die Welt der industriellen Objekte nicht nur durch Funktion und Ästhetik bestimmt ist, sondern auch »Botschaften« zu übermitteln sind. Ganz ähnlich wie in der Architektur erwartet man auch in der Objektwelt, daß damit eine höhere Identifikation mit dem Gebrauchsgegenstand erreicht wird. Einer der möglichen Wege scheint in der Anthropomorphie und Zoomorphie zu liegen.

Nur wenige Beispiele sollen die Situation illustrieren.

Auf dem bunten Regal aus Kunststofflaminat (1981) von Ettore Sottsass (Abb. 155) steht, als Teil des Möbels, eine Figur mit gespreizten Beinen und erhobenen Armen, als »Männchen« leicht zu deuten, da es ja auch einen »Kopf« in der Proportion eines Bildschirms hat.

Die unglaubliche Aktualität von **Philippe Starck** (geb. 1949) – eine neue Kultfigur im darniederliegenden Design – beruht nicht nur auf dem raffinierten Einsatz von Nobel-Kitsch und Edel-Trivialität, sondern auch auf der Tatsache, daß die Objekte unweigerlich Anthropomorphes oder Zoomorphes evozieren und hiermit, noch deutlicher als *Memphis* und *Alchimia*, sich von der »guten Form« des klassischen Designs distanzieren. Der Barhocker Royaltan (1990) (Abb. 156) ist ein seltsam organisches Wesen mit drei Beinen. Der Interpretation ist ein breiter Spielraum gelassen, aber die Beine sind eben tatsächlich Beine, elegant und kokett geschwungen, mit

One of the most important protagonists of the new design aesthetic is **Ettore Sottsass** (b. 1917). His works for Alchimia and Memphis signal a complete departure from the classical-aesthetic-functionalist idea of »die gute Form« and mark a long-due confrontation with a supposed aesthetic of the trivial. Designers increasingly postulate that the world of industrial objects is no merely determined by function and aesthetics, but that there are also »messages« to be conveyed. In a similar way to architecture, the object world was also expecting this to produce a greater degree of identification with functional objects. One of the possible approaches seems to be through anthropomorphy and zoomorphy.

Just a few examples to illustrate the situation.

On a colourful set of shelves in plastic laminate (1981) by Ettore Sottsass (ill. 155), a figure, which is part of the piece of furniture, stands with legs apart and raised arms. It is easy to interpret it as a »little man«, as it also has a head in the proportions of a screen.

The incredible topicality of **Philippe Starck** (b. 1949) – a new cult figure in the weary world of design – is not based on the subtle use of noble kitsch and high-quality trivia, but also on the fact that the objects inevitably evoke anthropomorphic or zoomorphic ideas and thus distance themselves, even more clearly than Memphis and Alchimia, from the »Good Form« of classical design. The Royaltan bar-stool (1990) (ill. 156) is a strange organic creature with three legs. A great deal of scope is left for interpretation, but the legs actually are legs, elegantly and coquetteishly curved, with a strange giant wart, and head and beak can be analysed as wished. Starck's lemon press (1990) (ill. 157) has a little cap on and is reminiscent of a marine creature, as dangerous giant insect or a genetically manipulated test-tube creature. Are people's fears of huge and tiny creatures being banished into the world of objects?

All the important parts of the body can be made out in the little *Ginza* cupboard (ill. 158) by **Masanori Umeda** – we can even see the ears. This could trigger a whole series of memories: the geometrical approach to the human figure in Cubism or the figures with drawers by **Giovanni Battista Bracelli** (cf. chapter 6) or **Salvador Dalí**. Now »serving« figures have been familiar since the Baroque period – they were usually Moorish boys, like little slaves, who paid their court. Let us imagine these figures suddenly starting to move: now we have one of the robots that has been discussed for decades and are now gradually becoming reality, and it is at our service.

One of the many designers who followed the movements of the seventies and eighties who should be mentioned is **Gaetano Pesce** (b. 1939). A cupboard (1987) designed by him becomes a little piece of architecture. It clearly has a head, and has thus transformed itself into a creature. The architect France Vanlaethem describes Pesce's works: »They are pieces of body, effectively pieces of soul. He shapes chairs as if they were made of skin and bones, ground plans for buildings as if they were outlines of people. Demonic faces grow out of chair-backs. Furniture dissolves into female volumes.« (Karcher 2000.)

The history of furniture teaches us very vividly that a chair is more than a piece of furniture for people to rest on. The possibility of working out from the chair who the person is that it is intended for is the first step towards an anthropomorphy of a piece of furniture.

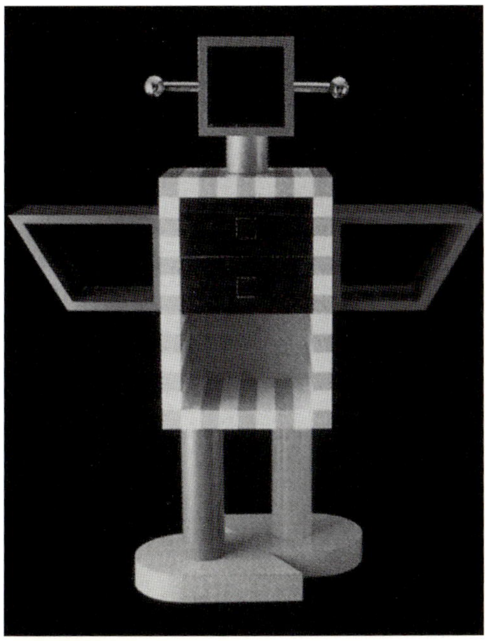

Interpreters of the great **Vincent van Gogh** (1853–1890) have rightly pointed out that the simple stools in the artist's bedroom (1888) are more than just furniture: their positions in the room, the way they are depicted, their relationship to each other and to window and table make them into »Personae« themselves, into beings, without it being necessary to provide them with copied characteristics of the human body.

The most recent design scene, nourished by Pop Art, takes this theme entirely literally, and the chair quite clearly becomes a being. **Günter Beltzig** gives us an unambiguous hint in his design: *Anthropomorphic Chair* is his own name for the fibre-glass structure (ill. 159). If we move back in time, the path leads to Antoni Gaudí's expressively modelled wooden chairs. Even though we cannot identify the individual parts of the body, the chairs are clearly »beings« populating Gaudí's rooms.

Once more we turn to the Spanish design scene. The bar-chair (ill. 160) by the Spanish designer **Javier Mariscal** (b. 1950) is quite clearly making a gesture like a hand offering something. The front two of the three legs are not identical, but definitely represent the comfortably relaxed legs of the guest at the bar, and perhaps even the back makes the object into a complete figure. The piece of furniture as a whole becomes a being, user and used are identical.

This intention is even clearer in the case of a chair (1990) (ill. 161) designed by **Heinz Mohl** (b. 1931): it is not at all difficult to identify a human figure supporting itself on something, we can clearly make out limbs, head and torso – and remember Bracelli's furniture figures again.

einer seltsamen Riesenwarze, und Kopf und Schnabel können beliebig ausgelegt werden. Starcks Zitronenpresse (1990) (Abb. 157) hat ein Käppchen auf und erinnert an ein Tiefseewesen, ein gefährliches Rieseninsekt oder an ein genetisch manipuliertes Retortenwesen. Werden die Ängste des Menschen vor den riesigen und den winzigen Wesen in die Objektwelt gebannt? Beim Schränkchen *Ginza* (1982) von **Masanori Umeda** (Abb. 158) sind alle wichtigen Körperteile einer Figur auszumachen – sogar die Ohren können wir erkennen. Eine ganze Reihe von Erinnerungen könnte sich einstellen, etwa an die Geometrisierung der menschlichen Figur im Kubismus oder an die Ladenfiguren **Giovanni Battista Bracellis** (vgl. Kapitel 6) oder **Salvador Dalís**. Nun sind ja »dienende« Figuren, etwa aus der Barockzeit, durchaus bekannt – meistens waren es Mohrenknaben, gleichsam kleine Sklaven, die ihre Aufwartungen gemacht haben. Stellen wir uns vor, daß diese Figuren plötzlich beginnen, sich zu bewegen: Dann haben wir einen der seit Jahrzehnten diskutierten und nun allmählich realisierten Roboter vor uns, der uns zu Diensten ist.

Von den zahlreichen Designern, die sich den Richtungen der siebziger und achtziger Jahre anschlossen, soll noch **Gaetano Pesce** (geb. 1939) erwähnt werden. Ein Schrank (1987) nach seinem Entwurf wird zu einer kleinen Architektur, die deutlich einen Kopf trägt und sich dadurch in ein Wesen verwandelt hat. Die Architektin France Vanlaethem charakterisiert die Arbeiten Pesces: »Sie sind ein Stück Körper, gleichzeitig ein Stück Seele. Stühle formt er wie aus Haut und Knochen, Grundrisse für Gebäude wie Umrisse von Menschen. Aus Stuhllehnen wachsen dämonische Gesichter. Möbel zerfließen in weiblichen Volumen.« (Karcher 2000.)

Daß der Stuhl weit mehr ist als ein Möbelstück für die Ruheposition des Menschen, lehrt uns anschaulich die Möbelgeschichte. Die Möglichkeit, aus dem Stuhl auf die Person zu schließen, für die er bestimmt ist, bedeutet schon einen ersten Schritt zur Anthropomorphie eines Möbelstücks.

Die Interpreten des großen **Vincent van Gogh** (1853–1890) haben mit Recht darauf hingewiesen, daß die einfachen Stühle im Schlafzimmer des Künstlers (1888) mehr als nur Mobiliar sind: In ihren Positionen im Raum, in der Art der Darstellung, in ihrem Bezug zueinander und zu Fenster und Tisch werden sie selbst zur »Persona«, zu einem Wesen, ohne daß es notwendig ist, ihn mit abbildhaften Kennzeichen des menschlichen Körpers auszustatten.

Die jüngste Design-Szene, genährt von der Pop-Art, nimmt dieses Thema durchaus wörtlich, und der Stuhl wird, deutlich sichtbar, zum Wesen. **Günter Beltzig** gibt uns bei seinem Entwurf einen deutlichen Hinweis: *Anthropomorpher Stuhl* nennt er selbst das Gebilde aus Fiberglas (Abb. 159). Blenden wir zurück, dann führt der Weg zu den expressiv durchmodellierten hölzernen Stühlen von Antoni Gaudí, die, wenngleich wir die einzelnen Körperteile nicht identifizieren können, als »Wesen« die Räume Gaudís bevölkern.

Noch einmal zitieren wir die spanische Design-Szene. Eine eindeutig gestische Haltung gleich einer darbietenden Hand weist der Barstuhl (Abb. 160) des spanischen Designers **Javier**

159. Günter Beltzig, Stuhl *Floris*, 1967.
160. Javier Mariscal, Barhocker, 1983.
161. Heinz Mohl, Stuhl *Anthropomorph*, 1990.
162. Wolfgang Geischläger, *Lichtmännchen*, 1996.
163. Joseph Maria Olbrich, Kerzenleuchter, 1902.
164. François Rupert Carabin, Stuhl, Paris, um 1896.
165. Allen Jones, *Table Sculpture*, 1969.

159. Günter Beltzig, *Floris* chair, 1967.
160. Javier Mariscal, bar stool, 1983.
161. Heinz Mohl, *Anthropomorph* chair, 1990.
162. Wolfgang Geischläger, *Lichtmännchen*, 1996.
163. Joseph Maria Olbrich, candelabrum, 1902.
164. François Rupert Carabin, chair, Paris, c. 1896.
165. Allen Jones, *Table Sculpture*, 1969.

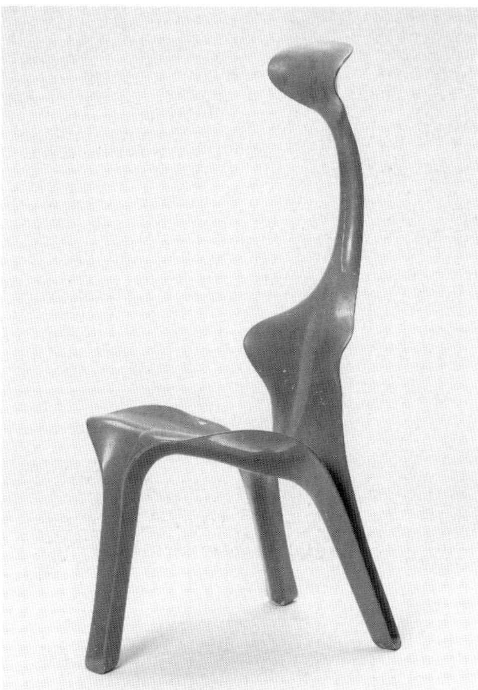

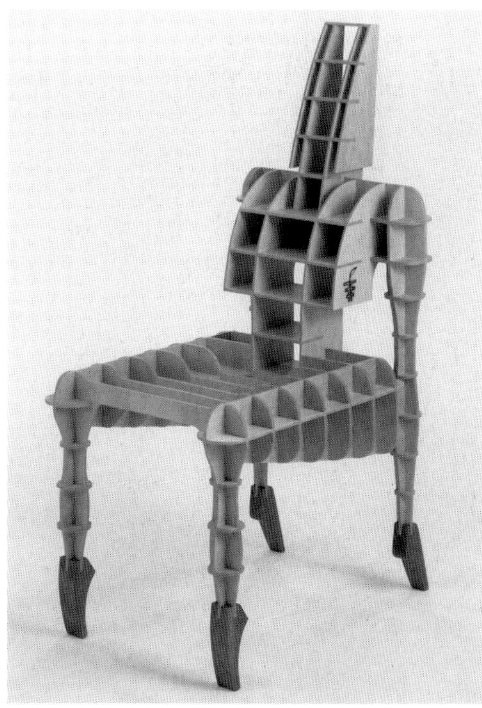

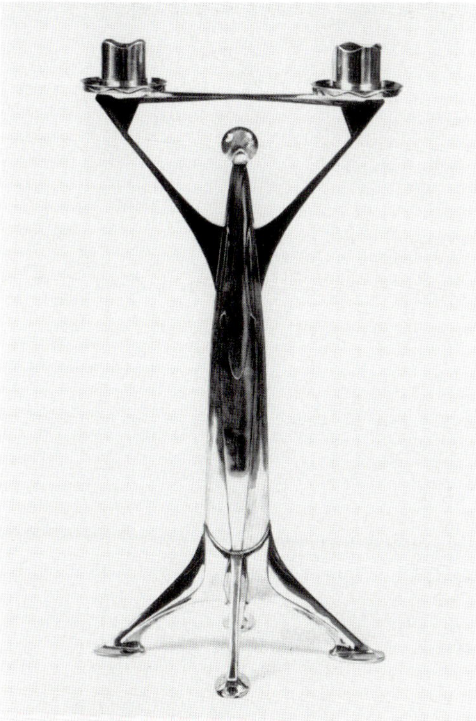

But it does not end with furniture. Little men and women, and androgynous figures as well, slip into the everyday world of objects, and we should not be too quick to dismiss these objects as kitsch. **W. Geischläger**, for example, designs standard lamps with little flexible arms and legs and a glowing head (ill. 162). A short historical flashback – we are staying with the theme of lighting – should underline the permanent topicality of the theme.

The objects produced under French Art Nouveau were characterized by a huge number of figures, mainly female, with a powerful erotic charge. (Cf. ill. 164.) But **Joseph Maria Olbrich** (1867–1908) – and this is typical of Viennese Jugendstil – was influenced by the Scots, and aims for formal tightening to the point of abstraction. But a standard lamp dating from 1902 (ill. 163) shows how visible anthropomorphy remains. It is easy to make out the legs, trunk and arms of a »little lighting man«, and the amethyst sphere can clearly be interpreted as a head.

The chairs that have already been mentioned have some interesting ancestors, though they are too cynical and sadistic to be accepted uncritically.

The erotic component of French Art Nouveau is strangely expressed in the work of the sculptor **François-Rupert Carabin** (1861–1921) (ill. 164). The female creatures seem to have been poured into the furniture, into the chairs, shackled, and turned into the slaves of the (male) users. Their feet and knees have been fastened to the chair, and the upholstery straps are hung on their fingers. Here the step seems to have been taken form making the human nod a servant in architecture to repressing it. It is no coincidence that it is a female body that is degraded as a piece of furniture, and we find this motif in the present day as well. Sixty years after Carabin, **Allen Jones** (b. 1937) took up this theme again, and women once more become used objects, although of course it is possible to agree that Jones is making an ironic and critical statement (ill. 165).

But at least the Italian star designer **Alessandro Mendini** (b. 1931) puts his woman in a comfortable position: she lies stretched out on the floor, and the *Tavolino da salotti* (1974) embraces her like Snow White's glass coffin (ill. 166). Mendini does not see this as degrading the female body by making it into a functional object, in fact he finds a positive theoretical approach: »The human body is a set of natural utensils. Artificial utensils (tables, clothes, bicycles ...) are the contrived extensions of the human body. By manufacturing the tools he needs, man ›detaches‹ parts of himself from himself, which become, in fact, ›objects‹. The designs investigate the area of conjunction between the human body and objects, in the paradoxical moment in which the body may be considered an object, and vice versa, when the object is an integrating part of and solid with a human body.« (Mendini 1975.)

We can find a few interesting examples in the area of transition from the world of objects to art. **Nam June Paik** (b. 1932) makes it easier for us to interpret a piece of media furniture anthropomorphically (ill. 167): he calls the structure, which is effectively a three-dimensional col-

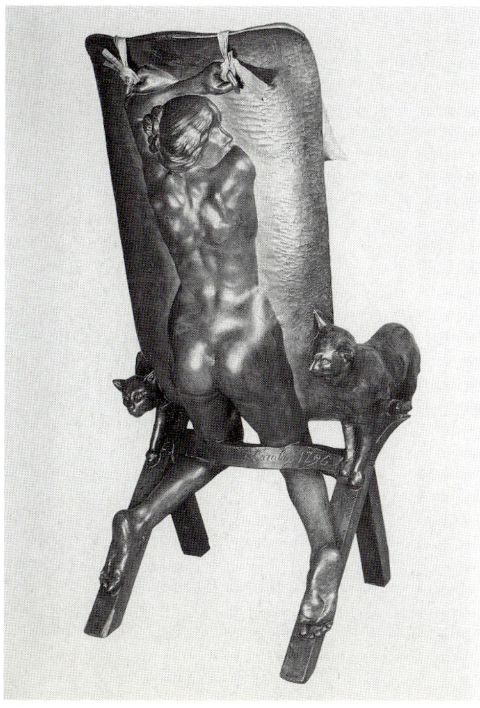

Mariscal (geb. 1950) auf. Bei den drei Beinen des Stuhles werden die beiden vorderen, obwohl ungleich ausgebildet, sicherlich als bequem gespreizte Beine des Bargastes gesehen, und vielleicht ergänzt sogar die Rückenlehne das Objekt zu einer vollständigen Figur. Das Möbelstück wird in seiner Gesamtheit zu einem Wesen, Benutzer und Benutztes sind identisch.

Bei einem Stuhl-Entwurf (1990) (Abb. 161) von **Heinz Mohl** (geb. 1931) wird diese Intention noch deutlicher: Ohne weiteres identifizieren wir eine sich aufstützende menschliche Figur, wir erkennen deutlich Gliedmaßen, Kopf und Rumpf – und erinnern uns nochmals an Bracellis Möbelfiguren.

Nicht nur bei Möbelstücken, sondern auch in der kleinen Alltagswelt der Objekte schleichen sich Weibchen, Männchen oder Androgyne ein, und wir sollten diese Phänomene nicht voreilig als Kitsch aburteilen. **W. Geischläger** etwa entwirft kleine Stehlampen mit flexiblen Beinchen und Ärmchen und einem leuchtenden Kopf (Abb. 162). Eine knappe historische Rückblendung – wir bleiben beim Objekt Beleuchtung – soll die permanente Aktualität des Themas unterstreichen.

Die Objektwelt der französischen Art Nouveau war geprägt von einer Unmenge, vorwiegend weiblicher Figuren von kraftvoller, erotischer Ausstrahlung. **Joseph Maria Olbrich** (1867–1908) – und das ist typisch für die Charakterisierung des Wiener Jugendstils – bemüht sich hingegen, auch unter dem Einfluß der Schotten, um eine formale Straffung bis zur Abstraktion. Wie sehr dennoch das Antrhopomorphe sichtbar bleibt, zeigt eine Stehleuchte aus dem Jahre 1902 (Abb. 163). Ohne Schwierigkeiten erkennen wir Beine, Rumpf und Arme eines »Leuchtenmännchens«, und die Amethyst-Kugel ist leicht als Kopf zu deuten.

Die zitierten Stuhlobjekte haben einige interessante Ahnen, die freilich in ihrem Zynismus und Sadismus unsere Kritik herausfordern.

Die erotische Komponente der französischen Art-Nouveau findet einen eigenartigen Ausdruck in den Arbeiten des Bildhauers **François-Rupert Carabin** (1861–1921) (Abb. 164). Die weiblichen Wesen sind gleichsam in die Möbel, in die Stühle eingegossen, gefesselt und werden zu Sklavinnen der (männlichen) Benutzer. Füße und Knie sind am Stuhl festgemacht, die Finger dienen zum Aufhängen der Polsterschlaufen. Hier scheint der Schritt vollzogen von der Dienstbarmachung des menschlichen Körpers in der Architektur zu dessen Unterdrückung. Daß es jeweils ein weiblicher Körper ist, der zum Möbelstück degradiert wird, ist kein Zufall, und wir begegnen diesem Motiv auch in der Gegenwart. Sechzig Jahre nach Carabin greift **Allen Jones** (geb. 1937) dieses Thema wieder auf, und die Frauen werden neuerlich zu Objekten der Benützer, wobei Jones eine ironisch-kritische Aussage durchaus zugestanden werden kann (Abb. 165).

Der italienische Stardesigner **Alessandro Mendini** (geb. 1931) verleiht seiner Möbel-Frau immerhin eine bequeme Stellung: Sie liegt ausgestreckt am Boden, und der *Tavolino da salotti* (1974) umhüllt sie wie der Glassarg das Schneewittchen (Abb. 166). Mendini sieht darin keine Degradierung des weiblichen Körpers zum Gebrauchsobjekt, vielmehr findet er einen positiven theoretischen Ansatz: »Der menschliche Körper ist eine Einheit von natürlichen Utensilien. Künstliche Utensilien (Tische, Kleider, Fahrräder) sind künstliche Erweiterungen des menschlichen Körpers. Bei der Herstellung der Gebrauchsgegenstände löst der Mensch einen Teil von sich selbst für sich selbst, der dann ›Objekt‹ wird. Das Projekt untersucht den Bereich einer Beziehung zwischen dem menschlichen Körper und Objekten im paradoxen Moment, in dem der Körper ein Objekt wird und umgekehrt, wenn das Objekt ein integrierender und dichter Teil des menschlichen Körpers wird.« (Mendini 1975.)

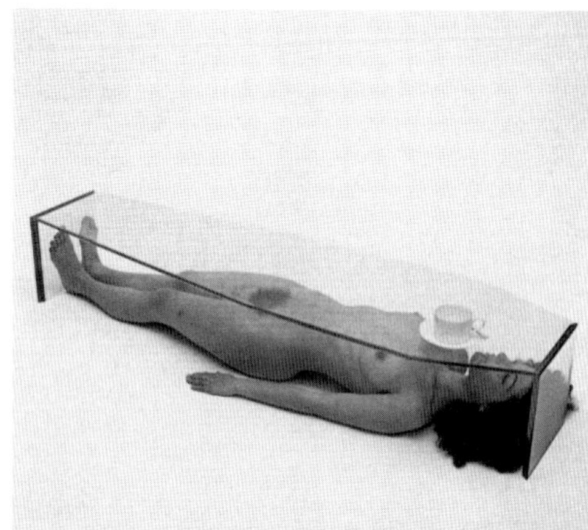

Im Übergangsbereich von der Objektwelt zur Kunst können wir noch einige interessante Beispiele aufspüren. **Nam June Paik** (geb. 1932) erleichtert uns die anthropomorphe Deutung eines medialen Möbelstücks (Abb. 167): Das Gebilde, aus Fernseh- und Radioapparaten gleichsam dreidimensional collagiert (1985), nennt er *Enlightened Baby*, das aufgeklärte Baby. Ohne Schwierigkeiten erkennen wir den großen Kopf, die kleinen ausgestreckten Arme und die kräftigen gespreizten Beine, alles appliziert an Phantasie-Empfangsgeräten.

Wenn wir im *Toilet-Hard Model* (1966) von **Claes Oldenburg** (geb. 1929) einen Kopf projizieren wollen, müssen wir etwas mehr an Phantasie investieren: Der scheinbar aufgeklappte Geruchsdeckel wird zum Haupt, die Gummipuffer werden zu den Augen, und der Wasserbehälter wird zu den Ohren (Abb. 168). Alles ist aus Karton und Papier, und so ist der ironische Charakter des unbrauchbaren Objektes eine Hilfe zur physiognomischen Interpretation.

Im nächsten Kapitel wird der große Sprung von der kleinen Dimension der Objekte in die Stadt und die Landschaft versucht, um auch in unserem großen, elementaren Lebensbereich die latente Existenz von Wesen aufzuzeigen.

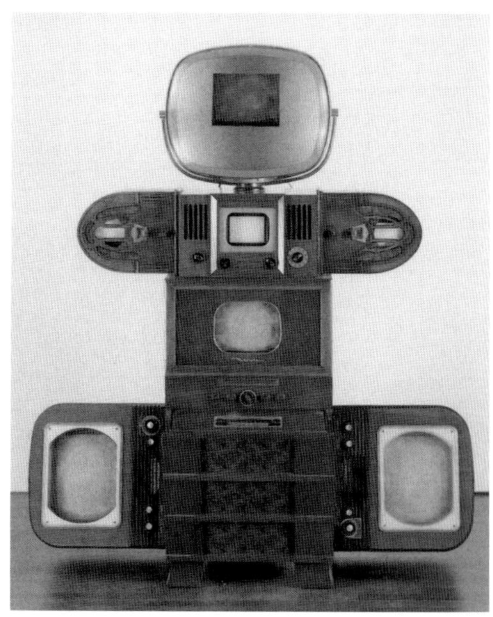

166. Alessandro Mendini, *Tavolino da Salotti*, 1974.
167. Nam June Paik, *Enlightened Baby*, 1985.
168. Claes Oldenburg, *Toilet-Hard Model*, 1966.

166. Alessandro Mendini, *Tavolino da Salotti*, 1974.
167. Nam June Paik, *Enlightened Baby*, 1985.
168. Claes Oldenburg, *Toilet-Hard Model*, 1966.

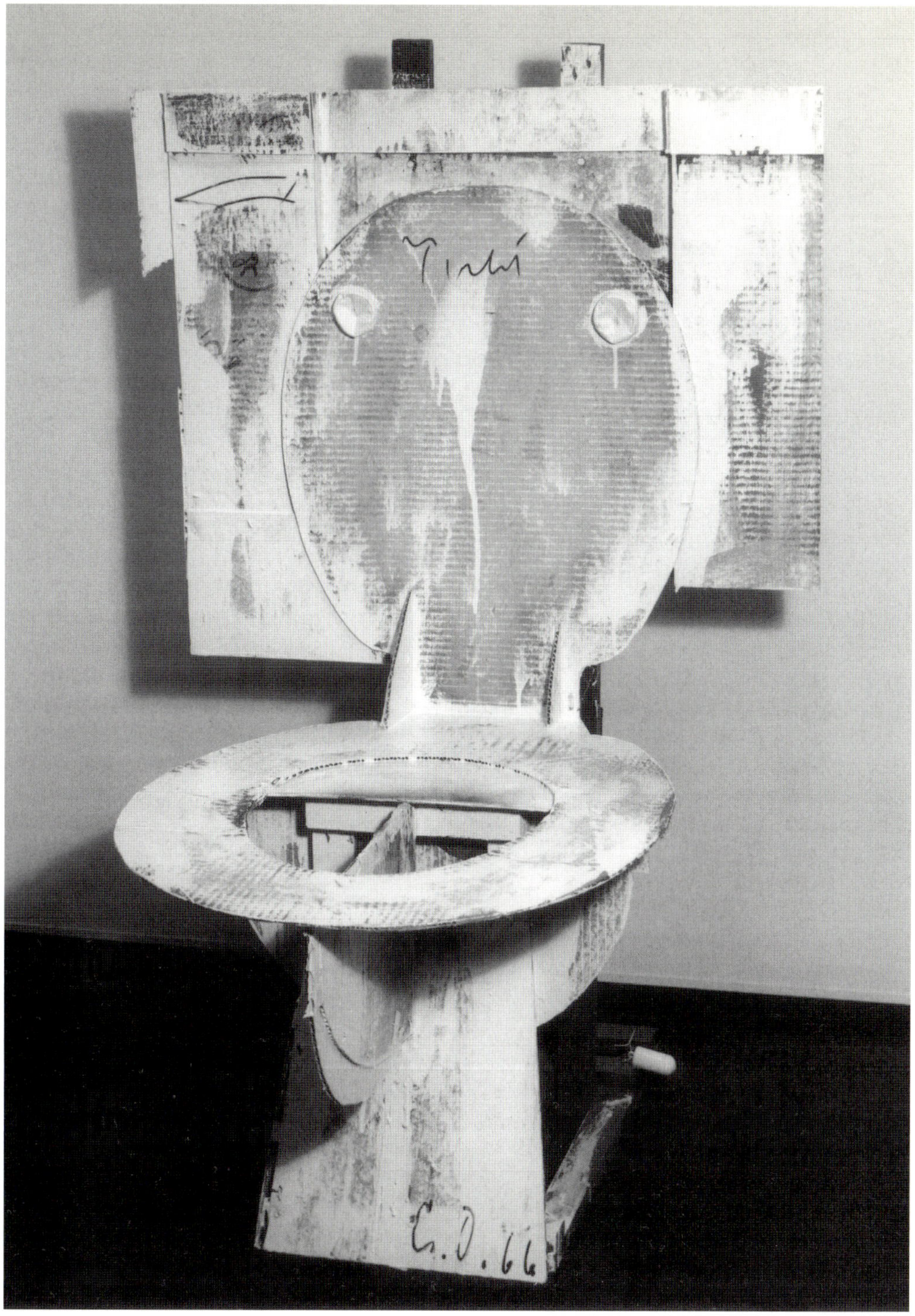

lage of radio and television sets (1985), *Enlightened Baby*. It is not difficult to recognize the large head, the small outstretched arms and the powerful open legs, all applied to fantasy receivers.

We have to bring rather more imagination into play if we want to see a head in the *Toilet-Hard Model* (1966) by **Claes Oldenburg** (b. 1929): The lid, which is apparently up, becomes the head, the rubber pads becomes the eyes and the cistern becomes the ears (ill. 168). It is all made of cardboard and paper, and thus the ironic character of the unusable object is an aid to finding the facial characteristics.

In the next chapter we shall try to make the great leap from the small dimensions of objects to the city and the countryside, so that we can show the latent existence of creatures in the major, elemental spheres of our lives as well.

17. Siedlung und Stadt als Wesen

Die Anthropomorphie im sakralen Bereich nähert sich einer Art Theomorphie, soweit das Göttliche oder Gottähnliche in realen Erscheinungsformen faßbar ist und mit dem Bauwerk, der Kirche, dem Tempel verknüpft werden kann.

Über das Gebäude hinaus werden aber noch weit größere Dimensionen unserer Umwelt mit der Körperhaftigkeit in Zusammenhang gebracht. Den Tendenzen dieses großzügigen Denkprozesses liegen einige wenige Gedanken zugrunde. In erster Linie soll gezeigt werden, daß der Mikrokosmos und der Makrokosmos identisch sind, wobei der Mensch, die menschliche Gestalt, als Mikrokosmos angesehen wird. Der Makrokosmos hat verschiedene Dimensionen: Es ist der unmittelbare Lebensraum der Stadt, es ist die Landschaft, es ist ein Kontinent und schließlich der gesamte Kosmos nach den jeweiligen mythologischen oder astronomischen Vorstellungen. Die Synthese von Körper und Welt bedeutet demnach auch die Idee einer großen »unio mystica«, eines Aufgehens des Menschen in den Dimensionen seiner Umwelt. Sofern die zugrunde gelegten Figuren Götter darstellen, ist damit die Weihe der Stadt, der Welt an diese Götter ausgedrückt, deren besonderen Schutz man damit genießt. Die Sakralisierung geht somit weit über den Tempel, das Heiligtum hinaus und reicht letztendlich bis in die Dimension des Kosmos, ein Thema, das im folgenden Kapitel behandelt wird.

Beschäftigen wir uns zunächst mit einigen Details des menschlichen Körpers, die zu ungeahnter Bedeutung kommen.

Der Nabel des Menschen ist nach der Geburt zur Bedeutungslosigkeit abgesunken. Er wird jedoch wichtig, wenn wir die Geometrisierungsversuche des menschlichen Körpers betrachten: Er wird dann zum Mittelpunkt des Menschen und gleichzeitig zum Zentrum des Kreises, in den der Mensch gestellt wird. (Vgl. Kap. 3.)

Dem Nabel kommt auch in der Mythologie und im Städtebau eine überraschende Bedeutung zu.

Der Omphalos bedeutet für den Griechen den Weltennabel. Zeus ließ zwei Adler von den Enden der Welt losfliegen, dort, wo sie aufeinandertrafen, in Delphi, war die Mitte der Welt, und ein Stein markierte den Omphalos.

Bei der Gründung einer römischen Stadt wurde zunächst ein zentraler Punkt festgelegt, der »umbilicus«, der Nabel oder Mittelpunkt der Stadt. Dieser Punkt hatte unerhörte religiöse Bedeutung für die Stadt, er sollte sie mit den Göttern verbinden, die in der Erde leben.

Dem Mittelalter war die Anthropomorphisierung der Stadt durchaus geläufig. Für **Johannes von Salisbury** (1115/20–1180) gibt es sehr einfache Analogien: Der Palast oder die Kathedrale sind begreiflicherweise der Kopf, der Markt ist der Magen, die Hände und Füße sind die Häuser. Und Johannes überträgt diese Metapher in die nächste Dimension und definiert es zu-

169. Jakob Berend Bakema, Verbindungselemente, für die Lijnbaan, Rotterdam, 1951.

169. Jakob Berend Bakema, connecting elements, for the Lijnbaan, Rotterdam, 1951.

17. Towns and settlements as creatures

Anthropomorphy in the sacred sphere comes close to being a kind of theomorphy, to the extent that the divine or things similar to the divine can be grasped in terms of real phenomena and linked with the building, the church, the temple.

But beyond buildings there are larger dimensions of the world around us that are linked with corporeality. This thought process and the directions it takes are based on a number of ideas. In the first place, the intention is to show that the microcosm and the macrocosm are identical, with human beings, the human form, seen as a microcosm. The macrocosm has various dimensions: it is the immediate living space afforded by the city, it is the landscape, it is a continent and finally the whole cosmos, according to the mythological or astronomical ideas of the day. And so the synthesis of body and world also implies the idea of a great »unio mystica«, a sense that people are subsumed within the dimensions of their environment. While the figures upon which all this is based are gods, this expresses the consecration of the city, of the world to these gods, who then offer their particular protection. Thus consecration goes well beyond the temple and the shrine, and ultimately extends to the dimension of the cosmos, which is a subject that will be dealt with in our next chapter.

Let us look first of all at some details of the human body that will turn out to be unexpectedly significant.

After birth, the human navel becomes insignificant. But it is important when we consider attempts to impose geometry on the human body: it then becomes the centre of the human being, and at the same time the centre of the circle in which man is placed. (Cf. chapter 3.)

The navel is surprisingly important in both mythology and urban development.

For the Greeks, the Omphalos was the navel of the world. Zeus released two eagles from the ends of the world, and the point at which they met, in Delphi, was the middle of the world, and a stone marked the Omphalos.

When a Roman town was founded a central point was fixed first of all, the »umbilicus«, or navel, or the centre of the town. This point had enormous religious significance for the town, it was intended to link it with the gods who live in the earth.

The anthropomorphization of towns was entirely familiar in the Middle Ages. For **John of Salisbury** (1115/20–1180) there are some very simple analogies: the palace or the cathedral or understandably the head, the market is the stomach, the hands and feet are the houses. And John shifts this metaphor into the next dimension, first defining it very succinctly: »The state (republica) is a body.« (Feher 1989.) The individual parts of the body correspond with the structure of society: the ruler is the brain, the ruler's advisors work like the heart, the merchants are the stomach, the soldiers the hands, the peasants and labourers the feet.

Morphological analogies between urban structures and partial anatomical phenomena of the human body constantly tempt us to make comparisons.

The human circulation has been one of the many metaphors for urban communications from time immemorial. In the 18th century the arteries and veins were a popular simile for the gradually increasing traffic in towns. The town should work like a healthy body, and impeccable circulation was a requirement for this, as in the circulation of human blood. (Sennett 1995.)

But these are similarities that are being projected. For example, the network of streets and paths in oriental or Spanish cities is definitely not based on a flow system, but is determined by rational and often strategic requirements. Traffic flow in the sense of modern transport planning requires towns and cities to be configured quite differently, as we know. A similarity with traffic systems could only be seen in the hierarchical system of veins and arteries.

New traffic models were still compared with arteries and veins in 19th-century town planning. But a second biological metaphor came into play here as well: the parks and gardens that were laid out in towns and cities were seen as their green »lungs«. The greenery, the vegetation, was to run round the town like a green belt, penetrating the town in the forms of networks and wedges, so that it could breathe. In the case of all these metaphors, we never question the fact that the town has to be a »living organism«, even if we cannot define this concept precisely.

Jacob Berend Bakema (1914–1981) sketched out a fine metaphor in his exciting lectures – particularly at the Salzburg summer seminars: the parents are walking through the town with their four children, and they are all holding hands (ill. 169). And this is how architecture ought to be as well, said Bakema, quoting his Lijnbaan in Rotterdam as a simple example: the pedestrian parts of the town are lined with tall buildings, but there are »overgangs-elementen«, brid-

nächst äußerst lapidar: »Der Staat (republica) ist ein Körper.« (Feher 1989.) Die einzelnen Teile des Körpers entsprechen der Struktur der Gesellschaft: Der Herrscher ist das Gehirn, die Berater des Herrschers arbeiten wie das Herz, die Kaufleute sind der Magen, die Soldaten die Hände, Bauern und Knechte die Füße.

Morphologische Analogien zwischen städtebaulichen Strukturen und anatomischen Teilphänomenen des menschlichen Körpers verleiten immer wieder zu Vergleichen.

Zu den zahlreichen Metaphern der städtischen Kommunikation zählt von alters her der menschliche Blutkreislauf. Im 18. Jahrhundert waren insbesondere die Arterien und die Venen ein beliebter Vergleich zum allmählich anwachsenden Verkehr in den Straßen. Die Stadt sollte wie ein gesunder Körper funktionieren, und die klaglose Zirkulation war dazu eine Voraussetzung wie der Blutkreislauf beim Menschen. (Sennett 1995.)

Es handelt sich jedoch auch hier um projektive Ähnlichkeiten. So ist etwa das Straßen- und Wegenetz von orientalischen oder von spanischen Städten keineswegs auf ein System des Fließens zurückzuführen, sondern wird durch rationale, häufig strategische Voraussetzungen bestimmt. Ein Verkehrsfluß im Sinne der heutigen Verkehrsplanung hat, wie wir wissen, ganz andere Stadtfigurationen zur Voraussetzung. Lediglich im hierarchischen System der Adern und Venen könnte eine Ähnlichkeit mit Verkehrssystemen gesehen werden.

Noch in der Stadtplanung des 19. Jahrhunderts waren die Vergleiche der neuen Zirkulationsmodelle mit den Arterien und Venen durchaus aktuell. Dazu aber gesellte sich eine zweite biologische Metapher: Die Parks und Gärten, die in den Städten angelegt wurden, verstanden sich als deren grüne »Lungen«. Das Grün, die Vegetation, sollte die Städte als Grüngürtel umschließen und als Netze und Keile in die Stadt eindringen und ihr somit das »Atmen« ermöglichen. Bei all diesen Metaphern setzen wir fraglos voraus, daß die Stadt ein »lebendiger Organismus« sein muß, wenn wir diesen Begriff auch nicht genau definieren können.

In seinen unerhört anregenden Vorlesungen – insbesonders bei den Sommerseminaren in Salzburg – skizzierte **Jacob Berend Bakema** (1914–1981) eine schöne Metapher: Die Eltern gehen mit ihren vier Kindern durch die Stadt, und alle reichen einander die Hände (Abb. 169). So, meinte Bakema, sollte es auch in der Architektur sein, und als einfaches Beispiel zitierte er seine Lijnbaan in Rotterdam: Hohe Gebäude flankieren den fußläufigen Stadtraum, aber durch »overgangs-elementen«, durch Brücken, Stege und Dächer, reichen sie einander gleichsam die Hand, durchaus unterschiedliche Elemente werden solcherweise miteinander verbunden: »Einmal mehr könnte Architektur der Ausdruck menschlichen Verhaltens sein.« Bakema denkt also direkt an eine lebendige Stadt, nicht nur die Menschen in ihr geben ihr Leben, sondern auch die Bauwerke können sich gleichsam »verhalten«.

Fünfzig Jahre später taucht die schöne Metapher von der Handreichung wieder auf. **Coop Himmelb(l)au** erwartet, daß die einzelnen Bauten der riesigen Freizeit- und Kulturlandschaft in Guadalajara nicht als isolierte Bauwerke gesehen werden. Vielmehr sollen sie, und das ist in einer kleinen Skizze dargestellt (Abb. 170), einander die Hand reichen.

Viel überzeugender als im europäischen Städtebau wird jedoch die Idee des Stadt-Körper-Bezugs an den asiatischen Städten deutbar. Allerdings sind es die Körper von Gottheiten, die der Stadtstruktur zugrunde gelegt werden, und einmal mehr wird die Anthropomorphie zur Theomorphie.

Die Grundrisse indischer Städte sind nicht nur der geometrischen Spiritualität der Mandalas verpflichtet, sondern auch dem »Vasta Purusha«, dem Geist des Raumes in figurativer Gestalt (Abb. 171). Ganz anders als bei den vitruvianischen Figuren wird nun der Figur eine Geometrie überlagert, es ist ein Raster mit elf mal elf Quadraten, die Gestalt ist diagonal hineingelegt, ohne das große Quadrat ganz auszufüllen.

Ähnlich wie die Stadt folgt auch das Schema des indischen Tempels einer kosmischen Figur. Der Mahapurusha, der große Geist (Abb. 172), liegt eingebettet im Grundriß, eingeschlossen von den vier Quadratseiten eines einfachen Mandalas. Die Figur befindet sich in einer Art Lotus-Stellung, die Fußsohlen weisen zueinander, die Oberschenkel sind weit gespreizt, die Hände hinter dem Rücken verschränkt. Ein kompliziertes geometrisches Netz aus Quadraten und Rechtecken überlagert die Figur. Sieben bzw. neun Quadrate, die »Padas«, bilden eine Art von Rahmen und liegen auf Armen und Beinen der Figur auf. Die Quadrate sind den verschiedenen Teilen des Himmels, den Göttern und den einzelnen Teilen der menschlichen Physis zugeordnet. Sie umgeben die neun inneren Padas, vier quadratische und vier rechteckige und in der Mitte ein großes quadratisches Feld. Der Nabel liegt annähernd in der Mitte des Mandalas, und das zentrale Quadrat ist auch das Herz des Schreines, der Lotus, der Brahma geweiht ist. (Hersey 1999.)

170. Coop Himmelb(l)au, *Handreichung*, Guadalajara, Mexiko, 2000–03.
171. *Vasta Purusha, Geist des Raumes*, Indien.
172. Mahapurusha, *Kosmischer Mensch*, Synthese mit einem Tempel-Mandala.

170. Coop Himmelb(l)au, *Proffered Hand*, Guadalajara, Mexico, 2000–03.
171. Vasta Purusha, *Spirit of the Room*, India.
172. Mahapurusha, *Cosmic Human Being*, synthesis with a temple mandala.

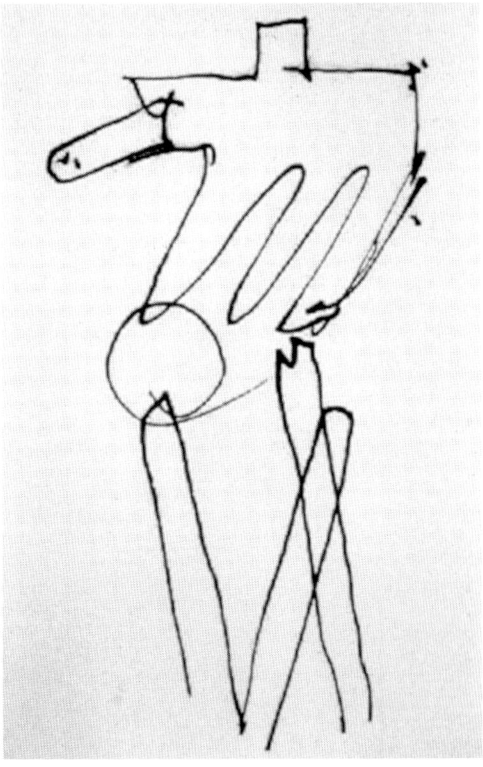

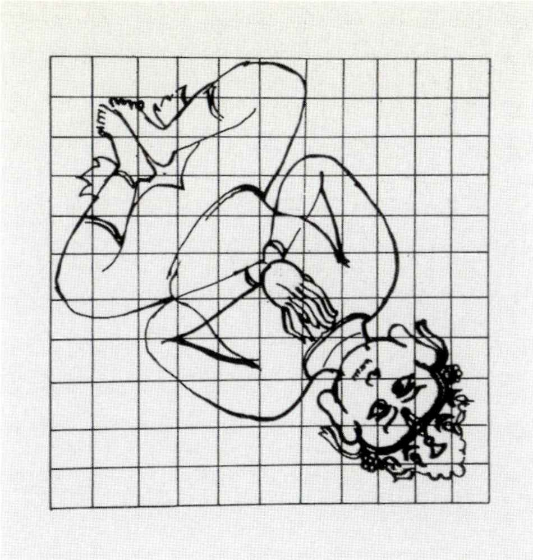

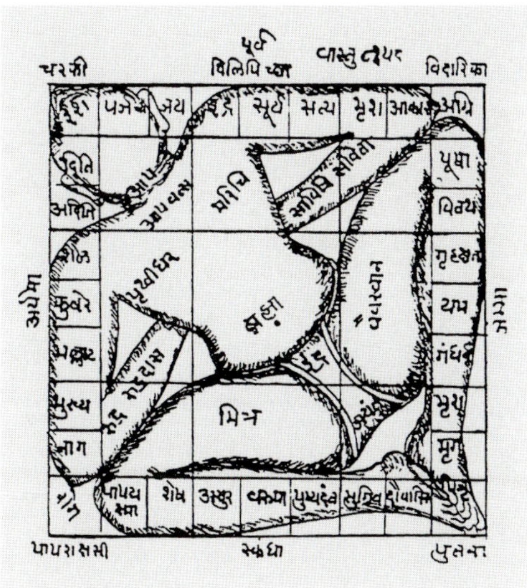

ges, walkways and roofs, which enable them to extend their hands to each other, and elements that are in fact entirely different are connected with each other in this way: »Once again architecture could be the expression of human behaviour.« Thus Bakema is thinking directly of a living city. It is not just the people in it that give it life, but the buildings can also behave, as it were.

This attractive metaphor of holding hands crops up again fifty years later. **Coop Himmelb(l)au** do not want the individual buildings in the gigantic leisure and culture complex in Guadalajara to be seen as isolated buildings. On the contrary, an there is a little sketch showing this (ill. 170), they should hold out their hand to each other.

But the idea of the link between town and body is much more convincingly present in Asiatic towns than in European ones, even though the urban structure is based on the bodies of divinities, and so once more anthropomorphy becomes theomorphy.

The ground plans of Indian cities are not just committed to the geometrical spirituality of the mandala, but also the »vasta purusha«, the spirit of the room in figurative form (ill. 171). Geometry is now superimposed on the figure in a way that is entirely different from Vitruvius's figures. This time it is a grid of eleven by eleven squares, and the figure is placed diagonally, without quite filling the large square.

Like towns, the scheme of the Indian temple also follows a cosmic figure. The mahapurusha, the great spirit (ill. 172), lies embedded in the ground plan, enclosed by the four sides of a square of a simple mandala. The figure is in a kind of lotus position, the soles of the feet point to each other, the upper thighs are parted, the hands clasped behind the back. A complicated geometrical network of squares and rectangles is superimposed on the figure. Seven or nine squares, the »padas«, form a kind of frame and lie on the arms and legs of the figure. The squares are allocated to the various parts of the sky, the gods and the individual parts of the human body. They surround the nine inner padas, four square and rectangular, with a large square field in the middle. The navel is approximately in the middle of the mandala, and the central square is also the heart of the shrine, the lotus, which is dedicated to Brahma (Hersey 1999.)

The real town plan of Suchindram in South India (ill. 175) has the figure of the female town deity superimposed on it. She »is pregnant by the male temple of Shiva in the centre. She is lying with her eyes closed and with her tongue sticking out under the town and the back, four temples mark the outline of her body in the town.« (Pieper 1992.)

Let us draw on India's highly symbolic materials again. Reinhard Herdick explains the anthropomorphic character of the town plan of Kirtipur (1988). This suggests that the town is in two parts, one male, one female. The two parts come together when there are feasts and processions. The integrating element between the two halves is the central temple complex with the male and female town divinities.

Another example will serve to illustrate how widely anthropomorphic settlement plans are distributed.

In the case of the Bororo village of Kejara on the Rio Vermelho in Brazil (ill. 173), discovered by **Claude Lévi-Strauss** (b. 1908), the anthropomorphic interpretation is a little less clear than in Suchindram, but entirely authentic. The village, or better the cluster, is an image of a man. »Denna«. the working area, symbolizes the lower part of the male body, »dembre«, the upper part. The two clay jugs at the transitional point of the two spaces, are the nipples. »Ende«, the goat shed, and »kana«, the storeroom, are the man's arms, and the two hearthstones his eyes.

The sex-segregated house of the Dogon in West Africa represents the image of the first mythological ancestors, in various parts and rooms. The plan of the Dogon is based on a single figure: the head is the village smithy and the men's house, the chest is the communal ancestor house, the hands originate in the female menstruation house, and the genitals and feet are depicted in various community shrines. (Blier 1987.)

In the case of the Batammaliba tribe in North Togo the simple clay buildings correspond extraordinarily clearly with the parts of the human body. The fontanel and the solar plexus[47] are seen as enormously important parts of the human body: they are effectively the entrance and exit points for the human soul. (Blier 1988.) The architectural equivalent is a small ritual opening in the centre of every house terrace (ill. 174). If the house is imagined as a man lying on his front, this is the solar plexus, and if we interpret the house as a standing person, then the opening is identical with the fontanel. But as in the case of the body, the opening is there to allow the soul to pass in and out, according to the natives. The group of buildings is an organic disposition of sections that are round or oval in plan, linked by clay walls and thus forming a

Dem realen Stadtplan von Suchindram in Südindien (Abb. 175) wird die Figur der weiblichen Stadtgottheit überlagert. Sie »geht mit dem männlichen Shiva-Tempel im Zentrum schwanger. Sie liegt mit geschlossenen Augen und herausgestreckter Zunge rücklings unter der Stadt, vier Tempel markieren die Umrisse ihres Körpers im Stadtgebiet.« (Pieper 1992.)

Schöpfen wir noch einmal aus dem symbolträchtigen Fundus Indiens. Den anthropomorphen Charakter des Stadtplans von Kirtipur in Indien erläutert Reinhard Herdick (1988). Demnach besteht die Stadt aus zwei Teilen, einem weiblichen und einem männlichen. Im Rahmen von Festen und Prozessionen vereinigen sich die Stadtteile. Das Integrationsmoment zwischen den beiden Hälften ist der zentrale Tempelkomplex mit der männlichen und weiblichen Stadtgottheit.

Die weite Verbreitung anthropomorpher Siedlungspläne soll noch ein ganz anderes Beispiel illustrieren.

Bei dem von **Claude Lévi-Strauss** (geb. 1908) entdeckten Bororo-Dorf Kejara am Rio Vermelho in Brasilien (Abb. 173) ist die anthropomorphe Deutung nur wenig deutlicher als bei Suchindram, aber durchaus authentisch. Das Dorf, besser der Cluster, ist das Abbild eines Mannes. »Denna«, der Arbeitsraum, symbolisiert den Unterleib des Mannes, »Dembre« den Oberleib. Die zwei Tonkrüge, die am Übergang der Räume stehen, sind die Brustknospen. »Ende«, der Ziegenstall, und »Kana«, der Lagerraum, sind die Arme des Mannes, die zwei Herdsteine die Augen.

Das Geschlechterhaus der Dogon in Westafrika repräsentiert in verschiedenen Teilen und Räumen das Bild des ersten mythologischen Ahnen. Die Stadtplanung der Dogon orientiert sich an einer Einzelfigur: Der Kopf ist die Dorfschmiede und das Männerhaus, die Brust ist das gemeinschaftliche Ahnenhaus, die Hände gehen vom weiblichen Menstruations-Haus aus, und die Genitalien und Füße sind in verschiedenen Gemeinschaftsschreinen repräsentiert. (Blier 1987.)

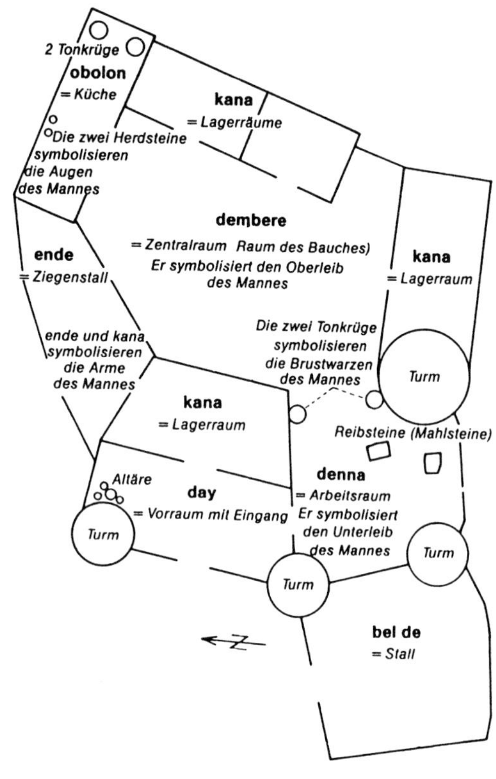

Bei dem Stamm der Batammaliba in Nordtogo ist die Übereinstimmung der einfachen Lehmbauten mit den menschlichen Körperteilen von erstaunlicher Deutlichkeit. Beim menschlichen Körper wird der Fontanelle und dem Solarplexus[47] eine besondere Bedeutung beigemessen: Es sind gleichsam die Ein- und Austrittsöffnungen für die menschliche Seele. (Blier 1988.) Die bauliche Entsprechung ist eine kleine rituelle Öffnung im Zentrum jeder Hausterrasse (Abb. 174). Stellt man sich das Haus als einen Menschen in Bauchlage vor, dann ist es der Solarplexus, interpretieren wir das Haus als stehende Person, dann ist diese Öffnung identisch mit der Fontanelle. Wie beim Körper dient jedoch nach Auffassung der Eingeborenen in beiden Fällen die Öffnung für das Passieren der Seele nach außen und innen. Die Gebäudegruppe ist eine organische Disposition von im Grundriß runden oder ovalen Körpern, die durch Lehmmauern verbunden sind und dadurch einen geschützten Innenbereich bilden. Den oberen Abschluß der einzelnen Bauteile bildet unterschiedlich ein Flachdach, eine kleine Kuppel oder ein Stroh-Kegeldach. Der Innenbereich ist zu zwei Dritteln bedeckt und schafft eine geräumige Halle, der Rest ist ein kleiner Hof.

Suzanne Preston Blier versucht in ihren Skizzen, die einzelnen Bauteile mit den Körperteilen eines stehenden Menschen zu identifizieren (1987).

Der zentrale Rundbau ist gleichsam dem Leben gewidmet: Er stellt die Vagina und die Gebärmutter dar. Wenn der Mann sich in der Nacht mit seiner Frau kopuliert, tritt er bildlich bei der Vagina in den Mutterleib ein und sichert damit dem Haus die Nachkommenschaft. Der Raum spielt auch eine wichtige Rolle bei der Initiation, bei der die jungen Menschen volle Mitglieder der Gemeinschaft werden.Wenn die Initianten aus dem Raum hervorkriechen, erleben sie gleichsam ihre zweite Geburt. Wir finden aber auch die männlichen Geschlechtsorgane: Penis und Hoden, voneinander getrennt, sind an der Peripherie des Baukörpers untergebracht, ersterer als eine Art Wasserspeier, nach außen strahlend, letztere als drei hornartige Fortsetzungen des Eingangsportals, die die Kraft des Hauses symbolisieren. Ein höher geführter Bauteil im Süden wird als Kopf angesehen. Die Sinnesorgane sind um das Eingangstor herum gruppiert. Die schmalen Fassadenfenster sind die Augen, die eigenartigerweise unter den Hoden liegen. Das Eingangstor stellt den Mund mit Lippen, Zähnen und Zunge dar, darüber liegt der Nabel. Gliedmaßen und Gelenke, Eingeweide, Magen und Galle, Rückgrat und Brustkasten sind distanziert voneinander an verschiedenen Stellen des Baukomplexes orientiert.

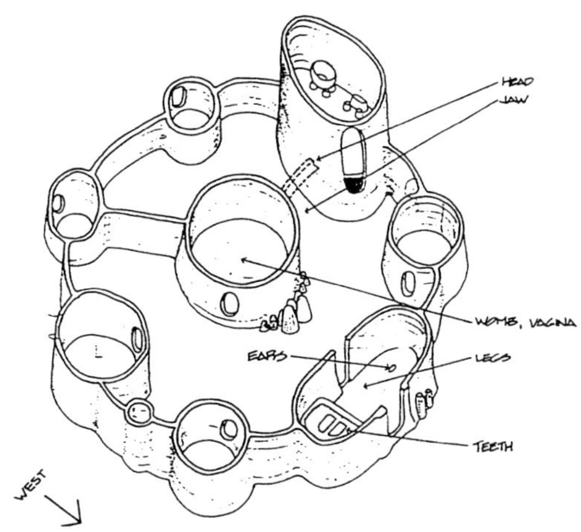

Bei den einzelnen Zuordnungen handelt es sich also kaum um ikonische Darstellungen der Körperteile, und es wäre auch unmöglich, eine menschliche Figur dem Bauwerk sinnvoll zu überlagern, wie dies bei vielen anderen anthropomorphen Bauten der Fall ist. Dadurch wird die Relation Körper–Architektur sehr deutlich in eine magisch-irrationale Ebene verlagert. Wie bei

173. Bororo-Dorf Kejara am Rio Vermelho, Brasilien.
174. Suzanne Preston Blier, Studien zum Batammaliba-Haus, Koufitoukou, Nord-Togo, 1978.
175. Stadtplan mit der überlagerten Göttin, mit Shiva schwanger, Suchindram, Südindien.

173. Bororo village of Kejara on the Rio Vermelho, Brazil.
174. Suzanne Preston Blier, studies of the Batammaliba house, Koufitoukou, North Togo, 1978.
175. Town plan with superimposed goddess, pregnant with Shiva, Suchindram, southern India.

protected inner area. The individual sections are topped differently, with flat roofs, small domes or conical straw roofs. The internal area is two-thirds covered, and creates a spacious hall, the rest is a small courtyard.

Suzanne Preston Blier tries to identify the individual sections of the building with the body parts of a human being standing upright in her sketches (1987).

The central round structure is effectively devoted to life: it represents the vagina and the womb. When a man copulates with his wife at night he enters the mother's body in the vagina figuratively and thus secures descendants for the house. The room also has an important part to play in the initiation that young people undergo to become full members of the community When those who are to be initiated crawl out of the room, they are in effect experiencing their second birth. But we also find the male sexual organs: penis and testicles, separated from each other, are accommodated on the periphery of the building, the former as a kind of gargoyle, playing outwards, the latter as three horn-like continuations of the entrance portal, symbolizing the power of the house. A tall section in the south is seen as the head. The sensory organs are grouped around the entrance. The narrow windows in the façade are the eyes, which strangely enough are placed under the testicles. The entrance represents the mouth with lips, teeth and tongue, above it is the navel, the limbs and joints, bowels, stomach and gall bladder, backbone and chest are placed in various parts of the complex of buildings, at a distance from each other.

So the individual categorizations are hardly iconic depictions of the parts of the body, and it would also be impossible to superimpose a human figure on the body in a meaningful fashion, as in the case of many other anthropomorphic structures. This means that the relation between body and architecture is very clearly shifted on to a magical and irrational plane. As in many early and naïve cultures the housing has been shifted well into a religious and mythical sphere and there is scarcely any sense of differentiation from sacred buildings.[48]

A particularly significant example in the case of the Batammaliba buildings is the Tabote, the above-mentioned aperture in the terrace floor. The entry and exit of the soul is »closely connected with life, death and well-being. This aperture's associations with life and death are maintained in the passage of the day and by special ceremonies. A meal is taken every evening in the family circle around the opening in the terrace, to remind them of the symbolic function that connects the aperture with food and life ... The life/death symbolism is also acknowl-

vielen frühen und naiven Kulturen ist die Behausung weit in einen religiös-mythischen Bereich verschoben, und die Abgrenzung zu Sakralbauten ist kaum gegeben.[48]

Ein besonders signifikantes Beispiel bei den Bauten der Batammaliba ist die Tabote, die schon zitierte Öffnung im Terrassenboden. Das Aus- und Eingehen der Seele ist »eng mit Leben, Tod und Wohlergehen verbunden. Die Leben / Tod-Assoziationen dieses Loches werden im Tagesablauf und durch spezielle Zeremonien aufrecht erhalten. Um den Terrassendurchbruch herum wird jeden Abend im Kreis der Familie eine Mahlzeit eingenommen zur Erinnerung an die Symbolfunktion, welche dieser Durchbruch mit Nahrung und Leben verbindet ... Der Leben / Tod Symbolik wird auch durch die Aktivitäten, die im Raum unterhalb der Terrassenöffnung stattfinden, Rechnung getragen. In diesen dunklen Raum steigen die weiblichen Familienmitglieder hinunter, um zu gebären; hier werden außerdem die Leichname für die letzten Riten vor dem Begräbnis aufbewahrt.« (Blier 1988.)

Einmal mehr wird durch diese Rituale die enge Verbindung zwischen Geburt und Tod einerseits, zwischen Tod und dem Chtonischen, Mütterlichen, Troglodytischen andererseits offenkundig.

Eine weitere schöne Analogie zwischen dem Menschen und dem Haus können wir im Schmücken und Bekleiden sehen. Das Haus bekommt dadurch, nach Meinung der Batammalibas, gleichsam eine Hommage an die Frau: Es wird verziert, verschönert, geschmückt, bekleidet. »Das Haus soll sich seiner Jugend und Schönheit erfreuen. Wir geben ihm die Schönheit der Frauen, wir ahmen die Frauen nach und zeigen, daß das Haus eine Person ist.« (Batammaliba nach Blier 1987.)

Bei den zitierten Beispielen bedarf es selbstverständlich des überkommenen Symbolverständnisses, um die latenten Bedeutungsebenen zu verstehen. Da sie eine äußerst geringe Ikonizität aufweisen, sind für den Nicht-Eingeweihten die Metaphern unverständlich.

Es gibt jedoch anthropomorphe Deutungsfelder, die auch nicht annähernd auf rein visueller Basis erfaßt werden können. Ein Beispiel soll zitiert werden: Bei den großen Tempelanlagen, etwa denen von Angkor-Wat in Kambodscha, (Abb. 176), verfügen wir über keine Darstellung, die auf den anthropo- oder theomorphen Charakter schließen läßt.Für den Tempel auf dem Berge Pre Rup können wir jedoch annehmen, daß seine archetypische Figuration mit der Gestalt des Gott-Königs identisch ist. Der Körper wird mit gespreizten Beinen gesehen, die Arme sind in die Hüften gestemmt. Die lebenswichtigen Organe füllen den großen zentralen Platz aus, die Quincunx-Gruppe in der Mitte stellt nicht nur den fünfgipfeligen heiligen Berg Meru dar, sondern ist gleichzeitig Kopf und Genitale des Gott-Königs. Es war Rajendra Varman II., der um 961 dieses prachtvolle Bauwerk errichten ließ; der heute bestehende Bau wurde 1181–1220 von Jayavarman VII. errichtet.

Im Vergleich und in der parallelen Ausdeutung zu den Mandalas ist noch ein anderes Symbol wichtig. Alle Mandalas enthalten, in verschiedenster geometrischer und visueller Ausbildung, das Weibliche und das Männliche. Somit ist es naheliegend, daß auch im Bauwerk beide Geschlechter vertreten sind: Es ist der Körper des Vaters, der vom weiblichen Körper überlagert wird. Eine Inschrift auf einem Tempel in Angkor-Thom scheint dies zu bestätigen: »Diese Stadt ist ein schönes junges Mädchen aus einer ehrenhaften Familie, ihres Bräutigams wert und in Liebe zu ihm entbrannt. Der König verlobte sie, so daß das Glück der Einwohner aus dieser Vereinigung geboren wurde.« (Vassiliou 1971, nach Hersey 1999.)

Wenn wir an die Ursprünge unserer heutigen Kultur herankommen wollen, sind uns nicht nur die frühen und naiven Kulturen eine unerschöpfliche Inspirationsquelle, sondern auch die bildnerischen Arbeiten von Kindern und sogenannten Geisteskranken.

In einem sechzehnjährigen schizophrenen Oberschüler aus Deutschland ist beides vereinigt, und somit gilt seinen Arbeiten ein besonderes Interesse. Eine Zeichnung von seiner Hand (Abb. 177) überrascht durch die Analogie zu Darstellungen aus dem australischen Kulturbereich (vgl. Abb. 184) und zu europäischen Darstellungen aus dem 16.Jahrhundert. Der Zeichner stellt einen Stadtplan als menschliche Figur dar. Deutlich sind die Gliedmaßen zu erkennen, und es sind offenkundig Siedlungsbänder mit Hauptstraßen und Stichwegen, die Häuser sind jeweils nach einer Seite mit Gärten ausgestattet. Das Zentrum der Figur ist ein herzförmiger zentraler Platz, und beim Haupt dürfen wir eine Gruppe mit öffentlichen Bauten vermuten. Wie eine Mandorla umgibt das Wesen die Autobahnen. Sicherlich ist anzunehmen, daß der Junge Pläne von neuen Stadtrandsiedlungen gekannt hat, trotzdem bleibt deren Transferierung zu einer Figur ein deutliches Indiz dafür, daß das Bedürfnis nach einer »Vermenschlichung« der Stadt besteht und in der Zeichnung durchaus wörtlich genommen wird.

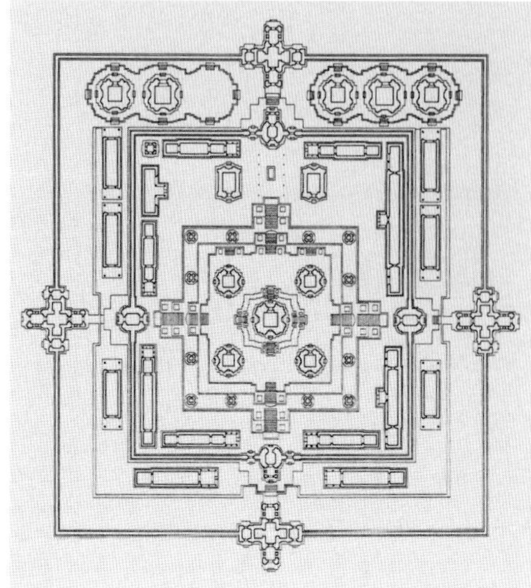

176. Tempelberg von Pre Rup, Angkor, Kambodscha, um 961.
177. Sechzehnjähriger Schüler, menschlicher Körper als Stadtplan, 1975.

176. Pre Rup temple mound, Angkor, Cambodia, c. 961.
177. Sixteen-year-old schoolboy, human body as town plan, 1975.

edged in the activities that take place in the room below the opening in the terrace. The female members of the family go down into this room to give birth; and corpses are also kept here for the last ties before burial.« (Blier 1988.)

This ritual once more reveals the close connection between birth and death on the one hand, between death and the underworld, the maternal, the troglodytic.

Another analogy between human beings and the house can be seen in decoration and dressing. According to the Batammalibas, this makes the house into a tribute to the woman, as it were: it is decorated, beautified, adorned, dressed. »Houses also should enjoy their youth and beauty. We incorporate the beauty of women into the house to show what women do. One imitates these women in showing that the house is a person.« (Batammaliba in Blier 1987.)

In the case of the examples cited, we would of course need the traditional interpretations of the symbols in order to understand the latent planes of meaning for the symbols. As they are extremely restricted in their quality as icons, the metaphors are incomprehensible to the uninitiated.

But there are fields of anthropomorphic interpretation that cannot be grasped on anything approaching a purely visual basis. One example should be mentioned: in the case of the great temple complexes, for example Angkor-Wat in Cambodia (ill. 176), we do not have anything to suggest anthropomorphic or theomorphic characteristics. But we can assume that the archetypal figuration of the temple on Mount Pre Rup is identical with the form of the god-king. The body is seen with legs apart, the hands are on the hips. The organs that are essential to life fill the large central square, the quincunx group in the middle not only represents the five peaks of Mount Meru, but is at the same time the head and genitals of the god-king. Rajendra Varman II had caused this magnificent building to be erected in about 961; the existing building was erected under Jayavarman VII in 1181–1220.

Yet another symbol is important in comparison with and in parallel interpretation to the mandala. All mandalas, whatever their geometrical and visual form, have a female and a male element. And so it is natural that both sexes should be represented in the building: it is the body of the father, with the female body superimposed on it. An inscription on a temple in Angkor-Thom seems to confirm this: »This town is a beautiful young girl from an honourable family, worthy of her bridegroom and consumed with love for him. The king betrothed her, so that the happiness of town-dwellers was born from this union.« (Vassiliou 1971, in Hersey 1999.)

If we want to come close to the origins of our present culture, early and naïve cultures are an inexhaustible source of inspiration, but so are pictures drawn by children and people considered to be mentally ill.

Both these elements are brought together in a sixteen-year-old schizophrene school student from Germany, and so his work is of particular interest. One of his own drawings (ill. 177) presents an astonishing analogy with depictions from Australian culture (cf. ill. 184) and with 16th-century European portrayals. The draughtsman presents a town plan as a human figure. The limbs can be discerned very clearly, and they are obviously ribbons of settlement with main streets and ways through, and the houses always have gardens on one side. The centre of the figure is a heart-shaped central square, and we sense that the head is a group of public buildings. The creature surrounds the motorway like a mandorla. We can be sure that the boy was familiar with plans for new housing estates in the outskirts, but nevertheless transferring them to a figure is a clear indication that there is a need to »humanize« the town and that this is taken literally in the drawing.

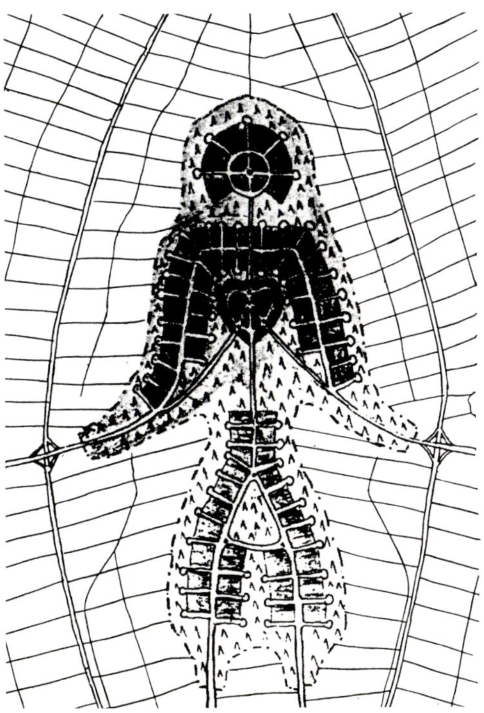

18. Landschaft. Welt. Kosmos als Wesen

Dehnen wir den Begriff der Architektur über das Städtebauliche hinaus aus, dann ist auch die Landschaft, die Natur mit einzubeziehen, und schließlich ist der ganze Erdkreis, ja die Totalität des Kosmos als gewaltiger Raum zu sehen, der sich zwar der konkreten baulichen Gestaltung, nicht jedoch unserer Phantasie entzieht.

Der Begriff einer »expandierten Architektur« (Feuerstein 2000) oder besser der ausgeweitete Architekturbegriff muß unseren gesamten erlebbaren, sichtbaren, erfahrbaren Umraum erfassen und darüber hinaus alle Räume, die auf uns eine konkrete Auswirkung haben, und schließlich auch jene Räume, die über Erfahrbarkeit und Wahrnehmung hinausgehen und von wissenschaftlichem Interesse sind.

Wenn wir uns zunächst mit der Landschaft, mit der Natur beschäftigen, dann wird neuerlich das Thema einer interpretativen und projektiven Architektur, nun im weitesten Sinne verstanden, von Interesse sein. Im Kapitel 2 wurden solche Projektionsvorgänge u. a. auch bei Bergen und Landschaften zitiert

Aus den einzelnen Beispielen einer interpretativen Anthropomorphie, die Naturformationen als Gegenstand haben, seinen nur einige herausgegriffen.

Im Werk *China Monumentalis* von **Athanasius Kircher** (1602–1680) ist ein menschengestaltiger Berg dargestellt (Abb. 179). Dessen tatsächliches Aussehen bleibt uns verborgen, denn der Zeichner hat sicherlich den Felsen graphisch derart ergänzt, daß die Figur deutlich erkennbar ist. Jener Vorgang, den wir wahrnehmungspsychologisch durchführen, nämlich die figurativen Projektionen, wurde hier darstellerisch festgehalten, und es besteht kein Zweifel darüber, daß der Berg keineswegs in dieser Deutlichkeit die Gestalt gezeigt hat.

Die gestalterische Manipulation von Landschaft und Berg geht auf eine alte Tradition zurück, gewaltige Übergriffe bemächtigen sich der Natur.

Vitruv (geb. ca. 84 v. Chr.) berichtet uns von einem solchen kolossalen Vorhaben: Der Architekt **Dinokrates** habe sich dem mächtigen Alexander in einer auffälligen Verkleidung genähert, um Aufmerksamkeit zu erregen, was ihm tatsächlich gelang, so daß er sein Projekt vortragen konnte: »Ich habe den Berg Athos in Gestalt einer männlichen Bildsäule vorgestellt, welche in der linken Hand eine große Stadt hält, in der rechten aber eine Schale, welche die Gewässer aller auf diesem Berge befindlichen Flüsse auffängt, um sie in das Meer zu gießen.« Alexander ist beeindruckt, aber er bringt funktionelle Bedenken bezüglich des Ortes vor, und Dinokrates erhält keinen Auftrag.

Fischer von Erlach zeichnet in seinem *Entwurff einer historischen Architektur* 1721 dieses kühne Beispiel für die Verbindung von Stadt und Landschaft mit einer kolossalen Figur (Abb. 178). Der Berg Athos wird,der Beschreibung Vitruvs folgend, in die riesige Figur Alexanders des Großen verwandelt. Seine Füße stehen im Tal, der rechte bei einem kleinen Städtchen, der linke

178. Johann Bernhard Fischer von Erlach, *Berg Athos, in Alexander den Großen verwandelt*, 1721.
179. Pater Martini (Athanasius Kircher), menschengestaltiger Berg in China, 1667.

178. Johann Bernhard Fischer von Erlach, *Mount Athos transformed into Alexander the Great*, 1721.
179. Pater Martini (Athanasius Kircher), mountain in human form in China, 1667.

18. Landscape. World. Cosmos as creatures

If we take the idea of architecture further than town planning then landscape, nature, has to be included as well, and finally the whole world, indeed the totality of the cosmos, is to be seen as one enormous space that is certainly beyond concrete architectural design, but not beyond our imaginations.

The concept of »expanded architecture« (Feuerstein 2000), or better the expanded concept of architecture, has to include all our surroundings that can be experienced, seen and sensed, and as well as this all the spaces that have a concrete effect on us, and finally also the spaces that go beyond experience and perception and are of scientific interest.

If we look at landscape and nature first of all, then once more the theme of interpretative and projective architecture, now understood in its broadest sense, will be of interest. Projection processes were cited in the context of mountains and landscapes, among other things, in chapter 2.

Let us take just s few of the individual examples of interpretative anthropomorphy that have natural formations as their subject.

In the volume *China Monumentalis* by **Athanasius Kircher** (1602–1680), a mountain in the shape of a human being is depicted (ill. 178). The mountain's actual appearance is concealed from us, as the draughtsman certainly worked on the rock graphically in such a way that the figure is clearly recognizable. The process that we carry out in terms of perception psychology, namely that of figurative projections, has been captured in this portrayal, and there is no doubt that the mountain did not show the figure as clearly as this.

Creative manipulation of landscape and mountains has a long tradition, with massive interventions taking over nature and subjecting her to their power.

Vitruvius (b. c. 84 BC) tells us of a colossal project of this kind: the architect **Dinocrates** came to the mighty Alexander in a striking disguise, to attract attention, and he managed to do this, and so he was able to explain his project: »I imagine Mount Athos in the shape of a male statue, holding a large town in its left hand, but a bowl in the right hand that captures the water from all the rivers on this mountain to pour them into the sea.« Alexander is impressed, but he has practical reservations about the location, and Dinocrates does not get his contract.

Fischer von Erlach drew in his *Entwurff einer historischen Architektur* this bold example of the combination of town and countryside in the form of a colossal figure (ill. 178). Mount Athos, following Vitruvius's description, is transformed into a gigantic figure of Alexander the Great. His feet are planted in the valley, the right one by a little town, the left on a plateau, his helmet is the peak of the mountain. The water springs out of his right arm as if from an artery, and cascades over a series of rocks. It seems to transform itself into Alexander's loincloth, and is then immediately continued as a river, which falls into the valley in further cascades. The figure holds the tower of a town that has grown into his lap in his left hand. This creates an exemplary unity of nature, body and town. At the same time it is a magnificent apotheosis of a ruler: the mountain, the peak of nature, is the head, from the veins comes the life-giving water and the town lies protected in the fertile lap.

A few decades after Fischer von Erlach, in 1769, the French painter **Henri de Valenciennes** addresses this motif. Again it is Mount Athos that has been transformed into Alexander. The mountain-colossus is now placed in an exotic and romantic landscape (ill. 180). The town and the spring are not very distinct. But opposite the mountain, in the foreground, we see a group of people in ancient garments, standing gracefully in the landscape as if in conversation with the giant.

Artists were still affected by the »Dinocrates Project« in the early 20th century. The idea of an ideal city linked with a colossus, drawn by **Henri Rapin** (1873–1943) in 1912, is in the realms of Utopia (ill. 181). His figure is enthroned in hieratic austerity between two gigantic flights of steps of the kind we know from Boullée. (Oechslin 1982.) But the figurations of the rock architecture also suggest Egypt, and the powerful symmetry of the man conjures up the Colossus of Memnos or the figures at Abu Simbel. Impressive and threatening at the same time, Rapin combines the megalomania of French revolutionary architecture with a premonition of the brutal architecture of the 20th-century dictatorships.

The Alexander of Dinocrates and similar designs were never realized, but a »building« of a similar size does look down on us in South Dakota in the USA: the Mount Rushmore National Monument (ill. 182), with portraits of Presidents George Washington, Thomas Jefferson, Theodore Roosevelt and Abraham Lincoln. **Gutzon Borglum** (1867–1914) had it carved into the rock

auf einem Plateau, sein Helm ist die Spitze des Berges. Aus dem rechten Arm entspringt das Wasser wie aus einer Schlagader und fällt in Kaskaden über Felsen. Es scheint sich in das Lendentuch Alexanders zu verwandeln, um sich alsbald wieder in einem Fluß fortzusetzen, der in weiteren Kaskaden zu Tal stürzt. In der linken Hand hält die Figur den Turm einer Stadt, die in seinen Schoß hineingewachsen ist. So entsteht eine exemplarische Einheit aus Natur, Körper und Stadt. Gleichzeitig ist es eine großartige Apotheose eines Herrschers: Der Berg, der Gipfel der Natur, ist das Haupt, aus den Adern kommt das Leben spendende Wasser, und die Stadt liegt beschützt im fruchtbaren Schoß.

Einige Jahrzehnte nach Fischer von Erlach, 1769, greift der französische Maler **Henri de Valenciennes** dieses Motiv auf. Wieder ist es der Berg Athos, der sich in Alexander verwandelt hat. Der Berg-Koloß sitzt nun in einer exotisch-romantischen Landschaft (Abb. 180). Die Stadt und die Wasserquelle sind undeutlich auszumachen. Ihm gegenüber jedoch, im Vordergrund, mit antiken Gewändern angetan, sehen wir eine Personengruppe, die, wie im Dialog mit dem Riesen, anmutig in der Landschaft steht.

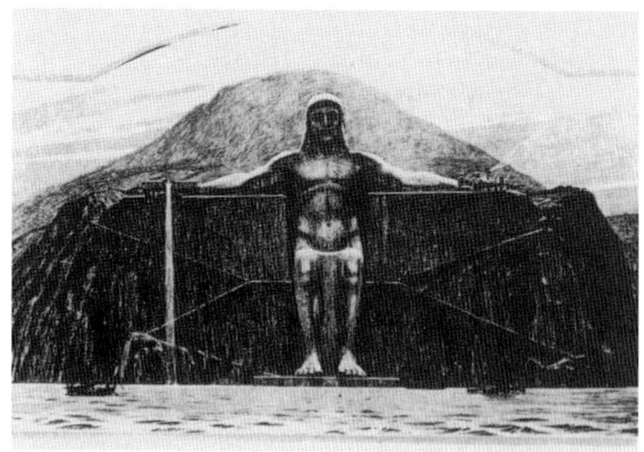

Noch am Beginn des 20. Jahrhunderts bewegt das »Projekt Dinokrates« die Künstler. Der Gedanke einer Idealstadt in Verbindung mit einem Koloß, der von **Henri Rapin** (1873–1943) 1912 aufgezeichnet wurde, liegt im Bereich des Utopischen (Abb. 181). Seine Figur thront in hieratischer Strenge zwischen riesigen Treppenaufgängen, wie wir sie von Boullée kennen. (Oechslin 1982.) Die Figuration der Felsen-Architektur evoziert aber auch Ägyptisches, und die machtvolle Symmetrie des Mannes beschwört den Memnos-Koloß oder die Figuren von Abu Simbel. Imponierend und bedrohlich zugleich verbindet Rapin die Megalomanie der französischen Revolutionsarchitektur mit einer Vorahnung der Gewaltarchitekturen der Diktaturen des 20. Jahrhunderts.

Der Alexander des Dinokrates und ähnliche Entwürfe wurden niemals realisiert, aber ein »Bauwerk« von ähnlicher Größe blickt uns in South-Dakota, USA, an: Das Mount Rushmore National Monument (Abb. 182) mit den Porträts der Präsidenten George Washington, Thomas Jefferson, Theodore Roosevelt und Abraham Lincoln. **Gutzon Borglum** (1867–1914) hat es zwischen 1927 und 1941 in den Felsen meißeln lassen. Nun ist es nicht mehr eine mächtige Herrschergestalt, die in einen Felsen, einen Berg verwandelt wird, sondern es ist eine Darstellung der frühen, ruhmreichen amerikanischen Geschichte und des nationalen Selbstbewußtseins, die in den markanten Zügen der Präsidenten zum Ausdruck kommt.

Von den Höhen, den Bergen und den Felsen geht nun der Blick unter die Erde.

Johann Joachim Becher (1635–1704) stellt 1703 in seiner *Physica subterranea* ein interessantes Modell dar (Abb. 183). Mond und Sonne – diese personifiziert – gelten als Spender des über- und unterirdischen Lebens. »In den Eingeweiden der Mutter Erde reifen die unedlen Metalle ihrer Vollendung entgegen.« (Roob 1996.) »Die Minen oder Metallgruben werden auch für die Gebärmutter gehalten: An deren Statt nehmen die Philosophen ein weites Glas ...welches auch ihr ›Ei‹ genannt wird«. (J. J. Becher, *Chymischer Rätseldeuter*, nach Roob 1996.) Die kosmische Figur tritt aus einem schamlippenartig geöffneten Vorhang hervor, der am »circulus aeterni motus« aufgehängt ist. In den Händen hält sie die künstlerischen Qualitäten der »Harmonia« und »Symetria«, berührt wird sie von den Händen der »Ratio« und »Experientia«.

Der nächste Dimensions-Sprung führt uns zur Anthropomorphisierung von geographischen Einheiten. Wiederholt wird Europa als liegende Figur dargestellt mit teils bewußten, teils willkürlichen Zuordnungen der Länder zu den einzelnen Körperteilen.

In einer Darstellung eines Klerikers aus Avignon, **Opinicus de Castris** (1296–1352), ist die Anthropomorphisierung der mediterranen Geographie ganz deutlich abzulesen. Die iberische Halbinsel ist ein Mann, das afrikanische Marokko eine Frau, und sie flüstert dem Europa-Mann unchristliche Gedanken ins Ohr. (Pieper 1992.)

Im 16. Jahrhundert wird Europa wiederholt als Jungfrau dargestellt.

Der Plan, welcher 1587 in Köln angefertigt wurde, zeigt den Kontinent als eine kolossale Herrscherin, ihr Haupt ist Spanien, die rechte Wange ist Aragon, die linke Navarra. Der untere Teil des Busens ist Frankreich, der Rhein fließt um ihre Brüste, und die Donau entspringt ihrem Unterleib und fließt zu ihrem Rocksaum in die Wallachei. Der rechte Arm ist Italien, der linke Dänemark. In ihrem Bauch liegt als Magen Deutschland, beim Nabel befindet sich Böhmen. Der rechte Oberschenkel ist Ungarn, der linke Polen, die Füße sind Griechenland und Moskau.

1592 wurde eine sehr ähnliche symbolische Landkarte gezeichnet (Abb. 185), die sich ebenfalls kaum mit den geographischen Konturen auseinandersetzt. Das Haupt der Frau, durch die Pyrenäen deutlich vom übrigen Europa getrennt, ist wieder mit der Krone Hispaniens gekrönt und von Aragon und Navarra flankiert. Im Zentrum liegt Bohemia mit Prag gleich einem großen

180. Henri de Valenciennes, *Landschaft mit dem in den Berg gehauenen Alexander*, 1769.
181. Henri Rapin, *Das Projekt Dinokrates*, 1912.
182. G. Borglum, Mount Rushmore National Monument, South Dakota, USA, 1927–41.
183. J. J. Becher, *Physica subterranea*, aus: *Chymischer Rätseldeuter*, 1703.

180. Henri de Valenciennes, *Landscape with Alexander carved into the mountain*, 1769.
181. Henri Rapin, *The Dinocrates Project*, 1912.
182. G. Borglum, Mount Rushmore National Monument, South Dakota, USA, 1927–41.
183. J. J. Becher, *Physica subterranea*, from: *Chymischer Rätseldeuter*, 1703.

between 1927 and 1941. We no longer see the figure of a mighty ruler being transformed into a mountain or a rock, but a portrayal of early, glorious American history and national self-confidence, expressed in the striking features of the presidents.

From the heights, the mountains and the cliffs we now take a look underground.

Johann Joachim Becher (1635–1704) presents an interesting model in his *Physica subterranea* in 1703 (ill. 183). Moon and sun – these are personified – are seen as the givers of life above and below the earth. »In the bowels of mother earth the base metals ripen towards their perfection.« (Roob 1996.) »The mines or metal pits are also taken for the womb: In place of this the philosophers take a broad glass ...which is also called her ›egg‹« (J. J. Becher, *Chymischer Rätseldeuter*, in Roob 1996.) The cosmic figure comes out through a curtain with a vulva-like aperture, which is hanging from the »circulus aeterni motus«. In her hand she is holding the artistic qualities of »Harmonia« and »Symetria«, and »Ratio« and »Experientia« are being touched by her hands.

The next leap in dimensions takes us to the anthropomorphization of geographical entities. Europe is repeatedly portrayed as a recumbent figure. The individual countries are allocated to the different parts of the body, sometimes deliberately and sometimes arbitrarily.

The anthropomorphization of Mediterranean geography is quite clearly depicted by a cleric from Avignon, **Opinicus de Castris** (1296–1352). The Iberian Peninsula is a man, African Morocco a woman, and she is whispering un-Christian thoughts into the ear of the Europe-man. (Pieper 1992.)

Europe is repeatedly portrayed as a virgin in the 16th century.

The plan prepared in Cologne in 1587 shows the continent as a colossal female ruler. Her head is Spain, the right cheek is Aragon, the left Navarre. The lower part of the bosom is France, the Rhine flows around her breasts, and the Danube rises in her lower abdomen and flows into Walachia on the hem of her skirt. The right arm is Italy, the left arm is Denmark. In her belly is Germany as the stomach, and Bohemia is at her navel. The right thigh is Hungary, the left Poland and the feet are Greece and Moscow.

A very similar symbolic map was drawn in 1592 (ill. 185), which again scarcely concerns itself with geographical contours. The woman's head, clearly separated from the rest of Europe by the Pyrenees, is again crowned with the crown of Spain and flanked by Aragon and Navarre. In the centre is Bohemia with Prague like a great medallion, framed by a wreath of hills, which is suspended from Francofort. Vienna is close by Bohemia, not far from Venetia.

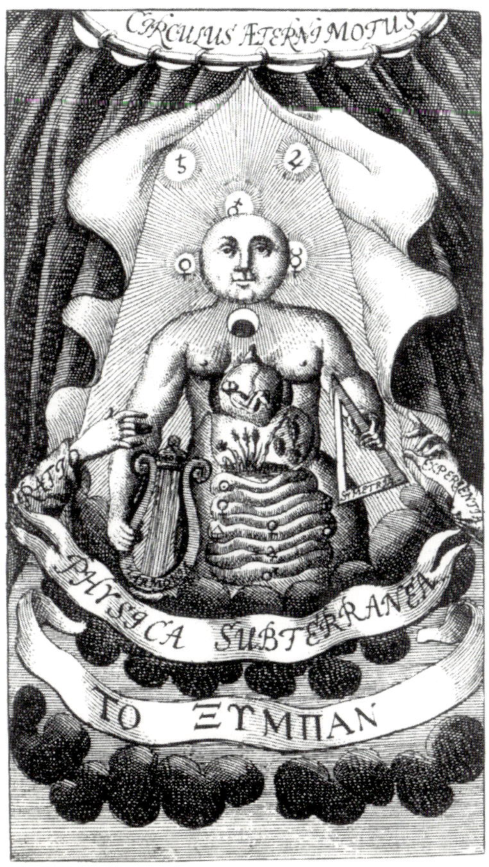

The popularity of this theme is shown by the fact that a very similar presentation was modelled in relief and the inside of the so-called world-shell was filled in. **Jonas Silber** (active 1572–1589) created it in Nuremberg. The imperial figure is now surrounded by a ring of cosmic cloud, and the body-map of Europe is worked out all the more subtly.

The Ionians defined their geography in a similar way. For them the world is human in its form. »Head and face cover the Peleponnese, the isthmus the neck, Egypt and the Egyptian Sea the upper body, Ionia the diaphragm, Pontus Euxinus the abdomen and rectum, the Hellespont the things and the two Bospori the feet.« (Roscher 1919, in Pieper 1987.)

If we look beyond Western culture, then the anthropomorphization of land and landscape, ultimately of the earth, is revealed as an archetypal hypothesis. But the imagined images extend well into the realms of the magical and mythical, into religious and irrational spheres.

A sand drawing by Australian aborigines (ill. 184) shows a gigantic, recumbent figure. We cannot make out any sexual characteristics, but the being is seen as a mother, and the fertility of the country is effectively superimposed on hers. This is another very clear statement that the fertile earth is to be seen as identified with a great mother. Strangely, the mother wears a kind of horn in her head. In her hand she holds great spindles made of the skin of rats, seen from the side. The figures relate directly to elements of the landscape, to trees, clouds and the ceremonial areas. (Tilley 1994, in Hersey 1999.)

For the Egyptians, heaven and earth are enormous figure like human beings. The male earth is thought to be at the centre of the universe, it is a human being looking at heaven, and like human beings it is divided into seven limbs. »It head faces south, its right shoulder east, its left shoulder west, under the bear (in the north, in other words) are the feet, and the thighs in the part that comes after the bear (i. e. in the south), but the centre is called Kardia, the heart, and there lies Egypt …, the seat of the soul and of the mind.« (Pieper, 1992.)

In a large number of world creations myths the origin is a person who appears in a form that is similar to the human body, but on an enormous scale and with supernatural powers. Cosmos and mankind – or anthropomorphic divinity – become a powerful unit.

Medaillon, von einem Hügelkranz umrahmt, der an Francofort aufgehängt ist. Vienna liegt knapp neben Bohemia, unweit von Venetia.

Die Beliebtheit dieses Themas zeigt die Tatsache, daß eine ganz ähnliche Darstellung reliefartig modelliert wurde und die Innenseite der sogenannten Weltall-Schale ausfüllt. **Jonas Silber** (tätig 1572–1589) hat sie 1589 in Nürnberg geschaffen. Die kaiserliche Figur ist nun von einem kosmischen Wolkenring umgeben, noch subtiler ist die Körper-Landkarte Europas durchgearbeitet.

In ähnlicher Weise haben die Ionier ihre Geographie definiert. Die Welt ist für sie menschengestaltig. »Kopf und Gesicht bedeckt den Peleponnes, der Isthmus den Hals, Ägypten und das ägyptische Meer den Oberleib, Jonien das Zwerchfell, Pontus Euxinus Unterleib und Mastdarm, der Hellespont die Schenkel und die beiden Bospori die Füße. (Roscher 1919, nach Pieper 1987.)

Blicken wir über den abendländischen Kulturkreis hinaus, dann offenbart sich die Anthropomorphisierung des Landes und der Landschaft, schließlich der Erde, als ein archetypisches Denkmodell. Allerdings reichen die Vorstellungsbilder weit in magisch-mythische, in religiöse und irrationale Bereiche.

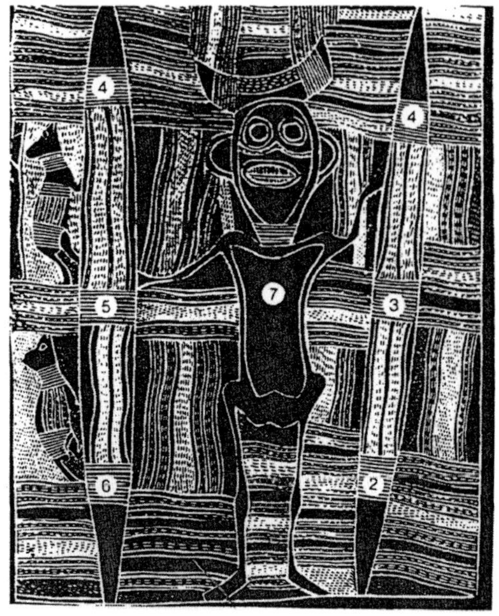

In einer Sandzeichnung der australischen Aborigenes (Abb. 184) wird eine riesige, liegende Figur dargestellt. Wir erkennen keine Geschlechtsmerkmale, aber das Wesen gilt als Mutter, ihre Fruchtbarkeit ist gleichsam mit der des Landes überlagert. Sehr deutlich wird hier wieder ausgesprochen, daß die fruchtbare Erde in ihrer Identität mit einer großen Mutter zu sehen ist. Eigenartigerweise trägt die Mutter eine Art von Horn auf ihrem Haupte. In ihren Händen hält sie riesige Spindeln aus Fellen von Ratten, die seitlich dargestellt sind. Die Ziffern beziehen sich direkt auf Elemente der Landschaft, auf Bäume, Wolken und die Zeremonienbereiche. (Tilley 1994, nach Hersey 1999.)

Für die Ägypter sind Himmel und Erde riesige menschenähnliche Gestalten. Die männliche Erde denkt man sich im Mittelpunkt des Alls, sie ist ein Mensch, der zum Himmel schaut, und sie ist so wie der Mensch in sieben Glieder geteilt. »Ihr Haupt liegt gegen Süden, ihre rechte Schulter gegen Osten, ihre linke gegen Westen, unter dem Bären (also im Norden) die Füße, die Schenkel in dem Teil, der nach dem Bären (d. h. im Süden) kommt, die Mitte aber heißt Kardia, das Herz, und dort liegt Ägypten ..., der Sitz der Seele und des Verstandes.« (Pieper 1992.)

In zahlreichen Weltschöpfungsmythen ist der Ursprung eine Person, die eine dem menschlichen Körper durchaus ähnliche Erscheinungsform zeigt, wenn auch in gewaltigen Dimensionen und mit überirdischen Fähigkeiten. Kosmos und Mensch – oder anthropomorphe Gottheit – werden zu einer gewaltigen Einheit.

In den Schöpfungsmythen Persiens ähnelt der erste Mensch dem Universum, er ist strahlend wie die Sonne. Er ist so breit wie hoch, und seine Haut ist der Himmel, sein Fleisch die Erde. Die Knochen sind die Berge, die Adern die Flüsse und das Blut das Wasser der Meere. Der Bauch ist der Ozean, das Haar sind die Pflanzen, und das Knochenmark ist das Metall der Erde. Sein Haupt gleicht dem höchsten Himmel, seine Augen sind wie Sonne und Mond, die Zähne die Sterne, seine Ohren die Fenster des Himmels, und die beiden Nasenlöcher sind die Winde des Himmels, der Mund dessen Tor. (Goetze 1923, Saxl 1957.)

Die Anthropomosphisierung in Nepal beschränkt sich nicht nur auf die Dörfer und Städte, wie in Kapitel 17 dargestellt. Weit über diese hinaus wird das ganze Kathmandu-Tal mit dem menschlichen Körper identifiziert.

Dieses interessante Bezugsfeld zwischen Landschaft, Geometrie und Körper zeigt **Niels Gutschow** (geb. 1941) auf. (Gutschow 1982.) In Nepal bildet die Anordnung der 24 Matrika (Matrka), Tempel, die den Muttergottheiten geweiht sind, drei Polygone (Abb. 190). Das innerste hat als Zentrum die Stadt Kathmandu, das außen folgende bezieht die Städte Bhaktapur und Patan ein. Das dritte Polygon greift weit in die Landschaft aus und umfaßt das Kathmandu-Tal. Ein tantrisches Ritual, das nur von einer bestimmten buddhistischen Priesterkaste, nicht von der Bevölkerung vollzogen wird, schreibt den Besuch der dreimal acht Städte bzw. Heiligtümer in einem bestimmten Ablauf des Jahres vor. Die Gläubigen vollführen eine »pitha-puja«, d. h. eine kultische Huldigung für die Gottheiten, durch den Besuch der Kultstätten und den Vollzug der Rituale bei deren Schreinen. Eine erste Geometrisierung, wie sie in Abb. 190 dargestellt ist, verbindet die Wege mit den acht Himmelsrichtungen. Die Verbindungslinien der heiligen Orte eins bis acht, wie sie sich bei den Pilgerfahrten ergeben, zeigen ein noch nicht entschlüsseltes, unregelmäßiges Diagramm.

Im allgemeinen werden den Stadtgrundrissen Mandala-Darstellungen zugrunde gelegt. Kreis und Quadrat, neben den Dreiecken die elementaren geometrischen Figuren der Mandalas, sind

In the creations myths of Persia the first human being is similar to the universe, shining like the sun. He is as wide as he is tall, and his skin is the heavens and his face the earth. The bones are the mountains, the veins the rivers and the blood is the water of the seas. The belly is the ocean, the hair is the plants, and the bone marrow is the metal of the earth. His head is like highest heaven, his eyes are like sun and moon, the teeth are the stars, his ears the windows of heaven, and the two nostrils are the winds of the heavens, the mouth their gate. (Goetze 1923, in Saxl 1957.)

Anthropomorphization in Nepal is not restricted to the towns and villages, as discussed in chapter 17. The Nepalese go well beyond this and identify the whole Kathmandu valley with the human body.

Niels Gutschow (b. 1941) reveals this interesting relationship between landscape, geometry and body. (Gutschow 1982.) In Nepal the arrangement of the 24 matrica (matrka), temples dedicated to the mother-godheads, produces three polygons. The innermost one has the city of Kathmandu at its centre, the next one, moving outwards, includes the cities of Bhaktapur and Patan. The third polygon thrusts deep into the countryside and includes the Kathmandu valley. A tantric ritual, carried out only by a certain caste of Buddhist priests, not by the people, requires visits to the three times eight cities or shrines in a certain sequence in the year. The faithful carry out a »pitha-puja«, i. e. an act of cultic homage to the gods, by visiting the cult sites and carrying out rituals at their shrines. A first geometrical projections, as shown in ill. 190, links the routes with the eight points of the compass. The lines connecting the places of pilgrimage, numbered one to eight, as produced by the pilgrimages, show an irregular diagram that has not yet been decoded.

In general the town plans are based on depictions of mandalas. Circle and square, alongside triangles the basic geometrical figures for mandalas, are also the clearly visible basic forms, or superimposed merely symbolically. (Feuerstein 1966.)

Another abstract version of the route diagram shows a mantra (ill. 186). Here we see three rings instead of the above-mentioned three polygons, and these are crossed by eight bands. The fields this produces are each occupied by a mantra, a syllable with an esoteric meaning. The mantras once more correspond with the 24 pithas. In the centre, as in many depictions of mantras, we find a figure reminiscent of the Star of David. But they are in fact two superimposed, linked triangles, standing for the male and female principle.

But the human body made up of 24 sections is of particular interest (ill. 187). They are analogous with the 24 pithas, the holy places. This expresses a spiritual identity between the city, the shrine and the landscape on the one hand and the body on the other. But it is not just a matter of graphic analogies. On the contrary, the pitha-puja also involves meditation about the spirit and the body.

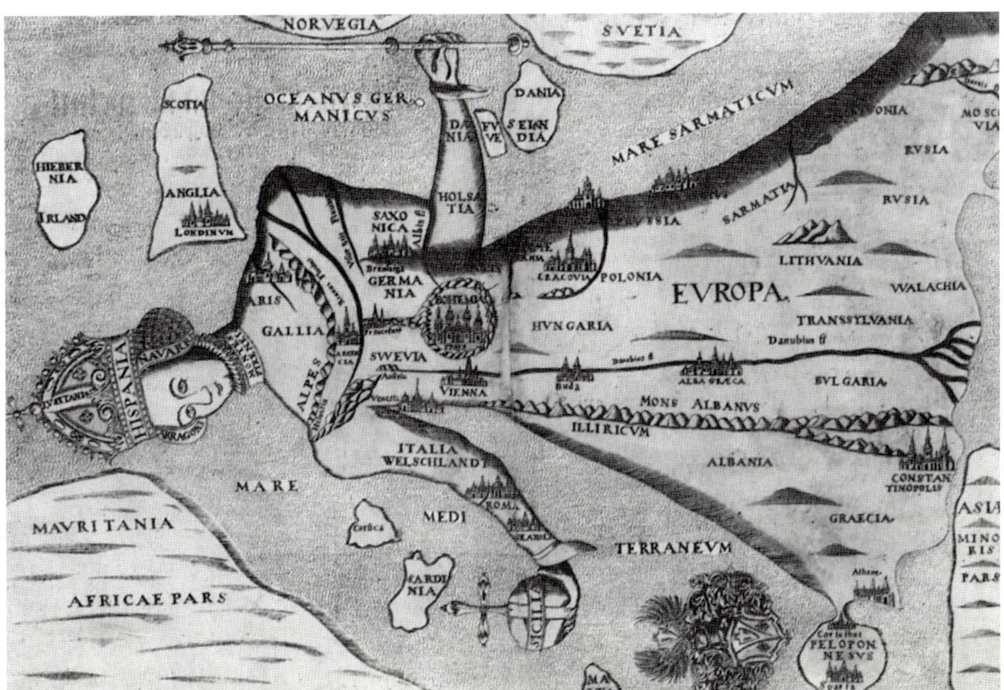

184. Bokkara vom Manggalili Clan, *Yolngu Landscape colossus*, Sandbild, Australien.
185. Symbolische Landkarte: *Europa als Jungfrau*, Prag 1592.

184. Bokkara of the Manggalili Clan, *Yolngu Landscape colossus*, sand picture, Australia.
185. Symbolic map: *Europe as a virgin*, Prague 1592.

auch die deutlich sichtbaren oder nur symbolisch überlagerten archetypischen Grundformen. (Feuerstein 1966.)

Eine weitere Abstraktion des Wegediagramms zeigt eine Mantra-Darstellung (Abb. 186). Wir erkennen analog zu den erwähnten drei Polygonen drei Ringe, die von acht Bändern durchkreuzt werden. Die daraus entstehenden Felder sind mit je einem Mantra, einer Silbe mit esoterischem Inhalt, besetzt. Die Mantras entsprechen wieder den 24 Pithas. Im Zentrum, wie bei vielen Mandala-Darstellungen, finden wir eine Figur, die an den Davidstern erinnert. Es sind jedoch zwei überlagerte, verschränkte Dreiecke, die für das weibliche und das männliche Prinzip stehen.

Von besonderem Interesse ist jedoch die Darstellung des menschlichen Körpers, der aus 24 Teilen besteht (Abb. 187). Sie bilden die Analogie zu den 24 Pithas, den heiligen Orten. Damit ist eine spirituelle Identität zwischen der Stadt, dem Heiligtum und der Landschaft auf der einen Seite und dem Körper auf der anderen Seite äußerst signifikant ausgesprochen. Es bleibt jedoch nicht bei den bildhaften Analogien, vielmehr wird bei den Pitha-puja auch über Geist und Körper meditiert.

Die Zahl 24 hat noch ein weiteres Bedeutungsspektrum, das ein wichtiger Beitrag zur Synthese alles Seienden darstellt. Der menschliche Körper besteht aus 24 Substanzen und die Außenwelt ebenfalls, auch alle Materie basiert auf 24 Substanzen. Daher kann die Distanz zwischen der Außenwelt und dem Selbst überwunden werden, und die 24 Matrikas helfen bei der Bewußtmachung und Beherrschung der 24 Körperteile. (Gutschow 1982.)

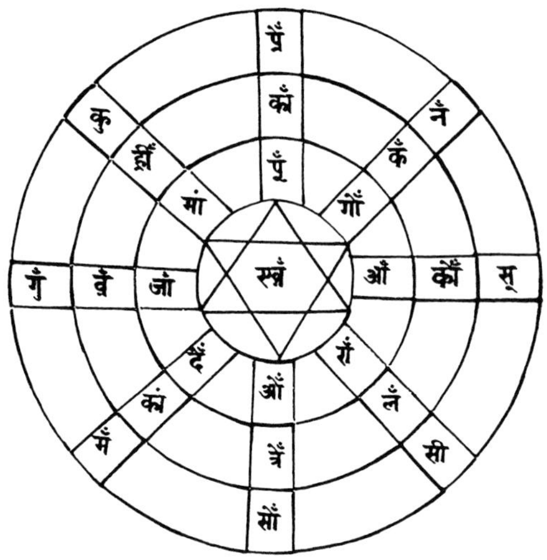

In der nepalischen Symbolik finden wir noch eine andere, jedoch weitgehend abstrahierte Darstellung des Menschen, das »citta-vak-kaya-cakra« (Abb 189). Es ist kaum Figuratives auszumachen, aber die Bezeichnungen verweisen auf den anthropomorphen Charakter des geometrischen Gebäudes aus den fünf Elementen. Die Basis ist ein angeschnittener Kreis, der als Element Luft die Beine repräsentiert. In diesen Kreis ragt, nach unten weisend, ein Dreieck, und es ist das Feuer, das mit der Vagina korrespondiert. Darauf aufgesetzt ist ein etwas kleinerer Kreis als Bauch der Figur, der das Element Wasser vertritt. Ein Quadrat bedeutet die Brust und das Element Erde. Den Abschluß bildet ein kleines Quadrat, das für den Kopf steht. Diese fünf Elemente bzw. die sie repräsentierenden einfachen geometrischen Figuren können demontiert und neu arrangiert werden. Dann bildet sich die Figur eines Mandalas. Die drei mittleren Figuren werden zum E-VAM Mantra, wobei E das weibliche und VAM das männliche Prinzip repräsentiert. Die Vereinigung der Symbole steht für die geschlechtliche Vereinigung, aber auch für die Einheit von Ziel und Weg.

In wunderbarer Weise werden in diesem Symbolsystem die Bezüge zwischen den fünf Elementen, die für den Kosmos stehen, dem menschlichen Körper und einer spirituellen Geometrie hergestellt. (Gutschow 1982.)

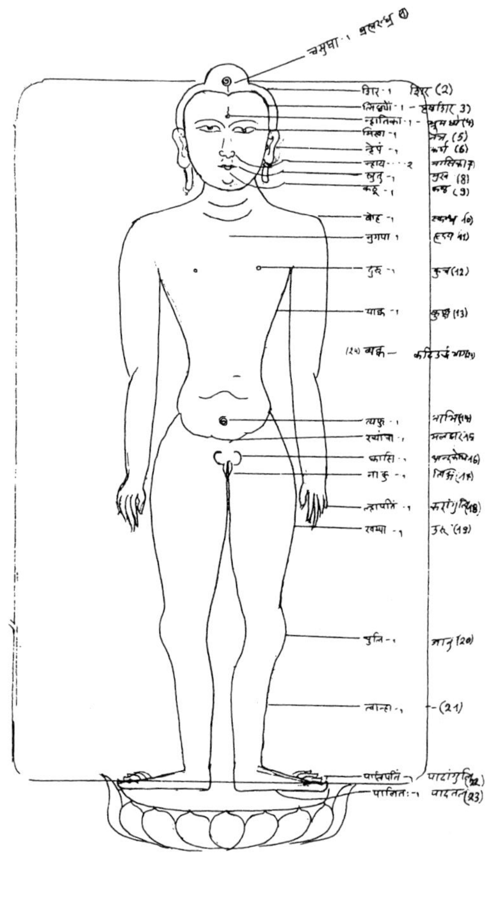

Reinhard Herdick (1992) interpretiert die Anthropomorphisierung des Kathmandu-Tals etwas anders als Gutschow. »Im Rahmen einer Totenverbrennung werden jeweils fünf kleine Reste des Körpers zu bestimmten heiligen Plätzen (Tirthas) im Tal gebracht. Durch bestimmte Zuordnung der Restteile aus Kniekappen, Armknochen und Schädel wird symbolisch jeder Verstorbene als riesiger menschlicher Körper in Relation zum Tal gebracht.« In der Zeichnung Herdicks (Abb. 188) werden die fünf Ablagerungsorte der Körperreste zu einer Figur ergänzt, die sich weit über das Land ausbreitet.

Im Hinduismus wird die Analogie zwischen Körper und Kosmos besonders deutlich dargestellt: Der göttliche Purusha gebiert aus dem Geiste den Mond, aus dem Auge die Sonne, aus dem Munde Indra und Agni, aus dem Atem Vayu, den Gott des Windes, aus dem Nabel den Luftraum, aus dem Haupte den Himmel, aus den Füßen die Erde und aus dem Ohr die Weltgegenden. Die Welt wird somit gleichgesetzt mit dem Körper des Urwesens. (Zaehner 1962.) Wenn Krishna seine kosmische Gestalt zeigt (Abb. 191), dann ist es die großartige Übereinstimmung der vielköpfigen Götterfigur mit dem gesamten Kosmos.

Die kleine Welt der Lebewesen ist ein Teil der großen Welt, sie ist mit der großen Welt des Kosmos identisch, alles darin besteht aus sechs Elementen: Erde, Wasser, Feuer, Wind, Raum, Erkenntnis. So ist die ganze Welt eine Erscheinungsform des großen Ur-Buddha, des Mahvairocana. Er ist der große Erleuchtete. Auch unser Körper ist ein Teil seines kosmischen Leibes.

Die Jaina in Indien begnügen sich nicht damit, wie die Europäer die Frauenfiguren mit Ländern oder einem Kontinent zu überlagern. Die »Weltenfrau« stellt vielmehr das gesamte Universum dar. Der Bauch ist die menschliche Welt, der Nabel ist der Ort des heiligen Berges Meru und somit das Zentrum der Welt. Der Oberleib steht für das Überirdische, während der Unter-

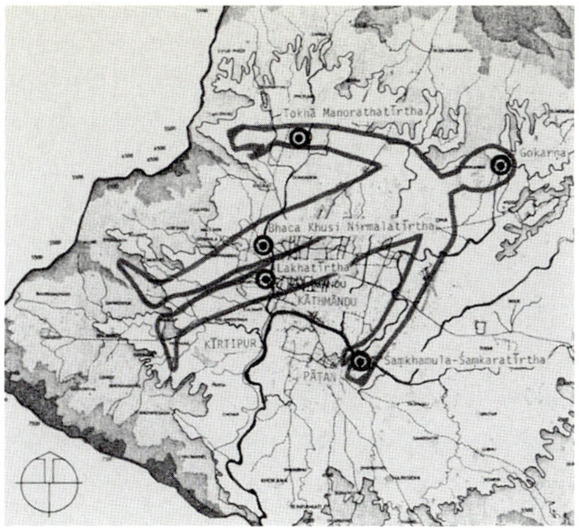

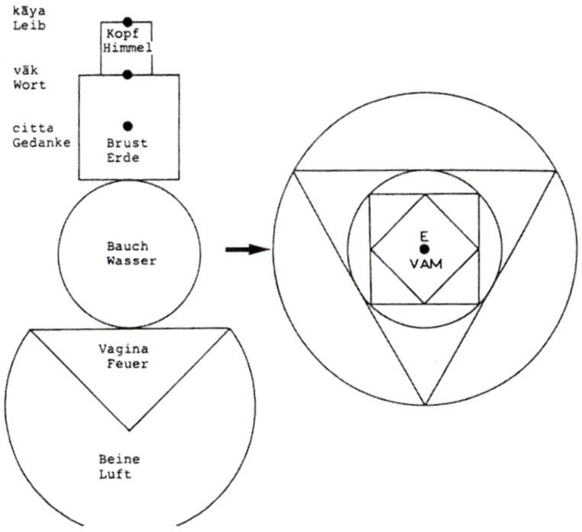

The number 24 has yet another spectrum of meaning, which makes an important contribution to the synthesis of everything that is. The human body is made up of 24 substances, and all material is also based on 24 substances. Thus the distance between the outside world and the self cannot be overcome, and the 24 matricas help in terms of awareness and control of the 24 parts of the body. (Gutschow 1982.)

We find yet another representation of a human being in Nepalese symbolism, though it is a largely abstract one, the »citta-vak-kaya-cakra« (ill. 189). Scarcely anything figurative can be made out, but the definitions refer to the anthropomorphic character of the geometrical edifice of the five elements. The basis is an intersected circle, representing the legs as the element air. Thrusting into this circle, and pointing downwards, is a triangle, and this is fire, which corresponds with the vagina. Placed on top is this is a smaller circle as the belly of the figure, representing the element water. A square means the breast and the element earth. The conclusion is formed by a small square, which stand for the head. These five elements, or the simple geometrical figures that represent them, can be dismantled and re-assembled. Then the figure of the mandala is formed. The three central figures become the E-VAM mantra, with E representing the male and VAM the female principle. The unification of the symbols stands for sexual union, but also for the unity of goal and path.

This symbolic system creates the links between the five elements that stand for the cosmos, the human body and a spiritual geometry in a quite wonderful way. (Gutschow 1982.)

Reinhard Herdick (1992) interprets the anthropomorphization of the Kathmandu valley somewhat differently from Gutschow. »As part of the ceremony of cremation, five small remaining fragments of the body are taken to certain holy places (tirthas) in the valley. A particular allocation of the remains, kneecaps, arm bones and skull relates each dead person to the valley as a gigantic human body.« In Herdick's drawing (ill. 188) the five places where the body parts are placed are brought together to form a figure spreading over large tracts of land.

In Hinduism the analogy between body and cosmos is particularly clear: the divine Purusha gives birth to the moon from his mind, to the sun from his eye, to Indra and Agni from his mouth, to Vayu, the god of the wind from his breath, to the air from his navel, to the sky from his head, to the earth from his feet and to the regions of the world from his ear. Thus the world is equated with the body of the primal being. (Zaehner 1962). When Krishna shows his cosmic form (ill. 191), this is the magnificent harmony of the many-headed divine figure with the entire cosmos.

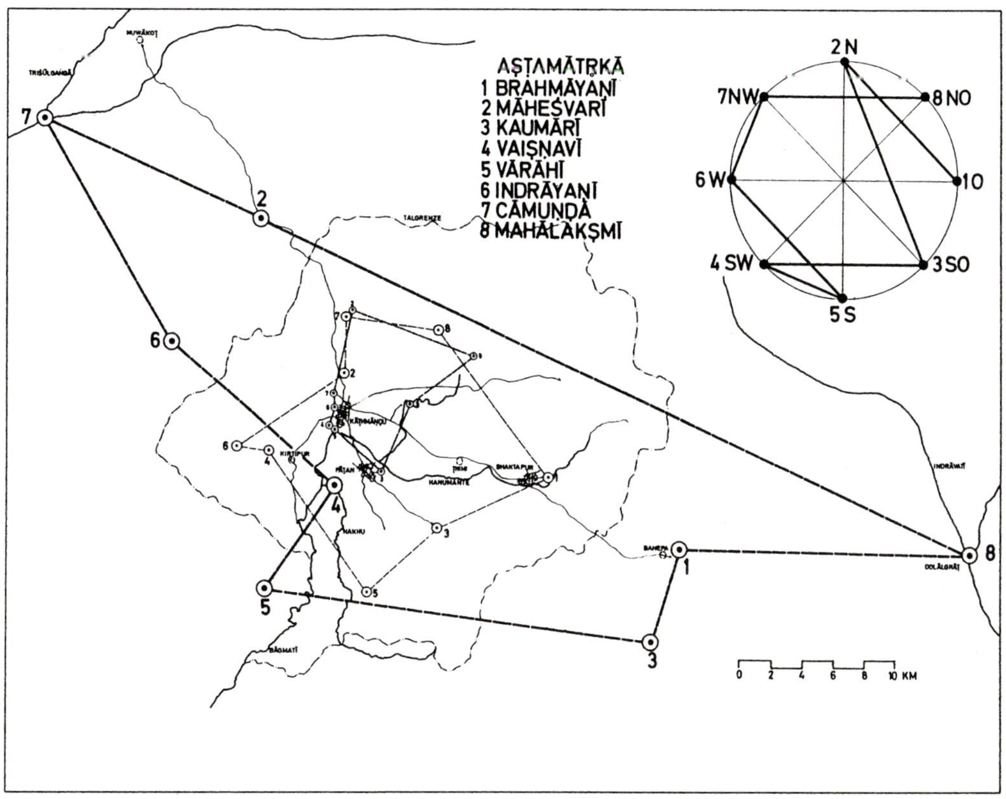

186. Darstellung der vierundzwanzig Mantras und vierundzwanzig Pithas, Nepal.
187. Darstellung der vierundzwanzig Pithas als vierundzwanzig Körperteile, Nepal.
188. Reinhard Herdick, anthropomorpher Plan des Kathmandutales, Nepal.
189. Analogie der Elemente und Körperteile, Nepal.
190. Niels Gutschow, Anordnung der vierundzwanzig Matrka-Tempel in drei Ringen um die Stadt Kathmandu, Nepal, 1982.

186. Depiction of the twenty-four mantras and the twenty-four pithas, Nepal.
187. Depiction of the twenty-four pithas as twenty-four parts of the body, Nepal.
188. Reinhard Herdick, anthropomorphic plan of the Kathmandu valley, Nepal.
189. Analogy of the elements and parts of the body, Nepal.
190. Niels Gutschow, arrangement of the twenty-four Matrka temples in three circles round the town, Kathmandu, Nepal, 1982.

leib die unterirdischen Welten bezeichnet. Der Kopf und die Gliedmaßen reichen weit in gigantische Dimensionen des Kosmischen hinaus (Abb. 192).

In China wird seit dem vierten vorchristlichen Jahrhundert der menschliche Körper als eine Replik des Universums angesehen. Die Organisation des Leibes folgte ganz ähnlichen Formeln wie jenen des Alls: »Das runde Haupt ist das Himmelsgewölbe, die Füße sind die Erde, das Haar die Sterne, die Augen sind Sonne und Mond, die Augenbrauen der Große Bär, die Nase ist ein Gebirge, die vier Gliedmaßen sind die vier Jahreszeiten, und die fünf inneren Organe sind die fünf Elemente.« (Huainanzi, nach Lévi 1989.)

Und weiter werden die Vergleiche zwischen Körper und Kosmos bemüht: »Der Himmel hat neun Unterteilungen und 366 Tage, der Mensch hat neun Körperöffnungen und 366 Gelenke. Seine Galle ist die Wolke, seine Lunge ist die Luft, seine Milz ist der Wind, seine Niere der Regen und seine Leber der Donner.«

Diese Metaphern fanden vor allem in den Lehren des Taoismus ihre Ausprägung. Die Äquivalenz zwischen dem Mikrokosmos des Menschen und dem Makrokosmos des Alls ist im *Wufuxu*, dem Buch der Fünf Talismane, einem taoistischen Text aus dem 4. Jahrhundert, niedergelegt.

»Der Mensch enthält das gesamte Universum: die Sonne, den Mond, den Großen Bären, den Polarstern, die Treppen aus Jade, die fünf Gipfel, die Berge und Ströme, die Flüsse und Seen ..., die Samenkörner, die Maulbeeren und den Hanf, die Haustiere, die Pferde, die Fische und die Schildkröten, die Bäume und Pflanzen.«
Im menschlichen Körper sind aber nicht nur Flora und Fauna präsent, sondern auch die gesamte Gesellschaft und die Gebäude, in denen wir leben. Einmal mehr begegnen wir – und diesmal in einem fernen und uralten Kulturkreis – der Überzeugung, daß der menschliche Körper eine Analogie zur gebauten Umwelt, zur Architektur darstellt.

Für die damalige chinesische Gesellschaftsordnung ist das soziale System, ohne daß präzise Vergleiche gezogen werden, im menschlichen Körper gegenwärtig, wie es im *Wufuxu* beschrieben wird: »... der Kaiser, die drei Herzöge, die neun Minister, die siebenundzwanzig hohen Offiziere, die einundachtzig Adeligen. Weiterhin gibt es hier die großen Verwaltungseinheiten mit den neun Provinzen, die 120 Komtureien, die 1200 Präfekturen, die 18 000 Kantone, die 180 000 Dörfer mit ihren Plätzen und Häusern, in denen sich die Herde, Fenster, Türen, Brunnen und Gerätschaften befinden.« (Lévi 1989.)

In einer anderen chinesischen Mythologie finden wir am Beginn der Welten das Ei. In dem anfänglichen Chaos des Universums existierte nur Pangu. Er schlief in diesem Chaos, das einem riesigen Ei ähnelte, Tausende von Jahren. Als er erwachte, halbierte er das Ei und schuf so Himmel und Erde. Nach seinem Tode verwandelte sich sein Körper in die Elemente des Universums: »Sein Atem wurde der Wind, seine Stimme der Donner, sein linkes Auge wurde die Sonne und das rechte der Mond. Sein Blut wurde zu Flüssen, sein Fleisch wurden die Felder, und die Haare auf seiner Haut verwandelten sich in Bäume und in die Vegetation. So gingen alle Teile seines Körpers in der Schöpfung auf.« (Carrington 1997.)

Der menschliche Körper ist beides gleichzeitig: Er ist ein Teil des Kosmos, und dieser enthält ihn – und umgekehrt; der Körper selbst enthält, umfaßt in sich den ganzen Kosmos. Es ist daher auch naheliegend, daß zwischen der Erschaffung des Menschen und des Kosmos eine Ähnlichkeit besteht: Die Kosmogenese und die Embryogenese entsprechen einander.

»Der Atem des neunfachen Himmels steigt herab und vermischt sich in der Form von Yin und Yang, der rote Atem und der gelbe Atem, jeder von ihnen hinterlegt seinen Samen und setzt ein Embryo durch die göttliche Verwandlung, das mit den Modellen der neun Himmel korrespondiert. Der himmlische Atem sprüht hernieder auf die Erde: er kondensiert und verdichtet sich im Samen im Tor des Schicksals, der Lende. Nach neun Verwandlungen formt er drei Felder von Zinnober, das sind das Gehirn, der Brustkorb und der untere Bauch. Durch die Verwandlung der transzendenten Elemente und durch das Zusammenfließen der Erdelemente ist nun der Mensch geschaffen. Im ersten Monat seines embryonalen Lebens erhält er den Atem, im zweiten Monat die Seele ..., im vierten Monat ist sein Wesen festgelegt, im sechsten Monat, durch die Verwandlung, bekommt er seine Form. Im siebenten Monat ist der Sitz der Götter gegeben.«

So wird die Entstehung des Menschenkindes geschildert, und die Erschaffung der Welt wird sehr ähnlich in einem Verlauf von neun Monaten dargestellt.

Der göttliche Körper des Laotse wird als eine Transformation zum Kosmos dargestellt: »Sein linkes Auge ist die Sonne, sein rechtes Auge der Mond, das Haupt wird zum Berg Kulun, der Bart zu den Planeten, die Beine zu den Drachen, das Fleisch zu den Vierbeinern, ... sein Unter-

191. *Krishna zeigt seine kosmische Gestalt*, Rajasthan, Indien, 18. Jahrhundert.
192. *Weltenfrau* der Jaina, Indien, 18. Jahrhundert.
193. Hildegard von Bingen, *Liber divinorum operum*, 13. Jahrhundert.

191. *Krishna shows his cosmic form*, Rajasthan, India, 18th century.
192. Jaina *World woman*, India, 18th century.
193. Hildegard von Bingen, *Liber divinorum operum*, 13th century.

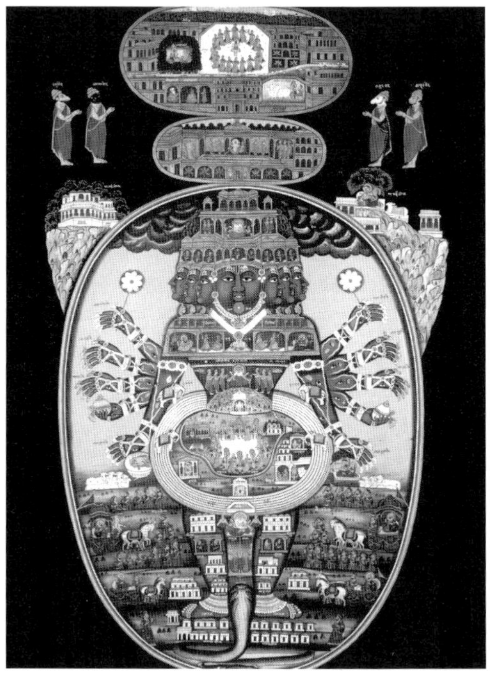

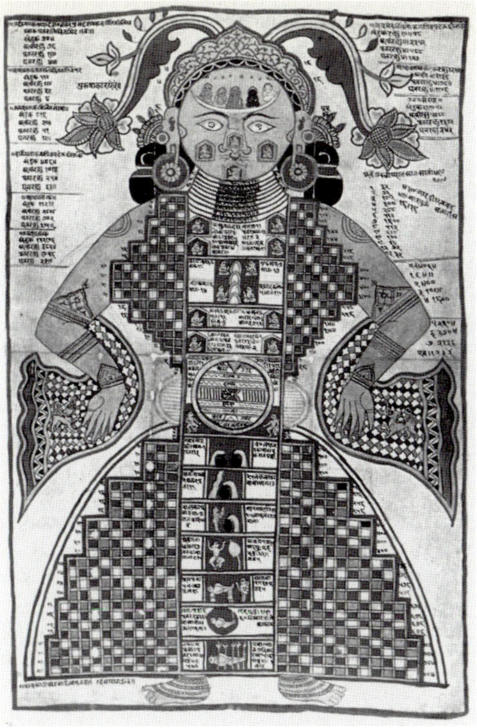

The little world of living beings is a part of the great world, it is identical with the great world of the cosmos, everything in it consists of six elements: earth, water, fire, wind, space, knowledge. Thus the whole world is a manifestation of the great primeval Buddha, the Mahvairocana. He is the great Enlightened One. Our body is also part of his cosmic body.

The Jains in India are not content with superimposing countries or a continent on to a female figure. The »World Woman« represents the whole universe. The belly is the human world, the navel is the location of the holy Mount Meru, and thus the centre of the world. The upper body stands for the supernatural, while the abdomen defines the underworld. The head and the limbs extend far into the gigantic dimensions of the cosmos.

In China, the human body has been seen as a replica of the universe since the fourth century BC. The body was organized similarly to the universe as a whole: »The round head is the vault of the heavens, the feet are the earth, the hair the stars, the eyes and sun and moon, the eyebrows the Great Bear, the nose is a mountain range, the four limbs are the four seasons, and the five inner organs are the five elements.« (Huainanzi, in Lévi 1989.)

And the comparisons between the body and the cosmos are brought in to play again: »The heavens have nine sub-divisions and 366 days, man has nine bodily apertures and 366 joints. His gall bladder is the cloud, his lung is the air, his spleen is the wind, his kidney the rain and his liver the thunder.«

These metaphors were shaped above all by the teachings of Taosim. The equivalence between the microcosm of man and the macrocosm of the universe is laid down in the *Wufuxu*, the book of the five talismans, a 4th-century Taoist text.

»Man contains the whole universe: the sun, the moon, the Great Bear, the Pole Star, the Steps of Jade, the Five Summits, the mountains and rivers, the streams and lakes …, the seeds, the mulberries and the hemp, the domestic animals, the horses, the fishes and the turtles, the trees and plants.«

But there are not only flora and fauna present in the human body. It also contains the whole of society and the buildings in which we live. Once more we come across the conviction – and this time in a far and ancient cultural sphere – that the human body represents an analogy with the built environment, with architecture.

For the Chinese social order of the day the social system, without precise comparisons being drawn, is present in the human body, as described in the Wufuxu: »… the Emperor, the three dukes, the nine ministers, the twenty-seven high officers, the eighty-one noblemen. Then we have here the great administrative units with the nine provinces, the 120 commanderies, the 1200 prefectures, the 18 000 cantons, the 180 000 villages with their squares and houses, in which the hearths, windows, doors, wells and utensils are to be found.« (Lévi 1989.)

In other Chinese mythologies we find the egg at the beginning of the worlds. In the original chaos of the universe only Pangu existed. He slept in this chaos, which was similar to a gigantic egg, for thousands of years. When he woke up, he halved the egg and thus created heaven and earth. After his death his body was transformed into the elements of the universe: »His breath became the wind, his voice the thunder, his left eye became the sun and his right eye the moon. His blood became rivers, his flesh became the fields and the hair on his skin was transformed into trees and vegetation. Thus all the parts of his body became at one with creation.« (Carrington 1997.)

The human body is both at the same time: it is part of the cosmos and this contains it – and conversely; the body itself contains the whole cosmos, embraced within it. It therefore seems likely that there is a similarity between the creation of man and the cosmos: cosmogenesis and embryogenesis correspond with each other.

»The breath of the nine-fold heaven descends and blends in the form of yin and yang, the red breath and the yellow breath, each of them lays down its seed and through divine transformation sets an embryo that corresponds with the models of the new heaven. The heavenly breath sprays down on to the earth: it condenses and thickens in the seed in the door of fate, of the loin. After nine transformations it forms the three fields of cinnabar, those are the brain, the chest and the lower belly. Through the transformation of the transcendent elements and the confluence of the earth elements man is now created. In the first month of his embryonic life he receives breath, in the second the soul …, in the fourth month his being is fixed, in the sixth month, through transformation, be acquires his form. In the seventh month the seat of the gods is given.«

This is how the emergence of the human child is portrayed, and the creation of the world is represented very similarly over a period of nine months.

leib zum Meer, die Finger die fünf Bergspitzen, das Haar die Vegetation, das Herz die Blumen-Tage und die beiden sich verbindenen Nieren die realen, wesenhaften Vater und Mutter.« (Lévi 1989.)

Nach diesen mythologischen Exkursen außerhalb Europas soll ein umfangreiches Kapitel im Abendland des 12.bis 18. Jahrhunderts angeschnitten werden, die Einbindung des menschlichen Körpers in kosmische Bezüge, womit noch einmal die letzte, größte Dimension betreten wird.

Die Vorstellung, daß der Makrokosmos und der Mikrokosmos aufeinander bezogen sind, geht schon auf Platon zurück und wird jahrhundertelang immer wieder variiert.

Sicherlich ohne irgendeinen Zusammenhang mit den geometrischen vitruvianischen Erläuterungen entsteht im 13. Jahrhundert eine wunderbare Darstellung des Menschen im Zirkel (Abb. 193). **Hildegard von Bingen** (1098–1179) hat im *Liber divinorum operum* einen Menschen mit weit ausgebreiteten Armen in einen Kreis hineingestellt. Nun geht es freilich nicht mehr um ästhetische Fragen von Harmonie und Geometrie. Vielmehr ist wieder der Mikrokosmos des Menschen dem Makrokosmos der göttlichen Schöpfung gegenübergestellt. Hildegard erläutert das Bild: »Die Höhe der menschlichen Figur ist gleich wie deren Breite, wenn er Arme und Hände ausstreckt. Das kommt daher, daß das Firmament ebenfalls so breit wie hoch ist.« Es sind, ähnlich wie bei manchen indischen Mandalas, drei Ringe, die den Kosmos bilden: Wasser, Erde und Feuer. Die Luft ist in der großen Scheibe im Zentrum präsent. Im äußersten Kreis sind die Winde und die Planeten dargestellt, diese senden ihre Strahlen zu Kopf und Fuß der Figur und verbinden die Winde mit den Sternen. Das Haupt Gottes erscheint außerhalb der Ringe, er hält den Kosmos in seinen Armen. Wieder sind der Mikrokosmos des Menschen und der kosmische, göttliche Makrokosmos in ein »vernetztes« Bezugssystem eingebunden.

Eine Darstellung aus Prüfening[49] aus dem 12. Jahrhundert variiert das Thema des Mikrokosmos: Die menschliche Figur steht mit halb ausgestreckten Armen in einer Raute, von Schrift umgeben (Abb. 194). Die Höhe ist annähernd gleich der Breite, und die vier Elemente und die acht Winde sind auf die Figur bezogen.

Nach der Einführung des Kompasses in der Schiffahrt verfügt der Mensch über ein neues Bezugssystem zur Erde, und er bringt auch dieses mit seinem Körper in Verbindung. Fast erscheint es eine Vorwegnahme der Erforschung der Magnetströme im menschlichen Körper, wenn in einer Darstellung um 1503 (Abb. 195) dieser mit den Magnetpolen in Verbindung gebracht wird, die ihn gleichsam durchbohren und in ein Koordinatenkreuz einbinden.

Die Beziehung zwischen dem Menschen und dem Kosmos, genauer den Sternbildern, Sternen, Planeten, wird in einer uralten »Wissenschaft« deutlich: in der Astrologie. In den ältesten Zeiten war sie weitgehend identisch mit der Astronomie und somit tatsächlich als eine wissenschaftliche Kategorie anzusehen. Die Spaltung der beiden Disziplinen am Ende des Mittelalters hat allmählich die Astrologie aus dem Bereich der Wissenschaft verdrängt. Obgleich die Reklamation der Astrologie für die Wissenschaft nicht gelungen ist, konnte es weder der Aufklärung, noch dem szientifistischen 20. Jahrhundert gelingen, die Astrologie zu enttrohnen.

Für das Bezugsfeld Mensch und Kosmos ist freilich die Astrologie von unerhörtem Interesse, und in zahlreichen historischen Darstellungen werden die Sterne auch direkt auf den menschlichen Körper bezogen. Damit wird einmal mehr der Körper in ein Bezugsfeld zum Kosmos gebracht.

Nehmen wir als eine komprimierte Form des Universums den Zodiac, den Tierkreis, dann verfügen wir über zahlreiche Darstellungen, die die Verbindungen des großen himmlischen Kreises mit dem Menschen auszudrücken versuchen.

Eine Zeichnung aus Griechenland aus dem 15. Jahrhundert (Abb. 196) geht möglicherweise auf eine späte klassische Darstellung zurück. Auf der rechten Seite sind die männlichen, auf der linken Seite die weiblichen Zeichen nach der griechischen Astrologie dargestellt. (Saxl 1957.)

Eine interessante Figur aus Monaco aus dem 13. Jahrhundert zeigt den Menschen in der totalen Okkupation durch die Symbole des Tierkreises. Nehmen wir diese wieder stellvertretend für den Makrokosmos, dann ist dieser mit dem Mikrokosmos Mensch zu einer Einheit verschmolzen.

In einem Manuskript aus dem 15. Jahrhundert (Abb. 197), ist der Zodiakus-Mensch abgebildet. Auf der rechten Seite sind die Tierkreiszeichen in deutscher, auf der linken Seite in lateinischer Sprache angeführt, und sie zeigen genau zu den einzelnen Körperteilen: So etwa weisen der Stier zum Kopf, der Krebs zu den Lenden, die Zwillinge zum herzförmig hervorgehobenen Magen, die Waage zum Nabel.

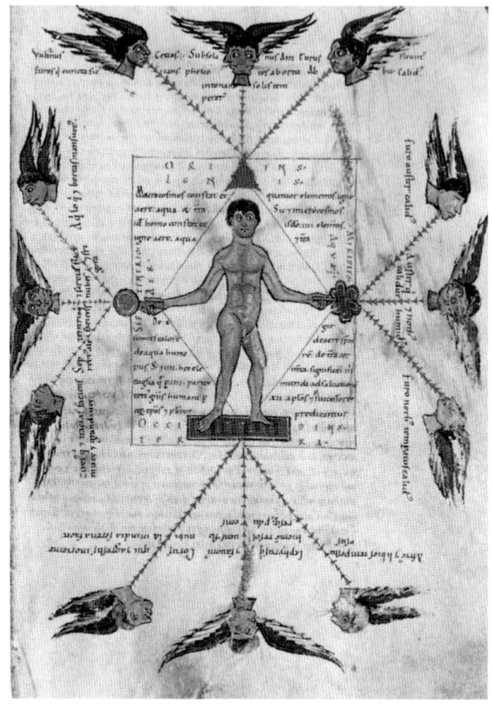

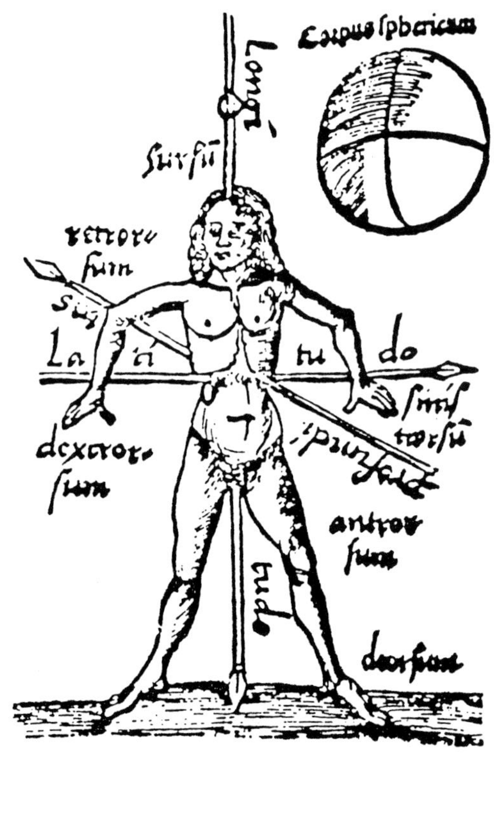

194. *Der Mensch als Mikrokosmos mit den vier Elementen und den zwölf Windgöttern*, Prüfening, 12. Jahrhundert.
195. Gregor Reisch, Illustration von Johannes Schrott, *Die Magnetpole und der menschliche Körper*, 1503.

194. *Man as microcosm with the four elements and the twelve wind gods*, Prüfening, 12th century.
195. Gregor Reisch, illustration of Johannes Schrott, *Die Magnetpole und der menschliche Körper*, 1503.

196. *Der Mensch, vom Tierkreis umgeben*, Griechenland, 15. Jahrhundert.
197. *Zodiakus-Mensch*, Deutschland, 15. Jahrhundert.

196. *Man, surrounded by the signs of the zodiac*, Greece, 15th century.
197. *Zodiac Man*, Germany, 15th century.

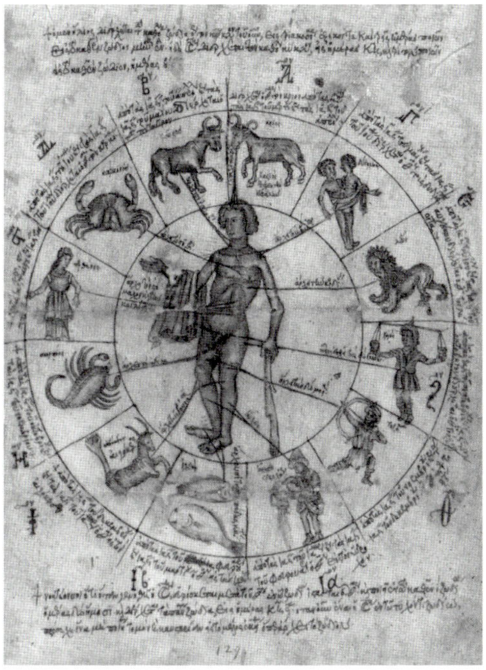

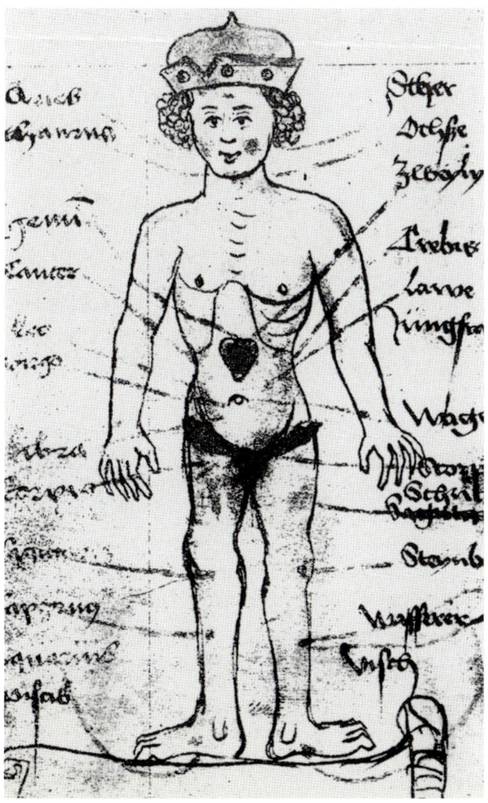

The divine body of Laotse is represented as a transformation of the cosmos: »His left eye is the sun, his right eye is the moon, the head becomes the mountain Kulun, the beard becomes the planets, the legs the dragons, the flesh the quadrupeds, … his torso becomes the sea, the fingers the summits of the five mountains, the hair the vegetation, the heart the days of blossom and the two combining kidneys the real father and mother as beings.« (Lévi 1989.)

These mythological digressions outside Europe now lead to an extensive chapter relating to the 12th to 18th centuries in the West, when the human body was bound up with the cosmos, a final visit to the last, greatest dimension.

The idea that the microcosm and the macrocosm are related goes back as early as Plato, and variations on it occur for centuries.

A wonderful representation of a human being in a circle appears in the 13th century (ill. 193), and this is certainly not linked with the Vitruvius's geometrical exegesis. **Hildegard von Bingen** (1098–1179) placed a human being with outstretched arms in a circle in the *Liber divinorum operum*. Now admittedly this is no longer addressing aesthetic questions of harmony and geometry. On the contrary, we are once more seeing the microcosm of man juxtaposed with the macrocosm of the divine creation. Hildegard explains the image: »The height of the human figure is the same as its width when he stretches out his hands and his arms. This is because the firmament is also as broad as it is high.« As in the case of many Indian mandalas, the cosmos is made up of three rings: water, earth and fire. The air is present in the great central disc. The winds and the planets are depicted in the outermost circle, and these send their rays to the head and foot of the figure and combine the winds with the stars. God's head appears outside the rings, he holds the cosmos in his arms. Once more the microcosm of man and the cosmic, divine macrocosm are bound into an »interlinked« system of relationships.

A 12th-century image from Prüfening[49] offers a variation on the theme of the microcosm: the human figure stands with arms outstretched, in a rhombus, surrounded by writing (ill. 194). The height is approximately the same as the width, and the four elements and the eight winds relate to the figure.

After the compass was introduced into navigation, man had a new system for relating to the earth, and he also links this with his body. An image created in about 1503 (ill. 195) almost seems to anticipate research into magnetic fields in the human body by linking it with the magnetic poles, which seem to thrust through it and bind it into a system of co-ordinates.

The relationship between man and the cosmos, or more precisely the constellations, stars, planets, is shown in an old »science«, astrology. In ancient times it was largely identical with astronomy, and thus actually to be considered a scientific category. The split between the two disciplines in the late Middle Ages gradually drove astrology out of the ranks of science. Although astrology has not yet succeeded in re-acquiring scientific status, neither the Enlightenment nor the scientifically obsessed 20th century has been able to dethrone it.

Of course astrology is extremely interesting in terms of the relationship between man and the cosmos, and the stars are linked directly with the human body in a whole number of historical representations. Thus the body is once more related to the cosmos.

If we take the zodiac as a compressed form of the universe, then we come across all sorts of ways of expressing the links between the great circle of the heavens and man.

A 15th-century Greek drawing (ill. 196) may well relate to a late classical image. On the right-hand side are the male figures according to Greek astrology, and on the left the female figures. (Saxl 1957.)

An interesting 13th-century figure from Monaco shows man totally occupied by the signs of the zodiac. If we take these as representing the macrocosm, then this has fused with the microcosm of man to form a unit.

The zodiac human being is presented in a 15th century manuscript (ill. 197). The signs of the zodiac are listed in German on the right-hand side, in Latin on the left, and they point precisely to the individual parts of the body: for example, Taurus relates to the head, Cancer to the loins, Gemini to the stomach, which is emphasized in the shape of a heart, Libra to the navel.

The signs of the zodiac are shown in a similar way on a figure in a 15th century Italian image. Once more the signs are allocated to the individual parts of the body. »Labelling that establishes links between the signs of the zodiac and the organs or parts of the body were giving advice about diet and other information about how the heavens affect the body«. (Laqueur 1992.)

A 16th-century Spanish woodcut shows the zodiac man. He is facing forwards, his stomach is open, showing the intestines, ornamentally rather than accurately. The twelve signs of the zodiac surround the figure in an intestine-like cloudy wreath, sending out arrows towards the

Ähnlich werden die Tierkreiszeichen in eine Figur bei einer Darstellung aus Italien aus dem 15. Jahrhundert eingezeichnet. Wieder sind die Symbole den einzelnen Körperpartien zugeordnet. »Beschriftungen, die Verbindungen zwischen Tierkreiszeichen und Organen oder Körperteilen herstellten, gaben zugleich diätische Ratschläge und weitere Informationen darüber, wie der Himmel auf den Körper einwirkt« (Laqueur 1992.)

Ein spanischer Holzschnitt aus dem 16. Jahrhundert zeigt den Zodiak-Menschen. Der Mann ist von vorne dargestellt, und seine Bauchdecke ist geöffnet, die Eingeweide sind eher ornamental als organisch richtig dargestellt. Die zwölf Tierkreiszeichen umgeben die Figur in einem darmartigen Wolkenkranz und senden ihre Hinweispfeile auf die Figur, insgesamt dreizehn, da vom Schützen und vom Wassermann je zwei auf die Beine verweisen, der Widder hingegen ruht auf dem Haupte, die Fische liegen zu den Füßen, und sie bedürfen keiner Verweislinien.

In einer Darstellung des Mikrokosmos Mensch aus Prüfening (Abb. 200) verzichtet der Zeichner auf den Bezug zum Tierkreis, nicht aber auf die Zitierung der (damals bekannten) sieben Planeten: Sie gehen von den sieben Körperöffnungen des Kopfes aus.

Der Bezug zwischen Körper und Kosmos basiert vermutlich auf den iranischen Weltschöpfungsmythen. Die Füße beziehen sich auf die Erde, die Knochen auf die Steine, die Finger auf die Bäume und das Haar auf das Gras. Der Bauch wird mit dem Ozean verglichen. Die Brust des Menschen ist die Luft, und das Haupt gilt als der Himmel.

Im *Livres des Portraits et Figures du Corps humain* des **Jacques Kerver** (?–1583) aus dem Jahre 1572 (1533?) (Abb. 198, 199) ist der Mikrokosmos Mensch in seiner Einbindung in den Makrokosmos von der Vorder- und Hinterseite dargestellt. Brust- und Bauchdecke sind geöffnet, und von vier kosmischen Figuren gehen die Strahlen aus, die auf den Körper verweisen: Sonne, Mond und Sterne sind durch Figuren dargestellt, ein viertes Wesen, der Löwe, steigt soeben den Regenbogen hinauf. Insgesamt zwölf Strahlen treffen an verschiedenen Stellen auf den kräftigen Körper.

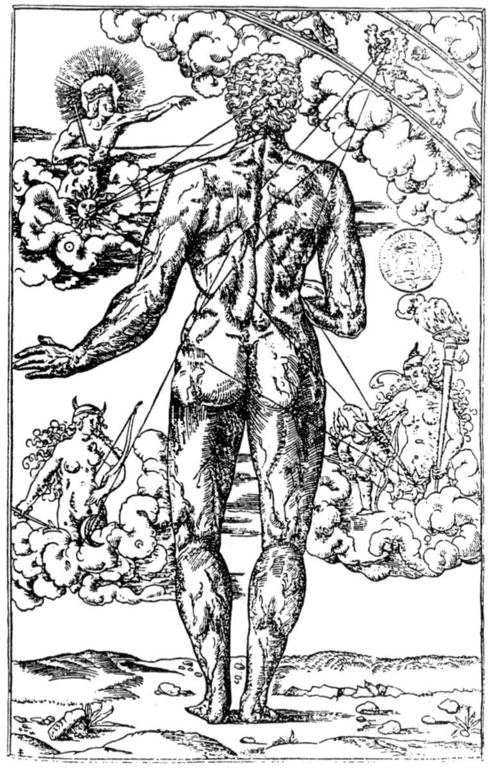

In der Darstellung des **Robert Fludd** (1574–1637) besteht der menschliche Körper aus den vier Elementen (Abb. 201), die von der Seele belebt werden. »Die Harmonie der Elemente ist durch den Spiritus Mundi, hier als vertikale Linie gezeichnet, gegeben. An ihr entlang sind die Aufstiegsstadien der Seele aus dem Körper zum Geist gezeichnet.« Der menschliche Körper ist nach einer komplexen geometrischen Systematik gegliedert, die im wesentlichen aus immer kleiner werdenden Kreisen besteht. Diese hinwiederum beziehen sich auf kosmische Ereignisse. Der Mittelpunkt des großen Kreises liegt, wie bei vielen anderen Darstellungen, am Penisansatz. (Mann 1996.)

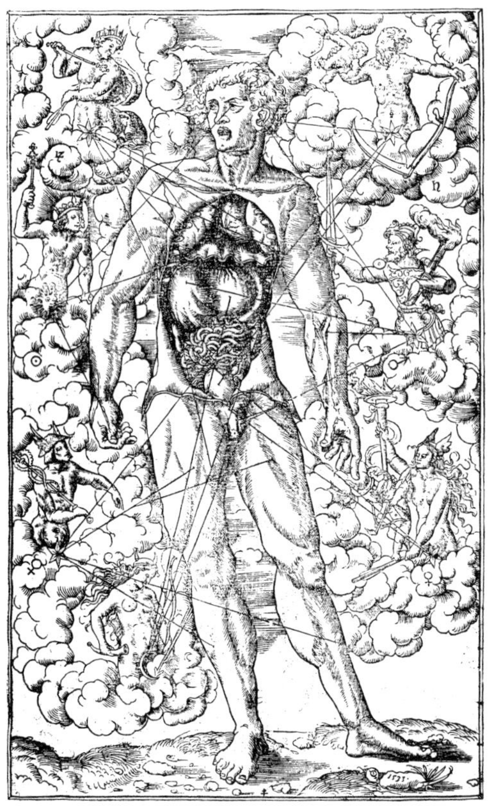

In einer überaus komplexen Darstellung in der Bibliothek in Reims wird die kosmische Harmonie erläutert. Aer, die Luft, als geflügelte, christusähnliche Figur dargestellt, erinnert an die vitruvianischen Interpretationen. Aber die Figur ist nun keineswegs in den Kreis eingespannt, sondern Hände und Füße greifen weit darüber hinaus und halten die vier Winde. Zwischen dem äußeren und dem inneren Ring sind in Rundmedaillons die neun Musen dargestellt. Im inneren Ring begegnen wir dann Arion, Pythagoras und Orpheus. Sie stehen für die verbreitetste anthropomorphe Metapher der Erde: Es ist ihre Identität mit der Mutter.

Besonders deutlich wird dies in den prähistorischen Kulturen, die vielfach als matriarchalisch anzusehen sind.

Die wichtigste Identität ist jene der Fruchtbarkeit, die dem Menschen individuelles und gesellschaftliches Fortkommen garantiert. Die Fruchtbarkeit der Erde als Nahrungsspenderin sorgt für die jeweilige persönliche Existenz, jene der Frau gewährleistet das Fortleben der Gattung. Somit kann die Erde – im doppelten Sinne verstanden, als »Humus« und als »Terra« oder »Orbis« – als die große Mutter selbst gedeutet werden.

Die Erde ist aber darüber hinaus auch der mythische Ort der Mutter. Die chtonischen Mächte walten im Erdinneren, und sie können Leben und Fruchtbarkeit verheißen, sind also weiblicher Natur. Aber auch der Tod zählt zu den chtonischen Mächten, und damit ist jene eigenartige Ambivalenz angesprochen, die vielen Göttinnen zugeschrieben und immer wieder mit dem Weiblichen in Verbindung gebracht wird: So wie sie das Leben spenden und behüten, so nehmen sie es wieder mit in die Welt der Toten. Im Hinduismus etwa ist die Göttin Kali ein furchterregendes Wesen und wird dennoch von den Gläubigen verehrt, um sie gütig zu stimmen.

Die große Liebe und der dunkle Tod werden zu einem Thema, das wir in zahlreichen Mythologien finden.

198, 199. Jacques Kerver (Hrsg.), *Livres des Portraits et Figures du corps humain*, *Der Einfluss der Sterne auf den menschlichen Körper*, 1533/1572.
200. *Der Mensch als Mikrokosmos*, Prüfening, 1165.
201. Robert Fludd, *Der Diapason, den Menschen voll umschließend*, London, 1617.

198, 199. Jacques Kerver (ed.), *Livres des Portraits et Figures du corps humain, Der Einfluss der Sterne auf den menschlichen Körper*, 1533/157.
200. *Man as microcosm*, Prüfening, 1165.
201. Robert Fludd, *The Diapason, completely enclosing man*, London, 1617.

figure to connect them with various part, thirteen arrows in all, as two are going out in each case from Sagittarius and Aquarius to the legs, but Aries is resting on the head, Pisces are lying by the feet and so do not need any identifying lines.

In a representation of the human being as microcosm from Prüfening (ill. 200) the draughtsman chooses not to relate to the zodiac, but does cite the seven planets (as then known): they are emerging from the seven apertures of the head.

The relationship between the body and the cosmos is presumably based on Iranian creation myths. The feet relate to the earth, the bones to the rocks, the fingers to the trees and the hair to the grass. The belly is compared with the ocean. Man's chest is the air, and the head counts as heaven.

In the *Livre des Portraits et Figures du Corps humain* dating from 1572 (1533?) (ills. 198, 199) by **Jacques Kerver** (?–1583), the man microcosm is presented as bound in with the macrocosm, in front and rear views. Chest and stomach are open, and the rays relating to the body are going out from the four cosmic figures: sun, moon and stars are represented by figures, a fourth creature, the lion, is just climbing up the rainbow. A total of twelve rays are striking the powerful body in various places.

In the version by **Robert Fludd** (1574–1637), the human body consists of the four elements (ill. 201), which are enlivened by the soul. »The harmony of the elements is provided by the Spiritus Mundi, here drawn as a vertical line. The stages through which the soul rises from body to spirit are drawn along it.« The human body is structured according to a complex geometrical system, consisting essentially of ever-decreasing circles. These in their turn relate to cosmic events. The centre of the great circle lies, as in many other versions, at the base of the penis. (Mann 1996.)

Cosmic harmony is explained in an extremely complex image in the library in Reims. Aer, the air, represented as a winged, Christ-like figure, is reminiscent of the Vitruvian interpretations. But the figure is now by no means confined within the circle: hands and feet thrust out far beyond it and are holding the four winds. The nine muses are represented in round medallions between the outer and the inner ring. Then inside the inner ring we meet Arion, Pythagoras and Orpheus. They stand for the most common anthropomorphic representation of the earth: its identity with the mother.

This is particularly clear in prehistoric cultures, which are often to be seen as matriarchal.

The most important identity is that of fertility, which guarantees man's individual and social survival. The fertility of the earth as the provider of food takes care of personal existence, and the woman's fertility guarantees the survival of the race. Thus the earth – understood in the double sense as »humus« and as »terra« or »orbis« – can be understood as the great mother herself.

As well as this, the earth is also the mythical location of the mother. The powers of the underworld rule in the bowels of the earth, and they can promise life and fertility, and so are female by nature. But death is also one of the powers of the underworld, and this addresses that strange ambivalence that is ascribed to many goddesses and always related to the female principle: they give and tend life, and then they take it back with them to the world of the dead. In Hinduism, for example, the goddess Kali is a terrifying being and yet she is worshipped by the faithful, so that she will be good to them.

Great love and the darkness of death become a theme that we find in a number of mythologies.

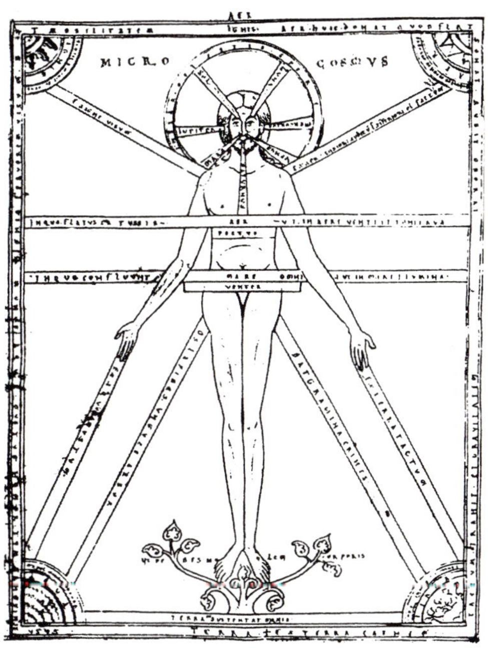

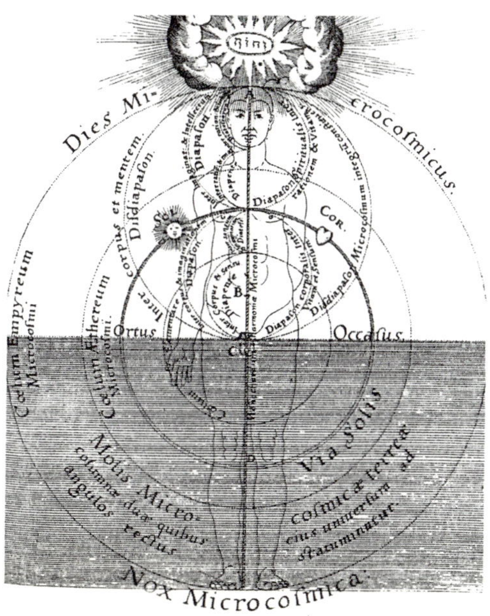

19. Epilog

Hat uns das letzte Kapitel, der Blick in einen magisch-mythischen Kosmos, von der Realität der Architektur allzu weit weggetragen?

In seiner *Kurzen Geschichte der Zeit* (2000) zeigt uns **Stephen Hawking** (geb. 1942) die Jahrhunderte währenden Versuche, eine komplexe Welterklärung zu postulieren, um schließlich zu den endgültigen »Großen Vereinheitlichten Theorien (GUT)« zu kommen. Das Überraschende ist dabei die Tatsache, wie nahe in jüngster Zeit die physikalisch-mathematischen Themen im Mikrobereich und die heiß umstrittenen Fragen nach dem Kosmos beieinander liegen. Sosehr auch unser Vorstellungsvermögen versagt, müssen wir doch zur Kenntnis nehmen, daß Relativitätstheorie, Quantentheorie, Stringtheorie und noch weitere komplizierte Modelle sowohl für die unendlich kleinen Partikel der Materie als auch für die unendliche Dimension des Kosmos ihre Bedeutung haben.

Wenn also im vorigen Kapitel dargestellt wurde, daß schon vor Jahrhunderten der Mikrokosmos des menschlichen Körpers und der Makrokosmos des Weltalls, des Universums, in Beziehung zueinander gebracht wurden, dann scheint es eine Vorwegnahme der neuesten physikalischen Erkenntnisse zu sein. Und ebenso überrascht es nun, daß Hawking auch die metaphysische Frage nach der Schöpfung, ja nach Gott stellt, auch wenn er sie nicht schlüssig beantworten kann.

Sind Physik und Mathematik das eine Band zu einem neuen, irrationalen Denkansatz, dann ist die Elektronik das andere. Denn nur eine kleine Spanne trennt die Metaphysik von der Welt des Virtuellen. Wie so häufig verkehren sich die extremen Positionen an ihren äußersten Grenzen in das Gegenteil: Die extreme Technik springt über in die Metaphysik, und die Virtualität wird zu einer neuen Art von Wirklichkeit. Der Kosmos kehrt zurück in unsere Körper, die Relativierung dessen, was Raum ist, wird für uns erlebbar: das Außen und das Innen werden vertauschbar oder treten ein in spannendes Wechselspiel.

»New-Wombs« – die neuen (Frauen-) Bäuche nennt **Maria Luisa Palumbo** in ihrer Studie über die *Elektronischen Körper und die Architektonische Verwirrung*. Die strenge cartesianische Geometrie wird verlassen zugunsten einer unendlichen Vielfalt der virtuellen Formensprache, die mit unserem Köper zu tun hat. »Der Mutterschoß, der geheimnisvolle Platz, wo das Leben Gestalt annimmt, wurde der Welt geöffnet. Heute symbolisiert er ein radikal neues Konzept des Körpers, das durch eine unerhörte Kontinuität zwischen außen und innen charakterisiert ist ... Ein Instrument dieser neuen Kontinuität zwischen Oberfläche und Tiefe, die Maschine, führt unsere Augen und unsere Sinn in unseren Körper, zur Tiefe unseres Planeten oder auf den Mond.« (Palumbo 2000.)

Diese Kontinuität des Innenraumes, dessen Prototyp die uterine Geborgenheit darstellt, zum Außenraum unserer Körperoberfläche ist eines der elementaren Themen in der Skulptur und Architektur unseres Jahrhunderts. In seinen späteren Arbeiten demonstriert **Henry Moore** (1898–1986) den völlig bruchlosen Übergang zwischen der konkaven und der konvexen Körperlichkeit. Die uralte Frage nach den Grenzen des Außen und des Innen hat sich relativiert: Jedes Außen ist gleichzeitig auch ein Innen und umgekehrt.

Ähnlich wie bei Henry Moore bewegt sich auch **Friedrich Kiesler** im Grenzbereich zwischen Architektur und Skulptur. Von seinen zahlreichen Entwürfen zu einer »endless« Architektur wurde nichts realisiert, aber es sind großartige Modelle zu einem neuen räumlichen Denken entstanden. Das *Endless House* (Abb. 202) von 1949 bzw. 1959 demonstriert am deutlichsten, wie der »endlose« Raum definiert werden kann: Er verfügt über eine körperhafte Profilierung, die sich unentwegt öffnet und den Raum hinausströmen läßt in die Unendlichkeit des Alls: Der Mutterschoß öffnet sich dem Kosmos.

Gehen wir der legitimen Nachfolge Friedrich Kieslers nach, dann stoßen wir auf zwei erratische Marksteine: auf den sogenannten Dekonstruktivismus der achtziger Jahre, am klarsten ausgeprägt bei **Frank O. Gehry** (geb. 1929), **Zahah Hadid** (geb. 1950) und **Coop Himmelb(l)au**, und auf die neuen computergenerierten Räume der neunziger Jahre, die schließlich konsequent in den Cyberspace einmünden.

Die Relativierung von innen und außen ist erst bei den späten Arbeiten von Frank O. Gehry abzulesen, spätestens bei den virtuosen Innenräumen des Guggenheim-Museums in Bilbao (Abb. 203). Hingegen liefert Coop Himmelb(l)au das räumliche Manifest schon in einer kleinen Arbeit der siebziger Jahre, in der Rauminstallation im Kunstverein Stuttgart, die das neue Vokabular der Raum-Körper-Relation vorträgt. Der Körper ist nun gleichsam geöffnet, ähnlich wie Krishna seine offene kosmische Gestalt zeigt (Abb. 191) oder wie in der Renaissance in den

19. Epilogue

Did the last chapter, the glance at a magical and mystical cosmos, take us too far away from the realities of architecture?

In his *Short History of Time* (2000), **Stephen Hawking** (b. 1942) discusses the attempts that have been made over the centuries to postulate a complex explanation of the world, and then finally arrives at the »Great Unified Theory (GUT)«. The surprising thing here is the fact that recently physical and mathematical themes in the micro field and highly controversial questions about the cosmos have got very close to each other. However greatly our imagination fails, we must still acknowledge the fact that the theory of relativity, quantum theory, string theory and other complicated models apply both to the infinitely small particles of material and also to the infinite dimension of the cosmos.

And so when the previous chapter showed that the microcosm of the human body and the macrocosm of the universe were related to each other centuries ago, this seems to anticipate the most recent physical insights. And equally it is now surprising that Hawking also asks the metaphysical question about creation, indeed about God, even though he cannot provide a conclusive answer to it.

If physics and mathematics form one bond with a new, irrational approach to thought, then electronics form the other. Very little separates the metaphysics from the virtual world. As so often happens, the extreme positions turn into their opposites at the outermost limits: extreme technology slips into metaphysics, and virtuality becomes a new kind of reality. The cosmos returns into our bodies, and we are able to experience the relativization of what space is: the outside and the inside become interchangeable or they enter into a state of exciting interplay.

»New Wombs« – the new bellies (of women) are identified by **Maria Louisa Palumbo** in her study of *Electronic Bodies and Architectural Confusion*. Strict Cartesian geometry is abandoned in favour of the infinite variety of the virtual formal language that affects our bodies: »The womb, the mysterious place where life takes shape, has been opened to the world. Today it symbolises a radically new concept of the body, characterized by an unprecedented continuity between exterior and interior;... An instrument of this new continuity between surface and depth, the machine leads our eyes and our senses into our body, to the depths of our planet or onto the moon.« (Palumbo 2000.)

This continuity of internal space, whose prototype is the security of the womb, with the external space of the surface of our body is one of the elemental themes of the sculpture and architecture of our century. In this later works **Henry Moore** (1898–1986) demonstrates a completely seamless transition from a concave to a convex body. The age-old question of about the boundaries of outside and inside has been relativized: every outside is at the same time an inside and vice-versa.

Similarly to Henry Moore, **Friedrich Kiesler** also operates in the border area between architecture and sculpture. None of his numerous designs for »endless« architecture has been realized, but some magnificent models for a new kind of three-dimensional thinking have emerged. The *Endless House* (ill. 202) dating from 1949 or 1959 is the clearest demonstration of how

202. Friedrich Kiesler, *Endless House*, 1959.

Zeichnungen und real in den Anatomien Bauch- und Brustdecke abgehoben sind (Abb. 199) und die innere Struktur des Menschen aus Tageslicht kommt. Damit aber nicht genug: Das Äußere und das Innere des Menschen stehen mit dem Kosmos in direkter Korrespondenz, ähnlich wie die Stäbe, Schienen, Gestänge, Latten von Coop Himmelb(l)au bald sehnsüchtig, bald spielerisch, bald aggressiv in den Raum hinausgreifen.

Mehr noch als in den realisierten Arbeiten werden in den Zeichnungen von Zaha Hadid die neuen Raumkonzepte verständlich. Architektur ist demnach ein System aus den verschiedensten Schichtungen, aus einem Spiel von Platten, von Ebenen, von explodierenden Spatien, die sich in einem irrationalen Raum bald tänzerisch beschwingt, bald in aggressiven Konfrontationen bewegen, sie scheinen einen bescheidenen Anteil zu nehmen an der rasenden Expansion des Weltalls, und es ist absolut konsequent, daß sich das Innen und das Außen völlig relativiert (Abb. 204).

Die computergenerierten Gebilde könnten zunächst als eine räumliche Gegenposition zu den vorhin zitierten Dekonstruktivisten angesehen werden.

Das Formenvokabular, das etwa **Greg Lynns** Computer liefert (Abb. 73), scheint auf den ersten Blick durch eine gewisse Kompaktheit, durch eine geschlossen Form charakterisiert. Tatsächlich aber es ist insoferne von einer unendlichen Offenheit, als in Sekundenschnelle die Formen sich modifizieren, wandeln, in tänzerischer Rasanz eine unvorstellbare Vielfalt entwickeln. So kann also die »floating« Architektur verschieden gedeutet werden: Es ist der Fluß der gleichsam neo-organischen Formensprache (vgl. Kap.7), und es ist auch ein zeitlicher Fluß der ständigen Modifikationen.

Der Körper und die Architektur wurden trotz aller Analogien und Metaphern in ihrer jeweiligen Distanz erörtert, und auch die elektronischen Medien sehen wir als außerhalb des Körpers lokalisiert. Aber einzelne Teile dringen in unseren Körper vor: Der Herzschrittmacher und die Hörhilfe sind uns längst geläufige Implantate. Wird die Hybridisierung unseres Körpers über die medizinische Hilfe hinaus weiter fortschreiten? Werden sich die »Cyborgs« entwickeln, die »technologisch ausgeweiteten Organismen, die biologische Rhythmen verbinden mit einem Medien-Universum, das überkreuzt wird von Informationenfluß«? (Palumbo 2000.)

Es geht um die Entwicklung einer ganz neuen technischen Okkupation unseres Körpers bei der Gerät und Organ überraschende Synthesen eingehen.

Das System der »virtual reality« bringt uns wieder in die Nähe der irrationalen Frage nach dem kosmisch-physikalischen Raum: Die unvorstellbare Kleinheit der Mikrowelt und gleicherweise die nicht mehr definierbare Größe der Makrowelt, des Kosmos, stößt genauso an die Grenze der Realität, wie es die »Realität« des Cyberspace vermittelt, die uns durch den »Helmet« oder die »Spectacles« vermittelt wird: Der Kreis schließt sich, die perfekteste Technologie

»endless« space can be defined: it is profiled like a body that opens ceaselessly and allows space to stream out into the infinity of the universe: the maternal womb opens up to the cosmos.

If we look for Friedrich Kiesler's legitimate successors, we come across two erratic landmarks: the first is the so-called Deconstructivism of the eighties, most clearly defined in the work of **Frank O. Gehry** (b. 1929), **Zaha Hadid** (b. 1950) and **Coop Himmelb(l)au**, and the second is the new computer-generated space of the nineties, which ultimately and logically flow into cyberspace.

The relativization of inside and outside only appears in Frank O. Gehry's later work, at the latest in the virtuoso interiors of the Guggenheim Museum in Bilbao (ill. 203). In contrast with this, Coop Himmelb(l)au provide a spatial manifesto in a small work in the seventies, a room installation in the Kunstverein in Stuttgart, which presents a new vocabulary in terms of space-body relations. The body is now open, as it were, rather like Krishna showing his open cosmic form (ill. 191) or in the same way as in the Renaissance in drawings and in reality in anatomies belly and chest are opened up (ill. 199) and the inner structure of the human being comes to light. But this is not enough: the exterior and interior of man correspond directly with the cosmos, just Coop Himmelb(l)au's rods, rails, struts and laths reach out into space, sometimes longingly, sometimes playfully, sometimes aggressively.

Zaha Hadid's new concepts of space are more comprehensible in drawings that in her realized work. According to her, architecture is a system consisting of a whole variety of layers, an interplay of sheets, of planes, of exploding gaps that move in an irrational space, sometimes soaring like dancers, sometimes confronting each other aggressively. They seem to be playing their modest part in the breakneck expansion of the universe, and it is absolutely logical that inside and outside are completely relativized (ill. 204).

The computer-generated structures could be seen in the first place as a spatial counterposition to the above-mentioned Deconstructivists.

The formal vocabulary delivered by **Gregg Lynn's** computer, for example (ill. 73) seems at first glance to be characterized by a certain compactness, a close form. But in fact it is infinitely open to the extent that the forms can be modified, transformed, and develop unimaginable diversity at breakneck balletic speed, in a matter of seconds. Thus his »floating« architecture can be interpreted in different ways: it is the flow of what is effectively the neo-organic formal language (cf. chapter 7), and it is also a temporal flow, involving constant modification.

Despite all the analogies and metaphors, the body and architecture have been discussed at the appropriate distance, and we also see the electronic media as localized outside the body.

203. Frank O. Gehry, Guggenheim Museum, Bilbao, 1991–97.
204. Zaha Hadid, Studentenzentrum auf dem Universitätscampus des I.I.T., Chicago, 1998. Skizze.
205. Coop Himmelb(l)au, *Architecture is now*, Stuttgart, 1982.

203. Frank O. Gehry, Guggenheim Museum, Bilbao, 1991–97.
204. Zaha Hadid, student centre on the I.I.T. university campus, Chicago, 1998. Sketch.
205. Coop Himmelb(l)au, *Architecture is now*, Stuttgart, 1982.

kippt in ihre scheinbare Gegenposition, in eine neue Metaphysik. Das Außen und das Innen, Mikrowelt und Makrowelt sind neu zu definieren, und es wird auch notwendig sein, eine neue visuelle Welt jenseits von klassischer Kunst und Ästhetik zu definieren (Abb. 205).

Es wäre sicherlich sinnvoll, den Begriff des Anthropomorphen nicht nur am statischen, am ruhenden Körper festzumachen, sondern darüber hinaus das Gestische, die Bewegung, die Dynamik einzubeziehen, den agierenden, den handelnden Körper in seiner Analogie zum Bauwerk zu erläutern.

Nur ganz wenige Ansätze zu einem solchen Gedankengang konnten in dieser Studie zitiert werden, da das Problem der realen Bewegung eines Bauwerks nur sehr selten erörtert wird.

Wir müssen uns auch darüber im klaren sein, daß eine anthropomorphe und zoomorphe Architektur nur einen ganz schmalen Sektor des historischen und aktuellen Architekturgeschehens bestreiten kann.

Die vorliegende Studie darf also keineswegs so verstanden werden, als ob damit ein genereller Schlüssel für die Deutung der Architektur gefunden wäre. Dies wäre bestenfalls dann möglich, wenn wir die Anthropomorphie im weitesten Sinn allein von der Körperhaftigkeit her definieren würden und wir umgekehrt die Körperlichkeit als universelles Kriterium der Architektur anerkennen könnten, wofür tatsächlich sehr viele Argumente sprechen.

Die Anthropomorphie und die Zoomorphie im engeren Sinn sind indes nur ein schmaler Sektor der breiten globalen und historischen Architekturszene. Es ist aber zu beobachten, daß gerade Nebenströmungen, Sonderformen, ja selbst Randbereiche des Trivialen zu wesentlichen Indikatoren von substantiellen, häufig latenten Architekturqualitäten werden. In diesem Sinne kann die vorliegende Studie für das gesamte weite Feld des Architekturschaffens und -denkens Gültigkeit beanspruchen.

Die letzten Jahrzehnte unserer neuesten Kulturgeschichte weisen aber unbeschadet der rasanten Entwicklung der elektronisch-digitalen Technik zwei interessante Neuentdeckungen auf: den Bezug zu unserem Körper und die Konfrontation mit dem Tier, in welcher Weise auch immer.

Wenn wir heute der Architektur zugestehen, weit über das Funktionelle und Materielle hinaus die Auseinandersetzung mit existentiellen Problemen unseres Lebens zu signalisieren, könnte eine anthropomorphe und zoomorphe Architektur einen neuen Stellenwert bekommen. Die Wiederentdeckung der Analogien zwischen »Wesen« – im Sinne des griechischen »Zoon« – und der Architektur, wie deutlich oder symbolisch sie auch vorgetragen sein mag, könnte solcherart neue Zugänge zur Architektur und neue Deutungsebenen der gebauten Umwelt erschließen. Beginnen wir, das längst problematische Bezugsfeld zu unserem eigenen Körper und dem des Tieres neu zu definieren? Sind Architektur und Objektwelt geeignete Medien dazu? Wenn wir der gebauten Umwelt die Qualität zutrauen, sich mit allem Seienden auseinanderzusetzen, dann müßte eine anthropomorphe und zoomorphe Architektur neue Chancen in der Baukunst der Gegenwart haben.

But individual elements thrust into our body: pacemakers and hearing-aids are implants we have been familiar with for a long time. Will the hybridization of our bodies continue beyond the realms of medical aids? Will the »cyborg« develop, the »technologically extended organism that links biological rhythms and a media universe crossed by information flows«? (Palumbo 2000.)

It is a matter of developing a completely new method for occupying our bodies technically, which makes it possible for apparatus and organ or enter into surprising syntheses.

The system of»virtual reality« once more takes us close to the irrational question about cosmic-physical space: the unimaginable smallness of the micro-world and in the same way the largeness of the macro-world, the cosmos, which can no longer be defined, comes just as close to the borders of reality as that conveyed by the »reality« of cyberspace, as brought to us by the special helmets or spectacles: the wheel has come full circle, the most perfect technology is tilting over into what seems to be its counter-position, into a new metaphysics. Outside and inside, micro-world and macro-world have to be redefined, and it will be necessary to define a new visual world beyond classical art and aesthetics (ill. 205).

It would certainly make sense not to fix the concept of anthropomorphy too rigidly to the static, the resting body, but to go beyond this and include gesture, movement, dynamics, and to explain the acting, working in its analogy with the building.

It has not been possible to quote many approaches to thinking in this direction in the present study, as the problem of real movement and buildings is very rarely raised.

We must make it quite clear that that anthropomorphic and zoomorphic architecture can only apply to a very narrow sector of the past and present history of architecture.

And so the present study should definitely not be seen as suggesting that a general key for the interpretation of architecture has been found. This would be possible in the best case only if anthropomorphy were to be defined in the broadest sense, in terms of corporeality, and that conversely bodily qualities could be acknowledged as a universal criterion for architecture, and there are a lot of arguments in favour of this.

So anthropomorphy and zoomorphy in the more restricted sense are a narrow sector of the broad global and historical architectural scene. But it is noticeable that peripheral movements, special forms, indeed even areas bordering on the trivial become key indicators of substantial, frequently latent architectural qualities. In this sense the present study can claim to apply to the whole broad field of architectural thinking and production.

The last decades of our most recent cultural history, regardless of the ultra-rapid development of electronic and digital techniques, do have two interesting new discoveries to show: a relationship with our bodies and a confrontation with animals, whatever form this may take.

If we concede that architecture today goes well beyond the functional and the material to signal an attempt to analyse the existential problems of our life, anthropomorphic and zoomorphic architecture could acquire a new standing. The rediscovery of analogies between »being, creature« – in the sense of the Greek »zoon« – and architecture, however unambiguously or symbolically it may be presented, could open up new approaches to architecture in this way, and discover new levels on which to interpret the built environment. Are we starting to redefine the field of relationships, long problematical, between our bodies and those of animals? Are architecture and the world of objects suitable media for this? If we trust the built environment to address everything that is, then anthropomorphic and zoomorphic architecture must have a whole new set of opportunities waiting for them in contemporary architecture.

Anmerkungen

[1] Pathognomik (Pathognomie) ist die Lehre von den charakteristischen Kennzeichen (Symptomen) einer Krankheit sowie von der Krankheitserkennung aus diesen Kennzeichen. Allgemein bedeutet es die Ausdrucksfähigkeit des Körpers. Physiognomik ist die Sammelbezeichnung für die (unbewegte) Ausdruckserscheinung des menschlichen (und tierischen) Körpers, von dessen Form und Gestaltung auf innere Eigenschaften geschlossen wird. Weiterhin: ein Spezialgebiet der Charakterkunde, das sich mit der psychodiagnostischen Deutung statischer äußerer Körperformen befaßt, im Unterschied zur Deutung des dynamischen Ausdrucks bei der Mimik bzw. Pantomime. In der vorliegenden Studie wird der Begriff der Pathognomik nicht verwendet, während Physiognomie auf den statischen Ausdruck des menschlichen Gesichtes beschränkt ist, zum Unterschied von der Anwendung bei Jean Paul auf den gesamten Körper.

[2] Es wird von einem Architekturbegriff ausgegangen, der das Flächig-Fassadenhafte, die bloß graphische Artikulation von Bauwerken ausschließt. So sollte zum Beispiel die Renaissance-Fassade allein noch nicht als ein Werk der Architektur angesehen werden.

[3] Das alte Kommunikationsdiagramm hat seine Gültigkeit noch weitgehend behalten: Sender – Kanal – Empfänger – Repertoire.

[4] Sedlmayr 1948; ders. 1956. Sedlmayr exemplifiziert das Phänomen der »Abbildung« überzeugend am Beispiel der Karlskirche in Wien, die den habsburgischen Kosmos mit Hilfe von zahlreichen Abbildungen historischer Architekturen repräsentiert.

[5] Die Einbeziehung der Literatur und des Filmes in eine Untersuchung über anthropomorphe Architektur könnte einen weiteren Band füllen und wurde daher in dieser Studie weitgehend ausgeklammert.

[6] Übersetzung von August Wilhelm Schlegel. In der neueren Übersetzung Heiner Müllers (Berlin 1944) wird diese Stelle ganz ähnlich übersetzt.

[7] Ein uraltes, magisches Beispiel der »Beseelung« von Naturobjekten ist uns heute noch geläufig: Skurril gebildete Baumwurzeln werden zu »Alraunen«-Männchen erklärt und bunt bemalt.

[8] Dieser Prozeß ist uns aus der Kunst, insbesondere aus den abstrahierenden Kunsttendenzen des 20. Jahrhunderts geläufig. Soll gegenstandslose Kunst über das Prinzip des Musters, des visuellen Reizes hinausgehen, sind Interpretationen, im weitesten Sinne verstanden, erforderlich.

[9] Die Rorschach-Methode wurde zunächst als klinisches Instrument der »Psychodiagnostik« von Hermann Rorschach (1884–1922) angewendet, die erste Publikation erfolgte 1921 in Bern. Mit diesem Test wurde einerseits versucht, bestimmte Persönlichkeitsstrukturen und Fähigkeiten zu erfassen, andererseits einzelne Krankheitsformen festzustellen. Der Rorschach-Methode verwandt ist der Wartegg-Test, bei dem einfache Striche zu einem Objekt ergänzt werden sollen. (Tarcsay 1944.) Die kritischen und durchaus bedenkenswerten Reflexionen zu diesen Methoden können hier nicht erörtert werden.

[10] Vor allem aber ist der biblische Gott ein sprechender Gott und verfügt dadurch über eine elementare menschliche Kommunikationseigenschaft, die seine Anthropomorphie charakterisiert.

[11] Es wird aus der Übersetzung von August Rode 1796 zitert. Zum Vergleich Curt Fenstrbusch 1981: »... kein Tempel kann ohne Symmetrie und Proportion eine vernünftige Formgebung haben, wenn seine Glieder nicht in einem bestimmten Verhältnis zueinander stehen, wie die Glieder eines wohlgeformten Menschen.«

[12] In Versuchsreihen mit Studenten wurden diesen 15 verschiedene Kärtchen mit unterschiedlichen Proportionen vorgelegt mit der Aufforderung, sie nach ihrer »Schönheit« zu ordnen. Der Goldene Schnitt wurde im Durchschnitt an die zehnte Stelle gesetzt.

[13] »Der Mensch ist das Maß aller Dinge, der seienden, wie sie sind, der nicht-seienden, wie sie nicht sind.« (*Buch von der Weisheit.*)

[14] Hathor ist die ägyptische Liebesgöttin. Der Tempel wurde im 2. Jahrtausend vor Christus errichtet.

[15] Ist es zulässig die korinthische Säule nicht als jungfräulich, sondern als androgyn zu charakterisieren? (Vgl. Feuerstein, *Androgynos*.)

[16] Die Vergoldung des Karyatiden-Reliefs mußte leider entfallen. Die Ironisierung der Antike ist im Werk der Ortners (beziehungsweise der Haus-Rucker-Co) nicht neu: Die Nike von Samothrake am Hauptplatz in Linz war aus Aluminium geschnitten, der Faltenwurf eingeätzt.

[17] Der Faszes, das Liktorenbündel, war ein Beil, von einer Rute mit Faszes umwickelt und stellte ein Machtzeichen im römischen Imperium dar. (Todesstrafe und Züchtigung). In der Französischen Revolution Sinnbild des Republikanismus. Im Italien Mussolinis Staatssymbol (Faschismus).

[18] In dieser Studie kann es nicht um künstlerische Wertungen und Wertigkeiten gehen, sondern letztlich um die Intention einer Aussage. Es werden daher nicht nur künstlerisch unumstrittene Beispiele gezeigt, sondern auch, wie die folgenden Kapitel zeigen, die Bereiche des Trivialen und Banalen einbezogen.

[19] Als meisterhafter Karikaturist im Nebenberuf nennt sich Architekt Gustav Peichl »Ironimus«.

[20] Die Beurteilung der physiognomischen Ausdrucksfähigkeit von Hausfassaden ist zweifellos sehr subjektiv, und es wird kaum möglich sein, Regeln aufzustellen. So etwa erinnert Konrad Lorenz (1943) ein Haus mit hohem Dach an ein sympathisches Gesicht mit hoher Stirn, Flachdachhäuser werden eher als ausdrucksarm oder mürrisch empfunden. »Die Fenster an der Vorderfront eines traditionellen Bauernhauses blicken wie ein freundliches Augenpaar, die gerasterte Gläserfront einer modernen Wohnburg wirkt unpersönlich und unmenschlich wie das Facettenauge eines Insektes.« (König 1975.) Derart simplifizierte und triviale Aussagen können dem Phänomen der Physiognomie kaum gerecht werden und führen leicht zu Fehlbeurteilungen der modernen Architektur.

[21] Die Filmarchitektur erstellten Otto Hunte, Erich Kettelhut und Karl Vollbrecht.

[22] Es handelt sich wohl um die Interpretation der Caliban-Figur aus Shakespeares *Sturm*. Der Autor des Filmes ist P. Mackay; Urban hat mit dieser Zeichnung die Setebos-Szene entworfen.

[23] Es ist auch die Schreibweise Arcimboldi gebräuchlich.

[24] Ausführliche Darstellung in Feuerstein, *Androgynos*, sowie Feuerstein 1999.

[25] Betende Hände und die Flügelhaube einer Frau sind weitere Auslegungen. Neuerlich wird auch die geläufigste Metapher beschworen: das Schiff (der Kirche). Le Corbusier selbst sah in der Dachform eine Krabbenschale.

[26] *HON – En Katedral*, *Sie – eine Kathedrale*, begehbare Skultpur, gemeinsam mit Jean Tinguely und P.-O. Ultvedt, im Moderna Museet in Stockholm, errichtet 1966.

[27] Auf dem Gebiet der Computer-Architektur, der »Virtual Architecture«, stellen die Japaner wieder einige Pioniere, welche »the difference between the possible and the impossible« wahrnehmen: Arata Isozaki, Shin Takamatsu, Mutsuro Sasaki, Ken Sakamura, Power-Unit Studio, Hitoshi Abe, Shoei Yoh und andere.

[28] 1. Korinther 3, 16 und 17. Ähnlich in 1. Korinther 6, 19: »Oder wißt ihr nicht, daß euer Leib ein Tempel des Heiligen Geistes ist, der in eucht wohnt, den ihr von Gott empfangen habt, und daß ihr euch nicht mehr selbst angehört?« Epheser 1, 22: »Er legte ihm das ganze All zu Füßen, ihn aber machte er zum Haupte der Kirche, das alles überragen sollte, der Kirche, die sein Leib ist, die ganze Fülle dessen, der das All überall erfüllt.«

[29] Auch in anderen Religionen wird der Körper mit einem Tempel verglichen. In einer hinduistischen Huldigung an Kali heißt es: »Hier in meinem Körper sind die Sonne und der Mond und die Sterne, wie auch alle Wallfahrtsorte. Kein anderer Tempel ist so selig wie mein Körper«. (Target 1997.)

[30] Die Metapher der zwölf Apostel zu zwölf Säulen taucht in der Baugeschichte wiederholt auf. Im Mausoleum des Konstantin ist das Grab von zwölf Säulen umgeben, die als Apostel gedeutet werden. Noch im Kirchenbau des 20. Jahrhunderts wird dieser Vergleich bemüht. Es darf nicht übersehen werden, daß das Sechseck eine überaus gängige geometrisch-architektonische Form darstellt, aus der die Zwölfzahl leicht abgeleitet werden kann. Wieder stellt sich die Frage der spirituellen Nach-Interpretation eines rationalen Motivs.

[31] Anthropomorphie und Theomorphie können dann gleichgesetzt werden, wenn die Gottheiten als menschenähnliche Gestalten – anthropomorph – interpretiert werden. Dieses Phänomen ist uns im christlichen Kirchenbau schon begegnet.

[32] Das klassische Beispiel einer Beherrschung des gesamten Umfelds durch bauliche Emanationen in die vier Himmelsrichtungen ist Palladios Villa Rotonda in Vicenza. Das kultische Motiv der geistigen Weltbeherrschung wurde hier säkulär usurpiert.

[33] In einer prüden Phase des Castro-Regimes wurde das aus der Frucht fließende Wasser als obszön angesehen, und der Brunnen war lange Zeit außer Betrieb gesetzt.

[34] Die frühchristliche Fisch-Symbolik stammt vor allem aus den griechischen Buchstaben im Wort Fisch = ichthys = Iesous Christos Theou Yios Soter, Jesus Christus Gottes Sohn Heiland.

[35] Die biblische Erzählung von Abrahams verhindertem Opfer seines Sohnes Isaak wird als Wandel vom Menschen- zum Tieropfer interpretiert.

[36] Um nur einige Beispiele zu nennen: hl. Martin: Gans; hl. Georg: Drache; hl. Leonhard: Rind; hl. Franziskus: Vögel; hl. Hubertus: Hirsch und andere mehr.

[37] Der Elefant von Hamm wurde einige Male mit dem Namen von Friedensreich Hundertwasser publiziert, einmal sogar nur unter dessen Urheberschaft. Nach Aussage von Horst Rellecke hat Hundertwasser zur Entwicklung dieser Idee nichts beigetragen.
[38] Venturi 1979 (Originalausgabe 1972).
[39] *Jurassic Park*, Film von Steven Spielberg, der die Wiederkunft der Dinosaurier konstruiert.
[40] Alle Gebäude mit einer dominanten Form, mit einer »Präfiguration« (Feuerstein 1973) reiht Venturi unter die Kategorie der »ducks« ein. Im Gegensatz dazu steht der »decorated shed», der dekorierte Schuppen, das ist ein neutraler Container, der nur mit einem (dekorativen) Emblem auf seine Nutzung verweist. In Venturis »Duck« wird tatsächlich Geflügel verkauft, die Verwandtschaft zu Lequeus Kuhstall ist evident. Peter Blake hat im Buch *God's Own Junkyard* die »Duck« zitiert.
[41] »Windaugen« waren in der frühen Blockbauweise die kerbenartigen Einschnitte in einem oberen und unteren Balken für den spärlichen Lichteinfall. Ursprünglich unverglast, wurden sie im Winter zugestopft.
[42] Das Gebäude beherbergt die Industrie- und Handelskammer, die Börse, ein Konferenzzentrum, Büros und ein Restaurant. Die sichtbare Stahlkonstruktion mußte zur Straße hin hinter einer Scheinfassade verborgen werden.
[43] Im Kapitel 9 wurde bereits Ricardo Porro zitiert. Bei der Elsa-Triolet-Schule in Saint-Denis griff er auf das antike Symbol der Weisheit, die Taube, zurück.
[44] Roland Kanfer, »Forster and Partners – der Adler ist gelandet«, *Architektur aktuell*, Januar/Februar 1999.
[45] Wolf-Dieter Prix (geb. 1942), Helmuth Swiczinsky (geb. 1944), Gründung der Gruppe 1968. Name später von Coop-Himmelblau zu Coop-Himmelb(l)au modifiziert.
[46] Calatravas Bahnhof für den Flughafen von Lyon-Satolas mit seinen mächtigen Schwingen wurde im Kapitel 11 dargestellt und das beliebte Flügelmotiv bei Imre Makovecz im Kapitel 10 beschrieben.
[47] Fontanelle: Knochenlücke am kindlichen Schädel. Solarplexus: Eingeweidegeflecht der sympathischen Nerven.
[48] Zahlreiche frühe oder naive Wohnbauten weisen bis heute magisch-kultische Qualitäten auf, so etwa die Trulli in Apulien.
[49] Prüfening: Benediktinerkloster bei Regensburg.

Bibliographie

Abraham, Raimund, (UN)BUILT, Wien und New York 1996.

Acidini-Luchinat, Christina, Vite artistiche di Taddeo e Federico Zuccaro da Sant'Angelo in Vado, Florenz 1961, Mailand und Rom 1997.

Alberti, Leon-Battista, Zehn Bücher über die Baukunst (De re aedificatoria), übersetzt von Max Theuer, Florenz 1485, Wien 1912, Darmstadt 1975.

Amin, Ismail, Assoziationspsychologie und Gestaltpsychologie, Frankfurt am Main 1973.

Andrae, Walter, Die ionische Säule: Bauform oder Symbol?, Berlin 1933.

Anguier, Michel, »The Human Body, Represented as a Strong Citadel«, in: André Fontaine, Conférences inédites de l'Academie royale de peinture et de sculpture, Paris 1903.

Architektur aktuell (Wien), 1999 / 1–2.

Architectural Design (London), 1975/5, 1975/7.

L'Architecture d'aujourd'hui, Paris, 1999/325.

Architektur (Wien), 2000/7.

Architektur & Bauforum (Wien), 1990/139.

The Arcimboldo Effect, Transformations of the Face, Ausstellungskatalog, Venedig und Mailand 1987.

Arnheim, Rudolf, *Anschauliches Denken,* Köln 1969, 1996.

Arnheim, Rudolf, *Kunst und Sehen*, Berlin 1978.

Arnheim, Rudolf, *Entropie und Kunst*, Köln 1979.

Arnheim, Rudolf, *Die Dynamik der architektonischen Form*, Köln 1980.

Asch, Solomon, »The metaphor: a psychological inquiry«, in: Mary Henle, *Documents of Gestaltpsychology*, Berkeley und Los Angeles 1961.

Auer, Gerhard, »Bhaktapur / Nepal – Beobachtungen
in einer newarischen Stadt«, *Stadtbauwelt* (Berlin) 1973/40.

Auer, Gerhard, und Niels Gutschow, *Bhaktapur – Gestalt, Funktionen und religiöse Symbolik einer nepalesischen Stadt im vorindustriellen Entwicklungsstadium*, Darmstadt 1974.

Augustinus, Aurelius, *De Civitate Dei – Der Gottesstaat*, übersetzt von H. Urs v. Balthasar, Einsiedeln 1996.

Averlino, Antonio, (Filarete), *Trattato di Architettura,* hrsg. von A. M. Finoli und L. Grassi, Mailand 1967.

Bachelard, Gaston, *Poetik des Raumes*, Frankfurt am Main 1992.

Bandmann, Günther, *Mittelalterliche Architektur als Bedeutungsträger*, Berlin 1951.

Barkan, Leonard, *Nature's Work of Art: The Human Body as Image of the World,* New Haven 1975.

Barozzi da Vignola, Giacomo, *Gli cinque Ordini di Architettura, Intagliati di Costantino Gianni*, Mailand 1854.

Beck, Brenda, *The Symbolic Merger of Body, Space and Cosmos in Hindu Tamilnad,* London 1976.

Bellosi, Luciano (Hrsg.), *Francesco di Giorgio (Martini)*, Mailand 1993.

Betts, Richard Johnson, *The Architectural Theories of Francesco di Giorgio*, London 1980.

Biesantz, Hagen, Arne Klingborg, *Das Goetheanum, Der Bau-Impuls Rudolf Steiners*, Dornach 1978.

Birkmeyer, K. M., *Die Kirchengebäude in Leone Battista Albertis 10 Büchern über die Baukunst* Diss., Berlin 1942.

Blake, Peter, *God's Own Junkyard,* London 1964.

Bleuler, M., und R. Bleuler, *Rorschach's ink-blot test and racial psychology. (Character and Personal)*, Zürich 1935, 1966.

Blier, Suzanne Preston, *The Anatomy of Architecture: Ontology and Metaphor in Batammaliba Architectural Expression*, Cambridge 1987.

Blier, Suzanne Preston, »Sonnengeflecht-Raumverflechtung. Die architektonische Dimension der Seele bei den Batammaliba«, *Daidalos* (Berlin), 1988/28.

Blittersdorf, Tassilo, *Wechselbilder*, Linz 1992.

Blondel, Jacques-François, *Cours d'architecture ou traité de la Décoration*, Paris 1771–77.

Bloomer, Kent C., Charles W. Moore, *Body, Memory and Architecture*, New Haven 1977.

Bogner, Dieter (Hrsg.), *Friedrich Kiesler. Architekt – Maler – Bildhauer*, Wien 1988.

Bohm, Ewald, *Der Rorschach-Test*, Bern und Wien 1974.

Bollmann, Jana, »Architektur und Metamorphosen«, *Thesis, Wissenschaftliche Zeitschrift der Bauhaus-Universität Weimar*, Weimar 1997.

Bollnow, Otto Friedrich, *Mensch und Raum*, Stuttgart 1963, 1984.

Borsi, Franco, und Stefano Ezio Godoli, *Pariser Bauten der Jahrhundertwende*, Stuttgart 1990.

Borsi, Franco, und Stefano, *Paolo Uccello – Florenz zwischen Gotik und Renaissance*, Stuttgart, Zürich 1992.

Bracelli, Giovanni Battista, *Bizzarie di varie figure*, Florenz 1624, Nördlingen 1981 (Faksimilie-Nachdruck).

Braegger, Carlpeter (Hrsg.), *Architektur und Sprache*, München 1982.

Brauer, Heinrich, und Rudolf Wittkower, *Die Zeichnungen des Gianlorenzo Bernini*, Berlin 1931.

Braunfels, Sigrid, »Vom Mikrokosmos zum Meter«, in: *Der vermessene Mensch. Anthropometrie in Kunst und Wissenschaft*, München 1973.

Brion, Marcel, *Art fantastique*, Paris 1961.

Brucher, Günther, *Gotik*, München 2000 (*Geschichte der bildenden Kunst in Österreich*, Bd. 2).

Brunswik, Egon, *Wahrnehmung und Gegenstandswelt*, Leipzig und Wien 1934.

Brunswik, Egon, und N. Reiter, »Eindrucks-Charaktere schematisierter Gesichter«, *Zeitschrift für Psychologie*, 1937/142.

Brzóska, Maria, *Anthropomorphe Auffassung des Gebäudes und seiner Teile (Sprachliche Untersuchung an Quellen aus der Zeit von 1525 bis 1750*), Jena 1931.

Buggle, Franz, *Die Entwicklungspsychologie Jean Piagets*, Stuttgart 1997.

Burke, Edmund, und James T. Boulton (Hrsg.), *A Philosophical Enquiry into the Origin of our Ideas of the Sublime and Beautiful*, London 1958, Oxford 1987.

Bühler, Charlotte, *Kindheit und Jugend*, Leipzig 1928, Göttlingen 1967.

Bühler, Karl, *Das Gestaltprinzip im Leben des Menschen und der Tiere*, Stuttgart 1913, Bern 1966.

Bühler, Karl, *Abriss der geistigen Entwicklung des Kleinkindes*, Heidelberg 1958, 1967.

Calatrava, Santiago, und Mirko Zardini (Hrsg.), *Geheimbuch*, Mailand 1995, Basel 1996.

Campe, Rüdiger, und Manfred Schneider, *Geschichten der Physiognomik*, Freiburg 1996.

Capella, Juli, und Quim Larrea, *Nuevo Diseño Españo*, Barcelona 1991.

Carus, Carl Gustav, *Symbolik der menschlichen Gestalt*, Leipzig 1856.

Cassirer, Ernst, *Die Begriffsform im mythischen Denken*, Leipzig und Berlin 1922.

Cassirer, Ernst, *Philosophie der symbolischen Formen*, 1. Teil: *Die Sprache*, Hamburg 1922, Darmstadt 1972.

Cattaneo, Pietro, *L'architettura. I quattro primi libri dell'architettura*, Venedig 1567, Bologna 1982, Venedig 1996.

Celant, Germano (Hrsg.), Claes Oldenburg, *Coosje van Bruggen*, Mailand 1999.

Cerver, Francisco Asensio, *Zeitgenössische Architektur*, Köln 2000.

Cesariano, Cesare, *De Lucio Vitruvio Pollione de Architectura libri decem traducti de Latino in Vulgare*, Como 1521, München 1969.

Christ, Yvan, *Projets et Divagations de Claude-Nicolas Ledoux*, Paris 1961.

Clausenberg, Karl, *Kosmische Visionen, Mystische Weltbilder von Hildegard von Bingen bis heute*, Köln 1980.

Conrads, Ulrich, und Hans G. Sperlich, *Phantastische Architektur*, Stuttgart 1960.

Cook, Jeffrey, *Seeking Structure from Nature. The Organic Architecture of Hungary*, Basel, Berlin und Boston 1996.

Cravy, Jonathan, und Kwinter Sanford (Hrsg.), *Incorporations*, New York 1992.

Daidalos (Berlin), 1982/4, 1985/15, 1988/22, 1991/40, 1992/45.

Dietterlin, Wendel, *The Fantastic Engravings of Wendel Dietterlin*, New York 1968.

Döhl, Reinhard, *Hermann Finsterlin – Eine Annäherung*, Stuttgart 1988.

Domus (Mailand) 1975/551, 1978/581.

Donin, Richard Kurt, *Geschichte der bildenden Kunst in Wien*, Wien 1955.

Dorfles, Gillo, »›Innen‹ und ›Außen‹ en Architecture et en Psychoanalyse«, *Nouvelle revue de Psychoanalyse*, 9, 1974.

Durning, L., R. Wrigley (Hrsg.), *Gender and Architecture. History Interpretation and Practice*, Chichester 2000.

Eco, Umberto, Max Bense u. a., *Architektur als Zeichen-System*, o. O. 1971.

Eco, Umberto, *Einführung in die Semiotik*, Basel, Stuttgart und München 1972.

Ehrenfels, Christian von, *Psychologie Ethik Erkenntnistheorie*, München und Wien 1988.

Ehrenfels Festschrift. Gestalthaftes Sehen. Ergebnisse und Aufgaben der Morphologie, Darmstadt 1974.

Ekler, Dezsö, »Seele und Form. Imre Makovecz und die organische Architektur«, *Archithese* 1987/3.

Encyclopedia of World Arts, vol. 7: *Human Figure*, New York 1971.

Engeli, Maia, *Digital Stories. The Poetics of Communication*, Basel, Boston und Berlin 2000.

Ertz, Klaus (Hrsg.), *Josse de Momper*, Freren 1986.

Esche-Braunfels, Sigrid (Hrsg.), *Adolf von Hildebrand*, Berlin 1993.

Espiau de la Maëstre, André, *Anthropomorphisme et métaphorique Baudelaire-Claudel*, Wien 1989.

Feher, Michel, Ramona Naddaff, Nadja Tazi (Hrsg.), *Fragments for a History of the Human Body*, New York und Cambridge, Mass., 1989.

Feldtkeller, Christoph, *Der architektonische Raum: eine Fiktion*, Braunschweig und Wiesbaden 1989.

Feuerstein, Günther, *Archetypen des Bauens*, Wien 1966.

Feuerstein, Günther, »Architektur: Manipulation – Präfiguration«, *Transparent* (Wien), 1973/74.

Feuerstein, Günther, *Proportions-Präferenzen*, Linz, 1980.

Feuerstein, Günther, *Androgynos. Das Mann-Weibliche in Kunst und Architektur. The Male-Female in Art and Architecture*, Stuttgart und London 1997.

Feuerstein, Günther, »Architektur als ›Wesen‹. Anthropomorphe Architektur – Zoomorphe Architektur«, *Thesis. Wissenschaftliche Zeitschrift der Bauhaus-Universität Weimar* (Weimar). 1997.

Feuerstein, Günther, *Androgyne Architektur – coincidentia oppositorum*, Maria Anzbach 1999.

Feuerstein, Günther, *Expandierte Architektur*, ORF, Wien, 2000.

Filarete, recte Antonio Averlino, *Trattato di Architettura*, Mailand 1967.

Hermann Finsterlin, Sammlung Cremer, Ausstellungskatalog, Hamburg 1995.

Fischer, Kurt Rudolf, *Wahrnehmung und Gegenstandswelt* (Egon Brunswik), Wien 1997.

Fischer von Erlach, Johann Bernhard, *Entwurff einer Historischen Architektur*, Wien 1721.

Fitzek, Herbert, und Wilhelm Salber, *Gestaltpsychologie. Geschichte und Praxis*, Darmstadt 1996.

Forssmann, Erik, Klassizismus. *Epoche und Probleme*, Hildesheim, Zürich und New York 1987.

Francesco di Giorgio Martini, *Das Skizzenbuch des Francesco di Giorgio Martini*, Zürich 1989.

Frascari, Marco, *Monsters of Architecture. Anthropomorphism in Architectural Theory*, Savage, Maryland, 1991.

Friedländer, Max J., *The Antwerp Mannerists*, Berlin 1933, Leyden 1974.

Freud, Sigmund, *Gesammelte Schriften*, 12 Bände, Leipzig, Wien und Zürich 1924–34.

Frings, Marcus, *Mensch und Maß. Anthropomorphe Elemente in der Architekturtheorie des Quattrocento*, Weimar 1998.

Futagawa, Yukio (Hrsg.), *Frank O. Gehry*, Tokyo 1993.

Gáborjáni, Péter, »L'architettura organica ungherese«, in: *Quinta Mostra internazionale di Architettura 1991*, Venedig 1991.

Gatti-Peper (Hrsg.), *Cesare Cesariano*, München 1969.

Gavinelli, Corrado, *Die Neue Moderne*, Stuttgart, Berlin und Köln 1997.

GA Document, 17, Tokyo 1993.

Gehry, Frank O., Kurt W. Forster, Ostfildern 1999 (Kunst und Architektur im Gespräch).

Geiger, Benno, *I dipinti ghiribizzosi di Guiseppe Arcimboldi*, Florenz 1954.

Giger, H. R., www.HRG.com, Köln 1996.

Gillispie, Charles C., *Monuments of Egypt. The Napoleonic Edition*, Princeton 1987.

Giorgio Martini, Francesco di, *Trattati di architettura, ingegneria e arte militare*, Mailand 1967.

Glas (Stuttgart), 1999/12, 2000/1.

Glasenapp, Helmuth von, *Der Hinduismus*, München 1922.

Glasenapp, Helmuth von, *Indische Geisteswelt*, München 1928.

Goebel, G., *Poeta Faber. Erdichtete Architektur in der italienischen, spanischen und französischen Literatur der Renaissance und des Barock*, Heidelberg 1971.

Goetheanum Baublätter. Das erste und das zweite Goetheanum von Rudolf Steiner, Dornach 1990.

Goffitzer, Friedrich, *Harmonik und Proportion in der Architektur*, Linz 1996.

Goldscheider, L., und W. Uhde, *Vincent van Gogh*, London 1948.

Gombrich, Ernst H., *Norm und Form*, London 1966.

Gombrich, Ernst H., *Symbolic Images*, London 1972.

Gombrich, Ernst H., *Kunst und Illusion, Eine Studie über die Psychologie von Abbild und Wirklichkeit in der Kunst*, Stuttgart 1977, Zürich 1978.

Gombrich, Ernst H., *Die Geschichte der Kunst*, Stuttgart und Zürich 1982, Frankfurt am Main 1996.

Gössel, Peter, und Gabriele Leuthäuser, *Architektur des 20. Jahrhunderts*, Köln 1990.

Gould, Stephen Jay, *Der falsch vermessene Mensch*, Frankfurt am Main 1994.

Govinda, Lama Anagarika, *Der Stupa. Psychokosmisches Lebens- und Todessymbol*, Freiburg 1978.

Graf, H., *Bibliographie zum Problem der Proportionen: Literatur über Proportionen, Maß und Zahl in Architektur, bildender Kunst und Natur*, Speyer 1958

Der Gral. Artusromantik in der Kunst des 19. Jahrhunderts, München 1995.

Greene, Herb, *Mind & Image. An Essay on Art & Architecture*, Kentucky 1976, San Francisco 1981.

Günther, Hubertus, *Deutsche Architekturtheorie zwischen Gotik und Renaissance*, Darmstadt 1988.

Gutschow, Niels, *Stadtraum und Ritual der newarischen Städte im Kathmandu-Tal*, Berlin, Köln und Mainz 1982.

Gutschow, Niels, *The Nepalese Caitya*, Stuttgart und London 1997.

Wenzel Hablik. Expressionismus und Utopie, Florenz 1989.

Zaha Hadid. Das Gesamtwerk, Stuttgart 1998.

Hagen, Dietrich, *Der Goetheanum-Bau*, Dornach 1978.

Hajos, Anton, *Einführung in die Wahrnehmungspsychologie*, Darmstadt 1980.

Hauser, Andreas, »›Architecture parlante‹ – stumme Baukunst?«, in: Carlpeter Braegger (Hrsg.), *Architektur und Sprache*, München 1982.

Hawking, Stephen, *Die illustrierte kurze Geschichte der Zeit*, Reinbek 2000.

Heathcote, Erwin, *Imre Makovecz. The Wings of the Soul*, London 1997.

John Hejduk. Architecture, Space, Painting, London 1992.

Herdick, Reinhard, *Kirtipur-Stadtgestalt. Prinzipien der Raumordnung und gesellschaftliche Funktionen einer Newar-Stadt*, Aachen 1982, Köln 1988.

Herdick, Reinhard, »Kosmisch, sozial, leiblich. Gestalt-Ordnungen in Nepal und Marokko«, *Daidalos* (Berlin), 1992/45.

Herdt, Gilbert, *Third Sex, Third Gender*, New York 1994.

Hersey, George, *The Monumental Impulse*, Cambridge, Mass., und London 1999.

Heuvel, Dirk van den, »Die Diagramme des Team 10«, *Daidalos* (Berlin), 1999/74.

Heyer, Paul, *Architects on Architecture*, New York 1966, London 1967.

Hinrichs, Gunda, und Werner Holtmann, *Der heilige Wald von Bomarzo*, Berlin 1996.

Hofmann, Werner, *Zauber der Medusa, Europäische Manierismen*, Wien 1987.

Hofstätter, Peter R., *Psychologie*, Frankfurt am Main 1957.

Höger, Hans, *Ettore Sottsass jun.*, Tübingen und Berlin 1993.

Holländer, Hans, »Anthropomorphe Gehäuse und architektonische Chimären in Bildern des 16. Jahrhunderts«, *Daidalos* (Berlin), 1992/45.

Hubschmid, Johannes, »Auffällige Übertragungen von Gegenständen und Körperteilen auf Geländeformen«, *Revue internationale d'onomastique* 12, 1960.

Hulten, Pontus, *Niki de Saint Phalle*, Bonn 1992.

Jencks, Charles, *Die Sprache der postmodernen Architektur*, Stuttgart 1978.

Jencks, Charles, *The Architecture of the Jumping Universe*, London 1997.

Jencks, Charles, *Ecstatic Architecture*, Chichester 1999.

Allen Jones, München und New York 1995.

Allen Jones. Sheer Magic, London 1979.

Jormakka, Kari, *Heimlich Manœuvres, Ritual in Architectural Form*, Weimar 1995.

Journal of Philosophy and the Visual Arts (New York).

Jung, Carl Gustav, *Der Mensch und seine Symbole*, Zürich und Olten 1968.

Kaesemann, Ernst, *Leib und Leib Christi: eine Untersuchung zur paulinischen Begrifflichkeit*, Tübingen 1933.

Kanfer, Roland, »Foster and Partners. Der Adler ist gelandet«, *Architektur aktuell* (Wien), 1999, 224/225.

Karcher, Eva, und Manuela von Perfall, *Italienisches Design von den Anfängern bis zur Gegenwart*, München 2000.

Kepes, György, Struktur in Kunst und Wissenschaft, Brüssel 1967.

Kepes, György (Hrsg.), *Modul, Proportion, Symmetrie, Rhythmus*, Brüssel 1969.

Kepes, György, *Zeichen, Bild, Symbol*, Brüssel 1972.

Kepes, György, *Sehen und werten*, Brüssel 1987.

Kepes, György, *Language of Vision*, New York 1995.

Kesselring, Thomas, *Jean Piaget*, München 1999.

Kidel, Mark, und Susan Rowe-Leete, »Mapping the Body«, in: Feher Michel u. a. (Hrsg.), *Fragments for a History of the Human Body*, New York, Cambridge, Mass., 1989.

Kirfel, Willibald, *Die Kosmographie der Inder*, Bonn 1920, Hildesheim 1967.

Kitschelt, Lothar, *Die frühchristliche Basilika als Darstellung des himmlischen Jerusalem*, München 1938.

Koenig, Otto, *Urmotiv Auge*, München 1975.

Koffka, Kurt, *Principles of Gestaltpsychology*, New York 1936.

Köhler, Wolfgang, *Die Aufgabe der Gestaltpsychologie*, Berlin 1971.

Koolhaas, Rem, *Delirious New York*, New York 1978, Aachen 1999.

Kuhlmann, Dörte, »Herb Greene: Continuity in Time«, *Thesis, Wissenschaftliche Zeitschrift der Bauhaus-Universität Weimar* (Weimar), 1997.

Kuhlmann, Dörte, »Ein Gespräch mit Imre Makovecz«, *Thesis, Wissenschaftliche Zeitschrift der Bauhaus-Universität Weimar* (Weimar), 1997.

Kuhlmann, Dörte, *Lebendige Architektur. Metamorphosen des Organizismus*, Weimar 1998.

Kurdzialek, Marian, »Der Mensch als Abbild des Kosmos«, in: *Der Begriff der Repräsentation im Mittelalter: Stellvertretung, Symbol, Zeichen, Bild*, Berlin 1971.

Lachnit, Edwin, »Zur Geschichtlichkeit des Manierismusbegriffs«, in: Werner Hofmann, *Zauber der Medusa. Europäische Manierismen*, Wien 1987.

Laqueur, Thomas, *Auf den Leib geschrieben*, Frankfurt am Main 1992.

Larmessin, Nicolas de, *L'Arcimboldo dei mestieri. Visioni fantastiche e costumi grotteschi nelle stampe de Nicolas de Larmessin*, Mailand 1979.

Le Corbusier, *Der Modulor*, Stuttgart 1956, 1998.

Le Goff, Jacques, »Head or Heart? The Political Use of Body Metaphors in the Middle Ages«, in: Michel Feher u. a. (Hrsg.), *Fragments for a History of the Human Body*, New York und Cambridge, Mass., 1989.

Lethaby, William Richard, *Architecture, Mysticism and Myth*, New York 1891.

Lévi, Jean, »The Body: The Daoists' Coat of Arms«, in: Michel Feher u. a. (Hrsg.), *Fragments for a History of the Human Body*, New York und Cambridge, Mass., 1989.

Lévi-Strauss, Claude, *Das wilde Denken*, Frankfurt am Main 1968.

Lévi-Strauss, Claude, *Strukturale Anthropologie*, Frankfurt am Main 1972, 1997.

Lippe, Rudolf zur, »Geometrisierung des Menschen und Repräsentation des Privaten im französischen Absolutismus«, in: ders., *Naturbeherrschung am Menschen*, Bd. 2, Frankfurt am Main 1981.

Lippe, Rudolf zur, *Sinnenbewußtsein. Grundlegung einer anthropologischen Ästhetik*, Reinbek 1987.

Lipps, Theodor, *Ästhetik*, o. O. 1903–06.

Lorenz, Konrad, »Die angeborenen Formen möglicher Erfahrungen«, *Zeitschrift für Tierpsychologie* (Wien), 5, 1943.

Lorenz, Konrad, *Vergleichende Verhaltensforschung*, München 1984, 1995.

Lorenz, Konrad, *Die Rückseite des Spiegels*, München und Zürich 1988.

Mach, Ernst, *Space and Geometry in the Light of Physiological, Psychological and Physical*, La Salle 1960.

Mach, Ernst, *Beiträge zur Analyse der Empfindungen*, Jena 1886.

Ernst Mach. Werk und Wirkung, Wien 1988.

MacNulty, W. Kirk, *Freemasonry*, London 1991, 1997.

Maiorino, Gian-Carlo, *Portrait of Eccentricity, Arcimboldo and the Mannerist Grotesque*, Pennsylvania State University 1991.

Imre Makovecz, Ausstellungskatalog, Budapest 1991.

Maltese, C. (Hrsg.), *Francesco di Giorgio Martini*, Mailand 1967

Mann, A. T., *Mystische Architektur*, Wettswil, 1996

Marcovich, Anne, P. Wright und A. Treacher (Hrsg.), »Concerning the Continuity between the Image of Society and the Image of the Human Body: An Examination of the Work of the English Physician J. C. Lettsom 1746–1815«, in: *The Problem of Medical Knowledge*, Edinburgh 1982.

Mauch, Johann Matthäus und Charles Pierre Joseph Normand, *Parallel of the Classical Orders of Architecture*, New York 1998.

Mendini, Alessandro, »Oggetti teatranti«, *Domus* (Mailand), 1975/551.

Meyer, Ernst, *Über die Gesetze der simultanen Assoziation und das Wiedererkennen*, Leipzig 1910.

Meyer, Nils, »Krzyztopór – Der Herrscher als Festung«, *Daidalos* (Berlin), 1992/45.

Michell, George, *Der Hindu-Tempel, Baukunst einer Weltreligion*, Köln 1979, 1991.

Momper, Josse de, und Klaus Ertz (Hrsg.), *Amerikanische Landschaften*, Freren 1986.

Naredi-Rainer, Paul von, *Architektur und Harmonie*, Köln 1984.

Naredi-Rainer, Paul von, »... wie die Glieder eines wohlgeformten Menschen«, Daidalos (Berlin), 1992/45.

Noever, Peter, *Architektur im Aufbruch. Neun Positionen zum Dekonstruktivismus*, München 1991.

Norberg-Schulz, Christian, *Intentions in Architecture*, Oslo 1963.

Norberg-Schulz, Christian, *Meaning in Western Architecture*, New York 1980.

Normands, Charles, *Nouveau parallèle des ordres d'architecture des Grecs, des Romains et des autres modernes*, Paris 1819.

Oechslin, Werner, »Dinokrates-Legende und Mythos megalomaner Architekturstiftungen«, *Daidalos* (Berlin), 1982/4.

Onians, John, *Bearers of Meaning. The Classical Order in Antiquity, the Middle Ages and the Renaissance*, Princeton und New York 1988.

Onians, Richard Broxton, *The Origins of European Thought. About the Body, the Mind, the Soul, the World, Time and Fate*, Cambridge 1951, 1988.

Otto, Frei, *Zugbeanspruchte Konstruktionen*, Bd 2, Berlin, Frankfurt am Main und Wien 1966.

Otto, Frei, *Natürliche Konstruktionen in Natur und Technik und Prozesse ihrer Entstehung*, Stuttgart 1982.

Pacioli, Fra Luca, *Tractatus: De divina Proportione*, Venedig 1509, Wien 1889.

Palumbo, Maria Luisa, *New Wombs. Electronic Bodies and Architectural Disorders*, Basel, Boston und Berlin 2000.

Panofsky, Erwin, *Sinn und Deutung in der bildenden Kunst*, Köln 1975.

Paul, Jean, *Leben des Quintus Fixlein*, Berlin 1795, 1976.

Panofsky, Erwin, *Gotische Architektur und Scholastik*, Köln 1989.

Pehnt, Wolfgang, und Thomas Dix, *Rudolf Steiner. Goetheanum Dornach*, Berlin 1991.

Petter, Guido, *Die geistige Entwicklung des Kindes im Werk von Jean Piaget*, Bern und Stuttgart 1966.

Piaget, Jean, *Der Aufbau der Wirklichkeit beim Kinde*, Stuttgart 1975.

Piaget, Jean, *Inhelder. The Child's Conception of the World*, London 1982.

Piaget, Jean, *Die Entwicklung des inneren Bildes beim Kind*, Frankfurt am Main 1990.

Piaget, Jean, *Das Weltbild der Kinder*, München 1999.

Renzo Piano. Architekturen des Lebens, Berlin 2000.

Pieper Jan, *Das Labyrinthische*, Braunschweig und Wiesbaden 1987.

Pieper, Jan, »Architektonische Toposforschung«, *Bauwelt* (Berlin), 1989/3.

Pieper, Jan, »Jerusalemkirchen«, *Bauwelt* (Berlin), 1989/3.

Pieper, Jan, »Häuser des Narziß, Architektur nach des Menschen Bild und Gleichnis«, *Daidalos* (Berlin), 1992/45.

Pieper, Jan, *Pienza, Der Entwurf einer humanistischen Weltansicht*, Stuttgart und London 1997.

Piesl, Helga, *Vom Präanthropomorphismus zum Anthropomorphismus*, Innsbruck 1969.

Pinxten, Rik, Ingrid van Dooren und Frank Harvey, *The Anthropology of Space: Explorations into the Natural Philosophy and Semantics of Navajo*, Philadelphia 1983.

Plato, *Timaeus*, Leipzig 1850–73.

Pongratz, Christian, und Maria Rita Perbellini, *Natural Born CAA Designers*, Basel, Boston und Berlin 2000.

Ponten, Josef, *Architektur die nicht gebaut wurde*, Stuttgart und Berlin 1925, Stuttgart 1987.

Pope-Hennessy, John, *Paolo Uccello*, London und New York 1950, 1969.

Ricardo Porro, Architekt, Klagenfurt 1994.

Pufendorf, Samuel, *Carl Gustavs Leben*, Nürnberg 1697.

Quinta Mostra Internazionale di Architettura, Ausstellungskatalog, Venedig 1991.

Raphael, Max, »Architektur und menschlicher Körper«, in H. J. Heinrichs (Hrsg.), *Tempel, Kirchen und Figuren*, Frankfurt am Main 1988.

Rasmussen, Steen Eiler, *Experiencing Architecture*, Cambridge, Mass. und London 1959.

Rawson, P., *Tantra*, Ausstellungskatalog, London 1972.

Reinle, Adolf, *Zeichensprache der Architektur*, Zürich und München 1976.

Horst Rellecke. Kontext. Ausstellungskatalog, Hamm 1994.

Rheims, Maurice, *L'Art 1900 – ou le Style Jules Verne*, Paris 1965.

Ricci, Franco Maria, *Arcimboldo*, Parma und Mailand 1978

Rinna, Jakob, *Die Kirche als Corpus Christi mysticum beim hl. Ambrosius*, Rom 1940.

Rohracher, Hubert, *Einführung in die Psychologie*, München 1988

Roob, Alexander (Hrsg.), *Alchemie & Mystik. Das hermetische Museum*, Köln 1996.

Rosa, Joseph, *A Constructed View. The Architectural Photography of Julius Shulman*, New York 1994.
Ruby, Andreas, »NOX-Architekten. Weicher Monolith« *Architektur Aktuell* (Wien), 1999/224/225.
Rykwert, Joseph, *The Idea of a Town. The Anthropology of Urban Form in Rome, Italy and the Ancient World*, London 1976.
Niki de Saint Phalle, Retrospektive 1954–80, Ausstellungskatalog, Duisburg 1980.
Niki de Saint Phalle, Ausstellungskatalog, Bonn 1992.
»Niki de Saint Phalle. Ein magischer Garten der Mutter-Göttin«, *art* (Hamburg), 1993/6.
Saliga, Pauline, und Mary Woolever (Hrsg.), *The Architecture of Bruce Goff. 1904–1982*, München 1995.
Salomon, Richard, *Opicinus de Canistris*, London 1963.
Samsonow, Elisabeth von, *Giordano Bruno*, Hamburg 1991, München 1995.
Sauer, Joseph, *Symbolik des Kirchengebäudes und seiner Ausstattung in der Auffassung des Mittelalters*, Freiburg 1924, Münster 1964.
Saxl, Fritz, »Macrocosm and Microcosm in Medieval Pictures«, in: Fritz Saxl, *Lectures*, London 1957.
Scamozzi, Vincenzo, *L'idea dell'architettura universale*, Venedig 1615, Bologna 1982.
Scheerbart, Paul, *Glasarchitektur*, Berlin 1914, München 1971.
Schepers, Wolfgang, und Peter Schmitt (Hrsg.), *Das Jahrhundert des Design*, Frankfurt am Main 2000.
Oskar Schlemmer. tanz theater bühne, Stuttgart 1994.
Schmidt, Evamaria, *Geschichte der Karyatide, Beiträge zur Archäologie*, Würzburg 1982.
Schmidt-Colinet, Andreas, *Antike Stützfiguren. Untersuchungen zu Typus und Bedeutung der menschengestaltigen Architekturstütze in der griechischen und römischen Kunst*, Köln und Frankfurt am Main 1997.
Schneider, Martina, *Information über Gestalt, Textbuch für Architekten und andere Leute*, Düsseldorf 1974.
Schneider, Peter, »Renzo Piano oder der Versuch die Schwerkraft aufzuheben«, in: *Renzo Piano, Architekturen des Lebens*, Berlin 2000.
Schneider, Ursula A. (Hrsg.), *Paul Engelmann (1891 bis 1965), Architektur, Judentum, Wiener Moderne*, Wien und Bozen 1999.
Scholfield, P. H., *The Theory of Proportion in Architecture*, Cambridge 1958.
Schreiner, Klaus, und Norbert Schnitzker (Hrsg.), *Gepeinigt, begehrt und vergessen. Symbolik und Sozialbezug des Körpers im späten Mittelalter und der frühen Neuzeit*, München 1992.
Schuyt, Mike, und Joos Elffers (Hrsg.), *Rudolf Steiner und seine Architektur*, o. O., o. J.
Scolari, Massimo, »L'ingresso alle Corderie dell'Arsenale«, in: *Quinta Mostra Internazionale di Architettura 1991*, Ausstellungskatalog, Venedig 1991.
Scott, Geoffrey, *The Architecture of Humanism*, New York 1974.
Scruton, Roger, *The Aesthetics of Architecture*, Princeton und New York 1980.
Sedlmayr, Hans, *Architektur als abbildende Kunst*, Wien 1948, Mittenwald 1978.
Sedlmayr, Hans, *Johann Bernhard Fischer von Erlach*, Wien 1956, München 1986.
Sedlmayr, Hans, *Die Entstehung der Kathedrale*, Zürich 1976, Freiburg und Wien 1993.
Sekler, Eduard F., *Proportion, a Measure of Order*, Cambridge, Mass., 1965.
Sennett, Richard, *Fleisch und Stein. Der Körper und die Stadt in der westlichen Zivilisation*, Berlin 1995.
Serlio, Sebastiano, *Regole generali di architettura sopra le cinque maniere degli edifici*, Venedig 1537, 1584, Bologna 1979.
Simson, Otto von, *The Gothic Cathedral*, New York 1956.
Sloterdijk, Peter, *Sphären I-Blasen, Sphären II-Globen*, Frankfurt am Main 1999.
Smith, Baldwin E., *Architectural Symbolism of Imperial Rome and the Middle Ages*, Princeton 1956.
Speich, N., *Die Proportionslehre des menschlichen Körpers in Antike, Mittelalter, Renaissance*, Andelfingen 1957.
Spitz, René, *Die Entstehung der ersten Objektbeziehung*, Stuttgart 1957.
Stadt, Korinna Theresa, *»I quattro primi libri di Architettura« (1554) des Pietro Cataneo: Stadt- und Befestigungsbautheorien*, Salzburg 1996.
Steiner, Rudolf, *Wege zu einem neuen Baustil*, Stuttgart 1957.
Steiner, Rudolf, *Der Baugedanke des Goetheanum*, Stuttgart 1958, Dornach 1968.
Steiner, Rudolf. Das Goetheanum als Gesamtkunstwerk, Dornach 1986.
Stern, Paul, *Einfühlung und Association in der neueren Ästhetik*, Hamburg und Leipzig 1898.
Stierlin, Henri (Hrsg.), *Angkor. Architektur der Welt*, Lausanne o. J.
Tarcsay, Isabella, *Grundriss der Psychodiagnostik*, Zürich 1944.
Target, George, *The World of Pilgrimage*, London 1997.
Target, George, *Der grosse Atlas der heiligen Stätten*, München 1999.
Therel, Marie Louise, *Les symboles de l'Ecclesia dans la création iconographique de l'art chrétien*, Rom 1973.
Thomsen, Christian W., *Architekturphantasien. Von Babylon bis zur virtuellen Architektur*, München 1994.
Thomson, Arthur, *Handbook of Anatomy for Art Students*, Oxford 1906.
Tigler, Peter, *Die Architekturtheorie des Filarete*, Berlin 1963.
Tilley, Christopher, *A Phenomenology of Landscape: Places, Paths and Monuments*, Oxford 1994.
Tischhauser, Anthony, »Aspekte der Bewegung im Werk von Santiago Calatrava«, *Thesis, Wissenschaftliche Zeitschrift der Bauhaus-Universität Weimar* (Weimar), 1997.
Tucci, Giuseppe, *Geheimnis des Mandala – Theorie und Praxis*, Weilheim 1972.
Tzonis, Alexander, *Santiago Calatrava. The Poetic of Movement*, London 1999.
Tzonis, Alexander, und L. Lefaivre, *Movement, Structure and the Work of Santiago Calatrava*, Basel 1994.
Josef Urban. Architecture. Theatre. Opera. Film, New York und London 1992.
Venturi, Robert, Denise Scott Brown und Steven Izenour, *Lernen von Las Vegas*, Braunschweig und Wiesbaden 1979.
Villard de Honnecourt, *Bauhüttenbuch*, Wien 1935, Graz 1972.
Vischer, Friedrich Theodor, *Ästhetik oder Wissenschaft des Schönen*, München 1922/23.
Vischer, Robert, *Das optische Formengefühl*, Leipzig 1872.
Vischer, Robert, *Studien zur Kunstgeschichte*, Stuttgart 1886.
Des Markus Vitruvius Pollio Baukunst, De Architectura – Libri decem, übersetzt von August Rode, Leipzig 1796, Zürich und München 1987.
Vlahos, Olivia, *Body, the Ultimate Symbol*, New York 1979.
Volwahsen, Andreas, *Indien – Bauten der Hindus, Buddhisten und Jains*, München 1968.
Wagner, W. L., »Anthropomorphe Bilder für Geländebezeichnungen, vornehmlich in der iberoamerikanischen Sprache«, in: *Homenaja a Rudolf Ortiz*, Santiago, Chile 1955.
Weber, Wolfgang, *Gestaltwahrnehmung und Merkmalskombination bei Mensch und Tier*, Wien 1993.
Weihsmann, Helmut, *Ars Nova Media*, Wien 1981.
Wellek, Albert, *Ganzheitspsychologie und Strukturtheorie*, Bern 1955.
Werlitz, Jürgen, *Das Geheimnis der kleinen Zahlen*, München 2000.
Werner, Heinz, *Einführung in die Entwicklungspsychologie*, München 1959.
Wertheimer, Max, *Drei Abhandlungen zur Gestalttheorie*, Darmstadt 1967.
Wertheimer, Max, *Zur Gestaltpsychologie menschlicher Werte*, Opladen 1991.
Wittmann, Richard, »Architecture parlante – eine Anti-Rhetorik«, *Daidalos* (Berlin), 1997/64.
Wittkower, Rudolf, *Studies in the Italian Baroque*, London 1975.
Wittkower, Rudolf, »A Counter-Project to Bernini's Piazza di San Pietro«, *Journal of the Warburg and Courtauld Institutes*, 8, 1939/40.
Wittkower, Rudolf, *Grundlagen der Architektur im Zeitalter des Humanismus*, München 1969.
Wölfflin, Heinrich, *Kunstgeschichtliche Grundbegriffe*, München 1923.
Wölfflin, Heinrich, *Prolegomena zu einer Psychologie der Architektur*, Berlin 1999.
Wundt, Wilhelm, *Grundzüge der physiologischen Psychologie*, Leipzig 1874, 1911.
Zaehner, R. C., *Der Hinduismus*, München 1980.
Zaera, Alejandro (ed.), *OMA – Rem Koolhaas*, Madrid 1991 (*El Croquis*).
Zardini, Mirko (Hrsg.), *Santiago Calatrava. Geheimbuch*, Basel 1996.
Zellner, Peter, *Hybride Space, New forms in Digital Architecture*, London 1999.
Zerbst, Rainer, *Antoni Gaudí 1852–1926*, Köln 1987.

Notes

[1] Pathognomy is the study of the characteristic signs (symptoms) of a disease and of diagnosing a disease from these signs. In general it is concerned with the expressive qualities of the body. Physiognomy is the collective term for the (motionless) expression on a human or animal face, from which it is possible to draw conclusions about inner qualities. And also: a special field within the study of character that deals with the psycho-diagnostic interpretation of static external bodily forms, in contrast with the interpretation of the dynamic expression in acting or mime. The concept of pathognomy is not used in this book; physiognomy is restricted to the static expression on the human face, thus not following Jean Paul's application of the term to the whole body.

[2] A concept of architecture is used here that excludes two-dimensional, façade-like qualities, or merely graphic articulation, in buildings. Thus for example the Renaissance façade alone should not yet be seen as a work of architecture.

[3] The old communication diagram has largely retained its validity: broadcasting station – channel – receiver – repertoire.

[4] Hans Sedlmayr, *Architektur als abbildende Kunst,* Vienna, Munich 1960; same author, *Epochen und Werke*, Vienna, Munich 1960; same author, *J. B. Fischer von Erlach*, Vienna and Munich 1986. Sedlmayr deals convincingly with the phenomenon of »illustration« by using the example of the Karlskirche in Vienna, which represents the Habsburg cosmos with the aid of numerous illustrations of historic architecture.

[5] The inclusion of literature and film in an examination of anthropomorphic architecture could fill a separate volume and was thus largely excluded from this study.

[6] *Hamlet,* act 3.

[7] An ancient, magical example of »animation« of natural objects is still familiar today: strangely shaped tree-roots are declared to be »mandrake« people and painted colourfully.

[8] We are familiar with this process from art, and particularly from the 20th century abstract art movements. If non-representational art is intended to go beyond the principle of the patterns or visual stimulus, then interpretations, in the broadest sense, are required.

[9] The Rohrschach method was first used by Hermann Rohrschach (1884–1922) as a clinical instrument for »psychodiagnostics«, and first published in Bern in 1921. The test attempted firstly to address certain personality structures and abilities, and then to establish individual forms of disease. The Wartegg test is related to the Rohrschach method. Here additions have to be made to simple lines have to form an object (Tarcsay 1944). It is not possible to discuss critical reflections on this method here, though it is certainly worthy of consideration.

[10] The biblical God is above all a speaking God and thus has an elemental quality of human communication at this disposal, which is characteristic of his anthropomorphy.

[11] »... no temple can have a sensible form without symmetry and proportion unless its members are not in a particular relationship with each other, like the limbs of a well-formed human being.«

[12] In an experiment with students, they were shown 15 different little cards and asked to arrange them according to their »beauty«. On average the Golden Section came out in tenth place.

[13] »Man is the measure of all things, those that are as they are, and those that are not as they are not.« *(Book of Wisdom)*

[14] Hathor is the Egyptian goddess of love. The temple was built in the 2nd century BC.

[15] Is it acceptable to characterize the Corinthian column not as virginal, but as androgynous? (Cf. Feuerstein 1997.)

[16] The gilding of the caryatid reliefs had unfortunately to be dropped. Ironizing antiquity is nothing new in the Ortners' work (or of Haus-Rucker-Co: the Nike of Samothrace in Hauptplatz in Linz was cut out of aluminium and the fabric folds etched on.

[17] The fasces, the Roman lictor's symbol of office, was an axe enclosed in a bundle of rods bound with thongs; it was a symbol of power in the days of imperial Rome. (Death penalty and corporal punishment.) It was the symbol of Republicanism under the French Revolution. Mussolini's status symbol in Italy (Fascism).

[18] This study cannot concern itself with artistic values and evaluations, but is ultimately addressing what is intended by a statement. For this reason not all of the examples cited are artistically uncontroversial, but also touch upon the realms of the trivial and the banal.

[19] The architect Gustav Peichl is also a masterly cartoonist, working under the pseudonym »Ironimus«.

[20] Of course judging whether the façades of buildlings are capable of facial expressions is bound to be subjective, and it will hardly be possible to set up rules. Thus for example Konrad Lorenz (1953) was reminded of a pleasant face with a high forehead by a building with a high roof, while flat-roofed buildings are seen as inexpressive or grumpy. »The front windows of a traditional farmhouse look out like a friendly pair of eyes, while the grid-like glazed façade of a large block of modern flats looks impersonal and inhuman, like an insect's faceted eye.« (König 1975.) Simplified and trivial statements like this can scarcely do justice to the phenomenon of physiognomy and easily lead to false judgements of modern architecture.

[21] The architecture for the film was by Otto Hunte, Erich Kettelhut and Karl Vollbrecht.

[22] This was probably an interpretation of the character of Caliban in Shakespeare's *Tempest*. The author of the film is P. Mackay; Urban was working on the Setebos scene in this drawing.

[23] The spelling Arcimboldi is also used.

[24] Detailed analysis in Günther Feuerstein, *Androgynos – Das Mann-Weibliche in Kunst und Architektur / The Male-Female in Art and Architecture,* Stuttgart and London 1997, and in Günther Feuerstein, *Androgyne Architektur, Coincidentia oppositorum*, Vienna and Maria Anzbach 1999.

[25] Praying hands and a woman's cap with streamers are other possible interpretations. Recently the most common metaphor has been invoked as well: the nave (*Schiff* = ship in German) of the church. Le Corbusier himself saw the roof as a crab shell.

[26] *HON – En Katedral, Sie – eine Kathedrale*, accessible sculpture, with Jean Tinguely and P.-O. Ultvedt, in the Moderna Museet in Stockholm, built in 1966.

[27] In the field of computer architecture, »Virtual Architecture«, there are some notable Japanese pioneers who perceive »the difference between the possible and the impossible«: Arata Isozaki, Shin Takamatsu, Mutsuro Sasaki, Ken Sakamura, Power-Unit Studio, Hitoshi Abe, Shoei Yoh and others.

[28] 1 Corinthians 3,16 and 17. Similarly in 1 Corinthians 6, 19: »Do you not know that our body is a temple of the Holy Spirit within you, which you have from God? You are not your own.« Ephesians 1,22: »And he has put all things under his feet and has made him the head over all things for the church, which is his body, the fulness of him who fills all in all.«

[29] The body is compared to a temple in other religions as well. A Hindu homage to Kali says: »Here in my body are the sun and the moon and the stars, and also all places of pilgrimage. No other temple is as blessed as my body.« (Target 1997.)

[30] The metaphor likening the twelve apostles to twelve columns occurs repeatedly in building history. In the mausoleum of Constantine the tomb is surrounded by twelve columns that are interpreted as apostles. This comparison is still used in 20th century church architecture. The fact should not be overlooked that the hexagon is a very common geometrical and architectural form from which the number twelve can easily be derived. Once again we are faced with the question of post-hoc spiritual interpretation of a rational motif.

[31] Anthropomorphy and theomorphy can be equated when the divinities are interpreted as man-like figures – anthropomorphically. We have already come across this phenomenon in Christian church architecture.

[32] The classical example of architectural emanations to the four points of the compass dominating the entire surrounding area is Palladio's Villa Rotonda in Vincenza. The cultic motif of spiritual world domination was usurped here for secular purposes.

[33] In a prudish phase in the Castro regime the water flowing out of the fruit was deemed obscene, and the fountain was out of commission for a long time.

[34] Early Christian fish symbolism comes above all from the Greek letters in the word for fish = ichthys = Iesous Christos Theou Yios Soter, Jesus Christ God's Son Saviour.

[35] The Biblical narrative of Abraham's interrupted sacrifice of his son Isaac is interpreted as a shift from human to animal sacrifices.

[36] To name just a few examples: St. Martin: goose; St. George: dragon; St. Leonard: bull; St. Francis: birds; St. Hubert: stag and so on.

[37] The Hamm elephant was sometimes associated with the name of Friedensreich Hundertwasser, once under his sole authorship. Horst Rellecke has stated that Hundertwasser had nothing to do with this idea.

[38] Venturi 1972.

[39] Jurassic Park, film by Steven Spielberg, creating the return of the dinosaurs.

[40] Venturi includes all buildings with a dominant form, with a »prefiguration« (Feuerstein 1973) under the category of the »duck«. In contrast with this he

places the »decorated shed«, which is a neutral building that indicated its use with a decorative emblem only. Poultry actually is sold in Venturi's »Duck«, and the link with Venturi's cowshed is evident. Peter Blake mentions the »Duck« in *God's Own Junkyard*.

41 In early log-cabin building »windeyes« were notch-like incisions in an upper and a lower beam to let in a little light. The were originally unglazed, and blocked up in winter.

42 The building houses the Chamber of Trade and Industry, the Stock Exchange, a conference centre, offices and a restaurant. The visible steel structure had to be hidden behind a false façade on the street side.

43 Ricardo Porro has already been mentioned in chapter 9. For the Elsa Triolet School in Saint-Denis he went back to the ancient symbol of wisdom, the dove.

44 Roland Kanfer, »Forster and Partners – der Adler ist gelandet«, Architektur aktuell, January/February 1999.

45 Wolf-Dieter Prix (b. 1942) and Helmuth Swiczinsky (b. 1944), group founded in 1968. The name was later modified from Coop Himmelblau to Coop Himmelb(l)au.

46 Calatrava's station for Lyon-Satalas airport with its mighty wings was described in chapter 11 and the popular wing motif under Imre Makovecz in chapter 10.

47 Fontanel: soft area of the child's skull. Solar plexus: complex of radiating nerves at the pit of the stomach.

48 Many earl or naïve forms of housing still have magical and cultic qualities, like the Trulli in Apulia, for example.

49 Prüfening: Benedictine monastery near Regensburg.

Bibliography

Abraham, Raimund, *(UN)BUILT*, Vienna and New York 1996.

Acidini-Luchinat, Christina, *Vite artistiche di Taddeo e Federico Zuccaro da Sant'Angelo in Vado*, Florence 1961, Milan and Rome 1997.

Alberti, Leon-Battista, *De re aedificatoria*, Florence 1485, Milan 1966.

Amin, Ismail, *Assoziationspsychologie und Gestaltpsychologie*, Frankfurt/Main 1973.

Andrae, Walter, *Die ionische Säule: Bauform oder Symbol?*, Berlin 1933.

Anguier, Michel, »The Human Body, Represented as a Strong Citadel«, in: André Fontaine, *Conférences inédites de l'Academie royale de peinture et de sculpture*, Paris 1903.

Architektur aktuell (Vienna), 1999/1–2.

Architectural Design (London), 1975/5, 1975/7.

L'Architecture d'aujourd'hui, Paris, 1999/325.

Architektur (Vienna), 2000/7.

Architektur & Bauforum (Vienna), 1990/139.

The Arcimboldo Effect, Transformations of the Face, exhibition catalogue, Venice and Milan 1987.

Arnheim, Rudolf, *Visual Thinking*, Berkeley and Los Angeles 1967.

Arnheim, Rudolf, *Entropy and Art*, Berkeley and Los Angeles 1971.

Arnheim, Rudolf, *Art and Visual Perception*, Berkeley and Los Angeles 1974.

Arnheim, Rudolf, *The Dynamics of Architectural Form*, Berkeley and Los Angeles 1977.

Asch, Solomon, »The metaphor: a psychological inquiry«, in: Mary Henle, *Documents of Gestaltpsychology*, Berkeley and Los Angeles 1961.

Auer, Gerhard, »Bhaktapur/Nepal – Beobachtungen in einer newarischen Stadt«, *Stadtbauwelt* (Berlin) 1973/40.

Auer, Gerhard, and Niels Gutschow, *Bhaktapur – Gestalt, Funktionen und religiöse Symbolik einer nepalesischen Stadt im vorindustriellen Entwicklungsstadium*, Darmstadt 1974.

Augustinus, Aurelius, *De Civitate Dei – Der Gottesstaat*, Einsiedeln 1996.

Averlino, Antonio, (Filarete), *Trattato di Architettura*, ed. by A. M. Finoli and L. Grassi, Milan 1967.

Bachelard, Gaston, *The Poetics of Space*, Boston 1964.

Bandmann, Günther, *Mittelalterliche Architektur als Bedeutungsträger*, Berlin 1951.

Barkan, Leonard, *Nature's Work of Art: The Human Body as Image of the World*, New Haven 1975.

Barozzi da Vignola, Giacomo, *Li cinque Ordini di Architettura, Intagliati di Costantino Gianni*, Milan 1854.

Beck, Brenda, *The Symbolic Merger of Body, Space and Cosmos in Hindu Tamilnad*, London 1976.

Bellosi, Luciano (ed.), *Francesco di Giorgio (Martini)*, Milan 1993.

Betts, Richard Johnson, *The Architectural Theories of Francesco di Giorgio*, London 1980.

Biesantz, Hagen, Arne Klingborg, *Das Goetheanum, Der Bau-Impuls Rudolf Steiners*, Dornach 1978.

Birkmeyer, K. M., *Die Kirchengebäude in Leone Battista Albertis 10 Büchern über die Baukunst* Diss., Berlin 1942.

Blake, Peter, *God's Own Junkyard*, London 1964.

Bleuler, M., and R. Bleuler, *Rorschach's ink-blot test and racial psychology. (Character and Personal)*, Zurich 1935, 1966.

Blier, Suzanne Preston, *The Anatomy of Architecture: Ontology and Metaphor in Batammaliba Architectural Expression*, Cambridge 1987.

Blier, Suzanne Preston, »Sonnengeflecht-Raumverflechtung. Die architektonische Dimension der Seele bei den Batammaliba«, *Daidalos* (Berlin), 1988/28.

Blittersdorf, Tassilo, *Wechselbilder*, Linz 1992.

Blondel, Jacques-François, *Cours d'architecture ou traité de la Décoration*, Paris 1771–77.

Bloomer, Kent C., Charles W. Moore, *Body, Memory and Architecture*, New Haven 1977.

Bogner, Dieter (ed.), *Friedrich Kiesler. Architekt – Maler – Bildhauer*, Vienna 1988.

Bohm, Ewald, *Der Rorschach-Test*, Bern and Vienna 1974.

Bollmann, Jana, »Architektur und Metamorphosen«, *Thesis, Wissenschaftliche Zeitschrift der Bauhaus-Universität Weimar*, Weimar 1997.

Bollnow, Otto Friedrich, *Mensch und Raum*, Stuttgart 1963, 1984.

Borsi, Franco, and Stefano Ezio Godoli, *Pariser Bauten der Jahrhundertwende*, Hamburg and Stuttgart 1990.

Borsi, Franco, and Stefano, *Paolo Uccello – Florenz zwischen Gotik und Renaissance*, Stuttgart, Zurich 1992.

Bracelli, Giovanni Battista, *Bizzarie di varie figure*, Florence 1624, Nördlingen 1981 (facsimile reprint).

Braegger, Carlpeter (ed.), *Architektur und Sprache*, Munich 1982.

Brauer, Heinrich, and Rudolf Wittkower, *Die Zeichnungen des Gianlorenzo Bernini*, Berlin 1931.

Braunfels, Sigrid, »Vom Mikrokosmos zum Meter«, in: *Der vermessene Mensch. Anthropometrie in Kunst und Wissenschaft*, Munich 1973.

Brion, Marcel, *Art fantastique*, Paris 1961.

Brucher, Günther, *Gotik*, München 2000 (*Geschichte der bildenden Kunst in Österreich,* Bd. 2).

Brunswik, Egon, *Wahrnehmung und Gegenstandswelt*, Leipzig and Vienna 1934.

Brunswik, Egon, and N. Reiter, »Eindrucks-Charaktere schematisierter Gesichter«, *Zeitschrift für Psychologie*, 1937/142.

Brzóska, Maria, *Anthropomorphe Auffassung des Gebäudes und seiner Teile (Sprachliche Untersuchung an Quellen aus der Zeit von 1525 bis 1750)*, Jena 1931.

Buggle, Franz, *Die Entwicklungspsychologie Jean Piagets*, Stuttgart 1997.

Burke, Edmund, and James T. Boulton (eds.), *A Philosophical Enquiry into the Origin of our Ideas of the Sublime and Beautiful*, London 1958, Oxford 1987.

Bühler, Charlotte, *Kindheit und Jugend*, Leipzig 1928, Göttlingen 1967.

Bühler, Karl, *Das Gestaltprinzip im Leben des Menschen und der Tiere*, Stuttgart 1913, Bern 1966.

Bühler, Karl, *Abriss der geistigen Entwicklung des Kleinkindes*, Heidelberg 1958, 1967.

Calatrava, Santiago, and Mirko Zardini (eds.), *Geheimbuch*, Milan 1995, Basel 1996.

Campe, Rüdiger, and Manfred Schneider, *Geschichten der Physiognomik*, Freiburg 1996.

Capella, Juli, and Quim Larrea, *Nuevo Diseño Españo*, Barcelona 1991.

Carus, Carl Gustav, *Symbolik der menschlichen Gestalt,* Leipzig 1856.

Cassirer, Ernst, *Die Begriffsform im mythischen Denken*, Leipzig and Berlin 1922.

Cassirer, Ernst, *The Philosophy of Philosophic Forms*, New Haven 1953–57.

Cattaneo, Pietro, *L'architettura. I quattro primi libri dell'architettura*, Venice 1567, Bologna 1982, Venice 1996.

Celant, Germano (ed.), *Claes Oldenburg, Coosje van Bruggen*, Milan 1999.

Cerver, Francisco Asensio, *Zeitgenössische Architektur*, Cologne 2000.

Cesariano, Cesare, *De Lucio Vitruvio Pollione de Architectura libri decem traducti de Latino in Vulgare*, Como 1521, Munich 1969.

Christ, Yvan, *Projets et Divagations de Claude-Nicolas Ledoux*, Paris 1961.

Clausenberg, Karl, *Kosmische Visionen. Mystische Weltbilder von Hildegard von Bingen bis heute*, Cologne 1980.

Conrads, Ulrich, and Hans G. Sperlich, *Phantastische Architektur*, Stuttgart 1960.

Cook, Jeffrey, *Seeking Structure from Nature, The Organic Architecture of Hungary*, Basel, Berlin and Boston 1996.

Cravy, Jonathan, and Kwinter Sanford (eds.), *Incorporations*, New York 1992.

Daidalos (Berlin), 1982/4, 1985/15, 1988/22, 1991/40, 1992/45.

Dietterlin, Wendel, *The Fantastic Engravings of Wendel Dietterlin*, New York 1968.

Döhl, Reinhard, *Hermann Finsterlin – Eine Annäherung*, Stuttgart 1988.

Domus (Milan) 1975/551, 1978/581.

Donin, Richard Kurt, *Geschichte der bildenden Kunst in Wien*, Vienna 1955.

Dorfles, Gillo, »›Innen‹ und ›Außen‹ en Architecture et en Psychoanalyse«, *Nouvelle revue de Psychoanalyse*, 9, 1974.

Durning, L., R. Wrigley (ed.), *Gender and Architecture. History Interpretation and Practice*, Chichester 2000.

Eco, Umberto, *La struttura assente: introduzione alla ricerca semiologica,* Milan 1968.

Eco, Umberto, Max Bense and others, *Architektur als Zeichen-System*, no place 1971.

Ehrenfels, Christian von, *Psychologie Ethik Erkenntnistheorie*, Munich and Vienna 1988.

Ehrenfels Festschrift. Gestalthaftes Sehen. Ergebnisse und Aufgaben der Morphologie, Darmstadt 1974.

Ekler, Dezsö, »Seele und Form. Imre Makovecz und die organische Architektur«, *Archithese* 1987/3.

Encyclopedia of World Arts, vol. 7: *Human Figure*, New York 1971.

Engeli, Maia, *Digital Stories. The Poetics of Communication*, Basel, Boston and Berlin 2000.

Ertz, Klaus (ed.), *Josse de Momper*, Freren 1986.

Esche-Braunfels, Sigrid (ed.), *Adolf von Hildebrand*, Berlin 1993.

Espiau de la Maëstre, André, *Anthropomorphisme et métaphorique Baudelaire-Claudel*, Vienna 1989.

Feher, Michel, Ramona Naddaff, Nadja Tazi (ed.), *Fragments for a History of the Human Body*, New York and Cambridge, Mass., 1989.

Feldtkeller, Christoph, *Der architektonische Raum: eine Fiktion*, Braunschweig and Wiesbaden 1989.

Feuerstein, Günther, Archetypen des Bauens, Vienna 1966.

Feuerstein,Günther, »Architektur: Manipulation – Präfiguration«, *Transparent* (Vienna), 1973/74.

Feuerstein, Günther, *Proportions-Präferenzen*, Linz, 1980.

Feuerstein, Günther, Androgynos. *Das Mann-Weibliche in Kunst und Architektur. The Male-Female in Art and Architecture*, Stuttgart and London 1997.

Feuerstein, Günther, »Architektur als ›Wesen‹. Anthropomorphe Architektur – Zoomorphe Architektur«, *Thesis. Wissenschaftliche Zeitschrift der Bauhaus-Universität Weimar* (Weimar), 1997.

Feuerstein, Günther, *Androgyne Architektur – coincidentia oppositorum*, Maria Anzbach 1999.

Feuerstein,Günther, *Expandierte Architektur*, ORF, Vienna, 2000.

Filarete, recte Antonio Averlino, *Trattato di Architettura*, Milan 1967.

Hermann Finsterlin, Sammlung Cremer, Ausstellungskatalog, Hamburg 1995.

Fischer, Kurt Rudolf, *Wahrnehmung und Gegenstandswelt (Egon Brunswik)*, Vienna 1997.

Fischer von Erlach, Johann Bernhard, *Entwurff einer Historischen Architektur*, Vienna 1721.

Fitzek, Herbert, and Wilhelm Salber, *Gestaltpsychologie. Geschichte und Praxis*, Darmstadt 1996.

Forssmann, Erik, *Klassizismus. Epoche und Probleme*, Hildesheim, Zurich and New York 1987.

Francesco di Giorgio Martini, *Das Skizzenbuch des Francesco di Giorgio Martini*, Zurich 1989.

Frascari, Marco, *Monsters of Architecture. Anthropomorphism in Architectural Theory*, Savage, Maryland, 1991.

Freud, Sigmund, *The Standard Edition of the Complete Psychological Work of Sigmund Freud*, London 1964.

Friedländer, Max J., *The Antwerp Mannerists*, Berlin 1933, Leyden 1974.

Frings, Marcus, *Mensch und Maß. Anthropomorphe Elemente in der Architekturtheorie des Quattrocento*, Weimar 1998.

Futagawa, Yukio (ed.), *Frank O. Gehry*, Tokyo 1993.

Gáborjáni, Péter, »L'architettura organica ungherese«, in: *Quinta Mostra internazionale di Architettura 1991*, Venice 1991.

Gatti-Peper (ed.), *Cesare Cesariano*, Munich 1969.

Gavinelli, Corrado, *Die Neue Moderne*, Stuttgart, Berlin and Cologne 1997.

GA Document, 17, Tokyo 1993.

Gehry, Frank O., Kurt W. Forster, Ostfildern 1999 (Kunst und Architektur im Gespräch).

Geiger, Benno, *I dipinti ghiribizzosi di Guiseppe Arcimboldi*, Florence 1954.

Giger, H. R., *www.HRG.com*, Cologne 1996.

Gillispie, Charles C., *Monuments of Egypt. The Napoleonic Edition*, Princeton 1987.

Giorgio Martini, Francesco di, *Trattati di architettura, ingegneria e arte militare*, Milan 1967.

Glas (Stuttgart) 1999/12, 2000/1.

Glasenapp, Helmuth von, *Der Hinduismus*, München 1922.

Glasenapp, Helmuth von, *Indische Geisteswelt*, Munich 1928.

Goebel, G., *Poeta Faber. Erdichtete Architektur in der italienischen, spanischen und französischen Literatur der Renaissance und des Barock*, Heidelberg 1971.

Goetheanum Baublätter. Das erste und das zweite Goetheanum von Rudolf Steiner, Dornach 1990.

Goffitzer, Friedrich, *Harmonik und Proportion in der Architektur*, Linz 1996.

Goldscheider, L., and W. Uhde, *Vincent van Gogh*, London 1948.

Gombrich, Ernst H., *Norm und Form*, London 1966.

Gombrich, Ernst H., *Symbolic Images*, London 1972.

Gombrich, Ernst H., *Kunst und Illusion, Eine Studie über die Psychologie von Abbild und Wirklichkeit in der Kunst*, Stuttgart 1977, Zurich 1978.

Gombrich, Ernst H., *Die Geschichte der Kunst*, Stuttgart and Zurich 1982, Frankfurt/Main 1996.

Gössel, Peter, and Gabriele Leuthäuser, *Architektur des 20. Jahrhunderts*, Cologne 1990.

Gould, Stephen Jay, *Der falsch vermessene Mensch*, Frankfurt/Main 1994.

Govinda, Lama Anagarika, *Der Stupa. Psychokosmisches Lebens- und Todessymbol*, Freiburg/Breisgau 1978.

Graf, H., *Bibliographie zum Problem der Proportionen: Literatur über Proportionen, Maß und Zahl in Architektur, bildender Kunst und Natur*, Speyer 1958.

Der Gral. Artusromantik in der Kunst des 19. Jahrhunderts, Munich 1995.

Greene, Herb, *Mind & Image. An Essay on Art & Architecture*, Kentucky 1976, San Francisco 1981.

Günther, Hubertus, *Deutsche Architekturtheorie zwischen Gotik und Renaissance*, Darmstadt 1988.

Gutschow, Niels, *Stadtraum und Ritual der newarischen Städte im Kathmandu-Tal*, Berlin, Cologne and Mainz 1982.

Gutschow, Niels, *The Nepalese Caitya*, Stuttgart and London 1997.

Wenzel Hablik. Expressionismus und Utopie, Florence 1989.

Zaha Hadid. The Complete Buildings and Projects, New York 1998.

Hagen, Dietrich, *Der Goetheanum-Bau*, Dornach 1978.

Hajos, Anton, *Einführung in die Wahrnehmungspsychologie*, Darmstadt 1980.

Hauser, Andreas, »›Architecture parlante‹ – stumme Baukunst?«, in: Carlpeter Braegger (ed.), *Architektur und Sprache*, Munich 1982.

Hawking, Stephen, *Die illustrierte kurze Geschichte der Zeit*, Reinbek 2000.

Heathcote, Erwin, *Imre Makovecz. The Wings of the Soul*, London 1997.

John Hejduk. Architecture, Space, Painting, London 1992.

Herdick, Reinhard, *Kirtipur-Stadtgestalt. Prinzipien der Raumordnung und gesellschaftliche Funktionen einer Newar-Stadt*, Aix-la-Chapelle 1982, Cologne 1988.

Herdick, Reinhard, »Kosmisch, sozial, leiblich. Gestalt-Ordnungen in Nepal und Marokko«, *Daidalos* (Berlin), 1992/45.

Herdt, Gilbert, *Third Sex, Third Gender*, New York 1994.

Hersey, George, *The Monumental Impulse*, Cambridge, Mass., and London 1999.

Heuvel, Dirk van den, »Die Diagramme des Team 10«, *Daidalos* (Berlin), 1999/74.

Heyer, Paul, *Architects on Architecture*, New York 1966, London 1967.

Hinrichs, Gunda, and Werner Holtmann, *Der heilige Wald von Bomarzo*, Berlin 1996.

Hofmann, Werner, *Zauber der Medusa, Europäische Manierismen*, Vienna 1987.

Hofstätter, Peter R., *Psychologie*, Frankfurt/Main 1957.

Höger, Hans, *Ettore Sottsass jun.*, Tübingen and Berlin 1993.

Holländer, Hans, »Anthropomorphe Gehäuse und architektonische Chimären in Bildern des 16. Jahrhunderts«, *Daidalos* (Berlin), 1992/45.

Hubschmid, Johannes, »Auffällige Übertragungen von Gegenständen und Körperteilen auf Geländeformen«, *Revue internationale d'onomastique* 12, 1960.

Hulten, Pontus, *Niki de Saint Phalle*, Bonn 1992.

Jencks, Charles, *The Language of Post-Modern Architecture*, London 1977.

Jencks, Charles, *The Architecture of the Jumping Universe*, London 1997.

Jencks, Charles, *Ecstatic Architecture*, Chichester 1999.

Allen Jones, Munich and New York 1995.

Allen Jones. Sheer Magic, London 1979.

Jormakka, Kari, *Heimlich Manœuvres, Ritual in Architectural Form*, Weimar 1995.

Journal of Philosophy and the Visual Arts (New York).

Jung, Carl Gustav, *Der Mensch und seine Symbole*, Zurich and Olten 1968.

Kaesemann, Ernst, *Leib und Leib Christi: eine Untersuchung zur paulinischen Begrifflichkeit*, Tübingen 1933.

Kanfer, Roland, »Foster and Partners. Der Adler ist gelandet«, *Architektur aktuell* (Vienna), 1999, 224/225.

Karcher, Eva, and Manuela von Perfall, *Italienisches Design von den Anfängern bis zur Gegenwart*, Munich 2000.

Kepes, György, *Structure in Art and Science*, New York 1965.

Kepes, György (ed.), *Modul, Proportion, Symmetrie, Rhythmus*, Brussels 1969.

Kepes, György, *Zeichen, Bild, Symbol*, Brussels 1972.

Kepes, György, *Sehen und werten*, Brussels 1987.

Kepes, György, *Language of Vision*, New York 1995.

Kesselring, Thomas, *Jean Piaget*, Munich 1999.

Kidel, Mark, and Susan Rowe-Leete, »Mapping the Body«, in: Feher, Michel et. al. (ed.), *Fragments for a History of the Human Body*, New York, Cambridge, Mass., 1989.

Kirfel, Willibald, *Die Kosmographie der Inder*, Bonn 1920, Hildesheim 1967.
Kitschelt, Lothar, *Die frühchristliche Basilika als Darstellung des himmlischen Jerusalem*, Munich 1938.
Koenig, Otto, *Urmotiv Auge*, Munich 1975.
Koffka, Kurt, *Principles of Gestaltpsychology*, New York 1936
Köhler, Wolfgang, *Die Aufgabe der Gestaltpsychologie*, Berlin 1971.
Koolhaas, Rem, *Delirious New York*, New York 1978.
Kuhlmann, Dörte, »Herb Greene: Continuity in Time«, *Thesis, Wissenschaftliche Zeitschrift der Bauhaus-Universität Weimar* (Weimar), 1997.
Kuhlmann, Dörte, »Ein Gespräch mit Imre Makovecz«, *Thesis, Wissenschaftliche Zeitschrift der Bauhaus-Universität Weimar* (Weimar), 1997.
Kuhlmann, Dörte, *Lebendige Architektur. Metamorphosen des Organizismus*, Weimar 1998.
Kurdzialek, Marian, »Der Mensch als Abbild des Kosmos«, in: *Der Begriff der Repräsentation im Mittelalter: Stellvertretung, Symbol, Zeichen, Bild*, Berlin 1971.
Lachnit, Edwin, »Zur Geschichtlichkeit des Manierismusbegriffs«, in: Werner Hofmann, *Zauber der Medusa, Europäische Manierismen*, Vienna 1987.
Laqueur, Thomas, *Auf den Leib geschrieben*, Frankfurt/Main 1992.
Larmessin, Nicolas de, *L'Arcimboldo dei mestieri. Visioni fantastiche e costumi grotteschi nelle stampe de Nicolas de Larmessin*, Milan 1979.
Le Corbusier, *Der Modulor*, Stuttgart 1956, 1998.
Le Goff, Jacques, »Head or Heart? The Political Use of Body Metaphors in the Middle Ages«, in: Michel Feher u. a. (ed.), *Fragments for a History of the Human Body*, New York and Cambridge, Mass., 1989.
Lethaby, William Richard, *Architecture, Mysticism and Myth*, New York 1891.
Lévi, Jean, »The Body: The Daoists' Coat of Arms«, in: Michel Feher and others (eds.), *Fragments for a History of the Human Body*, New York and Cambridge, Mass., 1989.
Lévi-Strauss, Claude, *Anthropologie strukturale*, Paris 1958.
Lévi-Strauss, Claude, *La Pensée sauvage*, Paris 1962.
Lippe, Rudolf zur, »Geometrisierung des Menschen und Repräsentation des Privaten im französischen Absolutismus«, in: id., *Naturbeherrschung am Menschen*, Bd. 2, Frankfurt/Main 1981.
Lippe, Rudolf zur, *Sinnenbewußtsein. Grundlegung einer anthropologischen Ästhetik*, Reinbek 1987.
Lipps, Theodor, *Ästhetik*, no place, 1903–06.
Lorenz, Konrad, »Die angeborenen Formen möglicher Erfahrungen«, *Zeitschrift für Tierpsychologie*, (Vienna), 5, 1943.
Lorenz, Konrad, *Vergleichende Verhaltensforschung*, Munich 1984, 1995.
Lorenz, Konrad, *Die Rückseite des Spiegels*, Munich and Zurich 1988.
Mach, Ernst, *Space and Geometry in the Light of Physiological, Psychological and Physical*, La Salle 1960.
Mach, Ernst, *Beiträge zur Analyse der Empfindungen*, Jena 1886.
Ernst Mach. Werk und Wirkung, Vienna 1988.
MacNulty, W. Kirk, *Freemasonry*, London 1991, 1997.
Maiorino, Gian-Carlo, *Portrait of Eccentricity, Arcimboldo and the Mannerist Grotesque*, Pennsylvania State University 1991.
Imre Makovecz, exhibition catalogue, Budapest 1991.
Maltese, C. (ed.), *Francesco di Giorgio Martini*, Milan 1967
Mann, A. T., *Mystische Architektur*, Wettswil, 1996
Marcovich, Anne, P. Wright and A. Treacher (eds.), »Concerning the Continuity between the Image of Society and the Image of the Human Body: An Examination of the Work of the English Physician J. C. Lettsom 1746–1815«, in: *The Problem of Medical Knowledge*, Edinburgh 1982.
Mauch, Johann Matthäus and Charles Pierre Joseph Normand, *Parallel of the Classical Orders of Architecture*, New York 1998.
Mendini, Alessandro, »Oggetti teatranti«, *Domus* (Milan), 1975/551.
Meyer, Ernst, *Über die Gesetze der simultanen Assoziation und das Wiedererkennen*, Leipzig 1910
Meyer, Nils, »Krzyztopór – Der Herrscher als Festung«, *Daidalos* (Berlin), 1992/45.
Michell, George, *Der Hindu-Tempel, Baukunst einer Weltreligion*, Cologne 1979, 1991.
Momper, Josse de, and Klaus Ertz (eds.), *Amerikanische Landschaften*, Freren 1986.
Naredi-Rainer, Paul von, *Architektur und Harmonie*, Cologne 1984.
Naredi-Rainer, Paul von, »... wie die Glieder eines wohlgeformten Menschen«, Daidalos (Berlin), 1992/45.
Noever, Peter, *Architektur im Aufbruch. Neun Positionen zum Dekonstruktivismus*, Munich 1991.
Norberg-Schulz, Christian, *Intentions in Architecture*, Oslo 1963.
Norberg-Schulz, Christian, *Meaning in Western Architecture*, New York 1980.
Normands, Charles, *Nouveau parallèle des ordres d'architecture des Grecs, des Romains et des autres modernes*, Paris 1819.
Oechslin, Werner, »Dinokrates-Legende und Mythos megalomaner Architekturstiftungen«, *Daidalos* (Berlin), 1982/4.
Onians, John, *Bearers of Meaning. The Classical Order in Antiquity, the Middle Ages and the Renaissance*, Princeton and New York 1988.
Onians, Richard Broxton, *The Origins of European Thought. About the Body, the Mind, the Soul, the World, Time and Fate*, Cambridge 1951, 1988.
Otto, Frei, *Tensile Structures,* Cambridge, Mass. 1967–69.
Otto, Frei, *Natürliche Konstruktionen in Natur und Technik und Prozesse ihrer Entstehung*, Stuttgart 1982.
Pacioli, Fra Luca, *Tractatus: De divina Proportione*, Venice 1509, Vienna 1889.
Palumbo, Maria Luisa, *New Wombs. Electronic Bodies and Architectural Disorders*, Basel, Boston and Berlin 2000.
Panofsky, Erwin, *Gothic Architecture and Scholasticism*, Latrobe, Pa. 1951.
Panofsky, Erwin, *Meaning in the Visual Arts*, New York 1957.
Paul, Jean, *Leben des Quintus Fixlein*, Berlin 1795, 1976.
Pehnt, Wolfgang, and Thomas Dix, *Rudolf Steiner. Goetheanum Dornach*, Berlin 1991.
Petter, Guido, *Die geistige Entwicklung des Kindes im Werk von Jean Piaget*, Bern and Stuttgart 1966.
Piaget, Jean, *Der Aufbau der Wirklichkeit beim Kinde*, Stuttgart 1975.
Piaget, Jean, *Inhelder. The Child's Conception of the World*, London 1982.
Piaget, Jean, *Die Entwicklung des inneren Bildes beim Kind*, Frankfurt/Main 1990.
Piaget, Jean, *Das Weltbild der Kinder*, Munich 1999.
Renzo Piano. Architekturen des Lebens, Berlin 2000.
Pieper Jan, *Das Labyrinthische*, Braunschweig and Wiesbaden 1987.
Pieper, Jan, »Architektonische Toposforschung«, *Bauwelt* (Berlin), 1989/3.
Pieper, Jan, »Jerusalemkirchen«, *Bauwelt* (Berlin), 1989/3.
Pieper, Jan, »Häuser des Narziß, Architektur nach des Menschen Bild und Gleichnis«, *Daidalos* (Berlin), 1992/45.
Pieper, Jan, *Pienza, Der Entwurf einer humanistischen Weltansicht*, Stuttgart and London 1997.
Piesl, Helga, *Vom Präanthropomorphismus zum Anthropomorphismus*, Innsbruck 1969.
Pinxten, Rik, Ingrid van Dooren and Frank Harvey, *The Anthropology of Space: Explorations into the Natural Philosophy and Semantics of Navajo*, Philadelphia 1983.
Pongratz, Christian, and Maria Rita Perbellini, *Natural Born CAA Designers*, Basel, Boston and Berlin 2000.
Ponten, Josef, *Architektur die nicht gebaut wurde*, Stuttgart and Berlin 1925, Stuttgart 1987.
Pope-Hennessy, John, *Paolo Uccello*, London and New York 1950, 1969.
Ricardo Porro, Architekt, Klagenfurt 1994.
Pufendorf, Samuel, *Carl Gustavs Leben*, Nürnberg 1697.
Quinta Mostra Internazionale di Architettura, Ausstellungskatalog, Venice 1991.
Raphael, Max, »Architektur und menschlicher Körper«, in H. J. Heinrichs (ed.), *Tempel, Kirchen und Figuren*, Frankfurt/Main 1988.
Rasmussen, Steen Eiler, *Experiencing Architecture*, Cambridge, Mass. and London 1959.
Rawson, P., *Tantra*, exhibition catalogue, London 1972.
Reinle, Adolf, *Zeichensprache der Architektur*, Zurich and Munich 1976.
Horst Rellecke. Kontext, exhibition catalogue, Hamm 1994.
Rheims, Maurice, *L'Art 1900 – ou le Style Jules Verne*, Paris 1965.
Ricci, Franco Maria, *Arcimboldo*, Parma and Milan 1978.
Rinna, Jakob, *Die Kirche als Corpus Christi mysticum beim hl. Ambrosius*, Rome 1940.
Rohracher, Hubert, *Einführung in die Psychologie*, Munich 1988.
Roob, Alexander (ed.), *Alchemie & Mystik. Das hermetische Museum*, Cologne 1996.
Rosa, Joseph, *A Constructed View. The Architectural Photography of Julius Shulman*, New York 1994.

Ruby, Andreas, »NOX-Architekten. Weicher Monolith«, Architektur Aktuell (Vienna), 1999/224/225.

Rykwert, Joseph, *The Idea of a Town. The Anthropology of Urban Form in Rome, Italy and the Ancient World*, London 1976.

Niki de Saint Phalle, Retrospektive 1954–80, exhibition catalogue, Duisburg 1980.

Niki de Saint Phalle, exhibition catalogue, Bonn 1992.

»Niki de Saint Phalle. Ein magischer Garten der Mutter-Göttin«, *art* (Hamburg), 1993/6.

Saliga, Pauline, and Mary Woolever (eds.), *The Architecture of Bruce Goff. 1904–1982*, Munich 1995.

Salomon, Richard, *Opicinus de Canistris*, London 1963.

Samsonow, Elisabeth von, *Giordano Bruno*, Hamburg 1991, Munich 1995.

Sauer, Joseph, *Symbolik des Kirchengebäudes und seiner Ausstattung in der Auffassung des Mittelalters*, Freiburg 1924, Münster 1964.

Saxl, Fritz, »Macrocosm and Microcosm in Medieval Pictures«, in: Fritz Saxl, *Lectures*, London 1957.

Scamozzi, Vincenzo, *L'idea dell'architettura universale*, Venice 1615, Bologna 1982.

Scheerbart, Paul, *Glasarchitektur*, Berlin 1914, Munich 1971.

Schepers, Wolfgang, and Peter Schmitt (eds.), *Das Jahrhundert des Design*, Frankfurt/Main 2000.

Oskar Schlemmer. tanz theater bühne, Stuttgart 1994.

Schmidt, Evamaria, *Geschichte der Karyatide, Beiträge zur Archäologie*, Würzburg 1982.

Schmidt-Colinet, Andreas, *Antike Stützfiguren. Untersuchungen zu Typus und Bedeutung der menschengestaltigen Architekturstütze in der griechischen und römischen Kunst*, Cologne and Frankfurt/Main 1997.

Schneider, Martina, *Information über Gestalt, Textbuch für Architekten und andere Leute*, Düsseldorf 1974.

Schneider, Peter, »Renzo Piano oder der Versuch die Schwerkraft aufzuheben«, in: *Renzo Piano, Architekturen des Lebens*, Berlin 2000.

Schneider, Ursula A. (ed.), *Paul Engelmann (1891 bis 1965), Architektur, Judentum, Wiener Moderne*, Vienna and Bozen 1999.

Scholfield, P. H., *The Theory of Proportion in Architecture*, Cambridge 1958.

Schreiner, Klaus, and Norbert Schnitzker (eds.), *Gepeinigt, begehrt und vergessen. Symbolik und Sozialbezug des Körpers im späten Mittelalter und der frühen Neuzeit*, Munich 1992.

Schuyt, Mike, and Joos Elffers (eds.), *Rudolf Steiner und seine Architektur*, no place, no date.

Scolari, Massimo, »L'ingresso alle Corderie dell'Arsenale«, in: *Quinta Mostra Internazionale di Architettura 1991*, exhibition catalogue, Venice 1991.

Scott, Geoffrey, *The Architecture of Humanism*, New York 1974.

Scruton, Roger, *The Aesthetics of Architecture*, Princeton and New York 1980.

Sedlmayr, Hans, *Architektur als abbildende Kunst*, Vienna 1948, Mittenwald 1978.

Sedlmayr, Hans, *Johann Bernhard Fischer von Erlach*, Vienna 1956, Munich 1986.

Sedlmayr, Hans, *Die Entstehung der Kathedrale*, Zurich 1976, Freiburg and Vienna 1993.

Sekler, Eduard F., *Proportion, a Measure of Order*, Cambridge, Mass., 1965.

Sennett, Richard, *Fleisch und Stein. Der Körper und die Stadt in der westlichen Zivilisation*, Berlin 1995.

Serlio, Sebastiano, *Regole generali di architettura sopra le cinque maniere degli edifici*, Venice 1537, 1584, Bologna 1979.

Simson, Otto von, *The Gothic Cathedral*, New York 1956.

Sloterdijk, Peter, *Sphären I-Blasen, Sphären II-Globen*, Frankfurt/Main 1999.

Smith, Baldwin E., *Architectural Symbolism of Imperial Rome and the Middle Ages*, Princeton 1956.

Speich, N., *Die Proportionslehre des menschlichen Körpers in Antike, Mittelalter, Renaissance*, Andelfingen 1957.

Spitz, René, *Die Entstehung der ersten Objektbeziehung*, Stuttgart 1957.

Stadt, Korinna Theresa, *»I quattro primi libri di Architettura« (1554) des Pietro Cataneo: Stadt- und Befestigungsbautheorien*, Salzburg 1996.

Steiner, Rudolf, *Wege zu einem neuen Baustil*, Stuttgart 1957.

Steiner, Rudolf, *Der Baugedanke des Goetheanum*, Stuttgart 1958, Dornach 1968.

Steiner, Rudolf. Das Goetheanum als Gesamtkunstwerk, Dornach 1986.

Stern, Paul, *Einfühlung und Association in der neueren Ästhetik*, Hamburg and Leipzig 1898.

Stierlin, Henri (ed.), *Angkor. Architektur der Welt*, Lausanne, no date.

Tarcsay, Isabella, *Grundriss der Psychodiagnostik*, Zurich 1944.

Target, George, *The World of Pilgrimage*, London 1997.

Target, George, *Der grosse Atlas der heiligen Stätten*, Munich 1999.

Therel, Marie Louise, *Les symboles de l'Ecclesia dans la création iconographique de l'art chrétien*, Rome 1973.

Thomsen, Christian W., *Architekturphantasien. Von Babylon bis zur virtuellen Architektur*, Munich 1994.

Thomson, Arthur, *Handbook of Anatomy for Art Students*, Oxford 1906.

Tigler, Peter, *Die Architekturtheorie des Filarete*, Berlin 1963.

Tilley, Christopher, *A Phenomenology of Landscape: Places, Paths and Monuments*, Oxford 1994.

Tischhauser, Anthony, »Aspekte der Bewegung im Werk von Santiago Calatrava«, *Thesis, Wissenschaftliche Zeitschrift der Bauhaus-Universität Weimar* (Weimar), 1997.

Tucci, Giuseppe, *Geheimnis des Mandala – Theorie und Praxis*, Weilheim 1972.

Tzonis, Alexander, *Santiago Calatrava. The Poetic of Movement*, London 1999.

Tzonis, Alexander, and L. Lefaivre, *Movement, Structure and the Work of Santiago Calatrava*, Basel 1994.

Josef Urban. Architecture. Theatre. Opera. Film, New York and London 1992.

Venturi, Robert, Denise Scott Brown and Steven Izenour, *Learning from Las Vegas*, Cambridge, Mass., 1972.

Villard de Honnecourt, *Bauhüttenbuch*, Vienna 1935, Graz 1972.

Vischer, Friedrich Theodor, *Ästhetik oder Wissenschaft des Schönen*, Munich 1922/23.

Vischer, Robert, *Das optische Formengefühl*, Leipzig 1872.

Vischer, Robert, *Studien zur Kunstgeschichte*, Stuttgart 1886.

Des Markus Vitruvius Pollio Baukunst, De Architectura – Libri decem, übersetzt von August Rode, Leipzig 1796, Zurich and Munich 1987.

Vlahos, Olivia, *Body, the Ultimate Symbol*, New York 1979.

Volwahsen, Andreas, *Indien – Bauten der Hindus, Buddhisten und Jains*, Munich 1968.

Wagner, W. L., »Anthropomorphe Bilder für Geländebezeichnungen, vornehmlich in der iberoamerikanischen Sprache«, in: *Homenaja a Rudolf Ortiz*, Santiago, Chile 1955.

Weber, Wolfgang, *Gestaltwahrnehmung und Merkmalskombination bei Mensch und Tier*, Vienna 1993.

Weihsmann, Helmut, *Ars Nova Media*, Vienna 1981.

Wellek, Albert, *Ganzheitspsychologie und Strukturtheorie*, Bern 1955.

Werlitz, Jürgen, *Das Geheimnis der kleinen Zahlen*, Munich 2000.

Werner, Heinz, *Einführung in die Entwicklungspsychologie*, Munich 1959.

Wertheimer, Max, *Drei Abhandlungen zur Gestalttheorie*, Darmstadt 1967.

Wertheimer, Max, *Zur Gestaltpsychologie menschlicher Werte*, Opladen 1991.

Wittmann, Richard, »Architecture parlante – eine Anti-Rhetorik«, *Daidalos* (Berlin), 1997/64.

Wittkower, Rudolf, »A Counter-Project to Bernini's Piazza di San Petro«, *Journal of the Warburg and Courtauld Institutes*, 8, 1939/40.

Wittkower, Rudolf, *Architectural Principles in the Age of Humanism*, London 1960.

Wittkower, Rudolf, *Studies in the Italian Baroque*, London 1975.

Wölfflin, Heinrich, *Kunstgeschichtliche Grundbegriffe*, Munich 1923.

Wölfflin, Heinrich, *Prolegomena zu einer Psychologie der Architektur*, Berlin 1999.

Wundt, Wilhelm, *Grundzüge der physiologischen Psychologie*, Leipzig 1874, 1911.

Zaehner, R. C., *Hinduism*, Oxford 1962.

Zaera, Alejandro (ed.), *OMA – Rem Koolhaas*, Madrid 1991 (*El Croquis*).

Zardini, Mirko (ed.), *Santiago Calatrava. Secret Textbook*, New York 1996.

Zellner, Peter, *Hybride Space, New forms in Digital Architecture*, London 1999.

Zerbst, Rainer, *Antoni Gaudí 1852–1926*, Cologne 1987.

Namensindex / Index of names
Kursive Ziffern beziehen sich auf Abbildungen.
Numbers in italics refer to illustrations.

Zenghelis, Elia 66, 67